AU PAYS DES BRIGANDS GENTILSHOMMES

DU MÊME AUTEUR
CHEZ POCKET

MYSTIQUES ET MAGICIENS DU TIBET
LA PUISSANCE DU NÉANT
LE LAMA AUX CINQ SAGESSES
VOYAGE D'UNE PARISIENNE À LHASSA
LE SORTILÈGE DU MYSTÈRE
L'INDE OÙ J'AI VÉCU
JOURNAL (TOMES 1 ET 2)
MAGIE D'AMOUR ET MAGIE NOIRE
SOUS DES NUÉES D'ORAGE
IMMORTALITÉ ET RÉINCARNATION
LE BOUDDHISME DU BOUDDHA

ALEXANDRA DAVID-NÉEL

GRAND TIBET

AU PAYS DES BRIGANDS GENTILSHOMMES

PLON

ISBN 2-266-04205-X

INTRODUCTION

« Il n'est pas déshonorant de mourir en poursuivant un but même futile, ce qui l'est, c'est de se laisser vaincre et d'accepter sa défaite. »

Alexandra DAVID-NÉEL

Au pays des brigands-gentilshommes fait partie d'une série de quatre volumes[1] qui relatent les pérégrinations d'Alexandra David-Néel au Tibet, de 1921 à 1924 et de 1937 à 1946, bien avant que ce pays ne soit sinisé. Cette première partie débute le 5 février 1921.

Depuis l'occupation chinoise, en 1950, tout a changé dans cette immense contrée rayée de notre planète en tant que pays indépendant. Les Tibétains restés sur leurs hauts plateaux se sont « adaptés au modernisme » introduit par les Chinois, tout comme ceux qui, ayant suivi S. S. le XIVe dalaï-lama en exil, ont évolué au point de dire : « Même si nous retournons au Tibet très bientôt nous savons que ce ne sera plus comme avant. »

---

1. 1. *Au pays des brigands-gentilhommes.* 2. *Sous les nuées d'orage.* 3. *A l'ouest barbare de la vaste Chine.* 4. *Le Vieux Tibet face à la Chine nouvelle* (comprenant quelques chapitres de *Quarante siècles d'expansion chinoise*).

C'est donc ce Tibet, tel qu'il était « avant », que nous allons retrouver tout au long de ces pages évocatrices et souvent humoristiques. L'intrépide voyageuse a, il est vrai, un art tout particulier pour décrire les paysages — déserts sablonneux, jungles luxuriantes, solitudes herbeuses ou humbles cahutes, hameaux vétustes, gompas fabuleuses — sans parler des ces « paysages humains » qu'elle sait rendre si vivants... Tout ce qu'elle décrit, elle l'a vu, elle l'a vécu. Au cours de dix années elle a parcouru des milliers de kilomètres à dos de mules, de yaks, et le plus souvent à pied, pour faire ce qu'aucun Occidental n'avait fait avant elle, et ne fera après elle. Aussi ses études ethniques, philosophiques et religieuses constituent-elles un témoignage exceptionnel auquel on devra toujours se référer.

Ceux qui ont aimé le *Voyage d'une Parisienne à Lhassa* qui relate la réalisation d'un projet fou (traverser le Tibet à pied et en mendiant et vivre deux mois dans la capitale de ce pays resté si longtemps mystérieux) apprendront, en lisant ce récit, les innombrables difficultés auxquelles Alexandra David-Néel s'est heurtée avant de franchir la frontière si bien gardée ou plutôt la « barrière politique » qui en interdisait l'accès.

« Mais, tous comptes faits, dit-elle, le bilan du présent voyage n'a rien d'attristant. J'ai parcouru une grande étendue de pays presque inconnue, j'y ai vu, entendu et appris maintes choses. »

C'est tout cela que le lecteur va découvrir au pays des brigands-gentilshommes.

Quant à ceux qui ont connu Alexandra David-Néel à travers son *Journal de voyage* (lettres à son mari) ils auront, peut-être, à certains passages, l'impression du « déjà lu ». Il n'y a pourtant pas double emploi, la correspondance est, tout simplement, complémentaire du présent livre, voire de toute l'œuvre. D'ailleurs, ces milliers de lettres écrites au jour le jour permettent aux lecteurs de situer dans le temps les pérégrinations de celle qu'on a surnommée « la femme aux semelles de vent ». Alexandra David-Néel ne se préoccupe pas, pour sa part, du temps qui passe, persuadée qu'elle ne fait que passer ou, plus précisément, voulant à tout prix franchir cette frontière interdite, se battant et se débattant pour y parvenir, elle ignore souvent tout au long de ces difficiles chemins le jour et la date...

A cette époque, sans doute pensait-elle déjà ce dont elle était convaincue dans les dernières années de sa longue vie : « Qu'est-ce que cela veut dire, la date, l'âge, le jour, la nuit ! Ce ne sont que des mots... »

M.M.P.

La carte ci-contre ne constitue pas un document géographique visant à combler les lacunes et à rectifier les erreurs qui existent sur les cartes des régions peu connues que j'ai parcourues. J'ai simplement indiqué ici les itinéraires de certains de mes voyages afin de permettre à mes lecteurs de situer les endroits mentionnés dans mes livres.

Les altitudes sont indiquées approximativement, généralement en chiffres ronds, d'après des renseignements obtenus sur les lieux ou ceux donnés par les cartes considérées comme les plus exactes.

A.D.N.

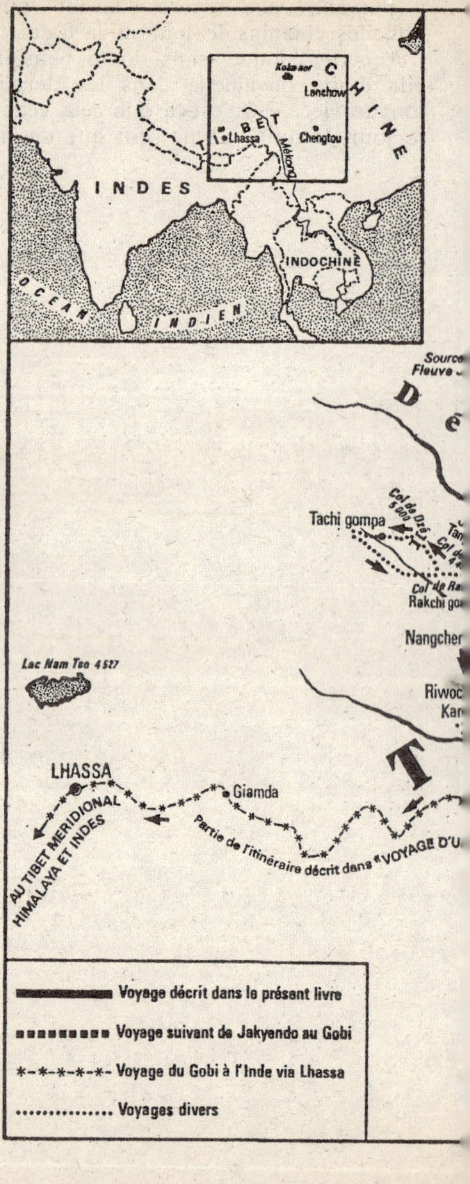

AU GOBI ET RETOUR
KANSOU
Konchow 1400
Col Opo
3800
Col Chongia
Col Mour
Liangchow
Fleuve Jaune
Lac Koko nor 3250
Tangar
Sining 2300
Nienpai
Koum Boum
LANCHOW
AMDO
Lac Tosou
Lac Kara
Lac Ngoring
Hochow
Labrang 2700
Sasoma
Taochow
Choni
Minchow
Tsinchow
Col de Patchong 5100
d'herbe
Fleuve Jaune
Sikou
Gomi
Hweih
Lobgompa
Benchin gompa
Col 3200
Col
Tagan
Kaichow
Nonping
Dolma
Ihakhang
Col de Kungka 3900
Gozé gompa
Sungpan 2800
Denchin gompa
Gyarongpas
Dergé
Dzogstchen gompa
Tchouwo
Kanze
Dango
Lianhokow
Col de Dza 4500
Lifang
Mochow
Charatang
Foupien
Tsakalo
Weikou
Tao
Mowkong
Romichangkou
Col de Doungroung
CHENGTOU
Mékong
Yangtsé
Yachow
Omeishan
KIATING
SETCHOUAN
Yalung
Salouen
Yueshi
Siagsang Ling
Yangtsé
Yungning
Ningyüanfou
Likiang
YUNNAN

AVANT-PROPOS

L'idée de faire du reportage ou de raconter, autrement, les péripéties de mes voyages ne m'est jamais venue au cours de mes longues pérégrinations en Asie. Je comptais simplement publier les résultats des recherches concernant les religions et les philosophies orientales, qui en étaient le but. Cependant, dès mon retour en France une vive curiosité s'est éveillée autour de moi, et j'ai été pressée de faire connaître ce qu'a été ma vie dans les pays peu ou point connus que j'ai parcourus, les aventures qui m'y sont survenues et les gens que j'y ai fréquentés.

Ma randonnée de la Chine à l'Inde, effectuée à pied, traversant, déguisée en pèlerine mendiante, des régions inexplorées du Tibet, retenait particulièrement l'attention ; aussi, bien qu'il eût été logique de suivre l'ordre chronologique en publiant mes relations de voyage, j'ai dû céder aux désirs qui m'étaient exprimés et narrer tout d'abord comment j'ai été à Lhassa. C'était commencer par la fin.

Tout intéressante qu'ait été cette pittoresque promenade d'une durée de huit mois, celles effectuées dans des conditions différentes, au cours des années précédentes, lui sont égales en intérêt par la diversité des territoires traversés, des populations rencontrées et des incidents survenus.

L'on trouvera, ici, le récit du premier voyage que

j'ai entrepris vers Lhassa. Il conduit le lecteur du monastère de Koum-Boum à Jakyendo, au Tibet oriental, à travers le pays des Gyarongpas et diverses autres régions de l'extrême ouest de la Chine, habitées par des tribus à peu près indépendantes et très peu connues par les Chinois eux-mêmes.

***

Comme dans les livres précédents les noms tibétains ont été transcrits phonétiquement. Leur orthographe a, dans certains cas, été donnée en note. Quant au terme Tibet, j'en ai supprimé l'*h* que j'avais conservé jusqu'ici pour me conformer à l'orthographe la plus souvent employée en français. Cependant rien ne justifie celle-ci et, m'appuyant sur l'avis du savant orientaliste Sylvain Lévi, j'ai remplacé Thibet par Tibet.

A ce sujet je redirai ce que j'ai déjà indiqué ailleurs : Tibet n'est pas un mot tibétain. Les habitants du pays que nous dénommons Tibet appellent leur patrie *Peu youl* (Bod yul), eux-mêmes s'intitulent *Peupas* (Bodpa) et leur langage est appelé *Peuké* (Bod skad).

CHAPITRE PREMIER

Ce matin-là un soleil radieux illuminait le ciel bleu et faisait rutiler la terre jaune desséchée par le gel hivernal. C'était au début de février, la neige demeurait encore entassée dans les allées étroites du grand monastère de Koum-Boum et couvrait les sommets voisins, mais les routes étaient toutes enveloppées d'une lumière printanière. Elles chantaient comme savent chanter les routes, par tous leurs cailloux et par tous leurs brins d'herbe, d'allègres chansons invitant au départ.

Les mules chargées des bagages, parées de pompons rouges, faisaient impatiemment tinter les sonnettes suspendues à leur cou... Je partais. L'aventure que j'allais courir devait dépasser en difficulté toutes celles qui l'avaient précédée et j'en goûtais par avance la griserie joyeuse. Des regrets jetaient pourtant sur mon départ une ombre de mélancolie.

J'aurais volontiers laissé tous mes jours s'écouler dans le calme berceur de la cité monastique où je venais de passer deux années et huit mois. Elle était si paisible ma maisonnette ornée de fresques naïves, blottie au fond d'un cloître minuscule dans le palais somptueux du lama Pegyai Tulkou ! Je m'étais accoutumée à y contempler de mon balcon les toits dorés des temples et, par-delà, les montagnes herbeuses où paissaient gravement des yaks poilus et les grands chameaux amenés par les caravanes mongoles. J'aimais y écouter, le soir, l'harmonie grave des musiques sacrées quand les lamas donnaient, sur la haute terrasse du grand hall, des sérénades aux dieux. J'y aimais bien plus encore la sérénité des heures passées à suivre la pensée des anciens sages bouddhistes dans les livres sortis à mon intention de bibliothèques scellées où ils sommeillaient enveloppés de chatoyant brocart jaune. On était bien là pour étudier, pour méditer; l'esprit y savourait, jusqu'à s'en enivrer, la volupté subtile de l'isolement et du silence.

Pourtant, je quittais Koum-Boum. Pour m'y établir définitivement j'aurais dû devenir membre du monastère et mon sexe me l'interdisait et puis, je m'étais promis d'entrer à Lhassa, la ville interdite. Comment aurais-je pu rester ?...

La coutume tibétaine veut que lors de son départ, un hôte de marque soit accompagné sur sa route, jusqu'à une grande distance, par ceux chez qui il a logé. L'intendant et les *trapas*[1] du lama Pegyai désiraient s'y conformer et m'escorter pendant plusieurs kilomètres, mais j'insistai pour qu'ils se dispensent de cette fatigue inutile et les congédiai près d'un petit pont marquant la limite de la cité monastique. Là, nous échangeâmes de bons souhaits et les habituelles écharpes de compliments[2] puis ma caravane se mit en marche.

Mon fils adoptif, le lama Yongden[3], et moi nous la suivons à pied jusqu'au sommet de la dernière colline d'où l'on peut apercevoir le monastère. Il nous reste un rite à accomplir. Entre des pierres, parmi la neige, nous plantons et allumons quelques bâtons d'encens en l'honneur de Tsong Khapa, le fondateur de la secte des Gélougspas,

1. Tous les religieux lamaïstes du clergé inférieur sont dénommés *trapas* (élèves). Les dignitaires ecclésiastiques ont seuls droit au titre de *lama* (écrit blama = supérieur). Cependant, par courtoisie, l'on appelle souvent *lama* des moines particulièrement honorables, âgés ou érudits. Je suis cette coutume dans le présent livre en dénommant « lama » tous ceux à qui j'aurais donné ce titre en leur parlant.

2. Les *kadas* (kha btags) : écharpes que l'on présente et reçoit à tous propos comme témoignage de respect, de politesse, de bienvenue, etc.

3. Le lama Yongden, bien connu des lecteurs de *Voyage d'une Parisienne à Lhassa* et de *Parmi les mystiques et les magiciens du Tibet* est un jeune Tibétain lettré qui m'a accompagné dans mes voyages et est devenu mon fils adoptif.

né à l'endroit où Koum-Boum a été construit pour glorifier sa mémoire.

De là, tandis que la légère fumée odorante s'élève devant nous, nous contemplons une dernière fois la vision rayonnante de l'immense monastère avec ses nombreuses maisons blanches, ses palais rouges et ses multiples « logis de dieux [1] » coiffés de toits d'or. Mes serviteurs se prosternent, Yongden se découvre et je m'incline, tous émus, silencieux, écoutant monter en nous les voix diverses de nos espoirs et de nos craintes. Confiance joyeuse et angoissantes appréhensions, pour des raisons différentes se mêlent et se combattent dans le cœur de chacun de nous. Partir pour un voyage lointain, en ces régions de l'Asie tient toujours de l'aventure.

Enfin, je fais volte-face, rompant le charme qui nous retenait ; les autres me suivent, nous descendons la piste sur l'autre versant de la montagne. Quelques pas et Koum-Boum est hors de vue...

Le voyage que je projetais consistait à atteindre Lhassa en suivant un long itinéraire contournant tout le nord-est du Tibet. Il s'agissait de gagner la route des caravanes allant de Tatchienlou (à l'extrémité du Szétchouan) à la capitale du Tibet et, pour y parvenir, de traverser du nord au sud la région frontière officiellement comprise dans le territoire chinois, mais habitée par des tribus d'origine tibétaine indépendantes, en fait, de Pékin comme de Lhassa et ne reconnaissant que leurs chefs locaux.

Partant de Koum-Boum il eût été plus simple et plus rapide de suivre à travers les Tchang-Thang [2], l'une des pistes parcourues par les caravanes venant du nord. La limite de ces vastes solitudes touche Dangar, une petite ville-frontière située à deux journées de marche de Koum-Boum. Le voyage effectué de cette façon n'eût demandé qu'une dizaine de semaines, trois mois au maximum, mais des raisons sérieuses m'empêchaient de m'aventurer dans cette direction.

---

1. *Lha klang*, « habitation d'un dieu », est le nom que les Tibétains donnent aux temples.

2. Ecrit « byang thang ». Littéralement les « plateaux septentrionaux ». D'immenses solitudes herbeuses traversées par des chaînes de montagnes qui occupent tout le nord du Tibet.

J'avais déjà séjourné à plusieurs reprises dans la région qu'il m'aurait fallu traverser — celle du Lac Bleu (le Koukou nor). J'étais bien connue des pasteurs qui y campent et rencontrée par ceux-ci, j'aurais essuyé mille questions de leur part concernant le but de mon nouveau voyage. Or, un strict incognito était la condition essentielle de la réussite de mes plans ; il me fallait donc suivre des routes où je risquais peu de trouver des gens m'ayant déjà vue.

Je n'ai rien du tempérament de Don Quichotte et je ne cherche jamais à attirer les aventures ; cependant celles-ci ne se firent pas attendre. Le jour même de notre départ, nous faillîmes nous battre avec les conducteurs d'une caravane mongole.

Entre Lousart et Sining, dans un de ces inénarrables chemins chinois encaissés entre des murailles de terre hautes de quatre à cinq mètres et tout juste assez larges pour laisser passer une charrette, nous nous heurtâmes à un convoi de chameaux.

Il avait été convenu qu'à tour de rôle, un des domestiques suivrait, à pied, les mules portant les bagages. Cinq cavaliers seulement — moi comprise — se trouvaient donc pourvus de montures. Cependant, pour éviter à l'un des hommes (tous étaient *trapas*) la mortification très sensible à un Tibétain, de quitter le monastère à pied tandis que ses compagnons étaient montés, j'avais prêté ma grande mule noire à l'un d'eux et je voyageais dans une voiture chinoise, la classique charrette sans ressorts (la tchiao tze) de la Chine septentrionale qui, faute de routes, ne dépasse pas Sining et Koum-Boum, au seuil des grandes solitudes du Tibet.

C'était ce véhicule qui obstruait la route, en face d'une centaine de chameaux chargés de marchandises. Arrêtées dans leur progrès, poussées par celles qui poursuivaient leur marche machinale en queue de leur longue procession, les grosses bêtes se pressaient en criant dans l'étroit couloir.

A ce moment, je me délassais en marchant sur la crête d'une des murailles bordant la route. Du haut de cet observatoire, la situation m'apparaissait nettement. Impossibilité complète de passer en se croisant ; soit la charrette, soit les chameaux devaient reculer, et il s'agissait, dans les deux directions, de s'en aller à reculons sur une longueur d'environ un kilomètre.

La coutume veut qu'avant de s'engager dans les défilés de ce genre, les charretiers ou les conducteurs de bêtes poussent des cris pour informer de leur arrivée ceux qui pourraient y entrer à l'extrémité opposée. Nous n'avions pas entendu les Mongols nous héler et quant à mes hommes, je crois qu'ils avaient également omis de s'annoncer. La faute était égale sans doute, mais en Orient, c'est là ce qui importe le moins. Ce qu'il convient de sauvegarder avant tout, c'est le prestige. Tout plutôt que de « perdre la face », pensent les Chinois et les Tibétains. Mes garçons partageaient cette façon de voir, et sous peine de déchoir dans leur estime, ce qui pouvait avoir des conséquences sérieuses dans les pérégrinations aventureuses que je me proposais d'effectuer, il fallait me conformer à leur opinion. Dans le cas présent, la « face » exigeait le recul des chameaux et le progrès triomphant de ma charrette.

— « Reculez ! » dit Yongden au Mongol qui marchait en tête et se trouvait, présentement, aplati entre mes cavaliers et ses animaux qui se bousculaient.

— « Reculez ! » firent en écho mes serviteurs.

Deux autres conducteurs accoururent sur la crête qui dominait le couloir.

— « Impossible ! » s'exclama l'un d'eux, « nous avons plus de cent bêtes et vous n'avez qu'une seule charrette. Quant à vos mules il leur est facile de faire volte-face. »

Je continuais à contempler les choses de haut.

Evidemment, le brave homme avait raison. La logique, le bon sens et le sentiment s'accordaient : c'était à notre charrette de reculer... Mais il y avait « la face » et contre elle, logique, bon sens et sentiment étaient, en ce pays, de mesquines personnes. Que je cédasse et j'en paierais la lourde pénalité un jour de véritable danger où j'aurais besoin que mes hommes aient toute confiance en moi et montrent de la fermeté. Quel rapport cela pouvait-il avoir avec le recul d'une charrette dans un chemin encaissé ? Aucun, évidemment, mais je ne pouvais pas changer la mentalité de mes compagnons de route.

— « Reculez ! » répondit Yongden aux objurgations du Mongol.

— « Reculez ! » firent les autres, en écho.

La discussion s'échauffa, on en vint aux injures, aux menaces. Les chameaux ajoutaient leurs cris discordants au tumulte ; les mules effrayées essayaient de se cabrer et ne le pouvant, faute d'espace, s'entre-mordaient... Cette scène de confusion au fond d'un ravin ne manquait pas de pittoresque.

Un Mongol épaula son fusil. Les choses s'envenimaient. Mais, maintenant, l'eussé-je voulu, cette ébauche de menace ne me permettait plus de céder.

— « Nous aussi, nous avons des fusils », ripostèrent mes gens, accoutumés à la vie des *Tchang-Tchang*, où les escarmouches sont fréquentes et ils saisirent les armes qu'ils portaient à la bretelle.

Allaient-ils s'entre-tuer ?...

Probablement les Mongols pensèrent-ils que pour montrer une telle obstination, les gens bien vêtus et bien montés que nous étions devaient occuper un rang distingué dans l'échelle sociale et que blesser ou tuer l'un d'eux entraînerait des suites graves pour le meurtrier. Ils se décidèrent à reculer.

Les volumineux et lents chameaux attachés par le nez et par la queue les uns aux autres, en files de huit ou dix animaux, se prêtaient mal à cet exercice. Tandis que leurs conducteurs s'occupaient d'eux, je me laissai glisser de mon observatoire, réintégrai la charrette cause de tout le trouble et, le couloir devenu libre, je le traversai jusqu'au bout d'un air digne. La « face » était sauve.

Cependant, je n'avais pas le cœur assez « mandarin » pour jouir de ma victoire sans remords. Accrochant au passage les regards des chameliers qui me suivaient des yeux, je leur fis signe, montrai ostensiblement deux dollars chinois et, passant la main sous les rideaux qui entouraient mon véhicule, je laissai tomber les deux larges pièces de monnaie. Les Mongols avaient compris mon geste, ils allaient ramasser l'argent après mon passage et loueraient ma charité. Mes gens n'avaient rien vu... la « face » demeurait sauve !

Le voyage débuta par des ennuis. Une somme d'argent que je comptais trouver à Sining — ayant fait le nécessaire pour qu'elle y fût à ma disposition — parut s'être volatilisée d'incompréhensible façon et tandis qu'à l'occasion du Nouvel An chinois mes serviteurs festoyaient gaiement, se livrant à des bombances de Gargantua, je me demandais, très angoissée, ce qui allait advenir de moi et de mon voyage si je me trouvais sans ressources. Heureusement, après quelques jours de pénible incertitude, l'argent se retrouva de manière aussi mystérieuse qu'il avait disparu. Je me hâtai de me mettre en route.

Trois ans plus tôt, venant de Pékin, j'avais suivi, pour me rendre à Sining, la route carrossable qui relie cette ville à Lantchou, la capitale du Kansou. Voyageant maintenant à cheval, je voulus suivre le sentier plus pittoresque qui longe la rivière de Sining. Mal entretenu — probablement pas du tout entretenu — consistant surtout en escaliers étroits construits en pierres branlantes et côtoyant le vide, celui-ci fut dur à mes pauvres mules fortement chargées. Par l'effet des continuelles secousses causées par les inégalités du terrain, leurs selles de bois à la mode chinoise, bien que posées sur d'épaisses couvertures, les blessèrent profondément. Ce fut une nouvelle cause de soucis. Ces plaies au dos des bêtes sont longues à guérir et je me voyais déjà immobilisée après quelques jours de marche.

Lorsque l'on voyage très lentement, s'accordant de nombreuses heures de repos dans les villages, les occasions de causer avec les indigènes abondent. Savoir profiter de ces bavardages familiers, y glaner au passage des détails typiques sur les mœurs et la pensée des indigènes, est un art que tout voyageur devrait cultiver soigneusement.

Entre Sining et Lantchou ce furent, parmi d'autres gens, deux « chrétiens » chinois qui apportèrent leur tribut à mes notes de route. L'histoire du premier était banale. Sous des formes à peine différentes, elle se répète continuellement d'un bout à l'autre de l'Asie.

Le fils d'un paysan à qui j'achetais des vivres me raconta qu'il *avait été* chrétien. De son plein gré, à l'âge adulte, il avait reçu le baptême. Par la suite il s'était probablement montré particulièrement zélé, flattant agréablement les pieuses espérances de l'excellent missionnaire dont il était l'ouaille. Bref, quelques années après sa conversion, celui-ci l'avait institué son représentant pour une certaine étendue de territoire avec mandat de prêcher dans les villages et de baptiser les convertis qui ne pouvaient se rendre au siège de la mission. Survint la Grande Guerre et ses suites désastreuses pour le buget des étrangers résidant en Orient. Le cours du dollar chinois montant de façon fantastique, beaucoup d'œuvres missionnaires non essentielles durent être sacrifiées. Les services rendus par l'homme qui me parlait ne parurent sans doute pas assez importants pour justifier le maintien du salaire qu'il touchait, ou bien s'illusionnant sur l'ardeur de sa foi, le chef de la mission s'imagina peut-être qu'il continuerait gratuitement son apostolique labeur. C'était là se bercer de vains rêves.

— « J'ai patienté », me disait le paysan, « je croyais que le *chine fou*[1] finirait par régler l'arriéré de mes appointements, mais l'argent n'est pas venu... Alors, j'ai cessé de prêcher... Je ne suis plus chrétien. »

Certes, l'histoire était absolument banale, son sel consistait dans le sérieux de celui qui me la racontait, dans l'air parfaitement digne avec lequel il déclarait qu'il avait « attendu » avant de se « déchristianiser », afin de laisser au *chine fou*, son débiteur, le temps de régler l'arriéré de ses émoluments. La certitude qu'il montrait d'avoir agi avec une correction absolue, de s'être conduit en parfait « gentleman », d'avoir rempli tout son devoir et même un peu plus que son strict devoir, était d'un comique irrésistible. Mais j'étais seule à le percevoir. Le père de l'ex-chrétien — resté fidèle aux dieux taoïstes — et les paysans ses voisins hochaient gravement la tête en gens qui appréciaient la délicatesse et l'esprit pratique qui s'alliaient si heureusement chez leur compatriote.

Le second « chrétien » était d'un type bien différent et son histoire sortait de l'ordinaire.

Il me croyait tibétaine, ce qui me permit de jouer l'ignorante lorsqu'il se déclara chrétien et de lui demander en quoi consistait sa religion.

— « C'est la religion de Issou (Jésus) », me dit-il.

— « Ah ! Et qui est cet Issou ? »

— « C'est un « grand homme »[2]. Il habite Nienpai. »

1. Prêtre.

2. L'expression polie chinoise *ta jen*, prononcée *ta réne* au Kansou, qui signifie un homme distingué.

La nouvelle était inattendue, mais pourtant susceptible d'explication. Le nigaud qui me la donnait sous cette forme pouvait être un catholique faisant allusion à la présence sacramentelle de Jésus dans la chapelle de la mission, ou bien appartenir à l'une des églises protestantes qui, à cette époque, prédisaient au Kansou le retour imminent du Christ. Sur ce dernier thème les humbles fidèles des campagnes avaient pu broder de façon fantaisiste.

Ayant interrogé le bonhomme au sujet de sa confession, j'appris qu'il était T'ien-dou-tan, c'est-à-dire catholique, et il ajouta qu'il avait vu — de ses yeux vu — « Issou » à Nienpai. Puis, pour me convaincre de sa véracité, il se mit à me décrire le Seigneur : un homme de haute taille, d'âge moyen, dont les cheveux n'étaient pas noirs, qui avait des yeux bleus...

Au portrait qu'il en traçait, je reconnaissais peu à peu un aimable missionnaire de ma connaissance.

Ses innocents paroissiens l'avaient simplement déifié.

Mon expédition qui avait débuté par des ennuis fut, dès les premières semaines, attristée par la maladie et par la mort de deux jolis jeunes chiens nés chez moi, à Koum-Boum, que j'avais emmenés pour être d'affectueux compagnons de voyage et garder mon camp pendant la nuit.

Peu après avoir quitté Sining, l'un de ceux-ci, un griffon de race mongole, manifesta soudainement des symptômes inquiétants ressemblant à ceux de la rage. Il cherchait à s'enfuir, ne pouvait plus avaler, paraissait effrayé à la vue des aliments qu'on lui présentait, secouait la tête et aboyait avec une voix singulière.

Je me demande si jamais un romancier a tenté de dépeindre les sentiments de quelqu'un voyageant avec un animal suspect d'être enragé. J'en doute, la chose paraîtrait invraisemblable. En Occident, le sort d'un tel chien est vite réglé. Mais nous étions en Asie ; ceux qui m'entouraient étaient bouddhistes et moines, aucun d'eux n'aurait voulu commettre le crime de tuer le pauvret et, en ce qui me concerne, jamais je ne l'aurais commandé. Il n'y avait qu'à prendre des précautions.

On mit donc le petit griffon dans un panier, on le

chargea sur une mule et nous continuâmes notre route.

Arrivé à Lantchou, le chien finit par mourir après une longue agonie. Son frère tomba malade à son tour. Sa mort fut plus navrante encore. Il m'était extrêmement attaché et il se sentit mourir avec une lucidité tout humaine. Pendant deux jours il demeura blotti contre moi, refusant de s'éloigner. Il se dressait, appuyant ses pattes sur mes genoux et me regardait longuement dans les yeux, posant parfois son petit nez noir contre ma joue.

Que voulait-il me dire ?... « Je vais partir » ou bien « Je voudrais rester, garde-moi ! »

Comprit-il mon impuissance, chercha-t-il secours ailleurs ? Il alla à l'écurie, s'arrêta auprès de chacune de mes mules, sembla les implorer et les bonnes bêtes qui le connaissaient bien, baissaient la tête pour le flairer et se remuaient avec précaution pour ne pas heurter le tout petit malade qui trébuchait, sans force, dans la paille, entre leurs grandes jambes.

Ce fut la fin. Je ne pus le garder, pas plus que je n'avais pu retenir son frère.

Un soir où la lune était voilée par le brouillard, nous allâmes furtivement l'enterrer au pied d'une colline, à la lisière d'un cimetière chinois. Le respect attaché à ce sol devait assurer au pauvret une dissolution paisible et le faire échapper au couteau du « fourreur » indigène qui écorche les cadavres de chiens pour en vendre la peau.

Sentimentalité ridicule. Ce n'étaient que des bêtes ! penseront certains.

Vue bien superficielle que celle-là. Qu'importe la valeur plus ou moins grande selon notre évaluation humaine, des êtres qui disparaissent. Ce qui compte et s'impose à la pensée comme une cruelle énigme, c'est le fait de la disparition. La Mort était passée, elle venait d'immobiliser une activité joyeuse, d'éteindre une flamme intelligente, de transformer en une chose inerte, que la corruption allait bientôt dissoudre, cela qui avait senti, pensé, aimé. Son mystère terrible se rappelait à moi et projetait une ombre angoissante sur mon expédition.

Je ne m'attardai pas à Lantchou. J'avais visité cette ville en détail y ayant fait un séjour prolongé, trois ans plus tôt, en arrivant de Pékin.

Bâtie sur le bord du fleuve Jaune, la capitale du Kansou est la plus importante cité du nord-ouest de la Chine. Pour trouver son égale il faut aller jusqu'à la lointaine Tihwa-fou (Ouroumtchi) au Sinkiang (le Turkestan chinois) et ce pays de turcomans musulmans n'est plus, à proprement parler, la Chine.

Sans doute, de nombreuses villes chinoises sont plus riches que Lantchou en monuments artistiques. Sous ce rapport, cette dernière est fort dénuée, mais son aspect ouvert, ses nombreuses rues larges et aérées plaisent au voyageur occidental. Il s'y sent plus à son aise, moins en Chine faut-il peut-être dire, qu'à Tchéngtou l'opulente capitale du Szétchouan ou en d'autres grandes cités de la « République du Milieu ».

La population du Kansou diffère aussi beaucoup de celle de la côte ou des provinces du Sud. Elle n'a rien du Chinois de petite taille, mangeur de riz que beaucoup d'étrangers croient représenter le type invariable de tous les habitants de la vaste Chine. Les hommes du Kansou sont généralement grands, bien faits, blancs plutôt que jaunes et souvent beaux de visage. Le pain et les pâtes : nouilles ou macaroni, forment la base de leur alimentation ; le riz n'y figure qu'accessoirement. En général, la vie au Kansou est plus libre, moins étroitement liée par les rites et les coutumes qu'elle ne l'est dans les provinces centrales ; l'on y sent l'influence de races étrangères. Les purs Chinois, qui ne s'y trompent pas, montrent souvent un certain dédain pour ces compatriotes des frontières dans lesquels ils ne reconnaissent pas leur sang et, parfois, les traitent de sauvages, une épithète fort peu justifiée.

Situé à environ 2 800 kilomètres de Pékin et non desservi par le chemin de fer[1], Lantchou échappe aisément au contrôle du gouvernement central. Il en a probablement toujours été ainsi et il est douteux que le pouvoir administratif, ayant actuellement son siège à Nankin, réussisse mieux que ses prédécesseurs à se faire obéir

1. Une ligne de chemin de fer a été projetée bien avant la Grande Guerre, mais les travaux ont été arrêtés près de Honan, un embranchement de la ligne Pékin-Hankéou, et n'ont pas été repris. La partie du trajet à effectuer en charrette, depuis le terminus du rail, demande, à l'allure ordinaire, de vingt-huit à trente jours.

dans le lointain Kansou. Quoi qu'il en puisse être, les notables de Lantchou ont su, plus d'une fois, démontrer de façon catégorique leur indépendance vis-à-vis du gouvernement chinois.

Je ne citerai qu'un cas qui se produisit tandis que je résidais dans cette région.

L'avènement au pouvoir d'un nouveau parti politique avait, alors, eu pour conséquence la révocation du gouverneur du Kansou qui appartenait au parti vaincu. Sans offrir aucune résistance, celui-ci avait quitté son siège et était retourné dans son pays natal jouir en paix des fruits de son administration.

D'après les habitants de Lantchou, ces fruits évidents se présentaient sous la forme d'un convoi de mules chargées de lingots d'or.

Pour remplacer le gouverneur sortant, les autorités de Pékin avaient nommé un musulman. De là, grand émoi au Kansou où Chinois et disciples du Prophète vivent sur le pied de guerre. Les véhémentes récriminations de la population parvinrent à Pékin. Pour apaiser les esprits, le général musulman fut pourvu d'un autre poste et un de ses collègues chinois désigné pour se rendre à Lantchou. Mais voici que le nouvel élu se trouvait être un de ces éminents chefs de bandes qui, sous l'habit militaire, se livraient, en grand, au pillage des régions où ils résidaient. Il commença par déclarer qu'il licencierait les troupes recrutées par son prédécesseur et amènerait avec lui, pour les remplacer, ses propres soldats, vingt mille mercenaires à sa solde [1].

Du coup, les commerçants du Kansou virent leurs boutiques pillées, les paysans leurs récoltes volées ou saccagées, et tous ruinés par cette soldatesque étrangère tout animée encore par de récents exploits dans le pays où son maître venait de régner.

Un général commandant à Pigliang — une ville de l'est du Kansou — vit alors poindre « son heure ». Il fit cause commune avec les notables et le peuple effrayés et résuma ses intentions dans une déclaration lapidaire : « S'il a des soldats, j'en ai aussi. Qu'il vienne et je saurai le recevoir ! » L'élu de Pékin crut sans doute imprudent

1. Je rapporte ici ce qui se disait à Lantchou.

d'affronter les « braves »[1] de Pigliang ; bien que sa nomination demeurât officielle, il ne parut pas au Kansou.

Le général « sauveur » quittant alors Pigliang s'installa à Lantchou, chaleureusement accueilli par les habitants et sans plus se soucier des décrets de Pékin, il y établit, de concert avec le préfet civil, une sorte de duumvirat qui devait régir la province. Par la suite, ayant décidément conquis l'estime de la population, il se nomma lui-même seul gouverneur du Kansou et, dès lors, comme son prédécesseur, il put régner en souverain à peu près absolu, n'ayant à craindre que la défection des troupes mercenaires sur lesquelles s'appuyait son autorité.

Toutefois, à l'époque où je m'arrêtai à Lantchou il s'en fallait de beaucoup que, malgré le titre qu'il portait, l'autorité du gouverneur du Kansou s'étendît sur toute cette province. En fait, le sud de celle-ci se trouvait aux mains d'un autre général tandis qu'à Sining régnait un troisième général, le musulman Ma. Le premier s'était rendu tout à fait indépendant. Il avait frappé une monnaie différente de celle ayant cours dans la capitale provinciale et la totalité des impôts perçus sur le territoire conquis par lui entrait dans ses caisses. Quant à Ma, sans être hostile au gouverneur, il ne se considérait en aucune façon comme son subordonné. Chacun de ces chefs entretenait, aux frais de la population, une petite armée de « braves ». Périodiquement, les généraux emmenaient leurs troupes razzier les régions voisines de leurs fiefs, une façon d'acquitter le salaire des soldats généralement peu régulièrement payés. Il en était alors ainsi dans toute la Chine.

Au moment où nous voulions quitter Lantchou pour continuer notre route vers le grand monastère de Lhabrang Tachikyil, les musulmans recommençaient à s'agiter et les Chinois craignaient un soulèvement pareil à celui qui avait ensanglanté le Kansou une vingtaine d'années auparavant.

Ce dernier avait été marqué, jusqu'après sa répression, par des incidents tragiques des plus extraordinaires. L'un d'eux s'était produit près de Kweité à l'occasion de l'exécution, sur la berge d'une rivière, d'un grand nombre de chefs et de notables musulmans.

---

1. Titre par lequel les soldats chinois se désignent volontiers.

Plusieurs centaines de curieux, tous Chinois, s'étaient massés sur un pont pour voir tomber les têtes de leurs ennemis. Or, tandis que les bourreaux faisaient leur œuvre au bord de l'eau, le pont surchargé se rompit et les spectateurs furent précipités dans la rivière dont le courant rapide les entraîna. Très peu purent se sauver.

Le soulèvement que l'on redoutait devait en effet se produire, mais beaucoup plus tard, dix années environ après mon départ du Kansou. Les rares nouvelles qui parvinrent alors jusqu'à moi le montraient aussi fertile en incidents dramatiques que celui qui l'avait précédé. Cette fois, une épidémie de choléra l'avait accompagné et l'on racontait entre autres horreurs que les musulmans assiégés dans leur citadelle d'Hojo et décimés par le fléau jetaient par-dessus les remparts, dans le camp des assiégeants chinois, les cadavres de leurs morts dont ils ne savaient comment se débarrasser.

Pour aller à Lhabrang Tachikyil j'avais le choix entre plusieurs routes, mais les musulmans occupaient si vivement l'attention publique que ma curiosité s'était éveillée à leur sujet et j'avais choisi celle de ces routes qui passaient par Hojo, la citadelle de l'islamisme au Kansou.

Afin de ne pas attirer l'attention et de réduire mes frais de route, j'avais décidé de voyager de la façon la plus modeste. — Du moins elle me paraissait telle à cette époque ; je devais en connaître, plus tard, une autre bien plus modeste encore : celle du pèlerin mendiant. — Je n'avais donc acheté qu'un cheval et sept mules, comptant louer, en cours de route, les bêtes supplémentaires nécessaires pour transporter les bagages. De plus, j'avais aussi calculé le poids de ces derniers de manière à ce qu'en cas de besoin, les domestiques allant à pied, six mules puissent porter tous mes colis. Si les circonstances nous obligeaient à nous charger d'une plus grande quantité de vivres, nous le pouvions encore en employant le cheval que montait Yongden et la grande mule noire que je m'étais réservée. Etant tous bons marcheurs, cette perspective ne nous effrayait pas.

J'eus, dès Lantchou, à me féliciter de ma prévoyance. Tous les muletiers refusaient d'aller à Hojo craignant de s'y voir voler leurs bêtes ou d'être eux-mêmes maltraités par les musulmans. On me dépeignait le voyage comme dangereux et l'on m'exhortait à passer par une autre route. Mais je me laisse rarement détourner d'accomplir ce que j'ai projeté et, à la fin, je trouvai un homme qui consentit à me louer trois mules et à m'accompagner jusqu'à la ville redoutée.

La route ne manquait pas d'intérêt, nous traversâmes le Tao en bac et entrâmes ensuite dans une région de montagnes arides au sol d'un blanc crayeux où la réverbération était aveuglante.

La mauvaise chance continuait à nous poursuivre. Peu après le passage de la rivière, Yongden fut pris d'une violente attaque de fièvre. Je lui administrai de la quinine qui ne produisit que très peu d'effet. Il insista pourtant pour continuer le voyage sans arrêt et bien qu'il eût passé une mauvaise nuit, nous nous mîmes en route de bon matin, comme d'ordinaire. Après avoir vaillamment résisté jusque vers le soir, il défaillit soudainement. Nos garçons eurent à peine le temps de le descendre de son cheval pour lui éviter une chute ; il s'affaissa sur le bord du chemin.

Nous n'étions pas loin d'un village, mais il n'y existait pas d'auberge. Voyant notre embarras, un vieil « akon »[1] attaché à la mosquée locale, nous offrit l'hospitalité. Sa minuscule demeure se composait d'une unique chambre, d'une cuisine et d'une écurie prenant jour sur une cour que bordait, du côté opposé, le mur de la petite mosquée.

Ce brave homme se retira avec sa femme dans la cuisine et m'abandonna sa chambre pour y installer le malade. Celui-ci n'était qu'à demi conscient, il délirait un peu et les mots incohérents qu'il prononçait dénotaient que des souvenirs de son pays surgissaient dans son cerveau.

Celui de mes domestiques qui faisait fonction de cuisinier alluma du feu dans un coin de la cour et y prépara le souper. Ceci afin de ne pas contaminer la cuisine de nos hôtes en y introduisant la viande d'une bête qui n'avait pas été tuée selon le rite musulman. J'avais d'ailleurs bien eu soin de les informer que nous n'avions pas de porc parmi nos provisions.

1. C'est le titre donné par les musulmans du Kansou à celui qui dirige les prières et remplit d'autres fonctions religieuses.

Puis la soupe étant prête, je m'assis aussi dans la cour pour manger.

Autour de moi, tout était badigeonné au lait de chaux : la maisonnette, les murs de l'enclos, la mosquée et sa petite tour. Nulle figure magique imprimée sur papier rouge ou jaune n'ornait la porte, nul autel des ancêtres, nulle statue de déité ne s'apercevait à l'intérieur. Un esprit très différent de celui qui enveloppe les villages chinois émanait de toutes choses. Le jour baissa. Très digne en sa longue robe, notre vieil hôte monta à son humble minaret et, d'une voix menue mais ferme, proclama l'unité d'Allah et convia les fidèles à la prière. Puis, au ciel encore clair, un mince croissant de lune parut au-dessus d'un haut cyprès et l'Islam s'imposa, souverain ; bien que sur le sol de la Chine, on se sentait loin d'elle.

Le lendemain Yongden insista encore une fois pour partir. Rien ne pouvait être meilleur pour sa guérison, disait-il, que de quitter la région où il avait pris la fièvre. Il pouvait y avoir du vrai dans cette opinion, mais il nous était, surtout, impossible d'abuser de l'hospitalité des braves gens qui nous avaient ouvert leur porte.

Notre route continuait à travers une région complètement dénuée d'eau dont les habitants subsistent uniquement sur celle qu'ils recueillent dans des citernes pendant la saison des pluies. Cette eau malpropre, souvent croupie, dont nous devions nous servir pour faire le thé et pour les besoins de la cuisine ne convenait guère à un fiévreux, pourtant l'état de Yongden ne s'aggrava pas et il se rétablit aussi soudainement qu'il était tombé malade.

Malgré la lenteur avec laquelle nous voyageons, nous sommes déjà loin de Lantchou et la vague sécurité dont on jouit dans le voisinage immédiat des autorités chinoises ne s'étend pas jusqu'au pays où nous entrons. Celui-ci a fort mauvaise réputation. On nous a, notamment, signalé certaines gorges rocheuses où les passants sont fréquemment détroussés et parfois même lardés de coups de sabre.

Nous savons d'avance que nous courrons souvent un danger de ce genre au cours du voyage que nous avons entrepris, la nouvelle ne nous émeut donc pas. Il ne s'agit probablement, ici, que de trois ou quatre malandrins associés et non d'une véritable bande. La route n'est pas suivie par des caravanes et des brigands sérieux n'y feraient pas leurs affaires.

Néanmoins, en prévision des voleurs qui pourraient être embusqués et tomber sur nous par surprise, j'ordonne à mes gens de revêtir ce que j'appelle en plaisantant la « tenue de guerre ». Celle-ci consiste pour eux à enlever leurs longues robes à la mode mongole et à ne conserver que des pantalons et une veste courte en coutil noir ; un fusil en bandoulière complète ce costume qui rappelle celui adopté par beaucoup de soldats des frontières. Il est susceptible de produire une méprise dont nous profiterons et d'inspirer une certaine crainte aux voleurs, car ceux-ci savent bien qu'ils seraient recherchés et sévèrement punis s'ils pillaient ou molestaient des « braves », tandis qu'ils n'ont guère à le craindre en s'attaquant à des voyageurs civils.

Nous chargeons aussi les trois fusils et les deux revolvers que nous possédons. Jamais, avant d'entrer en Amdo, je n'avais emporté d'armes en voyage. Je me suis départie de mes habitudes pour me conformer aux coutumes tibétaines et, surtout, pour ménager la fierté de mes hommes qui se sentiraient humiliés s'ils n'avaient un fusil au dos et un sabre à la ceinture. Quant à moi, à tort ou à raison, j'ai confiance en ma bonne étoile, je ne puis pas imaginer un péril qu'il me soit impossible d'écarter par mes propres moyens. Jusqu'à présent, les événements m'ont donné raison.

Comme toujours en pareilles circonstances, je chemine en éclaireur. Je suis descendue de ma belle mule et je m'en vais sans hâte, clochepiénant un peu, vêtue d'une vieille robe chinoise, toute semblable à une pauvre paysanne se rendant dans un village voisin et qui ne peut guère tenter des larrons en quête de butin.

Si j'aperçois quelque chose de suspect, j'entonnerai un chant pieux. En cas de danger pressant, je sifflerai avec un puissant sifflet qui sert à nous rallier quand nous nous séparons pour chercher notre route, et qui demeure toujours suspendu à mon cou. Mais tout se passe bien. J'ai beau scruter du regard tous les ravins, toutes les crevasses qui coupent les hautes parois du défilé, je n'y découvre pas l'ombre d'un être humain.

Arrivée près de la fin du couloir et contente de nous en voir tous sortis sans ennui, j'exprime ma satisfaction par une plaisanterie déjà renouvelée bien des fois en des occasions analogues mais qui amuse toujours mes garçons.

— « Tobgyal, avais-tu préparé la bouteille de thé ? »

Les trois hommes éclatent de rire, l'interpellé d'aussi bonne grâce que ses compagnons, bien que la plaisanterie le vise.

Elle se rapporte à un incident comique qui se produisit environ deux ans plus tôt.

Je me rendais, alors, au monastère de Ditza, situé à environ une journée de marche de la rive du Fleuve Jaune. Le pays qu'il me fallait traverser est presque complètement désert et hanté par de hardis brigands tibétains bien plus redoutables que leurs confrères chinois.

Deux années auparavant, l'intendant d'un lama, mon voisin, avait été saisi par eux, alors qu'il venait de toucher une forte somme et la rapportait dans les sacoches de sa selle. Non seulement les voleurs s'emparèrent de l'argent, mais ils dépouillèrent aussi l'intendant de sa belle robe de soie et de tous ses autres vêtements. Puis, lorsqu'il fut complètement nu, ils lui lièrent les mains derrière le dos et, se servant de sa longue ceinture comme d'une corde, ils l'attachèrent à un arbre. Cela fait, ils s'en allèrent en emmenant aussi son cheval.

Le malheureux intendant passa toute une longue nuit d'hiver dans cette position. A force d'efforts, il réussit à se délivrer à l'aube et, à moitié gelé, se traîna jusqu'à une ferme où on le secourut.

Sans remonter si loin, la semaine précédente, les bandits avaient criblé de balles un malheureux fermier qu'ils croyaient muni d'argent. L'homme put leur échapper grâce à la rapidité de son cheval, mais il n'atteignit sa demeure que pour y mourir deux heures plus tard.

Dans ces régions, les faits de ce genre ne sont pas rares et si l'on devait y attacher beaucoup d'attention l'on ne sortirait jamais de l'enceinte d'une ville et l'on s'y enfermerait chez soi, chaque jour, avant le coucher du soleil.

Vers la fin de l'après-midi, nous nous trouvions donc dans une vallée couverte de hauts buissons d'où émergeaient des touffes d'arbres. Pour nous délasser d'une longue chevauchée, nous avions mis pied à terre et marchions à côté de nos bêtes. Mon fils adoptif, le lama Yongden, et moi avions un peu devancé les autres et en arrivant à une petite clairière je m'étais assise sur un rocher ayant l'intention d'y faire aussi s'arrêter les domestiques pour qu'ils se reposent pendant quelques instants, mais arrivé près de moi l'un d'eux, que nous nommions Sotar[1], me dit à voix basse :

— « Des voleurs nous guettent, je les ai vus se cacher derrière les arbres. »

La chose n'avait rien d'étonnant. Sans manifester aucun empressement, je me lève pour continuer ma route. Ce n'est pas le moment de s'arrêter, il vaut mieux nous hâter de gagner un endroit habité, mais il est prudent, aussi, de ne pas montrer de crainte et même de ne pas sembler avoir aperçu les malandrins.

Après avoir fait quelques pas, j'entrevois, à mon tour, trois hommes armés de fusils qui se dissimulent dans les fourrés.

— « Prends mon revolver dans la sacoche de ma selle et apporte-le-moi discrètement sans qu'on le voie », dis-je à à Tobgyal.

Ce dernier, un excellent garçon, *trapa* de Koum-Boum, ne brillait pas par la bravoure. A dire la vérité, il était plutôt un peu poltron. Savoir que des voleurs armés se trouvaient tout proches de nous lui brouilla les idées ; il ouvrit bien la sacoche, y prit quelque chose et me l'apporta aussi discrètement que possible, mais quand il sortit l'objet de dessous sa robe où il l'avait caché sur sa poitrine, ce dernier se trouva être, non pas un revolver, mais une bouteille thermos remplie de thé, que j'avais l'habitude d'emporter avec moi.

A cette apparition inattendue et bien peu de circonstance je fus prise d'un fou rire.

— « Va », dis-je au benêt, « va aussi chercher la boîte à biscuits, nous leur offrirons un goûter. »

Mon fils et trois domestiques qui nous accompagnaient joignirent leurs rires aux miens. Les voleurs durent se

---

1. Sotar est un terme hindi qui signifie à peu près un surveillant, un contremaître, un petit chef dirigeant des porteurs, etc. L'homme que nous désignions ainsi était un Tibétain qui avait servi un officier anglais du service cartographique à la frontière du Tibet. Il parlait parfaitement hindi.

demander ce qui se passait et notre hilarité nous sauva peut-être d'une agression. Quoi qu'il en soit, nous montâmes vivement en selle et partîmes bon train. Les malfaiteurs n'avaient-ils pas de chevaux ou n'osèrent-ils pas nous poursuivre ? Nous ne fûmes pas attaqués.

Mais, depuis ce jour, le pauvre Tobgyal ne cessa plus d'être en butte aux railleries de ses camarades et, je dois le confesser, aux miennes aussi, bien que cela ne fût pas très charitable. Il finit, du reste, par s'y habituer et en riait avec les autres.

Notre gîte se trouva être, ce soir-là, une ferme isolée entourée d'un grandiose paysage de montagnes rouges dominant un chaos de rocs éboulés. La lune vint bientôt éclairer ce décor fantastique mais sa clarté ne permettait pas de distinguer l'extrémité de l'espace : plaine ou large vallée, qui s'étendait devant nous et l'amoncellement des gigantesques éboulis se perdait mystérieusement dans une nébulosité bleuâtre.

Dès que j'eus terminé mon repas, je voulus sortir pour jouir de cet imposant spectacle. Le froid était vif, mais très supportable et l'on pouvait, sans en souffrir, passer une demi-heure à rêver assis sur un rocher. Quand ils me virent disposée à quitter la maison, mes hôtes me conjurèrent avec force de n'en rien faire. Ils redoutaient pour moi les rôdeurs malfaisants : humains ou bêtes carnassières qui hantaient la région. Une jeune Chinoise se montrait tout particulièrement véhémente dans ses discours tendant à me retenir. Sa sollicitude me toucha, mais je n'en sortis pas moins.

Peut-être, absorbée par mes pensées, m'éloignai-je, en marchant, un peu plus que je n'en avais eu l'intention et probablement aussi m'attardai-je assise sur une pierre entre deux gros rochers qui formaient une guérite et m'abritaient du vent. Il m'aurait été difficile de dire depuis combien de temps j'étais au-dehors lorsque j'entendis un bruit de pas se dirigeant de mon côté. Il ne s'agissait pas d'un animal, l'allure régulière était celle d'un être humain et comme le marcheur venait de la direction opposée à celle où se trouvait la ferme, il ne pouvait être envoyé à ma recherche par les fermiers que mon absence trop longue rendait inquiets. Je m'enfonçai autant que possible entre les deux rochers. Il était peu probable que l'on pût m'apercevoir dans cette cachette. En effet, un homme passa à quelque distance de moi sans s'arrêter, allant droit devant lui, sans hésitation, comme quelqu'un qui marche vers un but précis et bien connu.

Ce n'était certainement pas un des habitants de la ferme regagnant tardivement sa demeure, car, comme argument tendant à me faire renoncer à ma promenade nocturne, il m'avait été dit et répété que tous étaient rentrés chez eux et n'oseraient pas, à cette heure, se hasarder au-dehors. Du côté où le passant se dirigeait, il n'existait pourtant que cette seule ferme et, au-delà d'elle, la gorge rocheuse de mauvaise réputation que nous avions traversée dans la journée. Le singulier voyageur y allait peut-être rejoindre quelques vauriens préparant une embuscade pour le lendemain. Quel qu'il pût être, il était inutile d'être vue par lui. J'attendis donc assez longtemps avant de quitter mon abri, mais je n'y goûtai plus aucun plaisir. Ma méditation avait été troublée, je commençais à souffrir du froid et la rapide descente de la lune vers les cimes derrière lesquelles elle allait disparaître me faisait craindre d'être surprise par l'obscurité et de ne pas pouvoir retrouver mon chemin. J'arrivai pourtant sans encombre près de la ferme, mais comme j'allais tourner un coin du bâtiment, j'entendis des chuchotements. Des gens parlaient précipitamment à voix très basse. Que voulait dire cela ?...

Tandis que je demeurais indécise, hésitant à avancer, l'un des deux chiens de garde que l'on avait attachés pour me permettre de rentrer sans être attaquée par eux, me sentit et commença à aboyer, son camarade lui fit écho. Au bruit, un homme s'enfuit précipitamment. S'agissait-il d'un voleur ? Je courus vers la porte.

Sur le seuil de celle-ci je trouvai la jeune Chinoise qui m'avait si particulièrement exhortée à ne pas sortir. Elle n'avait pas encore eu le temps de rentrer. Le mystère s'éclaircissait. Le rôdeur était un amoureux sans doute bien connu des chiens de garde qui n'aboyaient pas pour lui.

La « Juliette » fit preuve d'un sang-froid remarquable. Elle manifesta la joie la plus sincère en me revoyant. Elle avait été si inquiète, si inquiète, disait-elle, en me sachant dehors, toute seule dans la nuit qu'elle n'avait pas pu s'endormir et était venue guetter mon retour...

— « Que vous êtes bonne ! et combien je vous sais gré de votre sollicitude », lui dis-je de mon air le plus sérieux.

— « C'est moi qui rentre », criai-je ensuite à haute voix à l'adresse des maîtres de la maison que les aboiements des chiens pouvaient avoir réveillés. Puis, afin de détourner leur attention et d'aider la jeune Chinoise à regagner sa couche sans encombre, je verrouillai bruyamment la porte et emportai vivement dans ma chambre la lampe de terre laissée allumée à mon intention. Mais la petite amoureuse avait déjà disparu, plus légère et plus silencieuse que les « esprits » dont parlent les contes de son pays.

Au sortir de cette région aride, Hojo nous apparut soudain comme nous atteignons le sommet d'un col. La ville entourée de remparts s'élève dans une vaste plaine verdoyante traversée par une jolie rivière. Cette oasis parmi ce pays desséché forme un surprenant et charmant contraste et l'on comprend sans peine l'attachement que témoignent les musulmans du Kansou à cette fraîche citadelle, réplique terreste, à leur mesure, des jardins fleuris du paradis d'Allah.

Mon séjour à Hojo n'eut rien d'agréable. Je fus prise de fièvre comme l'avait été mon fils, quelques jours auparavant. Une des mules enfla et faillit mourir. La neige se mit à tomber, la bise soufflait, glaciale. Nous fûmes immobilisés pendant plusieurs jours dans une auberge, attendant la guérison de la bête malade.

« Il est heureux, me disait Yongden, que nos domestiques ne connaissent pas le but de notre voyage. En voyant la succession d'accidents qui nous surviennent, ils ne manqueraient pas de croire que les dieux du Tibet suscitent des obstacles pour nous empêcher d'atteindre Lhassa. »

Ces incidents fâcheux n'avaient probablement que des causes très naturelles. Néanmoins nous ne devions arriver à Lhassa, ni au cours de ce voyage ni à la suite de deux autres tentatives qui le suivirent. Il me fallait encore attendre trois ans avant de contempler la sainte capitale du Tibet. Je n'ai d'ailleurs aucun sujet de le regretter, car ces échecs successifs et les moyens toujours de plus en plus singuliers qu'ils m'ont forcée d'employer pour atteindre mon but, m'ont procuré la joie d'aventures que je n'aurais jamais connues autrement.

D'Hojo, en nous enfonçant plus avant dans les montagnes, nous regagnâmes le sauvage pays d'Amdo[1]. Amdo est considéré comme une province du Tibet bien qu'il ne fasse pas partie du territoire soumis au gouvernement du dalaï-lama. Les autorités chinoises y exercent un vague contrôle et y perçoivent quelques impôts, mais elles n'interviennent dans les affaires de la population que dans des cas exceptionnels. En temps ordinaire, celle-ci est gouvernée par des chefs locaux sans liens entre eux.

Les Tibétains d'Amdo comprennent des pasteurs *(dokpas)*[2] vivant sous la tente à la limite nord-est des grands déserts d'herbe : les Tchang Tang et des *yudog*[3] c'est-à-dire des villageois-pasteurs. Ces derniers occupent des hameaux et se livrent à la culture pendant une partie de l'année puis, l'été venu, ils confient à quelques-uns d'entre eux — souvent à des femmes — la garde de leurs habitations rustiques et le soin de moissonner et de rentrer la récolte. Tout le reste de la population valide s'en va, avec les troupeaux, camper dans les alpages.

Notre route nous mène par d'étroites vallées où coulent des rivières aux eaux vertes. A une époque encore peu éloignée, tout le pays a dû être couvert de forêts, mais les indigènes déboisent avec acharnement. Beaucoup de montagnes sont entièrement dénudées et croulent, menaçant d'obstruer dangereusement les vallées, tandis que des torrents, bondissant à travers les énormes éboulis, ravinent profondément les versants arides et activent la dévastation.

Le transport des arbres par flottement n'étant pas possible dans cette région, c'est le commerce de la braise qui cause son déboisement. Des sapins géants, les bûcherons font maladroitement de la petite braise dont la moitié s'effrite et demeure sur place. Ils livrent ce qui est transportable à des intermédiaires chinois ou, plus rarement,

1. Dont nous étions sortis en quittant Koum-Boum.
2. Ecrit *hbrogpa*. Littéralement : « gens des solitudes ».
3. Ecrit *yul hbrog* (de yul = pays, et par extension village, et hbrog = solitude).

l'emportent eux-mêmes sur des mules, dans les villes où elle est très demandée.

A mesure que nous avançons, les gîtes se font de plus en plus misérables. Nous hésitons pourtant à camper dehors tant à cause de nos bêtes qui, en cette saison froide, ont besoin de passer les nuits à l'écurie, qu'à cause des voleurs. S'il faut s'en rapporter à ce que racontent les gens bien informés, en chaque paysan de ce pays, un larron existe, toujours aux aguets d'un coup à faire.

Cependant, ces coquins ne manquent pas d'une sage prudence. Voler l'hôte qui couche chez eux leur paraît dangereux.

Le voyageur dépouillé, surtout si c'est un homme de quelque importance, pourra se plaindre aux chefs locaux ou même aux autorités chinoises s'il ne regarde pas aux frais de justice. A l'occasion, des soldats de passage dans le pays s'improviseront pour lui juges et exécuteurs de leur sentence, et le paysan sentira lourdement le poids de leur intervention rien moins que gratuite. Pour une livre de sucre dérobée, il devra donner un cheval.

En campant au-dehors, l'on perd le bénéfice de la crainte salutaire qu'inspire cette ombre de justice. Contre qui porter plainte si, au cours de la nuit, une ou deux mules disparaissent ? Les indigènes jureront qu'ils n'ont rien vu, rien entendu, que les larrons ne sont certainement point des leurs, qu'aucun d'entre eux n'a quitté le village. Comment un étranger pourrait-il prouver qu'ils mentent ? Il lui est loisible de pester et de tempêter tout à son aise, son bien trotte au loin à travers la montagne et il ne le reverra jamais.

Se faire justice soi-même, en dehors des coutumes établies, n'est pas admis par les Tibétains. Toutes les exactions sont permises en ce bienheureux pays, surtout dans les régions frontières, mais il y a la « manière » à observer. S'écarter, en cette matière, des traditions reçues, est courir le risque de susciter des bagarres au cours desquelles les fusils disent leur mot et le voyageur imprudent peut être mis à mal.

Malgré tout, je me suis bien souvent départie des sages précautions que l'on m'avait conseillées et que les faits courants justifient pleinement et je dois à mes amis tibétains et chinois de dire que rien de fâcheux ne s'en est ensuivi pour moi. Je n'ai guère à noter sous ce rapport que le vol d'une robe chinoise appartenant à Yongden, que l'on déroba en plein jour, dans une chambre d'auberge tandis qu'il prenait le thé avec moi dans la chambre voisine.

Dans toute la région que nous traversons maintenant, les villages ne comptent que quelques maisons : une dizaine au maximum, plus souvent quatre ou cinq seulement. Naturellement, il n'y a pas d'auberges, une chose commune à presque toute l'étendue du Tibet, sauf Lhassa, Jigatzé, Tchiamdo et quelques autres localités importantes. Chaque soir, il faut quémander la permission de passer la nuit sous le toit d'un paysan. Cette hospitalité n'est pas gratuite, mais elle n'est pas tarifée. En quittant leurs hôtes, les voyageurs leur donnent une certaine somme de monnaie ou de denrées utiles : thé, sel, etc. Ils leur achètent aussi de la paille, du foin ou du grain pour nourrir leurs bêtes et se réapprovisionnent, à l'occasion, de beurre, de *tsampa*[1] ou de viande. De cette façon, un fermier trouve toujours quelque profit à les héberger.

Cependant, il arrive que l'on se voie refuser un abri, soit parce que l'on inspire de la défiance, soit pour d'autres raisons[2]. Après avoir dénoncé la tendance qu'ont les villageois à piller les passants, il n'est que juste de déclarer que certains voyageurs ne montrent guère plus d'honnêteté dans leurs relations avec ceux qui les accueillent. Il ne peut s'agir, pour eux, que de menus larcins mais ceux-ci sont durement sentis par les pauvres gens des campagnes. Tantôt le visiteur s'approprie quelques grosses boules de laine filée prête pour le tissage, tantôt un bon morceau de viande séchée. Ils se réapprovisionnent aussi volontiers de beurre et de *tsampa* aux dépens de ses hôtes, voire même de plus hardis emportent une paire de bottes, une couverture ou une robe.

1. Farine d'orge faite avec des grains préalablement grillés. L'aliment principal des Tibétains qui tient, chez eux, la place occupée par le pain en France.

2. La crainte qu'un démon ne se soit attaché au voyageur, en cours de route et ne pénètre dans la maison à sa suite est une de ces raisons. Voir à ce sujet *Voyage d'une Parisienne à Lhassa*, page 221, et le présent livre au chapitre IV.

La chose est généralement faite avec habileté, pendant la nuit, et comme les voyageurs ont l'habitude de se mettre en route avant le lever du jour, souvent ceux qui les ont hébergés dorment encore au moment de leur départ. Il leur est ainsi facile de dissimuler leur larcin parmi leurs bagages.

Un jeune chemineau, accueilli par charité en cours de route et que je nourrissais en échange de menus services qu'il rendait à mes domestiques, déroba de cette manière une robe en peau de mouton dans une ferme où nous avions passé la nuit. Je ne vis le corps du délit que plus d'une semaine après que le vol avait été commis, lorsque le vaurien endossa la houppelande.

Nous avions fait beaucoup de chemin depuis notre arrêt à cette ferme, je ne pouvais pas revenir sur mes pas pour restituer ce vêtement, d'ailleurs passablement usé et crasseux. Abandonner le coupable et lui commander de retourner en arrière pour le faire n'eût servi à rien, il n'aurait pas obéi, sa conscience ne lui reprochait rien.

— « Ce sont des gens riches », répondit-il à mes reproches. « Ils possèdent une demeure confortable. Dans le coin où j'ai pris cette robe, il y en avait cinq ou six autres jetées là en tas, couvertes de poussière, inutiles. Moi, je m'en vais au loin, je couche souvent dehors, mes vêtements tombent en loques... je souffrais du froid... »

Ces raisons lui paraissaient concluantes et propres à justifier pleinement son acte. J'aurais, en vain, cherché à à le convaincre que d'après une certaine morale, il eût dû continuer à souffrir.

Cette recherche quotidienne d'un gîte, au coucher du soleil, conduit parfois à de singulières aventures, en de singuliers endroits et parmi de non moins singulières gens.

A l'une de nos étapes, l'on nous indique une bicoque où nous pourrons sans doute passer la nuit. Ses propriétaires sont des Chinois. Un vieux bonhomme nous reçoit. Il refuse de me céder, même contre bon paiement, la chambre à peu près propre qu'il occupe et s'obstine à m'assigner, comme logement, une sorte de réduit dépendant de la pièce où vont dormir pêle-mêle toutes les femmes et tous les enfants de la famille. Ceci me répugne.

Malgré notre fatigue nous retournons sur nos pas jusqu'à un autre hameau et demandons asile à des musulmans.

Nous sommes fort aimablement accueillis. Le maître de la maison m'offre sa chambre et emporte immédiatement ses couvertures pour passer la nuit ailleurs. Mon fils couchera sur le plancher dans un coin de la pièce et les domestiques seront hébergés chez un voisin.

Il est rare que nous nous séparions ainsi. La prudence le défend, mais dans la région que nous traversons, l'on peut en général se fier aux musulmans, sinon toujours en ce qui concerne les transactions commerciales, du moins quant à sa sécurité personnelle.

L'habitation de mon hôte indique l'aisance. La chambre que j'occupe contient plusieurs beaux bahuts, ses murs sont ornés de primitives gravures sur bois imprimées sur papier jaune, comme celles que l'on voit dans toutes les maisons chinoises, mais au lieu de déités taoïstes trônant sur des nuages, l'artiste a esquissé de naïves vues de La Mecque et d'amusantes foules de fidèles inclinés pour la prière.

La nuit venue, mon hôte vient allumer une petite lampe tibétaine et quelques bâtons d'encens devant l'image de la Kaaba qui se trouve à mon chevet et je m'endors en songeant à l'Arabie lointaine

Le lendemain j'apprends que si j'avais accepté l'hospitalité du vieux Chinois, j'aurais couché dans la chambrette occupée pendant longtemps par un lépreux et sur le *kang* même où il était mort quatre jours auparavant.

Je ne m'en serais peut-être pas portée plus mal, mais je me félicitai, pourtant, d'avoir trouvé un autre gîte. Toutefois il n'y a guère de doute que l'homme qui me proposait cette couche infectée ne nourrissait aucune mauvaise pensée. Les siens n'auront pas manqué de s'y étendre à ma place. La crainte de la contagion est peu développée chez ces indigènes.

Au surplus, je viens de parler de *kang*, il me faut expliquer ce terme. Les Chinois du Kansou et les Tibétains des régions limitrophes, vivant à la mode chinoise, ne font pas usage de lits. Dans leurs habitations, ils construisent des estrades en pierre et en terre ; les dimensions de celles-ci varient : certaines ne mesurent guère que 1,50 m de large sur 2,50 m de long, d'autres forment un rectangle de 3 mètres sur 4 mètres ou même plus grand encore. Le dessous de la plate-forme constitue un four dans lequel on entretient du feu pendant l'hiver ; le dessus du *kang* devient ainsi une sorte de poêle qui réchauffe la chambre. Cependant c'est là une utilité accessoire. L'estrade sert, avant tout, de lit pour la nuit et, durant la journée, d'endroit où l'on s'assied au chaud, les jambes croisées, en tailleur, pour manger, lire, écrire ou converser avec des visiteurs.

Pour ma part, je ne connais guère de sensation plus désagréable que celle d'être étendu sur cette surface qui devient parfois brûlante au point de roussir et même de produire des trous dans les couvertures que l'on y place pour former une couche et se préserver soi-même des brûlures. Avec une température extérieure de 25 °C sous zéro, le vent soufflant par les portes mal jointes et les fenêtres sans vitres dont le papier est toujours plus ou moins percé, l'on se sent geler du côté qui ne touche pas le *kang* et rôtir du côté qui y est appliqué. Ainsi, on passe ses nuits à se retourner pour se faire cuire alternativement à gauche et à droite comme on raconte qu'il arrivât à saint Laurent sur le gril des tortionnaires romains. Il advient, du reste, que de jeunes enfants laissés endormis sur ces plates-formes trop chaudes s'y cuisent vivants. Un certain nombre de bébés périssent chaque année de cette manière, au grand désespoir de leurs parents, mais sans que leur exemple profite beaucoup aux autres mères. Celles-ci ne disposent, d'ailleurs, d'aucun autre moyen pour préserver leurs enfants du froid.

Le *kang* bien aménagé a deux ouvertures, toutes deux en dehors. Par l'une d'elles, on introduit le combustible : généralement un mélange bien sec, de paille et de crottin ou de bouse ; par l'ouverture opposée, la fumée s'échappe. Ce four est hermétiquement fermé à l'intérieur de la chambre de façon à ce que la fumée et les gaz ne puissent pas pénétrer.

Toutefois, on rencontre peu de *kangs* aussi bien construits. La plupart présentent des fissures à l'intérieur de l'habitation. Il en est qui n'ont qu'une seule ouverture de sorte que tout tirage manque. De pires encore reçoivent le combustible par un trou ouvrant dans la pièce même et qui demeure toujours béant, dégageant d'insupportables émanations.

Enfin, j'en ai vu où de simples planches formaient un couvercle au-dessus du feu couvant dans la cendre. Dans certains endroits, proches de mines, les indigènes brûlent même de la houille dans ces *kangs* mal joints.

Sur l'un de ceux-ci, mon fils et moi nous faillîmes périr asphyxiés, dans une ferme où j'avais été voir une femme malade. C'était aussi en Amdo, mais plusieurs mois avant que j'entreprisse le voyage relaté ici et en une autre région de ce pays. Les parents de la malade m'ayant instamment priée de demeurer jusqu'au lendemain pour voir l'effet des médicaments que j'avais administrés à celle-ci et, d'autre part, les routes n'étant rien moins que sûres, la nuit venue, j'avais accepté de passer la nuit à la ferme.

L'on m'avait donné la meilleure chambre de l'habitation. Selon l'usage du pays, je devrais la partager avec mon fils. On nous y servit un excellent repas sur des tables basses, placées sur le *kang*, puis on nous laissa et nous ne tardâmes pas à nous endormir tout habillés — aussi selon l'usage du pays — étendus sur des coussins disposés sur le *kang* brûlant.

Au milieu de la nuit, je me réveillai la tête lourde, incapable de faire un mouvement. J'eus pourtant encore assez de lucidité pour comprendre ce qui m'arrivait. Je fis un violent effort pour appeler Yongden. Lui-même était déjà à demi inconscient. J'eus du mal à me faire entendre.

— « Vite, vite », disais-je, « lève-toi, emporte-moi, nous allons mourir. »

Après quelques instants il parvint à se remuer et se traîna vers moi. Le *kang* était large ; la couche du lama se trouvait près de la muraille et la mienne à l'extrémité opposée, près de la fenêtre. Les volets étaient clos, l'obscurité presque complète. En rampant au hasard à travers l'espace qui nous séparait, Yongden renversa les tables encore chargées des reliefs de notre souper, puis ayant senti ma tête sous sa main, il s'y agrippa et tira. La notion exacte de ses actes lui échappait ; dans l'état de torpeur où il se trouvait, il avait seulement compris qu'il devait me faire sortir de la chambre. Traîné par lui, mon corps atteignit le bord de l'estrade et tomba lourdement sur le plancher. Yongden, qui avait pu se laisser glisser du *kang* et se tenait à peu près debout, ne lâcha pas prise et me serra plus fort. Je sentais ses doigts m'entrer dans les yeux, dans la gorge. Il me halait toujours...

Il parvint encore à ouvrir la porte donnant sur la cour, mais, là, ses forces l'abandonnèrent et il s'effondra sur moi comme nous avions franchi le seuil.

C'était le 25 décembre, la nuit était superbe, illuminée par la lune. Il gelait dur. D'après la température des jours précédents, le thermomètre devait au moins marquer 30 °C sous zéro. Après avoir failli être asphyxiés, nous risquions d'être gelés.

Heureusement, quelqu'un avait entendu le bruit que nous avions fait en renversant les tables chargées de vaisselle et en ouvrant la porte. On vint à notre secours. J'ai retenu que lorsque nous eûmes repris nos sens, on nous proposa, comme remède excellent, une décoction de houille dans de l'eau. Nous refusâmes énergiquement de l'absorber.

Les Chinois, comme les Japonais, paraissent être peu sensibles aux effets des émanations d'acide carbonique, néanmoins, de temps en temps, on entend parler d'accidents mortels causés par les *kangs* ou les braseros. Un lama tibétain et deux hommes de sa suite périrent ainsi à Koum-Boum, au cours d'une visite à ce monastère. L'on peut s'étonner que des peuples, si parfaitement civilisés en nombre d'autres points, ne fassent point usage de cheminées.

En pénétrant plus avant dans le pays d'Amdo nous ne rencontrons plus que rarement des Chinois : parfois quelques marchands en voyage, ou l'un d'eux établi à la tête d'un comptoir isolé. A part ceux-ci, la population est tout entière tibétaine.

Les Tibétains d'Amdo diffèrent passablement de ceux des provinces centrales autour de Lhassa ou de Jigatzé. Ces derniers se montrent pleins de mépris pour leurs lointains compatriotes du Nord et les appellent dédaigneusement des *thapas*[1], c'est-à-dire des « gens des extrémi-

1. Ecrit *mthahpa.*

tés ». des gens des frontières, un terme qui, en tibétain, a le sens de « non civilisé ».

Le fait, lorsqu'on les examine de près, les naturels d'Amdo, nus dans de crasseuses houppelandes de peau de mouton, ont bien l'apparence de barbares. Cependant, vus à distance, leur aspect change. La crasse étendue sur la peau du vêtement, le poil porté à l'intérieur, lui donne une chaude patine bronzée simulant à merveille un velours olive ou brun sombre. Qu'un sabre au fourreau orné d'argent et de corail soit passé à la ceinture du rustaud, qu'il ait son fusil en bandoulière et soit campé sur un cheval et le voilà, avec sa haute stature et l'air assuré qui lui est habituel, transformé en noble chevalier.

L'effet est surtout surprenant chez les femmes. Sur leurs robes très longues, presque traînantes, aussi « patinées » que celles des mâles de leur tribu, les coquettes d'Amdo cousent, en guise de garniture, des biais étroits de coton de couleurs vives : rouge, vert et bleu crus. A leur ceinture, souvent en argent ciselé ou tout au moins enjolivée par des ornements en argent, elles suspendent des écharpes des mêmes couleurs éclatantes. Toutes sont continuellement — à l'intérieur comme au-dehors — coiffées de chapeaux pittoresques, les uns pointus comme ceux de nos pierrots, les autres ronds formant un bourrelet, confectionnés en peau de renard ou bien encore en feutre bordé d'astrakan blanc.

Ainsi vêtues, dans les champs, elles semblent autant de châtelaines du Moyen Age, invraisemblablement attelées à des charrues primitives ou défonçant la terre à coups de houe pour les semailles prochaines. Le tableau évoque les anciens romans de chevalerie où de méchants « enchanteurs » gardaient prisonnières de pauvres princesses ensorcelées. Obéissant à ces souvenirs, on cherche instinctivement des yeux le paladin venant les délivrer. Mais aucun héros n'apparaît. Les simples hommes eux-mêmes sont en très petit nombre dans le paysage. A peine si l'on en voit, de-ci, de-là, un ou deux au travail. Non point que la paresse les retienne au logis. Certes non ! La race, ici, est vaillante et ses mâles le prouvent en choisissant pour leur part un labeur qu'ils estiment plus viril que celui du fermier. Pour tout dire, les fiers époux des châtelaines coiffées de fourrure et ceinturées d'argent battent le pays en quête de voyageurs à détrousser. Ainsi, tandis que le mari se charge d'augmenter la fortune commune avec le butin conquis, la femme fait valoir la propriété familiale. Aimable « division du travail »...

C'était non loin de Sasoma. Les mules fatiguées avaient marché lentement et le soir venait sans que nous apparaisse de village. Après quelques recherches, nous découvrîmes une ferme isolée et nous allâmes y demander un gîte pour la nuit.

Notre arrivée fut saluée par les aboiements féroces de cinq chiens : trois enchaînés et deux en liberté, difficilement contenus par les fermières accourues en les entendant.

Trois femmes, l'une âgée, les autres jeunes, paraissaient être seules au logis. Elles nous accueillirent froidement. L'on sentait qu'elles nous eussent volontiers fermé leur porte ; mais les costumes monastiques que nous portions tous leur en imposèrent. Il est peu de Tibétains qui oseraient refuser l'hospitalité à un lama de haut rang et Yongden n'avait pas manqué de m'annoncer immédiatement comme une *khadoma*[1] du Koukou nor.

Les *khadomas* sont des génies féminins qui, d'après les Tibétains, s'incarnent parfois dans notre monde. Certaines personnalités religieuses féminines du Tibet sont ainsi tenues pour être des *khadomas* incarnées. Depuis quelques années des rumeurs, d'abord vagues, puis plus consistantes et enfin confirmées par plusieurs lamas, m'avaient attribué cette flatteuse origine. Je ne m'étais pas trop défendue. La situation qu'elle me faisait présentait d'assez nombreux avantages, elle m'attirait le respect et la sympathie des indigènes, facilitait mes enquêtes et n'avait, en somme, rien de désagréable. D'ailleurs, si rien ne prouvait de façon péremptoire que je fusse *khadoma*, rien ne prouvait absolument, non plus, que je ne l'étais pas. Faire injure à ceux qui m'avaient élue, en doutant de leur sagace clairvoyance, eût été de l'ingratitude.

Je restai donc *khadoma*, et l'habitude aidant, je ne suis pas tout à fait certaine de ne pas l'être un peu.

---

1. Ecrit *mkhah hgroma*, littéralement « une qui va dans le ciel », « une promeneuse dans le ciel ou dans l'espace ».

Les fermières nous firent entrer dans une vaste pièce, à la fois cuisine et chambre à coucher des maîtres du logis. Elles n'étaient guère loquaces et contrairement à l'habitude, elles ne nous posèrent aucune question concernant le but de notre voyage. Silencieusement elles disposèrent quelques coussins près de l'âtre pour me servir de siège et placèrent une table basse devant moi.

Mes domestiques déballèrent les provisions et je commençai à souper.

L'absence d'hommes dans la maison m'intriguait et sachant ce que l'on racontait des mœurs du pays, je demandai négligemment, tout en continuant mon repas :

— « N'êtes-vous pas mariées ? Où sont donc vos maris ? »

— « Le mien est mort », répondit gravement la vieille paysanne. « Ces deux-ci sont les femmes de mes fils. »

— « Ils ne sont pas ici », insistai-je.

— « Mon mari est parti pour faire du commerce », dit l'une des deux brus. Et désignant sa belle-sœur : « Le sien est allé voir un parent qui a eu un accident », ajouta-t-elle.

Je connaissais suffisamment la phraséologie du pays pour être fixée. L'expression euphémique « faire du commerce » ou en d'autres régions, celle plus pittoresque : « aller cueillir des herbes médicinales sur les montagnes » signifie faire partie d'une expédition de brigands.

Les femmes pensaient-elles que je ne les comprendrais point ou bien croyaient-elles, plutôt, qu'elles ne pouvaient rien cacher à une *khadoma* et que, lorsque je les interrogeais, je ne faisais qu'éprouver leur véracité, sachant parfaitement ce que je paraissais ignorer. Cette dernière hypothèse est plus en accord avec la mentalité tibétaine.

Je ne posai aucune autre question et m'absorbai dans la récitation de l'office du soir, ainsi que le font les lamas distingués. Retirées dans un coin de la pièce les femmes gardaient un pieux silence. Tout à coup, on entendit sur le chemin les pas d'un cheval trottant à belle allure, puis les chiens aboyèrent mais cette fois, joyeusement, fêtant le retour du maître.

Une des femmes se précipita pour tenir, selon l'usage, la bride du cheval et le conduire à l'écurie, mais dès qu'elle eut tiré le verrou, un homme entra, jeune, grand, de belle allure et sans me voir annonça :

— « Il est mort, la balle était entrée profondément dans la poitrine. »

Silencieusement, la vieille d'un geste de tête indiqua ma présence. L'homme se tourna vers moi, considéra un instant mon costume lamaïque, puis s'avançant, me dit :

— « Mon oncle maternel (ajan) vient de mourir ; ses amis ont fait appeler son lama[1] pour qu'il procède au *powa*[2]. Mais si vous avez le pouvoir de célébrer le rite, ne voudriez-vous pas le faire aussi afin que mon oncle puisse renaître, heureusement, dans le Paradis de la Grande Béatitude.

— « Le corps de votre oncle n'étant pas présent, il faut, pour que le *powa* soit efficace, que le rite soit accompli sur un objet qu'il portait habituellement sur lui : une de ses robes, ou une autre chose », répondis-je.

Telle est en effet la règle. J'espérais, en la rappelant au solliciteur, être dispensée de réciter l'office funèbre, ce à quoi aucun lama ayant reçu l'initiation requise, ne peut se refuser : la charité lui faisant un devoir de prêter son aide à l'esprit du mort.

— « C'était mon frère, Jétsune Kouchog »[3], dit à son tour la vieille femme. « Si vous le pouvez, aidez-le. » Des larmes coulaient sur ses joues ridées.

— « J'ai le sabre qu'il portait toujours à sa ceinture », reprit tranquillement le jeune maître de la maison. « Mon oncle l'avait sur lui quand il a été blessé. Son fils est mort, c'est moi qui hérite de ses armes. »

---

1. L'expression *son* lama désigne une sorte de directeur spirituel. Celui-là, seul, est pleinement qualifié pour célébrer tous les rites religieux pour le bénéfice d'un mort et pour guider son esprit dans l'au-delà. Néanmoins, de grands lamas ou des lamas anachorètes peuvent le suppléer ou aider ses efforts par leur pouvoir supérieur.

2. Rite consistant à faire évader l'esprit hors du corps et à le transférer ailleurs. Ici, il s'agit surtout de le transférer du *bardo*, où il erre après la mort du corps qu'il animait, dans un séjour heureux. Voir les explications au sujet du *powa* (écrit phowa) et du *bardo* dans *Mystiques et magiciens du Tibet* et dans *The Tibetan book of the Dead* par Evan-Wentz d'après la traduction de Dawa-sandup.

3. Appellation très polie en s'adressant à une religieuse de haut rang. Moins respectueusement, les religieuses sont appelées *ané*, généralement prononcé ani ou *djomo*.

Il sortit et revint un instant après portant un fusil et un sabre dans un fourreau orné d'argent et de corail. Il posa ce dernier sur la table basse, devant moi.

Je sentais que malgré leur calme apparent mes hôtes étaient profondément affligés et, surtout, anxieux de savoir leur parent heureux dans l'autre monde. Le mieux était de leur donner le réconfort et les consolations qu'ils imploraient.

— « Bien », dis-je, en posant la main sur l'arme du bandit défunt, « cela suffit. Laissez-moi. »

Le jeune homme s'éloigna et les femmes l'attirèrent aussitôt au-dehors. J'entendis le bruit confus d'une conversation animée. Quelques mots répétés plus haut et avec insistance me parvinrent : « ... Il a dit qu'il fallait les rejoindre immédiatement... » « ... Ton frère est parti hier... »

Mon hôte rentra dans la chambre, revint vers moi et, se prosternant, dit :

— « Il faut que je reparte à l'instant, donnez-moi votre bénédiction, Jétsune Kouchog et un *songdu*[1] qui me protège. »

Aucune explication n'était nécessaire, je comprenais que l'homme allait rejoindre son frère et qu'une expédition se préparait où il risquait d'avoir le même sort que l'oncle dont il me demandait d'envoyer l'esprit au Paradis de la Grande Béatitude.

Essayer de discuter avec lui, de le retenir, eût été vain. L'idée n'en venait ni à sa mère ni à sa femme ; il obéissait à une coutume séculaire qui leur paraissait aussi inéluctable, aussi naturelle que le cours des astres.

Je déchirai un lambeau d'étoffe au bout d'une écharpe de soie, émis silencieusement, en le nouant, le vœu que

1. Un mince ruban déchiré dans une étoffe, généralement une étoffe de soie, au milieu duquel le lama fait un nœud dans lequel il infuse une vertu protectrice en récitant certaines formules rituelles, en formant mentalement un vœu tendant au bien de celui qui portera le ruban et troisièmement, en soufflant sur le nœud. Les *songdus* peuvent être de différentes couleurs. Blancs — ou bleus à la frontière sino-tibétaine — pour les laïques, rouges lorsqu'ils sont distribués à des membres du clergé (exceptionnellement des laïcs en reçoivent aussi de rouges), jaunes pour les hautes personnalités du monde religieux.

l'homme échappât au danger, n'en fît courir à personne et puisse acquérir des notions plus justes que celles qui le dirigeaient actuellement. Ensuite, je soufflai rituellement sur le nœud et je tendis le chiffon à mon hôte qui le noua autour de son cou.

Il me remercia, puis spontanément, peut-être par un inconscient besoin de se justifier devant moi, ou bien impressionné malgré lui par la mort récente de son oncle, il ajouta :

— « Jétsune Kouchog, j'ai toujours été charitable envers les pauvres, et, chez moi, l'on reçoit toujours bien les religieux et les pèlerins. Je n'ai tué qu'un seul homme et cela, en nous battant. Voyez, il s'en est fallu de peu que ce soit moi le mort. »

Tout en parlant, il laissa tomber sa pelisse et sur sa poitrine, je vis la cicatrice d'une large blessure.

Il but un bol d'eau-de-vie que sa mère lui tendit, mangea quelques bouchées de viande séchée et une boulette de *tsampa,* tandis que les jeunes femmes préparaient ses provisions de route, puis il partit dans la nuit. Le bruit des sabots de son cheval s'éteignit peu à peu et ce fut le silence.

Réunies dans un coin de la chambre les trois femmes égrenaient leurs chapelets en récitant « mani »[1]. Leurs visages exprimaient une mélancolie calme, une sorte de passivité sereine acceptant, sans désespoir et sans révolte, une destinée impossible à combattre. Elles me faisaient penser aux femmes des pêcheurs, pendant la tempête, quand leurs hommes sont en mer.

Le sabre du *djagpa*[2] posé devant moi, je commençai l'office des morts, appelant l'esprit du trépassé, suivant le rite consacré, et l'adjurant de se laisser guider vers le séjour bienheureux. M'entendait-il, ce brigand endurci tombé au champ où s'affrontent les « braves au cœur puissant », comme disent ceux de son pays ?...

Dans leur coin sombre, les femmes continuaient leur ronronnement monotone et las :

---

1. Appellation courant de la formule sacrée : *Aum mani padmé, hum!*

2. Voleur de grand chemin opérant à cheval et en bande.

Aum mani padmé hum !

Le lendemain, je demandai la permission de demeurer à la ferme jusqu'au jour suivant afin de laisser reposer mes bêtes. Il était excellent de donner vingt-quatre heures de repos à mes mules, mais je tenais surtout à profiter de l'ocasion qui s'offrait à moi pour questionner mes hôtesses sur les coutumes locales relatives au brigandage. En ma qualité de *khadoma,* ayant officié pour le bien-être *post mortem* de leur parent et puisque j'étais instruite du genre de « commerce » auquel se livraient les maîtres de la maison, j'avais tout lieu d'espérer qu'elles me répondraient franchement.

Mon attente ne fut pas trompée, les femmes me firent part de ce qu'il y avait à apprendre sur le sujet qui m'intéressait. Dans ce qu'elles me dirent, une chose curieuse était à retenir. Il existait, dans la région, une sorte de « service obligatoire » secret qui obligeait les hommes valides à participer aux expéditions « commerciales » décidées par un conseil de chefs qui présidaient aussi à la répartition du butin conquis.

Ceci expliquait les paroles que j'avais surprises, la veille : « Il a dit qu'il fallait les rejoindre immédiatement... » « Ton frère est parti hier... »

Je devais, au cours de mes voyages, retrouver des mœurs semblables au pays des Gologs, chez les Popas et dans les montagnes entourant la haute vallée de la Salouen, mais jusqu'à ce moment, les différents usages d'inspiration « socialiste [1] », que j'avais remarqués dans différents groupements tibétains, visaient des buts plus pacifiques.

Il va sans dire que les bonnes gens dont je parle ignoraient totalement ce qu'est le socialisme de l'Occident. Le leur, passablement bizarre, était uniquement le fruit de leurs propres idées concernant l'obligation pour tous

---

1. J'espère qu'aucun de mes lecteurs ne s'offensera de l'emploi, ici, du terme *socialisme.* Dans ce qui suit, il s'agit d'une déformation comique de certains principes socialistes. Critiquer aucun de ceux-ci est loin de ma pensée. Mon incompétence sur ce sujet est complète.

de coopérer à certains travaux et l'application pratique du principe d'égalité.

Parmi mes souvenirs les plus amusants à ce sujet figure celui d'un village situé à environ 2 400 mètres d'altitude, non loin de Kampa Dzong, une petite forteresse de garde à la frontière méridionale du Tibet. Ce village s'appelle Latchén. Bien qu'il se trouve à quelques kilomètres en dehors de la limite officielle du territoire tibétain, sa population est entièrement tibétaine, descendant probablement de pasteurs émigrants venus de Ha, une région actuellement comprise dans le petit Etat tibétain nommé Bhoutan sur les cartes et Dougyul (pays du tonnerre) par ses habitants.

Quatre-vingts familles, environ, font à Latchén leur apprentissage de la vie sédentaire en y cultivant l'orge et les pommes de terre. Elles n'ont cependant pas complètement renoncé aux habitudes pastorales de leurs ancêtres. En été, désertant leurs chalets, les gens de Latchén s'en vont camper sur les hauts plateaux voisins[1] pour y faire paître leurs troupeaux de yaks. Puis quand, vers la fin de septembre, la neige y devient trop haute, quelques-uns d'entre eux emmènent les animaux de l'autre côté de la frontière, au Tibet, où le climat, très froid, est plus sec et les pâturages généralement libres de neige. Les autres Latchénpas redescendent vers leur village et y demeurent jusqu'à l'année suivante.

J'ai vécu pendant longtemps dans ce pays perdu, soit au monastère qui domine le village, soit dans les environs[2], et c'est ainsi que j'ai pu voir fonctionner la caricature du gouvernement socialiste dont je vais dire quelques mots.

Les chefs de la commune, au nombre de trois, étaient élus pour un an ; à ce triumvirat était adjoint un conseil composé d'une dizaine de membres. Chefs et conseillers réglaient les affaires courantes et faisaient fonction de juges. Lorsqu'une décision plus importante devait être prise, tous les hommes étaient convoqués pour la discuter et un référendum terminait la discussion.

---

1. Vers 4 000 mètres d'altitude.
2. Voir le récit de mon séjour dans *Mystiques et magiciens du Tibet*.

En principe, chaque habitant du village devait contribuer aux dépenses et aux travaux d'intérêt public et prendre sa part des bénéfices revenant à la communauté.

Cette constitution ne présentait rien que de louable, mais les meilleurs programmes ne valent que par la manière dont ils sont compris et appliqués et c'est ici qu'intervenait l'interprétation bouffonne née dans la cervelle des citoyens de Latchén.

Il était dit que les trois chefs devaient être élus et ils l'étaient très véritablement, mais il faut se garder de croire que tous les villageois étaient éligibles. D'après une convention tacite, les triumvirs devaient appartenir à la fraction des « riches », et les « pauvres » soutenaient cette coutume avec plus d'âpreté encore que leurs concitoyens plus favorisés par la fortune. Qui donc, proclamaient-ils, voudrait obéir à un misérable dénué de bétail en ne possédant aucun bien ? Un *pioukpo*[1], un homme ayant de la surface, pouvait seul inspirer du respect.

Donc, chefs et conseillers appartenaient invariablement à la ploutocratie, plus ou moins déguenillée, du hameau. Dans leur façon de rendre la justice, ceux-ci se conformaient strictement aux méthodes prévalant au Tibet et, il faut le dire, en bien d'autres pays de l'Orient.

Avant de se présenter devant eux, plaignants et défendeurs se faisaient précéder de cadeaux. Ils réitéraient ces preuves palpables de leur déférence lorsqu'ils comparaissaient en personne devant les arbitres de leur litige. Du poids de ces dons dépendait l'opinion des bons juges et la question la plus importante pour un plaideur consistait à savoir ce qu'offrirait son adversaire, afin de le dépasser en munificence. Ceci évitait, au cours des procès, de fastidieuses et inutiles joutes oratoires.

A Latchén, comme ailleurs au Tibet, tout se réglait par des amendes, le vol, les coups donnés et même le meurtre et l'assassinat.

Les magistrats commençaient par prélever à leur profit une part de l'amende payée par le condamné, le reste servait à offrir un banquet à tous les hommes du village — triumvirs et conseillers y participant, bien entendu.

---

1. Corrompu, dans le dialecte local, du mot tibétain *tchougpo* = riche.

Manger était la pensée dominante de tous. Dès qu'un profit quelconque allait à la communauté, on le convertissait en aliments et on le mangeait assis en cercle dans l'agora rustique du village, un terrain nu réservé aux réunions publiques où l'on apportait, ce jour-là, les larges chaudrons municipaux.

Ces derniers étaient considérés comme propriété commune, mais il était loin, hélas ! d'en être de même de leur contenu. Si l'on y faisait bouillir les quartiers d'un yak[1] ou quelques moutons, les bons morceaux, la viande juteuse allaient aux édiles assis sur des tapis à un bout de l'assemblée tandis que la fraction des « pauvres » devait se contenter de quelques os à ronger.

Si la somme à dépenser était minime la communauté était conviée à un simple « thé ». Et alors, encore, les édiles et autres *pioukpos*, servis les premiers, recevaient tout le beurre surnageant sur la boisson[2] tandis que leurs concitoyens dépourvus de biens prenaient leur part du bénéfice commun sous la forme de quelques bols d'une maigre eau noirâtre.

Un prince du Sikkim eut un jour l'idée de fonder une école à Latchén pour relever le niveau intellectuel de ses habitants. C'était là une initiative louable. Moins heureux avait été le choix du maître d'école : un Tibétain ivrogne invétéré qui, au cours d'une rixe, avait tué un homme d'un coup de couteau et, pour se soustraire aux suites de ce meurtre, avait passé la frontière.

Il appartenait aux triumvirs de désigner les garçons

---

1. *Yak*, le bœuf, grognant, à long poil, originaire du Tibet.

2. Le thé se prépare, au Tibet, de la façon suivante : Le thé, qui s'achète en briques compressées, est cassé en menus morceaux et bouilli longuement. Ensuite, il est versé dans une baratte. On y jette alors du sel, un peu de soude et une plus ou moins grande quantité de beurre, suivant les moyens de chacun. Le mélange est fortement baratté, puis passé dans un tamis afin d'en enlever les feuilles de thé qui y restaient. Le liquide étant passé est versé dans de grandes théières en métal (cuivre ou argent) ou en terre chez les pauvres et mis à réchauffer sur le coin du feu. Au moment de servir, on agite encore la théière afin de mélanger le beurre. Mais, malgré tout, les premiers servis reçoivent toujours leur thé plus beurré que ceux à qui l'on verse le fond de la théière. Lorsqu'il s'agit de servir du thé à un grand nombre de gens, il est apporté dans des baquets en bois et servi à l'aide de louches en bois. C'est surtout alors que les derniers servis n'ont qu'un liquide sans beurre.

admis au bénéfice de la fréquentation scolaire. On se tromperait en imaginant que celle-ci suscita des compétitions. Bien au contraire. Si, portant les présents d'usage, des parents s'en allèrent solliciter la bienveillance des chefs ce fut afin de faire exempter leurs fils de l'obligation d'apprendre à lire. Les garçons, pensaient-ils, leur étaient bien plus utiles comme gardeurs de yaks sur les montagnes. Chefs et conseillers partageaient cette manière de voir et acceptant les dons des *pioukpos* leur accordaient volontiers la faveur qu'ils souhaitaient.

Cependant, comme le prince fondateur de l'école tenait à y voir des élèves et avait le pouvoir de frapper d'une amende la commune récalcitrante, on contraignit à s'instruire les enfants des familles pauvres qui ne pouvaient fléchir les chefs par leurs offrandes, ceux-là même dont les parents, dépourvus de domestiques, avaient absolument besoin pour garder leur bétail et cultiver leurs champs. A ces miséreux, la municipalité ajoutait volontiers les « bons à rien », les garçons considérés comme entièrement stupides, parce que, me disait très sérieusement un des conseillers, « comme ils sont incapables de faire quoi que ce soit, personne ne subit de perte s'ils ne travaillent point ».

J'ai dit qu'un monastère dominait le village. Un monastère, lamaïste ou autre, requiert la présence de religieux. Mais les raisons qui conseillaient aux parents de tenir leurs fils éloignés de l'école avaient encore bien plus de poids lorsqu'il s'agissait de se priver, pour toujours, de leur travail, bien plus, de devoir pourvoir à leur subsistance lorsqu'ils devenaient *trapas*[1].

Seules les familles aisées pouvaient être tentées par l'honneur attaché à la proche parenté avec un membre du clergé et ces familles n'étaient pas assez nombreuses à Latchén pour remplir de novices la petite lamaserie locale, tout exiguë qu'elle fût.

Et voici que la raison d'Etat intervenait encore. Les *trapas* sont nécessaires, indispensables même. Ils chassent les démons qui, sans eux, ravageraient les troupeaux et tueraient les hommes. Ils font tomber la pluie en temps

1. *Trapas*. Voir la note p. 16.

propice pour les récoltes et en écartent la grêle. Ils guident l'esprit des défunts vers d'agréables paradis. Ils prédisent l'avenir, exorcisent ceux que les mauvais esprits tourmentent et rendent la santé aux malades en célébrant des rites bienfaisants... Que ne font-ils pas et comment se passer de leur ministère ?...

Les triumvirs devinaient donc les vocations et s'ils se trompaient, tant pis ! Les garçons désignés par eux revêtaient l'habit monastique, apprenaient à souffler en mesure dans les conques et dans les ragdongs (longues trompettes thébaines), à faire longuement vibrer de larges cymbales de bronze et à psalmodier harmonieusement le rituel. Que la chose leur plût ou non, ils se rendaient, de cette façon, utiles à leurs concitoyens.

Leur sort comportait toutefois quelques adoucissements. Comme le monastère de Latchén appartenait à une secte des « bonnets rouges », le mariage était permis à ses *trapas*. Ceux-ci pouvaient donc posséder une habitation au village, y vivre en famille, cultiver leurs champs et soigner leur bétail comme les autres villageois. En outre, ils avaient sur ces derniers l'avantage de ne devoir ni impôts ni corvées et d'être indépendants des chefs et du conseil, dont l'autorité ne s'exerçait que sur les laïques.

Au printemps, les triumvirs, les conseillers et le peuple s'assemblaient à l'agora. Un banquet plantureux préludait à la discussion portant sur la date à laquelle on planterait les pommes de terre et celle où auraient lieu les semailles à Latchén, d'abord, puis, ensuite, dans une station estivale dépendant du village, située à une altitude plus élevée.

Après avoir ingurgité de nombreux pots de bière, l'assemblée fixait ces dates. Dès lors, aux jours dits pour chaque endroit, toute l'orge devait être semée et toutes les pommes de terre plantées. Entendez bien : en un seul jour et par tout le monde le même jour.

Pourtant, le champ de Pagdzin se trouvait exposé au soleil et celui de Ouangdu, en terrain humide, près des bois. Tséring cultivait une parcelle de terre située à deux cents mètres plus haut que celles des deux villageois précédents. Puis Gorine possédait une vaste propriété ; comment ferait-il pour l'ensemencer en une seule journée ?... Ces problèmes et d'autres encore n'embarrassaient point les Latchénpas, une seule considération s'imposait à eux : l'égalité.

« Si, disaient-ils, les gens sèment à des dates différentes, ils récolteront aussi à des dates différentes. Les premiers, par exemple, qui auront des pommes de terre bonnes à exporter au Tibet ou au Sikkim tireront de ces primeurs un prix plus avantageux que ceux dont les tubercules arriveront plus tard sur le marché. Cette concurrence est mauvaise, tous doivent obtenir les mêmes avantages. »

L'époque de la moisson et celle de la récolte des pommes de terre se décidaient dans une assemblée analogue. Tobtchén avait beau clamer que ses pommes de terre n'étaient point mûres ou Yéchés supplier qu'on lui permette de couper son orge une semaine plus tôt parce qu'elle se perdait à attendre sur pied, rien ne pouvait faire fléchir la loi. Toute question de commerce mise à part, il était également défendu d'arracher même un seul pied de pommes de terre de son propre champ pour les manger en famille, avant la date fixée : « Nul ne doit se régaler égoïstement, tout seul », disait la bizarre sagesse des indigènes de Latchén. « Il faut attendre que tous puissent le faire ensemble. »

Il eût été complètement inutile d'arguer que d'un bout à l'autre de l'année, les « *pioukpos* » se régalaient sans convier leurs concitoyens pauvres à partager leurs repas. Ceci n'eût été compris ni par les « riches » ni par les « pauvres ».

Plus étrange encore était la défense de récolter quoi que ce soit après l'expiration de la période fixée. Ceux qui ne disposaient pas d'assez de bras devaient louer ceux des paysans moins occupés, sous peine de perdre leur orge ou leurs pommes de terre, car le lendemain de la date indiquée, le bétail était lâché dans les champs pour brouter le chaume et nulle réclamation n'aurait été admise de la part du propriétaire dont le grain aurait été détruit.

Le produit de leurs troupeaux, leurs pommes de terre et leur maigre provision d'orge ne suffisaient pas à nourrir les Latchénpas. Il leur fallait du blé, du riz, du thé, du sel, puis des ustensiles de ménage, d'autres servant à la culture et diverses autres choses encore. Pour se les procurer, ils descendaient au Sikkim ou montaient au Tibet et y échangeaient leurs marchandises : laine, pommes de terre, beurre, etc., contre celles dont ils avaient besoin. Ceci donnait lieu à des exodes périodiques dont les dates étaient aussi rigoureusement fixées que celles concernant les travaux agricoles.

Au jour dit, toute la population se mettait en marche, seuls les vieillards et les enfants étaient autorisés à demeurer au village. Cette permission s'étendait aussi aux femmes, lors des voyages tardifs au Tibet, lorsque le col de Sepo pouvait être subitement encombré par la neige.

Il eût été vain à quiconque de déclarer qu'il ne désirait rien acheter, qu'il n'avait absolument besoin de rien ou qu'il ne disposait ni d'argent ni de produits à échanger pour faire des achats. Tout aussi inutile aurait-il été de représenter aux chefs que l'on était fatigué, que l'on devait soigner sa femme ou son vieux père malade, que l'on avait entrepris, comme charpentier ou tailleur, un travail bien rémunéré et que l'abandonner causerait une perte pénible à supporter. Aucune raison n'était acceptable.

On ne pouvait tolérer que certains demeurassent au village, y fissent des bénéfices ou simplement se reposassent quand leurs concitoyens étaient absents et se fatiguaient à marcher. Egalité ! Il fallait déambuler de compagnie.

Dans ce pays, il existait, à l'exemple du Tibet, une corvée de portage. Elle était mitigée par un tarif officiel au taux duquel les porteurs devaient être payés.

Tout voyageur muni d'un ordre de réquisition délivré par les autorités du Sikkim avait le droit de réclamer des porteurs. Quant aux villageois, la corvée était obligatoire pour tous — les triumvirs, les conseillers et les *trapas* en étant seuls exempts. Les riches pouvaient aussi s'en exonérer en payant une contribution annuelle. Quant aux besogneux, il ne leur aurait nullement déplu de toucher, de temps en temps, quelque argent pour une journée de travail, mais il ne leur était pas permis de garder leur salaire. Celui-ci devait être intégralement versé entre les mains des chefs. Quand la somme produite par ces salaires et la taxe d'exemption payée par les riches atteignait le prix d'un yak, un banquet était décrété dans lequel on mangeait l'animal.

Tel pauvre hère avait grand besoin d'un pantalon, le sien tombait en guenilles, et, pensait-il, l'argent reçu des voyageurs lui serait venu bien à point pour l'acheter, mais il n'aurait pas osé exprimer tout haut des aspirations aussi individualistes. La communauté devait se réjouir tout ensemble. Il aurait son os à ronger et passerait l'hiver les jambes nues.

Les femmes fournissaient aussi la corvée de portage comme, du reste, toutes les autres corvées imposées par les chefs et, comme les hommes, elles devaient verser leur salaire à la caisse municipale, mais elles n'avaient pas même la consolation de participer au banquet, celui-ci étant exclusivement réservé aux mâles du village. Il était dit que leurs pères, leurs époux, leurs frères s'y régalant, cette satisfaction d'ordre très altruiste devait suffire aux membres féminins de la communauté.

Cédant à un accès de zèle féministe je tentai, un jour, d'offrir un banquet à ces sacrifiées. Les triumvirs froncèrent les sourcils, cette innovation dérangeait les coutumes établies. Après avoir réfléchi, ils me dirent qu'ils autoriseraient pourtant une petite fête, si je m'engageais à en donner une toute semblable aux hommes. S'il y avait des réjouissances, tous devaient y prendre part. Je rétorquai vainement qu'ils ne donnaient aucune place aux femmes dans les leurs, ce fut peine perdue[1]. Les hommes pouvaient jouir d'avantages non accordés aux femmes, mais il était impossible d'imaginer l'opposé. Après tout, il ne manque pas de soi-disant civilisés qui pensent comme ces barbares.

Il arriva que, pendant l'un des voyages des Latchénpas au Tibet, je dus faire une provision de bois de chauffage. Je fis savoir dans le pays le prix que j'offrais par charge, ajoutant que quiconque voulait travailler comme bûcheron pouvait se présenter. Quelques hommes que

1. A ce sujet, je dois faire remarquer qu'au Tibet propre, les femmes ne sont nullement à plaindre. Elles sont fort libres, très bien traitées et nul ne songe à les exclure des pique-niques auxquels les Tibétains prennent tant de plaisir.

leur situation exemptait du voyage (l'instituteur avait déserté son école à cette occasion) et nombre de femmes arrivèrent, enchantés de l'aubaine qui leur survenait. Je fis distribuer du thé et des vivres et, pendant quatre jours, tout le monde besogna en riant et en chantant.

Tout semblait parfait, mais les chefs, à leur retour, en jugèrent autrement. Nul n'avait le droit, déclarèrent-ils, d'entreprendre un travail quelconque s'il n'était pas désigné à cet effet par le conseil. Me fournir du bois constituait un profit dont la communauté devait bénéficier. J'aurais dû, me dirent les triumvirs, m'adresser à eux : ils auraient ordonné à chaque chef de famille de me fournir une quantité égale de bois, le prix de celui-ci étant versé, comme toujours, à la caisse des banquets. Tous mes bûcherons et bûcheronnes se virent infliger une forte amende.

Cette convocation de *tous* les hommes pour travailler ensemble, j'en avais déjà fait l'expérience en construisant un très rustique chalet. Le conseil avait accepté de me le bâtir à forfait. Les chefs commencèrent par me demander la moitié du prix d'avance, pour acheter des vivres. Cet argent reçu, toute la population mâle s'installa dans une clairière, au-dessous de l'endroit où devait s'élever mon logis, et banqueta. Elle banqueta pendant une dizaine de jours, tandis que, de ma tente, je la regardais se repaître sans trêve, me demandant quand elle allait se décider à travailler.

Cédant enfin à mes remontrances réitérées, une partie des hommes se mirent à abattre des arbres et à tailler des planches à la hache — ils ignoraient le maniement de la scie. Les autres ne bougèrent point. Quand les premiers avaient travaillé pendant deux heures ils revenaient manger et boire à la clairière. Puis le temps fixé pour un des voyages périodiques arriva et ils s'en allèrent *tous*, parce que nul ne devait travailler plus longtemps que les autres. Je restai en face d'une charpente sans toit, quinze jours avant la saison des pluies.

J'appelai trois *trapas* charpentiers qui consentirent à terminer le chalet. Lorsque la « communauté » revint, sa fureur fut extrême contre ceux qui avaient reçu un salaire qui *aurait dû* lui revenir. Mais les membres du monastère ne relevaient que de leur abbé, les triumvirs ne pouvaient rien contre eux.

C'était surtout lorsqu'il s'agissait de provisions à fournir que devenait extravagante la bizarre conception de l'égalité que les Latchénpas s'étaient forgée. Je devais acheter mon beurre à des pasteurs habitant de l'autre côté de la frontière pour éviter que les quatre-vingts familles qui composaient la commune ne m'apportassent chacune leur quote-part que j'aurais dû accepter fraîche ou rance, sans avoir le droit de la refuser.

Mal m'en prit encore d'une autre tentative d'encouragement de l'initiative individuelle. Je demandai à acheter à quiconque en aurait, de grosses pommes de terre. Des gens montèrent vers mon ermitage chargés de sacs dont le contenu avait été soigneusement trié. Il me fallait une trentaine de ceux-ci ; ils furent payés et remisés.

Survinrent, alors, les inévitables triumvirs qui me rappelèrent qu'aux termes de leur constitution, non écrite, mais impérative, nul ne devait être favorisé. Chaque famille devait me fournir un sac de pommes de terre et il n'était point permis de demander un triage contraire à l'égalité.

Les pommes de terre, expliquaient-ils avec gravité, comme s'ils m'initiaient aux mystères profonds de l'agriculture, se récoltaient en mélange : petites, moyennes et grosses. Pourquoi certains mangeraient-ils les petites tandis que j'en aurais de grosses à tous mes repas ?... Ah ! Pourquoi ?... Sans doute en vertu de la même injustice éternelle en vertu de laquelle, eux, les chefs et les « *pioukpos* » mangeaient les bons morceaux du yak, buvaient le dessus beurré du thé et laissaient aux autres les tendons, les os et la lavasse du fond des chaudrons à thé.

Je me gardai de discuter avec eux sur ce point, mais il me fallut déployer beaucoup de fermeté pour éviter que mon ermitage ne fût enseveli sous un amoncellement de pommes de terre apportées de chaque maison, en poids équivalent à celles que j'avais achetées aux autres villageois. Ces derniers durent, à titre d'indemnité, déposer l'argent qu'ils avaient reçu de moi dans la vorace caisse des régals collectifs.

Je n'étais pas au bout de mes surprises. Peu de temps

avant le dernier hiver que je passai dans le pays, la chaumière où logeaient mes domestiques fut visitée par un voleur, tandis que ceux-ci étaient absents. Cette aventure me décida à acheter un chien de garde.

J'envoyai un de mes garçons au village. Il en ramena une grosse bête noire de caractère féroce, bien propre au service que j'attendais d'elle.

Quelques jours après, l'un des trois chefs qui se partageaient la magistrature suprême se présentait devant ma porte. Introduit devant moi, il commença d'un ton sévère et sans préambule :

— « Vous avez acheté un chien à Teundoup. Vous savez pourtant que nul ne doit être favorisé, chaque famille a des droits égaux. Pourquoi Teundoup lui, tout seul, ferait-il un bénéfice ? Vous auriez dû vous adresser... à nous, nous vous aurions envoyé... »

— « Quatre-vingts chiens peut-être », criai-je épouvantée sans le laisser achever, pensant au nombre des familles habitant Latchén.

—« Non, reprit l'autre froidement. Il n'y a pas quatre-vingts chiens disponibles au village. Nous vous aurions envoyé *quelques* chiens. »

Le soir même qui suivit cet entretien, la neige commença à tomber et peu de jours plus tard elle coupait toute communication entre Latchén et le plateau de la Béatitude (Déoua thang) au-dessus duquel mon anachorétique habitation était accrochée entre des rochers. En eussent-ils eu l'intention, il était impossible à mes primitifs socialistes de revenir me voir. Je demeurai avec mon unique chien.

Ce sont là, déjà, de vieilles histoires, et je suis au pays d'Amdo, bien loin de ce hameau himalayen.

L'étape suivante me conduisit à Sasoma ce qui, dans le dialecte local, signifie « terre neuve ». En fait, il n'y avait encore là qu'un embryon de village, quelques maisons construites depuis peu, autour d'un vaste bâtiment à la fois auberge et comptoir commercial. Un trafiquant, Chinois mulsuman, s'était établi là et y exploitait les naïfs indigènes. Ceux-ci peuvent bien être de braves et beaux brigands, ils sont de piètres commerçants et sur le terrain des affaires, le Chinois les battra toujours.

A Sasoma, le marchand leur achetait du bois, des fourrures, de la laine. Il leur vendait tout ce dont ils avaient besoin, plus nombre de choses superflues savamment disposées dans son magasin pour tenter les innocents clients. Le chef du comptoir faisait aussi métier d'usurier, cela va sans dire en Orient. Peut-être dérivait-il de là le plus clair de ses bénéfices.

Son auberge était parfaite. Il n'avait pourtant guère à espérer le passage de voyageurs de marque dans ce pays perdu, mais je suis sûre que la somptuosité — très relative, bien entendu — de l'hôtellerie-magasin était calculée pour impressionner les naturels et acquérir, par-là, un profitable ascendant sur eux.

Les desseins secrets du négociant-aubergiste m'intéressaient d'ailleurs très peu. Je me réjouissais simplement de trouver un bon gîte. Yongden et moi avions chacun une chambre propre, toutes deux ouvrant sur une antichambre pourvue d'un balcon : un appartement princier !

Assise à ce balcon je vois, arrêtées devant la maison, deux de ces figures singulières dont j'ai déjà parlé : deux princesses coiffées de chaperons fourrés, vêtues de robes en peau de mouton un peu traînantes, ajustées par des ceintures d'argent. Elles semblent descendues d'un tableau des Primitifs.

Chacune d'elles porte un faix de bois sur son dos. Le musulman s'est approché et décrète : « Trois cents sapèques » — trois cents, d'après l'arithmétique du pays, signifie cent cinquante.

L'une des femmes proteste, elle ne trouve pas le prix suffisant. L'acheteur, grand gaillard, correctement vêtu d'une robe et d'un gilet noirs, comme un Chinois distingué, la regarde de haut, sourit d'un air suffisant, glisse un doigt badin dans l'échancrure de sa robe fourrée, lui pince le menton et achève ce geste Régence en glissant cent cinquante sapèques dans la main de la princesse interdite qui n'ose plus protester, dépose passivement sa charge de bois et s'en va avec sa compagne.

L'étape suivante devait encore une fois nous amener à parcourir une région que l'on disait être très peu sûre. Huit muletiers conduisant un convoi de marchandises se trouvaient être logés dans l'auberge, je décidai que nous ferions route avec eux.

Ces gens ont l'habitude de se mettre en route bien avant le lever du jour. De crainte qu'ils ne partent sans nous, nous ficelons nos bagages un peu après minuit. L'on se met en marche à la médiocre clarté de la lune à son vingt et unième jour.

Le sentier, mauvais la veille, est pire ce jour-là ! Etroit, encombré de blocs de rochers, grimpant et descendant en pente raide, surplombant parfois la rivière de très haut, établi dans le vide sur quelques mauvaises pièces de bois calées entre les rochers. Il nous faut aussi traverser beaucoup de ponts et les œuvres d'art de ce pays sont d'un genre particulier. Deux arbres, quelquefois plusieurs arbres liés les uns aux autres, sont jetés au-dessus de la rivière et sur ceux-ci est installé un tablier composite fait de planches et de baliveaux. Lorsque plusieurs animaux s'y engagent à la fois, ce tablier se met à onduler. Il est assez pittoresque de regarder les mules naviguer placidement entre ces vagues. Cependant, si l'on est le propriétaire des bêtes, la crainte de les voir tomber dans la rivière avec leur charge diminue fortement l'amusement que l'on prend à contempler cette gymnastique.

Quand le convoi est passé avec ses conducteurs, je puis effectuer moi-même la traversée et imaginer que je suis à une foire sur un « plancher mouvant » ou quelque autre invention grotesque de ce genre.

Il n'est de route si difficile soit-elle dont on ne voie la fin. Nous arrivons à Lhabrang dans l'après-midi.

Lhabrang est au cœur de la province d'Amdo un pays habité par une population encore plus fruste, primitive et rude que celle que nous avons rencontrée jusque-là. L'étranger est difficilement toléré dans le pays. Cependant au moment où j'arrive chez eux, les Tibétains de Lahbrang sont encore sous le coup de la défaite qu'ils ont subie en se mesurant contre les troupes musulmanes du général Ma, commissaire de Défense à la frontière, résidant à Sining et faisant fonction d'Amban, avec juridiction sur tous les Tibétains des pays d'Amdo et du Koukou-nor.

Quand j'habitais Pei-ling-sse, un temple touchant au

Grand Monastère des lamas, à Pékin, j'avais fait la connaissance d'un lama mongol très distingué ayant rempli des fonctions importantes à la cour du dalaï-lama. Me voyant désireuse de poursuivre l'étude de la philosophie tibétaine, il m'avait conseillé de me rendre à Lhabrang dont l'université monastique rivalise avec celle des grands monastères de Lhassa, quant à l'érudition de ses professeurs. Je trouverais parmi eux, m'assurait-il, de doctes lamas capables de m'instruire.

J'étais donc partie, en dépit d'une épidémie de peste pulmonaire et de la guerre civile qui sévissait dans les régions que je devais traverser. Le voyage qui, effectué en charrette chinoise, demande environ un mois en temps ordinaire, m'en prit cinq, à cause d'incidents divers causés par la situation troublée du pays.

Parvenue enfin à Lantchou, je fis part au gouverneur du Kansou de mon désir d'aller m'établir à Lhabrang. Il ne m'en refusa pas absolument la permission, mais il me dit que Lhabrang dépendait du général Ma et qu'il était préférable que je le visse d'abord à Sining, d'où il existait aussi des routes conduisant à Lhabrang. Je compris qu'il n'aurait servi à rien d'insister. Après un séjour assez long à Lantchou, je partis pour Sining. Là, fort aimablement, mais tout aussi nettement, le général Ma m'exprima son désir de me voir différer mon voyage à Lhabrang. Je pourrais y aller *plus tard*, me disait-il, et en attendant, demeurer à Koum-Boum.

J'allai à Koum-Boum et, m'y trouvant bien, j'y restai.

Je ne tardai pas à comprendre pourquoi les autorités chinoises avaient voulu m'écarter de Lhabrang. Elles préparaient une campagne contre les indigènes mal soumis de cette région.

Le prétexte de celle-ci leur fut fourni par une querelle de moines à Lhabrang.

Le grand lama *tulkou* abbé de ce monastère, Jamyang Chédpa, avait pour intendant en chef un *trapa* nommé Tseundup. Ce dernier avait acquis une influence considérable sur son vieux maître et, en fait, dirigeait toutes ses affaires sans contrôle. Ce cas se présente souvent au Tibet et Tseundup, comme nombre d'autres intendants, avait amassé une fortune considérable. Ceci ne laissait pas d'exciter la jalousie des moines de Lhabrang, mais comme le fait est loin d'être exceptionnel ils l'auraient probablement supporté si Tseundup n'avait pas autrement donné prise à leurs critiques.

Malheureusement il devint, paraît-il, l'amant de la sœur de son maître l'abbé de Lhabrang et, dit-on, poussa le mépris des règles monastiques jusqu'à afficher son manquement à la chasteté prescrite, en installant sa maîtresse dans une maison dépendant du monastère.

Jamyang Chédpa, vieux et très attaché à son intendant, ferma les yeux sur cette infraction flagrante aux préceptes régissant la secte des « bonnets jaunes » et puisqu'il se taisait, ses moines n'osèrent point exprimer publiquement leurs sentiments.

Cependant Jamyang Chédpa vint à mourir ; le trône abbatial devait rester inoccupé jusqu'à ce que l'enfant réincarnant le défunt se manifestât. Dignitaires et moines du bas clergé de Lhabrang en profitèrent pour prendre leur revanche. Tseundup fut d'abord révoqué de ses fonctions, plus tard ses biens furent saisis et enfin, outrés de la résistance opiniâtre qu'il continuait à opposer aux autorités monastiques, refusant d'accepter leur sentence, criant à l'injustice et revendiquant ce qu'il appelait son droit, ses ennemis décidèrent de le mettre à mort.

La veille du jour où il allait être exécuté, il apprit ce qui se tramait contre lui. Bien que gardé à vue, il parvint, avec l'aide de quelques amis, à tromper la surveillance des *trapas* postés autour de sa demeure et s'échappa nuitamment. Hors du monastère, il trouva un cheval qu'on lui tenait prêt et s'enfuit à bride abattue.

Cependant, on s'aperçut promptement de sa disparition, l'alarme fut donnée, de bons cavaliers s'élancèrent à sa poursuite et ce fut, dans les ténèbres, par d'affreux sentiers de montagne, une dramatique chasse à l'homme.

Tseundup réussit à atteindre le pays chinois. Il y avait des amis, des agents commerciaux avec qui, aux jours de sa prospérité, il faisait d'importantes affaires. On l'aida, on lui procura des chevaux de rechange. Il arriva à Sining.

C'est là que je fis sa connaissance et qu'il me raconta les circonstances de sa fuite tragique, mais il eut naturellement bien soin de passer ses torts sous silence et de mettre en relief ceux de ses ennemis. Si l'intendant avait mauvaise grâce en se posant comme une victime innocente, ses adversaires n'étaient probablement pas non plus exempts de tous péchés.

Quoi qu'il en pût être, Tseundup ne se considéra pas comme irrémédiablement battu. Il sut intéresser à sa cause le général Ma qui, en bon politique, vit sans doute en cette affaire une occasion d'établir solidement son autorité en Amdo, où elle n'était guère que nominale. Il ordonna aux moines de Lhabrang de réintégrer Tseundup dans ses fonctions et de lui rendre ses biens qu'ils avaient confisqués. Il escomptait un refus et, en effet, les moines refusèrent hautainement de lui obéir. Il envoya alors quelques soldats pour leur intimer l'ordre de se soumettre. Des paysans dévoués aux lamas attirèrent ces soldats dans une embuscade et les massacrèrent. La guerre était déclarée. Les moines de Lhabrang appelèrent les indigènes aux armes, une petite troupe fut formée qui, pleine de confiance dans les charmes distribués par les lamas et les cérémonies magiques qu'ils célébraient, attendit de pied ferme les musulmans.

Mal armés avec de vieux fusils à fourche se chargeant par le canon, mais d'une bravoure exceptionnelle, ces pauvres gens leur opposèrent une résistance acharnée. L'issue de cette lutte inégale ne pouvait pourtant pas être douteuse. Le général avait donné des ordres sévères. Il s'agissait de briser l'esprit d'indépendance de ces tribus qui n'avaient jamais voulu reconnaître l'autorité de la Chine et d'ouvrir au commerce les routes d'une région infestée par des brigands. Les musulmans ne firent point de quartier. La nuit qui précéda l'envahissement du village de Lhabrang, les Tibétains terrorisés s'enfuirent dans les montagnes. C'était en hiver, la neige tombait, les malheureux n'avaient ni vivres ni abri et n'osaient point se hasarder à redescendre vers les endroits occupés par les troupes, car même les enfants envoyés pour demander quartier étaient mis à mort.

On dit qu'environ deux mille fugitifs périrent gelés sur les sommets.

Prudemment, les moines de Lhabrang n'avaient point pris part aux combats. Ils durent à ce fait d'avoir la vie sauve, mais une grosse indemnité de guerre leur fut imposée. Les soldats incendièrent, par représailles, le palais d'un grand lama qui s'était montré particulièrement violent en excitant les villageois à la résistance et pillèrent les temples en toute liberté.

Sur l'ordre du général Ma, Tseundup fut rétabli, non pas dans son ancienne charge qu'il déclina de remplir de nouveau, mais dans les honneurs qui y étaient attachés et, ce à quoi il tenait surtout, dans la possession de sa riche demeure et de toutes ses propriétés.

Tandis que ceux de Lhabrang faisaient leur soumission, non loin de là, la lutte continuait au monastère d'Amtcho.

Les laïques qui le défendaient ayant été en grande partie exterminés, les troupes musulmanes vinrent assiéger la lamaserie où les *trapas* s'étaient réfugiés comme dans une forteresse. De là, ces derniers tirèrent sur les assaillants et ceux-ci ripostèrent en mettant, par surprise, le feu au monastère. L'incendie se communiqua d'un bâtiment à l'autre et bientôt toute la *gompa*[1] ne fut plus qu'un immense brasier. Quiconque tentait de fuir tombait sous les balles des soldats entourant le monastère en flammes. Un de ceux-ci, témoin oculaire de l'incendie, me raconta que, braves jusqu'à la fin, les *trapas* entonnèrent des chants liturgiques et sautèrent du haut des étages dans les flammes.

Tous périrent sauf leur abbé, un lama *tulkou* qui, d'après ce qui me fut dit, dut son salut à un prodige.

Quand ses *trapas* virent qu'aucun espoir de fuir ne leur restait, ils enveloppèrent le lama dans des *tankas*[2] représentant les déités terribles qui se sont engagées par serment à protéger la religion et ses fidèles. Etroitement empaqueté dans ces tableaux et entouré d'un rempart constitué par des volumes des Ecritures sacrées, le lama ne fut pas atteint par le feu et, la nuit venue, il réussit à s'échapper des ruines fumantes de la *gompa*.

Je ne sais ce qu'il faut penser du miracle, mais le fait

1. Nom des monastères, en tibétain.
2. Des tableaux religieux peints sur étoffe souple et sans cadres, qui se roulent comme les kakémonos japonais.

certain est que le lama échappa et alla se réfugier au désert d'herbe, parmi les tribus des Gologs.

Deux années s'étaient écoulées depuis ces événements lorsque j'arrivai à Lhabrang. L'enfant qui « réincarnait » le défunt Jamyang Chédpa avait été découvert près de Litang, au pays de Kham, et installé comme Grand Lama du monastère. Tseundup triomphait avec une prudente modestie dans sa belle maison et parmi ses richesses recouvrées. A part moi, je le trouvais téméraire. Ses ennemis, bien que temporairement matés [1] par le général Ma, devaient le haïr encore plus qu'auparavant, le considérant comme la cause de la mort et de la ruine de tant de leurs compatriotes. Si l'on n'osait pas l'attaquer ouvertement, il pouvait néanmoins craindre un accident adroitement provoqué ou le poison mêlé à ses aliments.

A sa place j'aurais émigré en pays chinois, à Sining, à Lantchou, voire même au temple des lamas à Pékin, après avoir fait argent liquide de tous ceux de mes biens qui n'étaient point transportables et j'aurais passé mes jours dans l'aisance à l'abri de mes ennemis. Mais je n'avais pas de conseils à donner à Tseundup, il les aurait sans doute peu goûtés. Je dus me contenter d'être reçue cordialement par lui, en reconnaissance des visites amicales que je lui avais faites au temps de sa disgrâce et de son exil à Sining.

Dès qu'il fut informé de mon arrivée à Lhabrang, Tseundup m'envoya des *trapas* pour m'inviter à venir loger au monastère dans une maison réservée aux hôtes de marque, mais j'avais déjà trouvé un gîte convenable dans une auberge et je déclinai l'invitation. Peu après, l'ex-intendant arriva lui-même, accompagné de ses domestiques portant les habituels cadeaux de bienvenue. Il insista fortement pour me faire déménager et accepter l'appartement qu'il m'offrait, mais ma grande chambre donnant sur la place du marché me plaisait. Elle me permettait d'observer à loisir, de ma fenêtre, la foule pit-

1. Six ans plus tard, la guerre recommença entre les troupes du général Ma et les tribus tibétaines de la région de Lhabrang. De part et d'autre on se battit avec férocité. Les musulmans chinois, ayant finalement été vainqueurs, massacrèrent des milliers d'indigènes, sans épargner les femmes et les enfants.

toresque des paysans et des pasteurs rôdant autour des étalages en plein vent et marchandant bruyamment les articles en vente dans les boutiques qui entouraient la place. Je remerciai donc chaleureusement Tseundup et demeurai dans mon auberge.

Le successeur du défunt grand lama de Lhabrang ou, pour parler comme les Tibétains, Jamyang Chédpa, une fois de plus réincarné, avait été découvert depuis peu et installé dans son palais au monastère. Vu son jeune âge, ses parents l'avaient accompagné et vivaient auprès de lui. Suivant l'usage, lorsque l'enfant pourrait se passer des soins de sa mère, celle-ci irait habiter, avec son mari, le palais situé à quelque distance du monastère, qui est affecté comme résidence à la famille de son grand lama.

Tseundup avait annoncé mon arrivée au père du jeune lama et celui-ci se hâta de m'envoyer des provisions. J'avais refusé le logement que l'on m'offrait, il convenait que l'on pourvût au moins à ma nourriture. Telle est la coutume au Tibet, mais la munificence du « yab tchénpo » (le « père grand », parce qu'il a donné naissance à un *tulkou*) dépassait de beaucoup la mesure réclamée par les coutumes du pays.

Je vis arriver plusieurs carcasses de mouton, les unes fraîches, les autres séchées, une vingtaine de grosses pièces de beurre, du fromage, du sucre, du thé, de la farine d'orge, du grain pour les mules. Il y avait là de quoi nous nourrir tous pendant plus de quinze jours. Dans la soirée d'autres cadeaux furent apportés par des gens qui disaient m'avoir rencontrée à Koum-Boum ou au Koukou nor. Je ne les reconnaissais pas tous mais pour ne pas les peiner, je faisais semblant d'avoir gardé un très bon souvenir de chacun d'eux.

D'autres vinrent simplement me présenter leurs offrandes sans trop savoir qui j'étais. Le bruit courait qu'une savante *khadoma* venait d'arriver : Tseundup, le père du jeune Jamyang Chédpa, des moines distingués, l'agent commercial du grand lama de Lob et d'autres notables lui avaient souhaité la bienvenue, il n'en fallait pas davantage ; le mouvement était donné. Les villageois affluèrent, se mirent en file, introduits par Yongden, imperturbable. Des choses hétéroclites, comestibles ou non, s'empilèrent dans ma chambre qui bientôt se trouva transformée en une sorte de boutique analogue à celles qui avoisinaient le marché.

Assise « en lotus »[1] sur l'estrade servant de lit, je reçus jusqu'à la nuit ceux qui défilaient, sollicitant ma bénédiction. Je distribuai des *songdu*[2] qui protègent contre les maladies et les accidents et donnai aussi quelques médicaments à des malades.

Faire accepter ceux-ci exigeait toujours de l'adresse. Les présenter comme des médicaments préparés aux pays d'outre-mer eût été les faire refuser d'emblée ou, si quelque malheureux s'était risqué à en avaler la plus minime dose, le regret de son action, la certitude qu'elle entraînerait des suites fâcheuses, l'anxiété et les lamentations de ses proches n'auraient pas manqué d'aggraver son mal. L'on peut même croire que, la suggestion aidant, certains en seraient morts. En ce cas le malchanceux médecin devenait aux yeux de tous un sorcier malfaisant, un empoisonneur démoniaque et je ne souhaite à aucun étranger de se faire une telle réputation en Asie centrale, elle pourrait lui coûter la vie.

Un lama médecin, pas plus que son collègue laïque en Occident, n'a rien à craindre de semblable. Ses patients peuvent quitter ce monde sans que sa sérénité ait lieu d'en être altérée. Les médecines que je distribuais étaient donc transformées en remèdes orthodoxes. Les pilules de quinine ou les comprimés d'aspirine devenaient des *tséring rilbou*, des pilules de longue vie. Tantôt je les consacrais moi-même, tantôt je les donnais comme ayant été confectionnées par quelque très saint ermite d'une région éloignée. D'autres fois encore, je délayais des poudres médicinales dans une eau dite bénite. A quels subterfuges n'ai-je pas eu recours parmi les candides indigènes des tribus de la frontière ! La plupart du temps, mes stratagèmes ont pleinement réussi et mes médicaments

1. C'est-à-dire les jambes croisées dans la posture des statues du Bouddha qui est la façon habituelle de s'asseoir dans l'Inde et au Tibet, pour les hommes du moins. Une dame-lama recevant des fidèles peut se permettre cette posture qui n'est pas admise pour les autres femmes.

2. Voir note page 49.

ont quelquefois produit des guérisons dont ils semblaient peu capables. Ceux qui croient au pouvoir du magnétisme et à celui de la pensée peuvent, s'ils le veulent, penser que le très vif et très sincère désir que j'avais de soulager mes malades ajoutait à la vertu naturelle des drogues d'Occident qu'ils absorbaient sous des formes orientales. Leur foi faisait sans doute le reste.

Tous les Tibétains ne partagent pas cette crainte superstitieuse des médicaments étrangers. En d'autres région, ceux-ci sont, au contraire, grandement appréciés et tenus pour avoir une efficacité presque miraculeuse. Il existe actuellement, au Tibet, des médecins indigènes diplômés de facultés médicales anglaises de l'Inde.

Le lendemain, j'allai rendre visite au grand lama enfant. Je fus d'abord cérémonieusement introduite auprès de ses parents logés dans un somptueux appartement. Le père, un beau géant comme il en est beaucoup au pays de Kham, était, disait-on, chef d'un petit territoire des environs de Litang. Il avait grande allure et une physionomie qui respirait l'audace et l'intelligence. Sa femme, la mère du jeune *tulkou*, était une véritable beauté. Elle aussi avait l'air hardi, ses grands yeux bruns étincelaient dans sa figure ronde à la peau dorée. A part sa stature de déesse nordique, elle me faisait penser aux belles Napolitaines.

En plus du grand lama — leur plus jeune enfant — ce beau couple avait un fils et une fille.

Un plantureux repas fut servi auquel Yongden et moi firent grand honneur. Nous n'avions pas à craindre de paraître gloutons ; l'eussions-nous voulu, il nous aurait été impossible d'absorber la moitié seulement de la nourriture qu'engloutissait le père fortuné du jeune seigneur de Lhabrang.

Quand tous furent amplement repus, nous fûmes conduits chez Jamyang Chédpa. Il avait déjà son appartement privé — celui de son prédécesseur — et était entouré d'une petite cour de fonctionnaires de sa maison. Parmi eux se trouvait le précepteur chargé de lui apprendre les « bonnes manières » monastiques. Plus tard on lui donnerait comme maîtres les plus doctes des professeurs enseignant à Lhabrang et, ensuite, il irait à Lhassa parfaire son instruction à l'Université de Séra ou à celle de Drepung. Tel est le programme invariable de l'éducation d'un grand *tulkou*.

Pour le moment, on pouvait complimenter le tuteur de l'élève sur le début de cette éducation. Correctement vêtu de vêtements monastiques faits à sa taille et coiffé du chapeau traditionnel des Jamyang Chédpa beaucoup trop grand pour sa petite tête, l'enfant savait déjà se tenir avec gravité sur son trône, un livre ouvert sur ses genoux et les yeux baissés sur les pages comme s'il méditait le sens de ce qu'il lisait. Il savait aussi nouer les *songdus* et souffler gravement sur eux pour leur communiquer une vertu émanant de lui. Il bénissait rituellement aussi, posant ses mains mignonnes sur la tête des fidèles de marque, effleurant celle des autres avec le petit plumeau en rubans que son chambellan lui mettait en main.

Je ne le vis que le surlendemain déployer tous ces précoces talents lorsqu'il reçut une bande de pèlerins. Pendant ma visite, il paraissait un peu intimidé. Que lui avait dit son tuteur sur mon compte ? — Ceux qui l'entouraient savaient que j'étais étrangère, mais bien versée, aussi, dans tout ce qui concernait le Tibet et la religion lamaïste, et ils souhaitaient que leur seigneur, sous son nouvel avatar, me fît bonne impression.

Tandis que je m'entretenais avec les religieux présents, le petit demeurait sagement immobile, assis sur une haute pile de coussins, les yeux baissés, dans une attitude étudiée que son maître lui avait imposée. Mais tout à coup, cédant sans doute à la curiosité, il me regarda hardiment bien en face et sourit malicieusement. Alors, en dépit des vêtements monastiques dans lesquels il était engoncé, il fut pour un moment un simple bambin qui, sans doute, eût aimé sauter à bas de son petit trône, jeter au loin le chapeau trop lourd qui l'écrasait et la toge dans laquelle il était ligoté, pour jouer comme tous ceux de son âge. Ce ne fut qu'un éclair. Déjà plié à une stricte discipline, pensa-t-il à son tuteur, à une punition qu'il pourrait infliger, ou bien, comme ses fidèles auraient préféré l'imaginer, l'esprit de Jamyang Chédpa qui habitait son corps enfantin en domina-t-il les impulsions naturelles ? L'enfant redevint grave, il récita quelques phrases qu'on lui avait apprises et me tendit un livre enveloppé de soie jaune, qu'un de ses moines lui avait présenté. C'était le cadeau préparé à mon intention. Sur ce, l'audience prit fin.

Puisque je viens de mentionner que le jeune grand lama pouvait craindre une punition, j'en profiterai pour indiquer que ces hauts personnages ecclésiastiques du Tibet, le dalaï-lama compris, ne sont pas exempts, dans leur prime jeunesse, des châtiments corporels libéralement distribués par les éducateurs tibétains. Le professeur de grammaire, le professeur d'histoire ou celui qui initie le jeune lama aux doctrines philosophiques ne manquent point de lui administrer de solides bastonnades lorsqu'il ne peut pas réciter correctement sa leçon. Chez ce peuple rude, les directeurs spirituels eux-mêmes poussent volontiers leurs disciples dans la voie de la perfection, à l'aide de bourrades et de coups de pied. A la suite de ces châtiments, le disciple doit se prosterner devant le maître pour le remercier de sa véhémente sollicitude. Si je ne fais erreur, quelque chose d'analogue à cet usage existe dans certains ordres religieux catholiques.

Ce qui est pittoresque, dans le cas des grands *tulkous*, c'est que. sitôt la correction reçue par son élève, le maître qui l'a infligée se prosterne à trois reprises devant lui. Il a châtié l'instrument imparfait qu'est encore le jeune lama et ensuite rend hommage à la haute personnalité (dieu ou sage défunt) qui l'anime et veut s'en servir pour continuer sa carrière et accomplir son œuvre dans ce monde. Telle est du moins l'explication que les Tibétains donnent de ces actes contradictoires [1].

Le jour suivant, je visitai le monastère en détail. En maints endroits se voyaient les traces du passage des troupes musulmanes de Sining : bâtiments incendiés, œuvres d'art emportées. Malgré tout, le monastère demeurait riche et prospère.

La visite terminée, Tseundup qui m'avait guidée m'em-

---

1. Au sujet des *tulkous* et des théories tibétaines concernant les lamas incarnés, ceux que les étrangers dénomment improprement des « Bouddhas vivants », voir mon livre : *Mystiques et magiciens du Tibet*, page 109.

mena avec Yongden, dîner dans sa belle maison. Celle-ci était fort luxueusement montée dans le style du pays. Les énormes théières préparées en vue du repas et les braseros pleins de cendre chaude sur lesquels elles reposaient étaient en argent massif avec des ornements en or. Les tasses étaient de jade, leurs soucoupes et leurs couvercles en or ciselé, et dans ces derniers, façonnés en forme de pagode, des perles et des turquoises étaient serties. De superbes tapis et des peaux de léopard couvraient les coussins des divans ; de précieux spécimens de l'art chinois et de l'art tibétain, tableaux et statuettes, décoraient la pièce. Détonnant bizarrement parmi eux et peut-être plus appréciées qu'eux par le maître du logis et par ses visiteurs, se voyaient quelques chromolithographies représentant des vues de Paris : la place de la Concorde, l'Opéra, la Seine près du Châtelet. J'en avais déjà remarqué des exemplaires à Jigatzé, chez la mère du Panchen Lama. Tseundup croyait que ces images représentaient Moscou. Je le détrompai et il fut ravi de voir ma ville natale.

Je fus incidemment informée qu'un chef chinois présidait à la cuisine. Au Tibet, le chef chinois tient, dans l'estime des gourmets, la place que le chef français y occupe en Occident. En avoir un à son service dénote l'opulence et l'épicurisme raffiné du maître de la maison. Tseundup avait tenu à copier les riches Tibétains de la haute société.

Le dîner commença par des tranches de pain sec. Les gens d'Amdo en sont friands. Malheureusement il m'est impossible d'en avaler la moindre bouchée. Peut-être est-ce la partie nordique de mon atavisme physique qui le repousse, le pain, pour moi, ne peut servir qu'à accompagner d'autres mets. Or, rien n'apparaissait pour tenir compagnie à ces tranches rassies étalées dans un beau plat en argent. Yongden, qui aime le pain autant que s'il était né en France, me regardait ironiquement tandis que Tseundup me pressait de faire honneur au repas.

Lorsque mon hôte se fut convaincu que ses exhortations demeuraient sans effet, il sonna. Il avait un de ces jolis timbres de table très en usage dans nos pays avant que les sonneries électriques y fussent répandues.

En réponse à son appel, on apporta des biscuits chinois et deux boîtes de biscuits d'origine étrangère. J'en grignotai quelques-uns. Du riz au beurre et au sucre parsemé de raisins de Corinthe vint ensuite, je l'accueillis avec plaisir. C'est le plat sucré national du Tibet ; bien préparé il est exquis. Je commençais à mieux augurer du dîner, d'autres mets allaient suivre. Le riche Tseundup m'offrait un repas de gala à la mode chinoise où l'on débute par le dessert pour finir par le potage. En effet, les plats succédèrent aux plats : poisson, viandes, légumes en ragoûts divers, de savoureux *momos* faits d'un hachis de viande enfermé dans une boule de pâte cuite à la vapeur et, pour terminer le festin, la soupe aux *péchis*, petits triangles de pâte aux œufs, fourrés d'un hachis de viande assaisonnée.

Nous avions commencé à manger vers une heure de l'après-midi, nous finissions à peine à six heures du soir. Après avoir encore parlé pendant quelque temps avec Tseundup et plusieurs de ses amis arrivés vers la fin du dîner, je rentrai à cheval à mon auberge, reconduite en cortège, comme les personnages de haut rang, par des serviteurs portant des lanternes.

Pour ne pas attrister un homme excellent, l'agent commercial du grand lama *tulkou* de Lob, je dus, le jour suivant, accepter un autre dîner chez lui.

Quelques autres jours furent employés à de plus sérieuses besognes : consulter des livres et interroger certains lamas érudits. Je me rendis aussi à un monastère de *ngagspas* situé dans la campagne, à une petite distance de Lhabrang. Les *ngaspas :* les « hommes des paroles secrètes », sont des magiciens, les héritiers des chamanistes *böns*[1] qui, avant l'introduction du bouddhisme au Tibet, y tenaient la place actuellement occupée par les lamas. Dépossédés de leur pouvoir, par ces derniers, les chamans böns ont pris leur revanche grâce au penchant à la superstition inné en leurs adversaires. La chose s'est produite naturellement sans aucune stratégie consciente de la part des vaincus.

Le bouddhisme prêché au Tibet par les missionnaires hindous, au huitième siècle et dans les siècles qui suivirent, était loin d'être le bouddhisme originel. Il confe-

1. Au sujet des *Böns*, voir pages 124 et suivantes.

nait, côte à côte avec des développements philosophiques estimables de la doctrine primitive, une quantité de théories et de rites empruntés au système religieux dénommé tantrisme qui dominait alors dans l'Inde et au Népal et qui y domine encore de nos jours.

Il ne peut être question d'aborder dans le présent livre l'examen des origines très obscures du tantrisme ; il suffira de dire qu'il comprend des pratiques dérivées de la plus grossière superstition ou même complètement abjectes et répugnantes, des rites magiques, des méthodes d'entraînement psychique et des théories philosophiques de valeurs très diverses. Or, les éléments groupés dans le système tantrique se rencontrent ailleurs que dans l'Inde. Des théories et des pratiques analogues à celles que les missionnaires hindous introduisaient au Tibet y existaient déjà chez les *Böns* chamanistes [1]. Rien ne s'opposait donc, de façon absolue, à une fusion partielle entre la religion d'importation étrangère et celle que les indigènes avaient pratiquée jusque-là. En fait, beaucoup de croyances et de rites des Böns continuèrent à exister sous un autre nom, dans le bouddhisme des Tibétains, tandis que les Böns — et plus spécialement les Böns blancs — incorporaient dans leur religion un bon nombre d'éléments bouddhiques.

C'est ainsi que, déguisés sous le nom de *ngagspas*, de véritables chamans ont été englobés dans le clergé lamaïste. Ils y occupent, toutefois, une place distincte, en marge du clergé régulier et leur rôle consiste principalement à communiquer avec les démons.

Il existe des groupes indépendants de *ngagspas* qui possèdent leurs temples propres où ils se réunissent à certaines époques, vivant le reste du temps dans leur famille (les *ngagspas* se marient). D'autres *ngagspas* n'appartiennent à aucun groupement, ils ont été initiés par un maître de leur secte et pratiquent, isolément, les rites qu'ils ont appris de lui, soit pour leur bénéfice personnel,

1. Peut-être aussi, en plus des Böns, existait-il au Tibet des sectateurs d'autres doctrines sur lesquelles nous manquons de renseignements. Il est rapporté dans la biographie d'Atiça, le célèbre philosophe bouddhiste qui vécut longtemps au Tibet et y mourut (onzième siècle), qu'il se serait écrié : « Quel grand nombre de doctrines existent au Tibet qui ne se trouvent pas dans l'Inde ! »

soit, le plus souvent, moyennant rétribution, quand ils en sont requis par des gens qui veulent écarter d'eux les malheurs causés par des démons ou qui nourrissent des desseins moins innocents : tel celui de nuire à un ennemi ou de le faire périr. Ce que l'on dénomme communément magie noire est du domaine des *ngagspas* et tous passent, sinon pour la pratiquer, du moins pour en être capables.

Certains grands monastères lamaïstes de la secte des « bonnets jaunes » ont jugé utile de s'adjoindre, en dehors de leur enceinte, un groupe de *ngagspas* qui entretiennent, en leur lieu et place, un commerce constant avec les mauvais esprits. La célébration de certains rites consistant non pas à dompter ceux-ci, mais à leur rendre une sorte de culte qui les pacifie, étant interdite aux religieux de cette secte, ils ont trouvé un moyen détourné de s'assurer contre les attaques des méchants de l'autre monde en leur faisant rendre par les *ngagspas* l'hommage qui les satisfait, ou leur faisant offrir, par eux, la nourriture qu'ils requièrent. Ainsi les maladies et les accidents sont écartés du monastère, sa prospérité et celle de ses membres sont assurées.

En échange de leurs services, les *ngagspas* attachés au temple dépendant du monastère reçoivent une subvention de celui-ci.

Le temple de ceux de Lhabrang était de belles dimensions et fort bien tenu. Les fresques décorant ses murs représentaient les sujets à la fois lugubres et pittoresques que l'on rencontre dans tous les édifices consacrés aux déités terribles. Celles-ci sont, pour la plupart, d'ex-démons convertis ou violemment subjugués par un saint magicien qui les a ensuite contraints d'employer leur force à la défense de la religion lamaïque et de ses fidèles. Cependant, certaines hautes personnalités mystiques sont dites revêtir, occasionnellement, un aspect terrifiant et démoniaque pour terroriser et châtier des êtres malfaisants.

Autour de ces figures mystérieuses du panthéon tibétain, l'artiste avait groupé, dans ses fresques, tout un monde d'êtres grimaçants, mâles et femelles, qui écorchaient d'infortunés humains, dévidaient leurs entrailles, se repaissaient de leur cœur ou se livraient à d'autres sports tout aussi réjouissants. Les Tibétains sont, du reste, blasés sur les tableaux de ce genre ; ceux-ci abondent dans leur pays et, à part les érudits initiés à leur sens symbolique, nul ne leur y accorde attention.

Les *ngagspas* sont souvent des gens aimables, exempts de la morgue qu'affectent leurs confrères magiciens du clergé régulier, exception faite de certains d'entre eux tenus pour posséder des pouvoirs supranormaux très étendus et qui jouissent, comme tels, d'une grande réputation. La simplicité d'allure de beaucoup de *ngagspas* tient probablement à ce que leur situation, dans le monde ecclésiastique, est nettement inférieure à celle des moines, membres d'un monastère lamaïste. Cependant j'en ai rencontré quelques-uns dont l'urbanité provenait de notions passablement sceptiques qui les empêchaient de prendre aucune chose très au sérieux. Il en résultait, chez eux, une sorte d'universelle bienveillance légèrement apitoyée, légèrement ironique et essentiellement détachée, qu'ils étendaient à tous et à tout, sans s'oublier eux-mêmes.

Je fus très cordialement reçue par les *ngagspas* de Lhabrang. Je passai quelques heures à causer avec eux tout en buvant du thé, puis je regagnai mon auberge.

Le lendemain matin, à l'aube, je me remettais en route.

CHAPITRE II

Yongden voyage avec moi depuis huit ans ; j'ai eu tout le temps de m'habituer à ses façons parfois étranges, il vient pourtant de m'ébahir et, le plus curieux de la chose, c'est qu'il demeure aussi étonné que moi de ce qu'il a fait.

Malgré notre départ matinal de Lhabrang nous n'avons pas pu atteindre l'étape que nous nous étions fixée. Des gens qui voulaient me souhaiter bon voyage, m'offrir quelques cadeaux et recevoir ma bénédiction sont arrivés à mon auberge après que je l'avais déjà quittée. Ils se sont mis à ma poursuite, m'ont rejointe et j'ai dû m'attarder avec eux. Plus tard, les charges des mules se sont déliées, il a fallu décharger les bêtes, rattacher les sacs et les ballots... Bref, la nuit tombe lorsque nous atteignons un tout petit hameau et comprenons qu'il nous est impossible d'aller plus loin ce jour-là.

Un des domestiques va frapper à la porte d'une ferme et demande l'hospitalité. Elle lui est sèchement refusée. Il nous fait part de son mécompte et se dispose à aller présenter sa requête ailleurs, lorsque Yongden l'arrête.

Le jeune lama vient d'avoir une inspiration subite. Hardiment, il hèle une femme qui nous regarde de sa fenêtre et, d'un ton impératif, demande où demeure un certain Passang dont je n'ai jamais entendu parler. Ledit Passang est le propriétaire de la plus belle habitation du hameau. Yongden s'y rend et là, toujours aussi impératif, il annonce que nous sommes envoyés par Kouchog Lészang du monastère de Lhabrang qui commande au maître de la maison de nous recevoir et de nous héberger de son mieux.

Qui est ce Kouchog Lészang, comment Yongden le connaît-il ? — Je n'en ai pas la moindre idée. Mais ce que je sais, parfaitement, c'est qu'à aucun moment il n'a été question de sa recommandation et de l'hospitalité à recevoir dans ce hameau. Seule l'heure tardive nous a induits à nous y arrêter.

Quoi qu'il en soit, la porte nous est immédiatement ouverte, on nous accueille avec grand respect. Je suis conduite dans une agréable chambrette où je passerai la nuit. Tandis que mes gens déchargent les bêtes et m'apportent les sacs contenant mes couvertures et mon lit de camp, nos hôtes s'affairent à la cuisine pour nous préparer un repas.

Peu après, je fais honneur à un copieux et excellent souper. Tous les gens habitant la maison, les maîtres en tête, les domestiques en queue, défilent pour se faire bénir par moi. Il est question de convier aussi les voisins, mais je me déclare fatiguée et promets de recevoir ceux-ci le lendemain.

Avant de me coucher, je retiens pourtant Yongden un instant dans ma chambre. Je suis curieuse de savoir comment lui est venue l'idée de se recommander de ce lama qui m'est inconnu et je l'interroge :

— « Qui est Kouchog Lészang, quand as-tu fait sa connaissance ? Pourquoi ne m'as-tu pas parlé de lui ? »

— « Je ne le connais pas du tout. »

— « Tu ne le connais pas !... Et ce Passang ? »

— « Je ne le connais pas davantage... »

— « Voyons, il faut s'entendre ; je comprends bien que l'idée de dire que nous avons été recommandés et qu'il fallait nous bien recevoir soit une ruse de ta part. Mais les noms de ces gens, comment les savais-tu, et comment savais-tu que Passang était un *djindag*[1] de Kouchog Lészang ?

1. Ecrit *spyinbdag*, littéralement « maître des dons » — un maître de maison et, plus spécialement, celui qui pourvoit, par ses dons, aux besoins matériels d'un religieux.

— « Je suis tout aussi étonné que vous. Il faut croire que j'ai entendu parler de ce lama et de son *djindag* pendant notre séjour à Lhabrang, mais je ne m'en souvenais nullement. Et le plus bizarre, c'est que, maintenant encore, j'ai beau me creuser la cervelle, il m'est absolument impossible de me rappeler quand et comment j'ai appris leur existence. Ces deux noms et ce que je devais dire pour obtenir un gîte me sont soudainement venus à l'esprit lorsque Tobgyal a dit qu'on nous refusait l'hospitalité. Je n'ai pas réfléchi, j'ai obéi à une impulsion... »

Voilà qui est étrange, pensai-je. Quoi qu'il en soit, l'éclair subit qui a illuminé la mémoire de Yongden est venu fort à propos. Et, remettant à plus tard d'autres réflexions sur ce sujet, je congédiai le jeune homme et m'endormis bientôt profondément.

Je me réveillai de bonne heure, mais j'avais déjà été devancée par une vingtaine de personnes en quête de bénédictions, de charmes et de rites divinatoires, qui se pressaient à ma porte.

Un à un ils m'exprimèrent leurs désirs. Je fus priée de consacrer et de distribuer l'eau de longévité et aussi de magnétiser de l'orge que les gens présents se partageraient et conserveraient chez eux, ou bien enverraient à leurs parents et à leurs amis habitant en d'autres villages. Ce grain est tenu pour contenir, comme l'eau de longue vie, une vertu qui conserve la santé, cette vertu y ayant été infusée par le lama officiant.

Je croyais les cérémonies terminées lorsque Passang me pria respectueusement d'exorciser sa demeure. Il n'y avait rien remarqué de particulièrement suspect, mais les démons sont si nombreux et si rusés qu'il était toujours mieux, jugeait-il, de prévenir les effets de leur malice que d'avoir à les combattre. Ce raisonnement pouvait se soutenir. C'est celui que nous appliquons aux maladies et sur lequel repose l'hygiène. Je procédai donc à l'exorcisme préventif de la ferme.

On se fait à tout. J'arrive à officier avec autant de gravité qu'un archevêque, mais ces exercices me peinent.

Au début de mon séjour parmi les campagnards tibétains, je m'étais efforcée de leur démontrer l'inutilité de ces rites et de les convaincre que la croyance en leur efficacité avait été condamnée formellement comme une erreur funeste par le Bouddha dont ils se disaient les disciples. Cela avait été peine perdue. Je n'étais pas le moins du monde parvenue à ébranler leur attachement routinier à leurs superstitions séculaires ; bien plus, des doutes leur étaient venus concernant la sincérité et l'orthodoxie du bouddhisme que je prétendais professer. Les villageois commençaient à me soupçonner d'être une missionnaire chrétienne essayant de corrompre leur religion.

Plus tard, en d'autres régions, lorsque ma qualité de membre du Sangha[1] ne fut plus mise en question et que me fut aussi reconnu le pouvoir de célébrer efficacement certains rites lamaïques, je n'abdiquai rien de mon horreur pour le cérémonialisme. Je continuai, et alors avec plus d'autorité, à en montrer les effets néfastes et comme quoi, dans les rites, une succession de gestes et de paroles se substitue à l'action mentale, seule importante. J'avais pour moi l'opinion et l'exemple des grands mystiques tibétains et des ermites contemplatifs qui rejettent également tous les rites, mais les gens du peuple m'opposaient une humilité obstinée.

Doubthobs[2] et *gomtchéns*[3], disaient-ils, pouvaient à leur guise s'affranchir de ces cérémonies. Ils étaient plus grands que les dieux et se faisaient obéir par eux comme par les démons. Mais il ne seyait pas à de pauvres hommes ordinaires d'oser imiter ces géants spirituels ; donc, eux, simples laïques, s'en tiendraient aux coutumes de leurs pères.

A Koum-Boum, j'avais pris l'habitude de porter constamment l'habit monastique lamaïque et je le conservai dans mes voyages. Mon incognito durant ceux-ci n'était pas aussi strict qu'il le fut lorsque j'allai à Lhassa ; Yongden et mes serviteurs me donnaient comme une dame-lama, une *khadoma,* mais ils ne désignaient pas clairement ma nationalité. Souvent les villageois me croyaient Tibétaine et personne ne les détrompait. D'autres fois, quand des questions directes étaient posées, à ce sujet, on répondait que je venais de *Gyaméd*, ce qui

---

1. Le Sangha : l'ordre religieux bouddhique. En langue tibétaine : *gedune,* écrit *dgé hdun.*
2. *Doubthob,* écrit *grubthob* : un saint thaumaturge.
3. *Gomtchén,* écrit *sgomtchén* : un ermite contemplatif.

signifie vaguement l'Indochine, ou bien l'on me rattachait à la Mongolie.

Sous cet avatar, il m'était plus difficile que jamais de me soustraire aux « devoirs ecclésiastiques » qui m'incombaient.

Yongden, qui cultive une bonne dose de scepticisme quant à l'importance des formes extérieures, se moquait de mes scrupules qu'il jugeait hors de saison.

— « Bah ! me disait-il, soufflez donc sur le dos de ce rhumatisant ou dans l'oreille de ce sourd. Ils ne s'en porteront pas plus mal et vous leur ferez grand plaisir. Puis ne pouvez-vous pas, vous qui êtes initiée aux pratiques de la concentration de pensée, émettre une force bienfaisante que votre souffle, l'eau ou les pilules consacrées par vous, communiqueront à ces pauvres gens. Il faut en avoir compassion et les traiter à leur manière. C'est ainsi que font les doctes et les saints anachorètes. »

Hélas ! hélas ! sans être d'une humilité excessive, je ne me considérais point, pourtant, comme un très « docte lama » et ma « sainteté » ne me paraissait pas dénuée d'alliage. Mais Yongden toujours pratique reprenait :

— « Sommes nous, oui ou non, vous et moi, des religieux authentiques ? — Oui, n'est-ce pas. Nous avons décidé de nous présenter comme lamas pendant ce voyage, il faut donc jouer complètement notre rôle, sinon nous deviendrons suspects, les gens s'imagineront que nous nous sommes déguisés pour poursuivre un but mauvais et il pourra nous arriver du mal. Bien plus encore, si par notre faute, ces gens commettent le péché de faire du mal à de vrais lamas, comme nous le sommes, nous en supporterons la responsabilité et ses conséquences.

Il n'y avait rien à reprendre dans les arguments du jeune homme et le meilleur de tous était qu'il importait de ne pas devenir suspect puisque nous pouvions l'éviter sans nuire à personne. C'est ainsi que je m'étais résignée à exercer mes fonctions ecclésiastiques. Elles ne se bornaient pas toujours à de simples gestes rituels, parfois aussi mon caractère religieux donnait lieu à des incidents émouvants.

Chez Passang, une femme, qui s'était tenue à l'écart pendant toutes les cérémonies que j'avais célébrées, s'approcha de moi lorsque les autres se furent éloignés.

— « Mon père est mort la semaine dernière, me dit-elle en pleurant. Qu'est-il devenu ? Je voudrais le savoir. Aura-t-il une renaissance heureuse ? Voulez-vous le voir et me le dire. »

Tout raisonnement aurait été inutile. Cette femme ne cherchait pas de vaines consolations. Elle voulait connaître un fait précis. Où donc son père était-il né de nouveau.

Je ne le savais pas et même mes idées concernant la renaissance différaient beaucoup des siennes. Il fallait pourtant répondre à la solliciteuse angoissée tout en larmes devant moi. La charité l'ordonnait.

— « Revenez dans une demi-heure, lui dis-je. Qu'on me laisse seule, j'essaierai de *voir*, en méditation, quel est le sort de votre père. »

Je ne me sentais aucune envie de railler. La douleur d'une fille ayant perdu un père aimé m'était connue ; j'en avais trop éprouvé moi-même l'amertume pour ridiculiser chez une autre les idées bizarres qu'elle pouvait suggérer. Il fallait répondre, mais il me répugnait d'inventer une histoire quelconque et de la raconter à la femme qui avait foi en ma clairvoyance.

Mieux valait laisser agir le hasard ou ce que, faute d'en connaître la source, nous dénommons « hasard »

Je m'assis en posture de méditation, les yeux à demi clos, écartant toute idée, faisant le vide dans mon esprit et je parvins à l'état où l'on perd toute conscience de son entourage. Une image subjective surgit alors spontanément : celle d'une maison de commerce chinoise. Je distinguais les employés empressés auprès des clients et les marchandises rangées dans le magasin. Ils donnaient l'idée que l'on se trouvait chez un négociant très aisé. Je vis le patron vêtu de soie noire, grand et tout souriant et je *sus* — sans qu'on me l'ait dit, comme il arrive dans les rêves — que tout récemment, il était devenu père d'un garçon. Puis l'image s'évanouit et, graduellement, je repris ma conscience normale.

Pourquoi avais-je vu une boutique chinoise ? — Il aurait, semble-t-il, été plus naturel que je visse des images de la vie tibétaine dans laquelle j'étais depuis longtemps immergée. Je ne discutai pas ce point, cela aurait été inutile.

Quelle que pût être la cause de ma vision, elle me fournissait une réponse que je pouvais donner sans avoir le remords d'avoir répondu par une plaisanterie à une requête respectable.

Le procédé que j'avais employé est en usage parmi les mystiques tibétains. Tout lama y étant initié s'en fût servi pour répondre à la fille affligée. Je ne me sentais coupable d'aucune supercherie.

— « Votre père », dis-je à la villageoise, ne s'est pas attardé dans le bardo[1]. Il a déjà repris naissance dans notre monde. Ce n'est point au Tibet qu'il est né, mais en Chine. Il est le fils d'un riche marchand dont j'ai vu la maison. Je ne puis pas vous dire en quelle ville elle est située, mais ce doit être dans le nord de la Chine, car les hommes qui me sont apparus étaient grands comme ceux du Kansou.

« Ne pleurez plus, votre père vivra dans l'aisance et dans un pays où la religion du Bouddha existe. Il pourra l'y entendre prêcher et la pratiquer. »

La femme pleurait encore, mais beaucoup moins amèrement. Elle ne s'affligeait plus que de son propre malheur. Quant au défunt, elle était rassurée sur son sort. Son amour filial se réjouissait de ce que la nouvelle naissance de son père bien-aimé l'eût conduit dans un milieu heureux.

Le pays que nous traversons ensuite continue à être beau et pittoresque. Il est fort peu peuplé et ceci nous oblige à fournir chaque jour de longues étapes. Nous sommes à la fin de mars, la température est encore froide en cette région d'altitude élevée, nous ne pouvons guère camper. Nous-mêmes ne souffririons pas du froid dans nos tentes, mais il n'en serait pas de même des bêtes. Les nuits passées immobiles au-dehors pourraient leur être néfastes ; après la fatigue causée par une marche prolongée il leur faut le repos à l'abri dans une écurie. Il faut aussi trouver, pour elles, de la paille ou du fourrage et des pois secs afin de ne pas épuiser la réserve que nous

1. L'état dans lequel « l'esprit » — ou plus correctement traduit : la conscience : *rnanchés* — des défunts, demeure après la mort et jusqu'à leur renaissance dans ce monde ou dans un autre. Littéralement, *bardo* signifie « entre deux », sous-entendu entre la mort et la naissance.

transportons pour le cas où nous ne pourrions pas nous en procurer.

Les pois concassés sont la nourriture habituelle des chevaux, dans le pays d'Amdo comme dans le nord de la Chine et au Tibet. Les mules, dont les dents sont plus fortes, les mangent entiers et, à l'occasion, peuvent aussi consommer de grosses fèves. Cette nourriture passe pour être très fortifiante et de beaucoup préférable à l'orge. D'ailleurs, habituées à manger des pois, les bêtes de ces régions s'accommodent difficilement de grain : orge, maïs ou froment, et elles sont généralement malades lorsqu'en voyage, on est obligé de leur en donner.

En dehors des soins que notre petite cavalerie requérait, d'autres raisons encore nous engageaient à éviter de camper dans ce pays. Il est tenu pour peu sûr, et nos belles grandes mules de Sining, très appréciées au Tibet, pouvaient tenter des maraudeurs qui auraient facilement trouvé à les revendre avantageusement.

Malheureusement les villages étaient clairsemés et les hôtelleries espacées en moyenne de quarante à cinquante kilomètres, ce qui, par des sentiers très accidentés, nous faisait effectuer chaque jour une étape fatigante. Le temps se maintenait au beau sec. La neige tomba pourtant pendant un arrêt dans un village appelé Kargnag (peut-être plus véritablement Karnag : la muraille noire).

Dans ce Kargnag, je fus l'héroïne d'une amusante comédie que Yongden avait amorcée sans en prévoir le développement funambulesque.

A un gamin qui me considérait, le lama avait dit pour s'amuser de lui : — « Tu regardes Jétsune Kouchog, sais-tu qu'elle a cent ans. »

Au comble de l'étonnement, le garçon avait couru faire part à son père de cette extraordinaire nouvelle. Le père l'avait immédiatement communiquée à ses voisins et, répétée de bouche à bouche, celle-ci s'était promptement répandue dans tout le village. Une centenaire venait d'arriver, à cheval, paraissant très ingambe. Tous voulurent voir le phénomène. Ma chambre fut bientôt envahie par des gens qui s'extasiaient sur ma bonne mine.

Pas de cheveux blancs ! les femmes me les examinaient de près. Toutes mes dents ! Elles me demandaient d'ouvrir la bouche. Et je me tenais droite, et mes joues n'étaient pas ridées, ma vue était bonne, mes mains ne tremblaient pas ! Prodige des prodiges ! Jamais, disaient les paysans, une personne âgée n'était venue dans leur village et ils n'auraient jamais imaginé qu'une centenaire pût avoir si juvénile apparence.

Et comme, au Tibet, tous les sentiments : joie, douleur, respect, admiration, se manifestent matériellement par des cadeaux, la surprise admirative des indigènes se traduisit en offrandes qui m'arrivaient de tous côtés sous forme de vivres : beurre, farine de blé et farine d'orge, fromage, viande. Je ne pouvais pas arrêter le cours de ce fleuve de provisions qui coulait de la porte jusqu'au *kang* sur lequel j'étais assise. Peut-être la stricte honnêteté eût-elle voulu que je déclarasse qu'il s'en fallait de bien des années que j'eusse atteint la centaine, mais la vertu n'est pas toujours là où elle paraît être suivant les codes moraux rigides. Elle dépend des circonstances et j'estime que le critérium, en cette matière, est la charité. Etre bon pour autrui, ne causer aucune peine, est la meilleure des règles de conduite. Or, les bonnes gens de Kargnag jouissaient intensément du spectacle que je leur donnais. Dans leur vie monotone, ce passage d'une centenaire si peu décrépite devenait un événement qui marquerait et que l'on raconterait le soir à la veillée pendant des années et des années. Peut-être l'imagination des plus éveillés aidant, en sortirait-il une légende dont le village se ferait gloire et que lui envieraient les villages voisins.

Oh ! j'aurais été bien méchante de leur ravir leur joie présente et toute celle que cette innocente plaisanterie leur réservait encore pour l'avenir. Qu'étaient quelques kilogrammes de beurre, de viande et de farine pour payer ce plaisir. Ces fermiers étaient suffisamment aisés pour me faire ces cadeaux sans se priver de rien. Du reste, ils comptaient bien récupérer ces méritoires témoignages de respect dans leur prochaine existence et ce, avec d'amples intérêts. En attendant, ils espéraient que les bénédictions qu'ils me forçaient à distribuer, les brins de laine qu'ils s'efforçaient de me faire arracher de ma robe, pour s'en servir comme charmes, leur communiqueraient quelque chose de ma verte longévité.

L'incident qui marque notre séjour dans un autre village est moins agréable. Il y a là une *gompa*[1] passablement importante et comme, généralement, dans ces monastères isolés il se trouve presque toujours quelques moines ayant des provisions à vendre, deux de mes domestiques sont allés s'y enquérir de ce que nous pourrions nous y procurer. Ils ont été éconduits brutalement, racontent-ils à leur retour. On les a reconnus pour être des *Séntuanpas*[2] et, pour des raisons qui ne sont pas énoncées, les moines de ce monastère n'aiment pas les gens de cette tribu.

Les choses en seraient restées là si quelques rodomonts cléricaux, de ceux que l'on dénomme *dobdobs*[3], n'étaient venus à l'auberge où nous logions et n'y avaient insolemment cherché querelle à mes hommes. Sans me montrer — ce qui eût été contraire aux usages et un manque de dignité — je commandai qu'on les expulsât. Il s'ensuivit une petite bagarre, des coups furent échangés et les *dobdobs* s'en allèrent en annonçant qu'ils reviendraient avec des amis et des fusils. Après leur départ, l'aubergiste ferma sa porte, la barricada solidement et mes domestiques chargèrent leurs armes, se tenant prêts en cas d'attaque.

J'étais fort ennuyée. Nous n'avions aucun secours à attendre ; d'après ce que disait l'aubergiste, les villageois n'éprouvaient aucune sympathie pour ces *trapas*, soudards qui déshonorent l'habit religieux et ne rêvent que méfaits, mais ils ne nous défendraient pas contre eux. Quel était le caractère du chef du monastère ? Voudrait-il, et pourrait-il contenir les éléments batailleurs de sa *gompa ?* — Il était pour ainsi dire certain qu'il ignorait ce qui se passait, mais je ne voyais pas le moyen de l'en informer. Je ne voulais pas laisser sortir mes hommes qui auraient pu être molestés et un autre messager n'eût peut-être pas pu arriver jusqu'à lui.

---

1. *Gompa* : monastère lamaïque.

2. Une tribu habitant le Kansou. Les Séntuanpas sont d'origine mongolique et souvent métissés de Chinois. Ils ont la prééminence au monastère de Koum-Boum où les moines appartenant à cette tribu sont seuls éligibles aux fonctions officielles.

3. Voir au sujet des *dobdobs* : *Mystiques et magiciens du Tibet*, page 105.

Tandis que je réfléchissais, Sotar, mon domestique-chef, craignant le retour des *trapas* armés, renseigna l'aubergiste sur ma véritable personnalité, l'assurant que s'il arrivait du mal à moi-même, à ceux qui m'accompagnaient ou à ce qui m'appartenait, le général chinois de Sining enverrait des troupes qui brûleraient le monastère et probablement aussi le village qui ne m'avait pas protégée.

Cette menace dut épouvanter l'aubergiste. Le souvenir des terribles représailles exercées par les soldats musulmans de ce général dans la région de Lhabrang était alors encore tout frais dans la mémoire des gens d'Amdo. Il s'arrangea probablement pour faire parvenir au monastère l'information qui lui avait été donnée. Quant à Sotar, il ne souffla mot, ce jour-là, de l'initiative qu'il avait prise et nous veillâmes toute la nuit, nous attendant à une attaque. Comme tout demeurait tranquille, je commandai le départ avant l'aube et quand le soleil se leva, nous étions déjà loin de cet endroit inhospitalier.

Le lendemain seulement Sotar confessa ce qu'il avait fait. J'en fus très ennuyée. Mon semi-incognito servait mes projets. En choisissant un itinéraire long et compliqué pour atteindre la frontière du Tibet interdit, j'espérais pouvoir faire perdre mes traces et m'y présenter comme une véritable Tibétaine d'Amdo. Qu'arriverait-il si l'un de mes gens prenait des initiatives de ce genre et, sans me consulter, révélait mon identité. Je blâmai fortement Sotar d'avoir agi sans prendre mon avis, mais je ne pouvais pas lui expliquer toutes les raisons de mon mécontentement. Je n'avais pas cru prudent de confier à mes domestiques que je me dirigeais vers Lhassa. Leurs bavardages, en cours de route, pouvaient faire échouer mon plan.

De fait, c'est exactement ce qui arriva, sans même qu'ils connussent le but de mon voyage.

Pour réussir, une expédition qui exige l'incognito doit être effectuée seul ou, en cas exceptionnel, avec un ou deux compagnons, moralement aussi intéressés que leur chef à son succès. L'appât d'une récompense ne suffit pas pour retenir l'indiscrétion de gens à gages ou leur inspirer toute l'abnégation nécessaire en certaines heures difficiles et périlleuses. Aucun explorateur n'aurait enduré les fatigues et les souffrances qui accompagnent les pérégrinations aventureuses à travers des régions inconnues s'il n'avait eu en vue qu'un profit matériel.

A Taochow je touchai de nouveau une partie du territoire habité par une population presque exclusivement chinoise et me retrouvai, ensuite, en plein Amdo tibétain, à Choni. Peu avant d'arriver à cet endroit, l'on a sur le bord de la rivière Ta (Tao ho) une vue impressionnante d'éperons de montagnes qui s'avancent vers la rive, formant une sorte de porte gigantesque.

Il existe, à Choni, une *gompa* qui jouit d'une certaine réputation parce que son imprimerie possède les planches gravées permettant l'impression des 108 volumes formant la collection des livres canoniques appelée Kha gyur[1]. L'édition de Choni est imprimée en grands caractères : comme dimensions, ses lourds volumes sont à peu près semblables à ceux de l'édition de Ngartan près de Jigatzé. Le Kha gyur est aussi imprimé à Litang et à Dérgé[2] au pays de Kham. L'édition de Dérgé, moins volumineuse et généralement plus nette d'impression, est très estimée. Une autre édition est dite être imprimée au monastère de Spiti au Tibet occidental. Je n'en ai pas vu d'exemplaire.

Un naturaliste-explorateur américain, le docteur J. Rock, a fait de Choni son quartier central pendant plus de deux années entre 1922 et 1924. De ce séjour et de ses diverses pérégrinations à la frontière du Tibet, ce savant a rapporté une riche moisson d'observations.

J'eus le plaisir de le rencontrer pour la première fois à Likiang au Yunnan, puis je le revis, peu après, à l'extrême limite du territoire chinois sur le bord du Mékong, alors que je me disposais à monter vers le col de Dokar pour pénétrer au Tibet. Bien que le docteur Rock soit un homme extrêmement aimable, cette seconde rencontre me causa beaucoup moins de plaisir que la première, car je ne pouvais, sous ses yeux, me travestir en mendiante ni, d'aucun façon, lui laisser deviner le voyage

1. Ecrit *bkah hgyur.*
2. Ecrit *sdé dgé,* la prononciation courante étant Dérgé ou Dirgi avec le g dur.

que j'allais entreprendre. Il me retint pendant quelques jours, très angoissée, à attendre son départ[1].

A Choni, je ne demandai ni à visiter le monastère en détail ni à saluer le prince, à peu près indépendant, qui y réside avec sa petite cour. Je désirai conserver mon incognito et ne m'arrêter qu'une seule nuit. Celle-ci fut encore de trop. Sotar bavarda de nouveau et, cette fois, sans y être poussé par le désir d'éviter un danger.

Cet homme avait, dans sa jeunesse, accompagné un officier anglais dans plusieurs expéditions secrètes en territoire tibétain et était aussi resté pendant quelque temps au service d'autres Européens. Puis, pendant l'expédition britannique à Lhassa, il était devenu trafiquant à la suite des troupes anglaises. Je crois qu'il avait gardé de son contact avec les étrangers, une certaine foi dans le pouvoir des Blancs et s'imaginait que celui-ci devait opérer partout. Aussi, à Choni, tant sans doute pour se faire valoir que dans l'espoir que mon identité reconnue nous serait une protection contre les chevaliers de grands chemins, il avait annoncé que j'étais Fa Koué, c'est-à-dire Française. Le lendemain matin on questionnait Yongden à ce sujet et sans perdre son assurance, il s'empressait de répondre :

— « Ah ! oui, elle est native de Fakouédzong. »

— « Existe-t-il donc un *dzong*[2] de ce nom ? s'étonnaient ses interlocuteurs.

— « Sans doute, mais c'est loin, très loin, tout au sud du Tibet », répondait-il toujours avec le même aplomb, mais en activant fortement les préparatifs de départ pour éviter d'autres questionneurs.

Une fois en route et sévèrement interrogé, le bavard dut encore une fois avouer sa faute. Je le tançai de nouveau, mais je perdais mon temps ; il continua ses petites trahisons, seulement, il s'y prit plus adroitement et

1. Depuis cette époque, le docteur Rock a entrepris avec succès plusieurs expéditions sous le patronage de la Société de géographie de Washington, l'une de celles-ci, particulièrement intéressante, dans la région de l'Amñé Machén, la montagne que certains croient être aussi élevée que le mont Everest.

2. *Dzong*, un château fort. Ce terme est ajouté au nom propre des localités où se trouve un fort.

maintes fois, je ne pus que les deviner en voyant s'en produire les malencontreux effets.

Marchant vers le Szetchuan, nous nous dirigions vers un pays troublé par la guerre civile. Non pas spécialement pour éviter la zone des combats, mais parce que, d'une part, je désirais visiter la région-frontière habitée par des tribus non chinoises indépendantes et que, de l'autre, j'espérais, à travers cette région sauvage, conserver un incognito suffisant pour atteindre la grande route de Lhassa sans être repérée, l'itinéraire que je m'étais tracé ne faisait qu'effleurer le vrai Szetchuan chinois. Cependant, dans les petites villes du Kansou méridional, nous commencions à entendre de vagues nouvelles de combats qui se livraient plus au sud. Comme toujours, en Chine, des bandes de soldats s'étant séparées du gros des troupes, soit après une défaite, soit parce que la solde promise n'avait pas été payée, erraient par le pays vivant de brigandage. Ces hommes étaient totalement dénués de cette vague noblesse d'âme qui fait du brigand tibétain une sorte de preux barbare. Les rencontrer était dangereux. En semblable occurrence, la meilleure chance qu'on pût espérer était de se tirer sain et sauf de leurs griffes en leur abandonnant tout son bagage.

A vrai dire, si le voyageur leur paraissait de marque, surtout s'il s'agissait d'un étranger, ils l'abordaient avec une requête exprimée poliment : « Mon cheval est fatigué », disait par exemple l'un d'eux à un cavalier, « veuillez bien me *prêter* le vôtre. »

Ils *empruntaient* ainsi les véhicules et leurs attelages, les marchandises de toutes natures qui, précisément, leur était toujours « nécessaires » à ce moment même. Ils échangeaient leurs vêtements en guenilles contre ceux tout neufs de leurs victimes. Et ceci n'était que jeu, innocent passe-temps le long des routes. Le drame survenait lorsque ces hordes s'emparaient d'une bourgade ou d'une petite ville et la mettaient à sac.

A Minchow, où je m'arrêtai, on parlait beaucoup de ces bandes, bien qu'elles ne se fussent pas encore montrées près de la ville.

Minchow est une petite ville, mais elle paraît commerçante et animée. J'y logeai hors des fortifications, dans une auberge comprenant plusieurs vastes cours entourées de murs. Entre ces cours, j'avais choisi la plus reculée pour y dresser ma tente et celle de Yongden. En dépit du froid toujours vif, il m'était plus agréable d'être dans une tente propre que dans la chambre malodorante et poussiéreuse d'une auberge chinoise.

Nous étions à Minchow depuis quatre jours, attendant qu'un de mes domestiques qui s'était fait une entorse fût en état de se remettre en route lorsque, dans la soirée, l'aubergiste vint me prévenir qu'une bande de brigands était signalée et que nous ayons à être sur nos gardes pendant la nuit. Quant à ma tente et à celle de Yongden, il me priait de les déplacer. Des champs déserts s'étendaient jusqu'au bord du mur entourant la cour où elles étaient plantées et celui-ci ne lui paraissait pas assez haut pour offrir la sécurité désirable. Il nous engageait à nous loger dans des chambres ou, tout au moins, à transporter nos tentes dans une grande cour intérieure entourée de tous côtés par des bâtiments.

C'est ce dernier parti que nous choisîmes. Tous les bagages furent transportés dans une chambre près de l'écurie où logeaient mes domestiques, surveillant de près leurs bêtes, et le lama et moi nous continuâmes à coucher dans nos tentes, ne conservant avec nous que nos couvertures.

Des veilleurs se relayèrent toute la nuit sur les murailles de la ville et aussi dans les habitations situées, comme notre auberge, en dehors de celles-ci. La nuit se passa paisiblement. Des coups de feu tirés au loin nous firent penser que, peut-être, des maraudeurs avaient tenté un coup quelque part, mais la fusillade n'était pas assez nourrie pour provenir d'une véritable bande.

Calme complet le jour suivant.

Des rumeurs contradictoires circulent. Les uns racontent que les brigands sont partis vers l'est, d'autres disent que les musulmans préparent une insurrection et pourraient se répandre vers Minchow. Mes gens sont d'avis que nous quittions la région au plus vite. Seunam — celui qui s'est fait l'entorse — déclare qu'il est prêt à partir. Je fais vendre divers vêtements, articles de couchage et objets divers dont nous pouvons nous passer. Ceci allégera la charge des mules, permettra de presser la marche ou d'emporter davantage de provisions si les villages placés sur notre route sont occupés par les bandits et qu'au lieu de nous y ravitailler, nous devons nous en tenir éloignés.

La nuit s'écoule encore sans incident. Nous quittons Minchow le 16 avril 1921, à l'aurore, marchant à bonne allure.

La route que nous suivons est d'abord large et plate, mais elle ne se maintient pas aussi aisée pendant longtemps. Bientôt nous retrouvons les sentiers de montagnes étroits et raides, traversant des pentes d'éboulis et côtoyant souvent un haut affluent du Heichui ho. Nous traversons la rivière plusieurs fois et, à un certain endroit, nous manquons de peu d'y prendre un bain sérieux, sinon pire.

Dans ce pays, rien n'indique l'emplacement exact des gués, que les crues déplacent d'ailleurs, souvent. Nous nous étions fiés au sentier qui aboutissait à la rivière et y entrait. Sotar chevauchait en tête. Incapable de distinguer le fond sous l'eau trouble au courant rapide, il s'en rapportait, comme d'habitude, à l'instinct de sa bête. L'eau était profonde, nous avions dû quitter les étriers et ramener nos jambes sur nos selles. Tout à coup le cheval de Sotar perdit pied et se mit à nager maladroitement, embarrassé par le poids qu'il portait. Sotar était bon cavalier ; il parvint à faire tourner l'animal qui rencontra de nouveau le fond et reprit pied. Les autres garçons voyant l'accident avaient immédiatement retenu les mules. Je commandai de faire demi-tour et de retourner au rivage. Nous ne pouvions chercher le gué au hasard, avec des bêtes chargées. Au besoin, Tobgyal, qui était excellent nageur, se déshabillerait en partie et avec une bête sans selle explorerait le passage avant que nous le tentions de nouveau.

Du reste, il y avait probablement moyen de lui éviter cette peine. Près de là, perché sur une falaise, se trouvait un petit hameau. Ses habitants devaient connaître le gué et, moyennant paiement, l'un d'eux nous guiderait sans doute. Yongden monta vers les maisonnettes que nous apercevions.

Un méchant lutin nichait décidément à cet endroit et voulait se divertir à nos dépens. A peine arrivée au niveau du village, la jolie mule très sage que montait

Yongden se prend à ruer, puis à se cabrer subitement sans que rien d'apparent justifie son changement d'humeur et le pauvre lama est projeté sur un petit terre-plein, fort heureusement limité par un mur du côté de la rivière. Faute de ce mur qui le retint, le jeune homme tombait dans le vide et allait s'écraser sur les rochers ou se noyait, emporté par le courant.

Il se releva meurtri et s'acquitta de sa mission. Personne ne consentait à traverser le gué devant nous mais on voulait bien nous indiquer la façon de nous diriger. Nous étions entrés dans la rivière au bon endroit, mais ensuite, il ne fallait pas chercher à traverser en ligne droite ; il fallait obliquer, d'abord en descendant le courant, puis en le remontant un peu. Ensuite, il fallait ceci, puis encore cela... Le lit du cours d'eau était large, il offrait ample espace pour y effectuer maintes évolutions... et pour se noyer aussi.

Les noyades d'hommes et d'animaux, au passage de ces gués, sont fréquentes dans ces régions. Elles émeuvent aussi peu les indigènes que ne le font aujourd'hui, en Occident, les accidents mortels d'automobiles ou d'avions. Chaque genre de voyage a ses aléas !

Nous recommençâmes l'épreuve et, plus charitables que nous ne les avions jugés, quelques hommes du village nous suivirent des yeux du haut de leur promontoire et nous crièrent les directions à suivre.

Notre but était la petite ville de Sikou. Je ne la connaissais pas même par ouï-dire. Sur ma carte, un losange rouge la désignait comme un « ting » ou sous-préfecture chinoise. Située à peu près sur ma route, à l'extrémité sud du Kansou, qui touche les grandes solitudes herbeuses du Tibet septentrional, elle ne pouvait pas être une localité importante, mais je l'imaginais comme un petit centre de commerce du genre de Dangar, la ville-frontière proche du Koukou-nor, et je comptais pouvoir m'y ravitailler complètement.

La vallée que nous suivions déboucha dans une autre vallée plus large où coulait le Heichui ho ; remontant le cours de cette rivière, nous nous dirigeâmes vers Sikou.

La nuit tombait et il commençait à pleuvoir lorsque nous arrivâmes en vue de la ville. Nous avions probablement été signalés par des guetteurs postés dans la tour de garde à cause de la situation troublée du pays et je ne sais quelle illusion d'optique leur avait fait paraître redoutable notre humble groupe de cinq personnes. Avant que nous ayons pu l'atteindre, la porte de la ville fut précipitamment fermée devant nous, tandis qu'une demi-douzaine de soldats se montraient sur les murailles, leur fusil à la main, prêts à défendre la place.

Jamais encore je n'avais produit tant d'effet. Je ne laissai pas d'en concevoir la fierté qui convenait, mais j'étais, surtout, fort ennuyée. La pluie augmentait et les Chinois, maniant complaisamment leurs armes, qui nous considéraient du haut de leurs murs crénelés, ne m'inspiraient pas une entière confiance. Il n'est pas bon de mettre des jouets dangereux dans les mains des enfants et les soldats chinois, souvent très jeunes dans ces postes reculés, obéissent parfois à des impulsions d'une jovialité un peu dangereuse pour autrui.

Enfin, tandis que nous nous émerveillions de cet accueil et en demandions la raison aux « braves » ornant les murailles, la porte fut ouverte lentement, avec une solennité voulue et un héraut apparut. Il était à cheval. Cette circonstance ne lui permit pas de s'avancer dignement vers nous comme il l'avait probablement projeté. Les mules chargées de mes bagages avaient instinctivement cherché à s'abriter de la pluie en se rapprochant des murs, mes hommes attendaient derrière elles et la porte se trouvait ainsi à peu près bloquée. L'envoyé du sous-préfet ne put en sortir qu'à moitié, la croupe de sa monture restant dans l'ombre, sous la voûte. La nuit qui se faisait de plus en plus, aidant à la fantasmagorie, homme et bête semblaient un bas-relief animé.

— « Qui êtes-vous, individus qui portez des armes (nous avions trois fusils, il ne voyait pas nos revolvers). De quel pays venez-vous et quels sont vos desseins ? »

Je pressentais que Sotar allait se hâter d'énoncer fièrement mes titres et qualités et j'en étais très contrariée. Si près du pays tibétain où les nouvelles se propagent miraculeusement vite, sauvegarder mon incognito était plus nécessaire que jamais. Mon fils l'avait déjà heureusement compris et se hâtait de prévenir toute parole compromettante de nos garçons.

— « J'ai des passeports officiels », répondit-il. « Je ne puis pas les déballer sous la pluie, mais je les montrerai dès que je serai à couvert. Je suis un lama, je vais en pèlerinage ; mes domestiques sont autorisés à porter des armes pour nous défendre contre les voleurs. Je suis venu ici pour acheter des vivres. »

Cette déclaration satisfit l'envoyé. La pluie tombait maintenant à torrents, il souhaitait probablement rentrer chez lui au plus tôt.

— « Je vais rapporter vos paroles au magistrat », dit-il.

Il n'ajouta pas qu'il nous autorisait à pénétrer dans la ville, mais il ne donna non plus aucun ordre tendant à nous en empêcher. Tandis qu'il faisait faire volte-face à son cheval sous la voûte, mes garçons se hâtèrent de pousser les mules derrière lui, le serrant de près. Lorsque l'on referma la porte, nous étions tous dans l'enceinte fortifiée.

Une auberge se trouvait contre la muraille même, je m'y engouffrai. Le patron logeait déjà plusieurs muletiers. Il me trouva pourtant une chambrette où je pourrais passer la nuit seule. L'écurie était pleine, mes malheureuses bêtes durent demeurer attachées dans la rue. On essaya de les abriter en installant une sorte d'auvent construit avec des bâches, mais il était de dimensions trop exiguës et ne les couvrait qu'imparfaitement. Bientôt mon sort ressembla au leur, la pluie devenait déluge et se mit à tomber en cascade dans ma chambre.

Ce mauvais temps n'empêcha pas le sous-préfet de venir vérifier les affirmations du lama quant à son identité et à ses papiers. Deux fonctionnaires subalternes et quatre soldats en armes l'escortaient. Il fut extrêmement courtois, ce qui est presque de règle générale en Chine, où les fonctionnaires civils sont, à fort peu d'exceptions près, des gens de bonne éducation. D'ailleurs Yongden est un lama et un Tibétain authentiques, les papiers qui lui avaient été officiellement délivrés certifiaient ces deux faits et l'autorisaient à avoir des armes pour sa défense. Il n'y avait pas la moindre imposture dans son cas. Quant à moi, je fus jugée négligeable et ne réclamai point.

Notre visite à Sikou ne nous valut que l'amusement d'assister à cette comédie bouffonne et l'ennui d'être trempés par la pluie. Nous ne trouvâmes rien à acheter qu'un peu de porc salé. Les rumeurs qui couraient au sujet des brigands errant à travers le pays empêchaient les convois de marchandises de circuler. Les habitants de la minuscule sous-préfecture ne possédaient que les provisions dont ils avaient strictement besoin pour eux-mêmes et vivaient dans la crainte d'une attaque qui les en dépouillerait.

La pluie cessa pendant la nuit. Quand je me réveillai, il faisait beau. De ma fenêtre, j'apercevais une montagne sombre qui se dressait isolée en face de la ville et, vers la droite, l'entrée d'une courte vallée que l'on voyait déboucher sur un espace ensoleillé. Le site respirait la paix et la vallée menant vers le *thang*[1] lumineux évoquait, pour nous qui les connaissions, les radieuses solitudes du Tibet septentrional, parsemées de lacs aux eaux bleues sertis entre des rives scintillantes de cailloux roses et mauves pailletés d'argent.

— « Regarde, Sotar », dis-je au Lhassapa[2] qui se trouvait près de moi. « Si nous étions sages, nous nous arrêterions ici. Nous bâtirions des ermitages sur cette montagne et nous y finirions nos jours dans la méditation. A quoi sert de courir le monde... Tous les mondes et tout ce qui est au-delà d'eux, se trouvent dans notre esprit. »

Je n'imagine guère un voyageur tenant ces propos à son domestique européen, mais les Orientaux sont très différents. Mon Tibétain me comprenait et pensait comme moi. Mais comme moi aussi, il manquait de sagesse. Il soupira et tout pensif s'en alla rejoindre ses camarades qui chargeaient les mules. Peu après, nous quittions Sikou. L'heure bienheureuse où l'on secoue tous ses liens n'avait pas encore sonné pour nous.

La prochaine localité d'une importance relative signalée sur ma carte, dans la direction que nous suivons, s'appelle Nanping. Peut-être y trouverons-nous des vivres, mais en attendant, à moins d'une bonne chance imprévue, il va falloir nous rationner sérieusement. C'est en envisageant cette perspective peu réjouissante que nous refaisons le chemin parcouru la veille pour nous rendre

1. *Thang*, en tibétain : un vaste espace de terrain plat.
2. Un natif de Lhassa.

à Sikou qui se trouvait légèrement en dehors de notre route.

La région que nous traversons est occupée par des cultivateurs de race tibétaine, elle est toujours très montagneuse, les villages sont rares, séparés les uns des autres par de vastes espaces boisés. Les indigènes sont souvent revêches et peu hospitaliers, nous couchons la plupart du temps dans nos tentes, mais aussi près que possible des villages, ce qui offre une sécurité relative.

Presque à chaque étape des gens viennent me prier de les guérir de maux dont ils décrivent les symptômes et les causes de façon bizarre. Le nombre et l'étrangeté des sensations douloureuses différentes que les pauvres humains peuvent éprouver dépassent toute imagination.

Un après-midi, un *trapa* vient me raconter que plusieurs personnes sont mortes dans sa famille et qu'il désire savoir si la cause n'en serait pas la mauvaise direction dans laquelle la maison où elles vivaient est orientée. L'orientation des habitations est en effet tenue pour très importante, en Chine comme au Tibet.

Probablement tout ce que cet homme me dit est vrai et il n'y a aucune malice dans sa demande. Cependant, j'ai remarqué qu'un autre *trapa* se tenait au-dehors et semblait écouter ce que je disais à son confrère, à l'intérieur de la tente. Ces gens me tendraient-ils un piège pour s'assurer que je suis un véritable lama ? Dans le doute, il il est bon de combiner ma réponse de façon à ce qu'elle soit strictement orthodoxe du point de vue lamaïque. Ceci ne m'empêchera pas d'y glisser quelques conseils touchant l'hygiène.

Je me fais minutieusement expliquer la situation de l'habitation. Je réclame un peu de terre prise aux quatre côtés de celle-ci et apportée dans quatre sachets séparés. Mon homme monte immédiatement à cheval et va quérir ce que je demande. Il revient dans la soirée. Je prends la terre et ajourne ma réponse au lendemain matin.

Je sais, dès maintenant, qu'une des pièces de l'habitation n'a pas de fenêtre et que le soleil n'y pénètre jamais. Je possède aussi divers autres détails. Je réfléchis et le lendemain matin, je rends mon oracle :

« Etant donné que la porte d'entrée reçoit les rayons du soleil, sa direction est bonne, mais la chambre obscure doit être pourvue d'une fenêtre qui en permettra l'accès à la lumière bienfaisante.

« Toute la maison sera parfaitement nettoyée. On en sortira tout ce qu'elle contient et on la purifiera en y faisant brûler du *sangue*[1]. Quand tous les objets ménagers auront été nettoyés, les vêtements et les tapis ainsi que les couvertures battus au-dehors, on les remettra dans la maison et on y fera de nouveau brûler du *sangue*.

« Une image du Bouddha sera placée dans chaque pièce et celles-ci seront tenues toujours parfaitement propres afin de ne pas manquer de respect au Bouddha qui s'y trouvera en effigie. Pour la même raison, personne ne crachera par terre dans la maison (ceci sera difficile à obtenir, mais la piété fera peut-être ce miracle).

« Enfin, on ira demander à l'abbé du monastère voisin de bénir un Sipao (un certain dessin imprimé sur papier ou sur étoffe, qui passe pour être un charme puissant) et on le collera sur la porte d'entrée. »

Voici qui ne peut faire aucun mal et qui même peut être utile. En même temps, tout est conforme aux coutumes lamaïques ; le grand lama du monastère — que je ne verrai jamais — goûtera le compliment indirect que je lui fais en reconnaissant son autorité et son pouvoir, et si quelqu'un manifestait des doutes sur mon identité, il le traiterait de fou.

A part quelques cadeaux en nature que me rapportent les consultations de ce genre, nos sacs à provisions demeurent toujours aussi misérablement garnis. Les mauvaises récoltes pendant plusieurs années consécutives, les razzias opérées par les brigands, les contributions levées de façon répétée par les fonctionnaires ont ruiné le pays. On n'y trouve plus rien à acheter. Nous n'avons plus même de farine et nous devons nous contenter d'un peu de mouton séché au soleil que j'ai emporté en quittant Koum-Boum, en prévision d'extrémités pareilles à celle-ci. De temps en temps, nous récoltons des pissenlits

1. Sangue est le nom donné aux aiguilles séchées de certaines variétés de conifères, du feuillage des cyprès, des jeunes pousses de certaines fougères et aussi de diverses autres plantes que l'on fait brûler sur des charbons pour produire une fumée odoriférante. Celle-ci est considérée comme ayant le pouvoir de purifier les gens et les choses.

sauvages que nous mangeons sans assaisonnement. Cela mitige un peu notre régime de pemmican, mais nous ne trouvons pas de pissenlits tous les jours. Si nos bêtes n'étaient pas chargées et si le pays n'était pas accidenté, nous pourrions rapidement gagner Nanping, mais nous sommes forcés de n'avancer que très lentement.

Parfois, il nous faut aussi faire des détours ; le col de Chawa que nous voulions traverser a été bloqué par les gens d'un village qui craignaient une invasion de brigands venant du Szetchuan. Ce col occupe le sommet de pentes couvertes de forêts. Les indigènes ont abattu de gros arbres et en ont encombré le sentier qui traverse la montagne. Un piéton isolé passerait sans doute, mais non pas des cavaliers ou des bêtes chargées.

Il faut aller plus loin, beaucoup plus loin, vers un autre col. Ceci nous cause une nouvelle déception, nous espérions pouvoir trouver à manger par-delà cette montagne.

Une consolation nous est pourtant réservée. Ce même soir, nous rencontrons une très grande et très riche ferme, telle qu'on en voit peu, même au Tibet propre. Je compte une centaine de vaches rentrant des pâturages et l'on en voit d'autres qui se rendent vers d'autres étables. La maison est immense, solide, tout en pierres, les fenêtres de belles dimensions, sont fermées par d'épais volets. On nous reçoit poliment et l'on nous assigne comme logement une énorme pièce, longue de plus de vingt mètres. Au Tibet, maîtres et serviteurs, femmes et hommes, surtout en voyage, partagent souvent la même chambre. Comme ils ne se livrent à aucune toilette de nuit, ils n'éprouvent pas, comme nous, le besoin d'une chambre privée.

Les serviteurs disposent sur le plancher les coussins et les couvertures constituant la couche de leur maître. Ce dernier, s'il est richement vêtu, enlèvera peut-être sa robe de dessus et se couchera en gardant son pantalon et son gilet. Une fois étendu sous ses couvertures, si celles-ci sont assez chaudes, il quittera volontiers son gilet pour dormir le torse nu. Ce que font la plupart des Tibétains des deux sexes, lorsqu'ils sont chez eux.

Les femmes se débarrassent de leurs bijoux et de leur robe de dessus et se coucheront avec le long jupon et la chemisette qu'elles portent sous celle-ci.

Quant aux domestiques, aux paysans, aux petites gens

de tout genre qui n'ont ni épais coussins ni chaudes couvertures, ils ou elles dorment tout habillés, desserrant simplement leur ceinture.

J'ai eu quelque peine à m'habituer à ce dernier régime auquel il m'a pourtant fallu me soumettre très strictement, pendant le voyage que je fis déguisée en pèlerine mendiante. Pendant mes précédents voyages, je m'arrangeais presque toujours de façon à pouvoir changer de vêtement pour la nuit et presque tous les jours aussi, ma toilette matinale comportait mon tub habituel.

Dans la grande chambre qui nous était offerte mes garçons confectionnèrent un abri avec l'une de nos tentes et y disposèrent mon lit de camp... j'étais chez moi. Les grands lamas en voyage s'isolent ainsi au moyen de rideaux, pour accomplir leurs exercices religieux, je ne paraissais pas extraordinaire en les imitant.

Là aussi, il me fallut payer l'hospitalité qui nous avait été accordée, en bénissant toute la maison. Le chapelain des fermiers m'assistait comme acolyte, portant le plat contenant le grain consacré et le flacon d'eau bénite.

Bien des gens s'imaginent qu'au voyageur circulant hors des chemins battus, chaque heure apporte un tribut d'aventures joyeuses ou dramatiques, mais toujours excitantes. La vérité est moins romantique. La plupart des jours se passent sans qu'aucun événement les rende particulièrement mémorables. Monotonie alors ? — Que non pas. Pour celui qui sait regarder et sentir, chaque minute de cette vie libre et vagabonde est un enchantement. D'ailleurs, le voyageur est généralement occupé par un travail spécial : raison ou seulement prétexte, qu'il donne à ses pérégrinations. L'un est géographe, un autre naturaliste, moi, je recueillais les manifestations de la pensée humaine, essayant de pénétrer le mystère du monde et de calmer son effroi devant la souffrance et la mort. Philosophies, religions élevées ou puériles, audaces des magiciens, roueries des sorciers, extases des mystiques, tel était mon champ de recherches que je fouillais avec assiduité et patience, glanant, çà et là, les faits que je collectionnais. L'on peut me croire, même au cours des nombreux jours où « il n'arrivait rien », je n'étais point désœuvrée.

Malgré tout, en de tels voyages, les périodes de béatitude reposante ne sont jamais d'une durée excessive. Toujours il « arrive quelque chose » qui les interrompt. Une aventure se préparait pour nous tandis que nous traversions innocemment des bois printaniers pleins d'arbres en fleurs et nous nous réjouissions d'y avoir trouvé de bons sentiers facilitant notre marche.

Nous approchions de Gomi lorsque nous fûmes rejoints par un fermier de cet endroit qui causa quelques instants avec nous et, très aimablement, nous invita à passer la nuit chez lui. Il nous indiqua minutieusement la direction à suivre pour gagner sa demeure, puis, comme il n'avait pas de bagages, il nous quitta laissant trotter son cheval à vive allure et nous répétant encore de loin qu'il ferait préparer un repas pour notre arrivée.

Cette agréable rencontre, la perspective d'un bon gîte et d'un bon souper nous avaient rendus tout joyeux. Nous pressons le pas et, environ deux heures plus tard, à la nuit tombante, nous arrivons au village.

Le premier soin de mes gens est de s'informer de la demeure de notre brave fermier, mais avant qu'ils aient pu obtenir une réponse, un individu se dresse devant eux et criant à tue-tête, proclame l'ordre formel du chef local défendant à tous de nous héberger ou de nous vendre quoi que ce soit. Au bruit qu'il fait, les gens sortent de leurs maisons et s'attroupent autour de mes hommes.

J'étais demeurée un peu en arrière avec mon fils ; lorsque nous arrivons, la scène est déjà fort animée. J'écarte vivement la foule pour voir ce dont il s'agit et je trouve devant mes trois domestiques un énergumène qui vocifère, les yeux hors de la tête et gesticule de façon menaçante. Les villageois sont encore calmes et silencieux, hésitant quant au parti qu'ils doivent prendre, mais les situations de ce genre sont dangereuses. Il faut se hâter d'en sortir sous peine de les voir mal tourner. Dans quelques minutes, les indigènes sont capables de nous assommer.

Je jette un regard rapide sur ceux qui nous entourent, en fais le compte approximatif : il y a là une cinquantaine d'hommes sans armes. Nous tiendrons contre eux un bon moment avec celles que nous avons si les choses en viennent au pire.

Sotar me dit laconiquement :

— « Faut-il taper ? »

Naturellement, il le faut, et rapidement, sous peine de recevoir les coups nous-mêmes.

Ma réponse tient en un seul mot :

— « Doung ! » (tape).

Et pan ! le furibond orateur reçoit un solide coup de poing au creux de l'estomac, une gifle capable d'étourdir un bœuf suit immédiatement, appliquée par Seunam tandis que le troisième garçon laboure les flancs du personnage avec son gros gourdin. L'homme s'affaisse et la foule recule. L'effet est produit, on ne se frottera pas à nous.

Nous avisons une place vide et propre qui est, il me semble, une aire où l'on bat le grain. Je commande aux miens :

— «Placez les fusils et les revolvers en évidence, plantez les tentes et recommandez que personne ne vienne rôder dans notre voisinage pendant la nuit. Faites savoir qu'un veilleur sera de garde et qu'il tirera immédiatement sans prévenir. »

Le vide se fait autour de nous. Nous commençons à nous installer. Bravant la défense du magistrat, une vieille femme vient nous apporter une brassée de bois pour allumer du feu. Le lama la récompense généreusement.

Un intermédiaire officieux s'approche prudemment de Yongden et lui raconte que le fonctionnaire local a sous ses ordres cent cinquante soldats postés au col que nous devons franchir le lendemain et que nul ne peut passer sans être muni d'une lettre portant son sceau. Il dit aussi que le fonctionnaire visitera tous nos bagages le lendemain matin et raconte encore d'autres choses tendant à nous impressionner. Le bonhomme est évidemment envoyé par ce « fonctionnaire » dont il parle avec emphase. Ce dernier paraît ne pas oser nous affronter directement. Cela prouve qu'il ne dispose d'aucun soldat et, probablement aussi, qu'il n'est pas très sûr que ses administrés le soutiendront contre des lamas, des lamas énergiques, tels que nous nous sommes montrés. Les Tibétains admirent beaucoup la force et nous venons de prouver que nous n'avons pas froid aux yeux.

La conversation que j'entends, cachée dans ma tente,

m'éclaire sur la signification de l'aventure. Le magistrat nous prend tous pour d'authentiques Tibétains : riches marchands ou lamas, et tente de nous extirper un fort pot-de-vin pour avoir le passage libre. Il s'ingénie pour cela à nous faire peur. La manœuvre est classique et réussit presque toujours avec les indigènes. Paierai-je ou me ferai-je connaître ? — J'aimerais presque autant payer et conserver mon incognito, mais céder à ce brutal c'est me déconsidérer grandement aux yeux de mes serviteurs, et perdre leur respect offre beaucoup de danger.

Je sors et dis sèchement au messager de s'en aller rapporter à son maître qu'il ne visitera pas mes bagages, que je me moque de ses soldats et que je vais lui envoyer ma carte pour lui apprendre qui je suis.

Peu après, un de mes garçons se rend chez lui portant ma carte et celle de Yongden. Celles-ci produisent l'effet que j'attendais. Bientôt une ambassade arrive. Un envoyé du magistrat est à sa tête. Il me présente une écharpe de soie en guise de compliment et me prie d'accepter les excuses de son chef qui, dit-il, ne pouvait deviner qui nous étions. Derrière lui, des gens apportent de la paille et des pois en quantité suffisante pour nourrir mes bêtes pendant deux jours et une ample provision de farine et de beurre pour nous. Cette procession précédée de lanternes doit produire une vive impression sur les villageois. L'amende honorable est complète. Mes domestiques se rengorgent avec dignité.

— « Puisque le magistrat a des soldats à sa disposition, dis-je à l'ambassadeur, je désire qu'il m'en envoie quatre, demain matin, pour me servir de guides et d'escorte jusqu'au sommet du col. » Je m'abstiens de réclamer la lettre portant le sceau du « grand homme » pour la montrer à l'officier commandant les cent cinquante soldats stationnés au col. Cela serait une petite méchanceté inutile.

— « Vous pouvez tous dormir tranquillement », dis-je à mes garçons. « Cette nuit, nous n'avons pas à craindre les voleurs. »

La comédie qui venait de se jouer n'était drôle que pour moi qui venais d'être pourvue, sans bourse délier, des provisions dont nous manquions. Quant au magistrat, il avait « perdu la face » et les villageois avaient dû lui fournir gratis la paille, les pois, la farine et le beurre qu'il nous avait offerts. C'est généralement de cette façon que les « grands » en Orient se procurent les cadeaux qu'ils offrent à leurs visiteurs distingués.

Le plus malheureux était le braillard que mes serviteurs avaient, je le craignais, fortement abîmé. Celui-ci expiait son excès de zèle et l'on pouvait être certain que le fonctionnaire au service duquel il avait été malmené ne lui ferait même pas l'aumône d'une parole compatissante. Bien heureux s'il ne le rendait pas responsable de ce qui s'était passé et ne l'en punissait pas.

Le lendemain matin, au lieu de soldats, quatre paysans réquisitionnés par le magistrat se présentaient comme guides. L'un d'eux était visiblement lépreux. Je l'exonérai de la corvée sans mentionner la raison de ma générosité et afin qu'il ne regrattât rien quand ses camarades reviendraïent avec un petit présent, je lui donnai un peu d'argent.

Sur ce, nous partons. La montée est longue, dure, pénible aux gens et aux bêtes. Ma grande mule noire me porte, heureusement, vaillamment et m'épargne la fatigue de la route en terrain souvent très boueux. Les abords du col sont dénudés sur le versant par lequel nous montons, le sentier tourne longuement en lacet à travers des pâturages au sol détrempé.

Aucune vue intéressante ne nous dédommage de notre pénible ascension. Le brouillard enveloppe les alpages et, dès que nous descendons sur l'autre versant de la montagne, nous entrons dans une épaisse forêt. Le sentier devient alors un simple sillon tracé par les eaux pluviales qui ont raviné le sol, dénudant les rochers et les racines ; des buissons épineux bordent ce semblant de chemin et le barrent en maints endroits. Il faut mettre pied à terre et se livrer à une gymnastique fatigante pour contourner les obstacles ou sauter par-dessus eux. La descente est très raide, l'obscurité vient et j'avance lentement à cause d'une douleur névralgique, due peut-être à un refroidissement, qui raidit une de mes jambes. Prévoyant que je resterai longtemps en route je fais partir en avant Sotar, Seunam et deux guides qui accompagneront les bêtes et, dès leur arrivée à l'étape, planteront les tentes et feront du thé. Avec moi demeurent le lama, Tobgyal et un guide. J'ai eu la précaution de me munir d'une lanterne chinoise et ce maigre fanal nous aide à nous diriger lorsque la nuit est tout à fait venue.

J'ai la fièvre, l'humidité en est sans doute la cause, ma jambe me fait beaucoup souffrir, la descente n'en finit pas, je me sens à bout de forces et dois me reposer souvent. Yongden m'encourage avec des : « Allons, faites encore un effort, nous n'arriverons jamais ! » ou bien : « Il faut vous dépêcher, la bougie sera bientôt consumée et nous ne verrons plus le chemin. » Il offre de me porter sur son dos, mais dans un tel sentier il aurait tôt fait de trébucher et nous risquerions de nous casser le cou tous les deux.

C'est un de ces instants de repos que le guide choisit pour nous raconter que les léopards abondent dans cette forêt. Les gens de son village en ont, à eux seuls, tué six pendant l'année en cours et ceux de certains autres villages en ont tué davantage. De temps en temps, on y signale aussi un ou deux tigres.

Ce discours ne plaît ni au lama ni à Tobgyal et le premier m'adjure plus énergiquement que jamais de « faire un effort ». Je ne demande pas mieux, mais ma jambe se raidit de plus en plus et la fièvre devient plus violente. Je me moque des léopards, mais je voudrais arriver à ma tente, m'y coucher sous de chaudes couvertures et boire du thé brûlant. Comme je m'attarde encore un peu, Yongden improvise des rythmes variés sur un sifflet à roulette. Chacun de nous en porte un suspendu à son cou, pour appeler ses compagnons ou leur indiquer où il se trouve. Jusqu'à présent, ils ne nous ont guère servi puisque nous avons suivi des chemins tracés, mais ils pourront nous êtres utiles lorsqu'en d'autres régions, quelques-uns d'entre nous devront s'en aller en éclaireurs, chercher la route à suivre. Pour le moment, le jeune homme croit sans doute que ce bruit éloignera les fauves. Je pense qu'il pourrait plutôt attirer les voleurs. On dit que quelques-uns de ceux-ci rôdent d'ordinaire dans ces parages, guettant les voyageurs. Je fais taire le musicien.

Je me remets en marche et nous descendons encore pendant assez longtemps, peut-être une forte demi-heure. Alors, tout à coup, nous entendons des appels lointains.

Des hommes hèlent... Qui hèlent-ils ? et qui sont-ils ? — J'incline à croire que ce sont des villageois envoyés à notre rencontre, mais il faut toujours être sur ses gardes en ce pays. Notre guide lui-même nous conseille d'être prudents et de ne pas répondre immédiatement. Il nous engage même à nous écarter du sentier et à nous cacher parmi les taillis jusqu'à ce que nous ayons reconnu que les gens qui nous cherchent ne sont pas des malfaiteurs.

— « Il ne faut pas tomber dans un piège », dit-il. « Si ceux qui crient en ont à nous, ils savent que nous descendons du col, mais ils ne savent pas exactement où nous nous trouvons. S'ils ne nous rencontrent pas ici, ils continueront à monter. Si ce sont des brigands armés, nous les laisserons passer et quand ils seront suffisamment loin, nous descendrons aussi vite que nous le pourrons pour gagner le village avant qu'ils ne reviennent. »

Ce disant, le bonhomme souffle notre bougie et nous entraîne loin dans les fourrés. Comment pourrons-nous, de là, distinguer dans la nuit si ceux qui passent sont des amis ou des ennemis.

— « Cela se sent », affirment péremptoirement le guide à qui j'ai communiqué mon doute.

Il a l'air bien fin, ce rustaud. Le sens qui me manque et qu'il se vante de posséder, ne l'aurait-il pas développé au cours d'expéditions illicites ? — Cette idée me donne envie de rire.

Avec discrétion, je la communique au paysan.

— « Bah ! » répond-il, « tout le monde ne peut pas attendre les marchands, assis dans son fauteuil, comme le *pönpo* (le chef) de Gomi, qui voulait visiter vos bagages. »

Il ne manque pas d'humour, le drôle

Mais voici que des lueurs apparaissent montant vers nous, les clameurs se font plus bruyantes. A moins qu'ils ne cherchent à nous duper pour nous attirer, ces gens ne sont pas des voleurs. Nous avons l'air ridicules tapis dans notre buisson. Mon prestige souffrira si on me trouve là, pareille à un lièvre apeuré.

— « Allons-nous-en », dis-je. « Si ce sont des voleurs, nous le verrons bien. Je ne les crains pas. »

Je rallume la lanterne et ramène les hommes sur le sentier.

Comme je m'en doutais, ceux qui venaient à notre rencontre étaient animés d'excellentes intentions.

A leur tête se trouvait un vieux *trapa* qui avait autrefois séjourné dans un monastère à Lhassa. Il sollicita ma bénédiction et nous nous mîmes en marche en cortège.

Le sentier était devenu bien meilleur et l'étrangeté de la scène dont j'étais le centre retenait mon attention et me faisait oublier ma fatigue.

Des hommes tenant en main des branches résineuses enflammées éclairaient la route. D'autres arrivaient de différentes directions ; longtemps avant qu'on pût les distinguer, l'on apercevait les lueurs dansantes des torches primitives qu'ils portaient. La forêt devint une féerie de lumière aveuglante et d'ombre profonde.

De rustiques thuriféraires, marchand en tête, brûlaient des herbes odoriférantes dans des pots remplis de braise rouge et la fumée qu'elles dégagaient, se répandant sous les grands arbres, ajoutait à cette procession barbare une nébuleuse escorte de fantômes.

Nous atteignîmes ainsi un hameau forestier, des cabanes apparurent, disséminées dans les bois. Mes guides s'arrêtaient de temps en temps, l'odeur aromatique des herbes grillées devenait, alors, plus forte, le nuage de fumée plus épais et, près de nouveaux braseros, j'entrevoyais de vagues formes humaines qui se prosternaient et que je bénissais au hasard.

Enfin, dans une petite clairière, je me trouvai en face de mon camp. Nos trois tentes étaient dressées, je me précipitai dans la mienne, j'y trouvai mon lit fait, de grandes théières avaient été apportées par les villageoises. Je bus quelques tasses d'excellent thé beurré, soupai de grand appétit et me couchai toute gaillarde. J'avais complètement oublié que j'avais la fièvre et une jambe endolorie.

Cependant, il était utile de donner un jour de repos à nos bêtes. Ceci paraissait me condamner à l'inaction pendant vingt-quatre heures, mais lorsque l'on veut s'en donner la peine, il y a presque partout quelque chose à glaner. La situation de ce hameau parmi ces forêts vierges me donnait à penser que des légendes devaient s'y rattacher, ou bien que je pourrais noter quelques détails intéressants concernant le culte de déités locales. Bien que nominalement bouddhistes, la plupart des Tibétains, hormis les lamas érudits, sont en fait chamanistes.

Lorsque le vieux *trapa* vint me voir dans la matinée, je ne manquai pas de lui poser quelques questions sur ces sujets.

— « Ce village », me dit-il, « est particulièrement béni. Voici qu'il a l'honneur inattendu de votre visite, pourtant vous m'avez dit que vous comptiez traverser le col de Chawa ; si vous ne l'aviez pas trouvé bloqué, vous ne seriez pas passée par ici : ce sont les dieux qui vous y ont amenée. Et puis, il y a environ trois mois, un *doubthob*, certainement conduit aussi par eux, s'est arrêté non loin d'ici et y demeure encore. Sa protection s'étend sur tous : hommes et animaux. Depuis son arrivée, il n'y a aucun malade et sans doute, cette année, grâce à sa bienveillance, la récolte sera abondante. »

Oh ! oh ! pensai-je, voici qui vaut encore mieux qu'une légende. Et je déclarai tout de suite mon intention d'aller saluer le *doubthob*. Cela fit quelques difficultés. Ce dernier avait enjoint aux villageois de ne pas le déranger et de n'approcher de la cabane qu'ils lui avaient construite que pour lui apporter, de temps en temps, des vivres. Toutefois, cédant à mes instances et tenté par la promesse d'un cadeau, le *trapa* consentit à me conduire.

La hutte du *doubthob* se trouvait au milieu des bois. Nul sentier n'y conduisait et pour s'y rendre, il fallait se frayer un chemin à travers les buissons qui croissaient épais sous les grands arbres.

Une très vague tentative de défrichement avait été faite autour de la cabane et des *dotcheu*[1] formaient un cercle autour d'elle. De petits drapeaux flottaient sur son toit de chaume et d'autres pendaient à des cordes tendues d'un arbre à l'autre autour de l'ermitage. Orné de cette manière, ce dernier ressemblait aux autels dédiés aux déités rustiques des monts et des forêts.

Le décor aidant, je m'imaginais trouver le *doubthob* assis dans la posture rituelle et abîmé en de profondes

1. Ecrit *rdo mtchod*, littéralement : offrandes de pierres. Des tas de pierres amoncelées en l'honneur des déités locales : dieux des montagnes, des forêts, etc. Ici, elles étaient un hommage à l'anachorète.

méditations. Il n'en était rien. Le saint satisfaisait, à ce moment, au besoin très ordinaire de se nourrir. Il venait de faire du thé et se préparait à le boire en mangeant du maïs grillé.

Il ne parut pas enchanté de me voir, mais se montra pourtant poli. Je lui offris l'habituelle écharpe, témoignage classique de civilité au Tibet. Dans un coin de celle-ci j'avais noué un peu d'argent. Il n'y parut pas prêter attention, posa l'écharpe à côté de lui sur un petit tapis et m'invita à m'asseoir sur un bloc de bois qui se trouvait dans un coin.

L'ermite me dit qu'il comptait se remettre en route le mois suivant. Il était un de ces *naldjorpas*[1] péripatéticiens comme il en existe des centaines au Tibet.

Je lui demandai si, pendant son séjour dans cette forêt, il avait communiqué avec les déités locales qui l'habitaient et je le plaisantai doucement à cause des *dotcheu* élevés par les villageois, autour de sa demeure comme s'il avait été un dieu sylvestre lui-même.

— « Un dieu ! » s'exclama-t-il avec mépris. « Celui qui a conquis *jinés* et *lhaghtong*[2] est bien supérieur aux dieux. Oui, les *Lha*, les *lous* et les *tséns* qui habitent cette forêt viennent, parfois, me rendre hommage et je les bénis, comme je bénis aussi les hommes et toutes choses. Je ne fais que cela et c'est pour cela que je voyage. Je passe parmi les êtres et les choses et je les bénis en semant du bonheur. *Sarva mangalam ! Sarva mangalam !*[3]

« Le calme de l'esprit, la vue profonde qui discerne ce que le vulgaire n'aperçoit pas, c'est là ce qu'il faut acquérir, il n'y a rien au-delà et c'est la source de l'infinie, de la suprêmement puissante charité des Bodhisatvas[4]. »

---

1. Ecrit *rnal byor,* signifie littéralement : « celui qui a atteint le calme, la sérénité ». C'est le nom donné aux mystiques, aux « yoguis ». Il en est fait grand abus et nombre de charlatans religieux du clergé irrégulier et errant s'en parent.

2. Ecrits respectivement : *ji gnas* et *lhag mthong.* Le calme parfait et la vue supérieure, c'est-à-dire une compréhension dépassant la compréhension ordinaire. Le vrai sens de *lhag mthong* est « voir davantage », « voir au-delà ».

3. Phrase sanscrite adoptée dans le langage religieux, au Tibet. Elle signifie : Joie à tout ! ou : Que tout soit joyeux !

4. Des êtres qui ont atteint le degré de perfection spirituelle immédiatement en dessous de celui des Bouddhas.

Il parlait bien, cet ascète errant. Avait-il lu ce qu'il disait et le répétait-il simplement, ou en avait-il pénétré le sens ? Quoi qu'il en fût, dans sa cabane vide de tout mobilier, sauf un mauvais tapis, une loqueteuse couverture et deux ustensiles de cuisine, le *doubthob* s'enveloppait d'une atmosphère de dignité et de bienveillance sereine qui n'allait peut-être pas sans une pointe d'orgueil.

Nous étions à peine hors de la cabane, nous en retournant vers mon camp lorsque le *trapa* me dit :

— « Ces *dotcheu* dont vous lui avez parlé, ce ne sont pas les villageois qui les ont élevés, ce sont les dieux de la montagne, les *lous* et les *tséns*. Tous lui rendent hommage, comme il nous l'a dit. Ces *dotcheu* se multiplient de plus en plus ; chaque fois que des gens vont lui apporter des vivres, ils en découvrent quelques-uns de plus.

« Ah ! il est bien malheureux que ce *doubthob* songe à nous quitter. Quel dommage qu'il ne meure pas ici, nous pourrions conserver ses os ; ce seraient de puissants talismans. »

Le lendemain nous nous mettons en route assez tard et continuant à descendre à travers un pays cultivé, nous atteignons une rivière qui marque, nous dit-on, la frontière entre les provinces chinoises du Kansou et du Szetchuan. Le temps est pluvieux, de gros nuages noirs s'amoncellent ; je crois prudent de m'arrêter après avoir traversé la rivière, au premier village que nous rencontrons.

Nous nous retrouvons, ici, tout à fait en Chine ; on n'aperçoit plus de Tibétains. Ces brusques changements de population sont fréquents dans cette région-frontière. J'aurais voulu pouvoir me loger dans une maison et, surtout, y mettre les bêtes à l'abri, car le ciel s'obscurcissait de plus en plus, présageant du très mauvais temps, mais il n'y avait pas d'auberge dans la localité et le garçon que j'avais envoyé au village revint en disant qu'il n'avait pas trouvé de gîte.

Il fallait se résoudre à camper. Nous n'avions pas fini de nous installer quand une bourrasque soudaine balaya la vallée. Je crus que ma tente s'en allait en pièces. Yongden se cramponna à l'un des bâtons, moi à l'autre, tandis que les garçons s'accrochaient aux toiles. Une pluie diluvienne trempait nos bagages que nous n'avions pas encore mis à l'abri, ma tente, seule, étant déjà dressée. Heureusement, la rafale ne dura pas longtemps et la pluie même cessa assez rapidement, mais nos couvertures et nos sacs à provisions étaient ruisselants. Le temps manquait pour les faire sécher avant la nuit. Nous nous estimâmes très heureux de pouvoir confectionner du thé beurré qui nous réchauffa un peu.

Dans la soirée, les inévitables curieux que l'ouragan avait retenus chez eux vinrent, en nombre, nous examiner. Ils remarquèrent mes vêtements lamaïstes et le bruit se répandit qu'une religieuse tibétaine de haut rang venait d'arriver. Il n'en fallut pas davantage pour faire accourir des gens en quête de médicaments ou de prédictions. D'autres se contentaient de me regarder, mais presque tous apportaient une offrande. Il vint aussi des musulmans et des soldats en uniforme qui faisaient comique figure, leur inséparable fusil à la bretelle et une assiette pleine d'œufs frais à la main.

Nous reçumes le conseil d'être sur nos gardes, car des voleurs étaient signalés dans le voisinage. L'obscurité devenant presque complète, nous priâmes nos visiteurs de se retirer, ajoutant l'avis habituel : « Que personne ne vienne rôder par ici, cette nuit, car nous tirerons immédiatement sur tout homme que nous apercevrons ou entendrons approcher. » Ces paroles sont toujours bien accueillies dans ce pays. Les indigènes y voient le langage énergique de voyageurs capables de faire respecter leurs biens. Les petits soldats szétchuanais hochèrent la tête approbativement et s'en furent avec la foule, remportant leurs plats vides et toujours chargés de leurs fusils presque aussi longs qu'eux.

Dans la nuit, j'entendis le tambour du veilleur et quelques coups de feu furent tirés assez près de nous, pour l'attaque, pour la défense ou simplement comme signaux ? — je ne pus le savoir. Le lendemain nous partions de grand matin, tandis que les villageois étaient encore endormis.

Le pays que nous traversons en nous avançant vers Nanping n'est pas vraiment désert, mais de grands espaces incultes s'étendent entre les champs et les villages sont clairsemés. En plusieurs endroits, nous remarquons des cercueils, soit isolés, soit par groupes, posés en plein air, sans être enterrés. Je ne sais s'il existe encore d'autres régions où les Chinois abandonnent ainsi leurs morts au bord des chemins ou dans les champs, mais cette coutume n'existe pas au Kansou et partout où je suis passée en Chine, j'ai toujours vu les cercueils être enterrés.

Après quelques heures de marche, nous arrivons au pied d'une haute chaîne de montagnes boisées. Il est trop tard pour que nous puissions espérer la traverser et redescendre au bas de l'autre versant dans cette même journée. Passer la nuit dans la forêt humide et peut-être mal hantée ne nous sourit guère. Nous campons donc parmi des champs, non loin d'une ferme, remettant au lendemain le passage du col.

Vus de cet endroit, les sommets étagés que nous devons gravir forment un décor d'une majesté sévère : un ensemble de pentes raides et enchevêtrées, couvertes de forêts sombres d'où émergent des pics rocheux étrangement déchiquetés.

Sur la plus haute des crêtes visibles de notre camp se dresse une rangée de rocs isolés ayant tous la forme d'un *chörten* [1] et, parmi eux, les dépassant de haut, resplendit un plus grand *chörten* merveilleusement modelé et d'une blancheur éclatante. Au coucher du soleil, ces étranges monuments se dorent et passent par toutes les teintes, du cuivre ardent à l'orange et au pourpre sombre avant de s'effacer dans l'ombre, mais leur chef, le prestigieux *chörten* blanc, demeure longtemps après les autres comme suspendu en plein ciel, alors que les ténèbres ont englouti le paysage environnant.

C'est un *chörten rang djoung,* disent mes gens avec respect et ils se prosternent vers la pure merveille qui se dresse dans les nues.

Les Tibétains révèrent les belles formes créées par la nature. Ils sont sensibles à la beauté des rocs et y voient des œuvres d'art nées par elles-mêmes (*rang djoung*) [2]

---

1. *Chörten* : un monument religieux du genre de ceux dénommés *stûpa* chez les Bouddhistes de l'Inde. Je conserve l'orthographe étrangère adoptée par les voyageurs et les orientalistes. En réalité, la prononciation tibétaine est *Tcheu tén* et l'orthographe : *tchos rten*.
2. En orthographe tibétaine : *rang byung*.

animées d'une vie propre que ne possèdent pas celles qui doivent leur existence au labeur humain.

Moi aussi je m'attarde pleine d'admiration à contempler la majestueuse vision et je me promets grand plaisir d'atteindre le lendemain, sinon la crête aux *chörtens*, du moins un endroit d'où je verrai ceux-ci de plus près. Mais comme j'exprime ma pensée, Sotar hoche la tête d'un air sagace :

— « On ne peut pas approcher des *chörtens* qui apparaissent ainsi. Ils sont inaccessibles. Probablement nous ne les verrons plus quand nous nous éveilllerons demain matin. Ils nous ont apporté un bon présage. C'est fini. »

Le bon garçon se trompait, mais à moitié seulement. Je revis la crête aux *chörtens* le matin à l'aube ; le plus grand, le roi de ceux-ci, avait pris une teinte nacrée et émettait une lumière rosée.

Je sautai en selle avec les sentiments mêlés d'un alpiniste qui s'élance vers une cime à conquérir et d'un pèlerin marchant vers un sanctuaire.

Dans les bois, sur le bord du chemin, nous rencontrons encore deux cerceuils : l'un intact, l'autre pourri, qui laisse échapper des ossements.

Comme de braves *trapas* tibétains qu'ils sont, mes serviteurs examinent les os, désireux de trouver les fémurs pour en faire des *kanglings*, ces flûtes macabres employées dans certains rites par les *naldjorpas* de leur pays. Peut-être ont-ils été précédés par quelque autre amateur de fémurs, ceux-ci sont absents.

L'un des hommes propose alors, avec ingénuité, d'ouvrir le cercueil intact pour voir s'il y trouverait ce qu'il cherche. Ceci me fait songer à la différence des mœurs et des idées. Une violation de sépulture paraît un crime odieux en Occident, mais les Tibétains, qui abandonnent leurs morts en suprême aumône aux bêtes de proie, n'y voient rien de répréhensible.

Des laïques hésiteraient peut-être à ouvrir ce cercueil, par crainte des mauvais esprits qu'ils pourraient déranger ou irriter et qui, s'attachant à eux, leur causeraient du mal. Mais mes garçons sont des moines. Ils sont convaincus que le *naldjorpa* à qui ils offriront ou vendront leur trouvaille est capable de dompter les démons qui tenteraient de leur nuire. D'ailleurs, ils sont aussi blasés sur les instruments de musique et les parures macabres. On en rencontre chez maints lamas et chez la plupart des ascètes du Tibet. Moi-même, j'ai un *kangling* dans mes bagages et un collier de rondelles de crânes humains autour du cou. Les ermites chrétiens avaient aussi souvent un crâne dans leur cabane. La mort est un éternel thème de méditations dans toutes les religions, mais ce que les mystiques tibétains voient à travers cet étalage d'images funèbres ce n'est point la mort, mais son irréalité.

Quant à moi, à défaut de superstition concernant les démons, j'ai la crainte des microbes. Le choléra a fortement sévi dans cette région pendant l'année précédente. J'engage mes gens à ne pas toucher au cercueil. Je leur explique aussi que les Chinois ont d'autres idées qu'eux sur la manière de traiter les morts et qu'ils trouveraient très mal qu'on se permît d'ouvrir un cercueil.

Nous passons notre chemin.

Pendant quelque temps, nous apercevons encore la féerique rangée des *chörtens*, nous nous rapprochons d'eux et j'ai bon espoir de les atteindre. Mais le sentier oblique, entre nous et la crête où ils se dressent d'autres sommets s'interposent, nous continuons à monter laissant au-dessous de nous la vision qui nous charme depuis la veille, jamais nous ne toucherons du doigt les « miraculeux » monuments aériens.

Une petite aventure nous attend de l'autre côté du col. Nous avons tous mis pied à terre dès le commencement de la descente. Le sentier est inimaginablement boueux. Je laisse les bêtes passer en avant sous la conduite des domestiques et je fais route avec le lama. Après quelques heures de marche le chemin devient bon et comme le temps est beau, nous nous en allons lentement en flânant à travers la forêt.

Tout à coup nous entendons des coups de feu. On a tiré près de nous. Ce sont probablement des chasseurs et comme le sous-bois est très épais, ceux-ci en nous apercevant indistinctement à travers les buissons pourraient nous prendre pour du gibier et nous envoyer du plomb. J'engage Yongden à presser le pas pour nous montrer.

Mais voici qu'à un tournant du sentier, nous voyons,

montant vers nous, deux individus, les plus extraordinaires que j'aie jamais rencontrés. Ils sont vêtus de haillons, leurs cheveux en broussaille pendent sur leurs épaules et leur cachent à demi le visage. L'un porte un fusil tel qu'on n'en voit que dans les musées d'antiquités et l'autre une pique. Les deux bonshommes se rangent un peu contre les taillis pour nous faire place et un troisième personnage apparaît, les suivant. Celui-là tient en main une arme invraisemblable : une sorte de couteau-poignard à lame triangulaire, de la longueur d'un avant-bras.

Nous demeurons bouche bée.

— « Ce sont des chasseurs », dis-je à Yongden, incapable d'imaginer autrement qui sont ces sauvageons et ce qu'ils font dans cette forêt.

— « Non », répond-il, « ce sont des soldats. »

Des soldats ! J'en avais vus de bien bizarres, en Chine et au Tibet, mais aucun n'approchait, comme étrangeté, des gens que nous venions de rencontrer. Tandis que je réfléchissais, nous entendîmes de nouveaux coups de feu.

Il était décidément prudent de nous montrer, puisque, d'ailleurs, nous venions d'être vus par ces trois hommes.

Pressant le pas nous débouchons dans une clairière où se trouvent une vingtaine d'indigènes à peu près semblables à ceux que nous avons croisés.

Ils sont vautrés dans l'herbe et tirent en l'air, sur rien. Nous ont-ils vus venir de loin sans que nous nous en apercevions. Veulent-ils se donner l'air important en faisant du bruit, ou bien s'amuser à nous effrayer ? — Parmi eux sont aussi quelques bambins portant des piques dont le manche a été écourté pour s'accorder avec leur petite taille.

Une photographie de ce groupe serait un joli document, mais, malheureusement, mon appareil photographique est resté dans le sac de ma selle. Une autre pensée chasse très vite celle de l'instantané à saisir.

Qu'est-il advenu de nos bêtes ? Pour peu qu'une autre vingtaine de personnages semblables à ceux-ci se trouve plus bas dans la montagne, elles courent grand risque d'être volées. Pourtant aucun bruit de combat ne m'est parvenu dans le calme de la forêt et je sais que mes trois garçons ne se laisseraient pas dévaliser sans se défendre. Ils sont mieux armés que ces soldats loqueteux.

Les pseudo-« braves » ne nous disent rien tandis que nous passons au milieu d'eux. Un seul d'entre eux risque la question classique :

— « Où allez-vous ? »

Sans m'arrêter, je réponds :

— « A Nanping. »

Et nous continuons tranquillement notre route. Nous ne nous sommes pas éloignés de cent mètres que toute la bande se lève et nous suit. Les trois hommes que nous avons rencontrés montant vers le col sont redescendus et se joignent aux autres.

Pendant quelque temps nous faisons route avec cette escorte, puis j'aperçois mes mules arrêtées dans une petite prairie. Elles sont au complet, mes garçons sont paisiblement assis près d'elles. Ils ouvrent des yeux énormes en voyant le lama et moi arriver en cette étrange compagnie.

Il ne faut pas, maintenant, avoir l'air de fuir précipitamment, comme si nous avions peur. Rien ne serait plus imprudent ; si ces gens n'ont pas de mauvaises intentions, nous leur en suggérions par cette conduite. S'ils en ont, du calme, du sang-froid et l'air assuré sont la meilleure manière de leur en imposer.

Je m'assois donc et demande ma bouteille thermo pour boire une tasse de thé. C'est le moment de causer. J'interroge l'un des hommes qui semble être le chef de la bande :

— « Qui êtes-vous ? Que faites-vous par ici ? »

— « Nous sommes des soldats de Nanping », répond l'interpellé. « Nous avons été envoyés au-devant de troupes qui doivent arriver du Kansou, mais des muletiers qui sont passés nous ont informés qu'elles ne viendront pas aujourd'hui. Ainsi, nous nous en retournons. »

La glace est rompue, les sauvageons parlent. Ils admirent mes bottines américaines, ma bouteille merveilleuse qui conserve le thé chaud et mes grandes mules de Sining. Puis je me lève, remonte en selle et nous nous en allons amicalement avec les porteurs de fusils extravagants, de piques révolutionnaires et de poignards pour opéra-bouffe.

Ce sont de bons diables après tout, ils n'ont pas l'intention de nous voler et nous leur sommes probablement sympathiques, car, d'une façon voilée, ils nous donnent un sage avis :

— « N'entrez pas à Nanping », nous dit le chef, « la ville est pleine de soldats, vous y serez dévalisés. »

Nous ferons notre profit de ce conseil, mais en l'interprétant à notre manière. Quant à ceux qui nous l'ont donné, ils ont menti en se disant soldats de Nanping, ils ne vont pas jusqu'à la ville et s'arrêtent dans un village de la montagne, tandis que nous continuons notre route.

Yongden, qui soupçonne facilement les gens de nourrir de mauvais desseins et n'a peut-être pas tout à fait tort, craint que nos amis dépenaillés, ne voulant pas engager un combat ouvert en plein jour, ne nous aient engagés à ne pas nous loger en ville afin de s'emparer de nos bêtes par surprise, pendant la nuit, si nous campons à l'écart.

Je ne crois guère à ce calcul, mais trois de mes mules doivent être referrées et nous avons grand besoin d'acheter des vivres. Nous irons donc à Nanping.

La ville est située dans une large vallée où coule le Heichui ho, nous y trouvons une grande affluence. Le gouverneur du Szetchuan, battu par un général rival et en fuite, s'est réfugié à Nanping. Je vois, de loin, la maison où il loge. Des arcs de triomphe en branchages, décorés de guirlandes de papier rouge et de lanternes multicolores, sont érigés dans le jardin qui la précède. Il ne paraît pas que ces arcs de « triomphe » soient de saison, en la circonstance, mais il ne m'appartient pas de critiquer cela, dont les raisons m'échappent.

Quelques milliers de soldats, en uniforme décent, ne ressemblant nullement aux gueux hirsutes que nous avons rencontrés, se sont répandus dans la ville et trouver un gîte semble tout d'abord impossible. Nous hésitons à camper en plein air, dans un jardin où d'aimables maraîchers nous offrent une place. La confusion qui règne à Nanping peut encourager des voleurs à tenter un coup et Yongden demeure toujours défiant concernant les intentions de ceux qui nous ont engagés à ne pas entrer dans la ville.

La nuit est presque venue lorsqu'un corroyeur musulman nous invite à nous abriter dans un hangar contigu à sa demeure. Il peut aussi placer nos bêtes dans une écurie close, située dans une cour. Ceci me décide. Nous jouirons là du maximum de sécurité qu'il est possible de trouver.

Notre hôte fait immédiatement balayer et approprier de son mieux le hangar. Les musulmans ont, en général, un plus grand soin de la propreté que les autres indigènes. Cependant, le brave homme ne peut rien contre l'odeur répugnante que répandent les peaux empilées dans ses magasins. Elle me donne des nausées et j'ai hâte de m'endormir pour perdre conscience et ne plus la sentir.

Le hangar est divisé en plusieurs compartiments. Dans l'un de ceux-ci, on plante ma tente et dresse mon lit de camp.

Ici encore il est impossible de nous ravitailler. Il n'y a ni œufs, ni beurre, ni lait, ni légumes. Nous ne trouvons que de la farine et du porc salé dont le prix est ridiculement élevé. Il n'y a pas non plus de paille pour les bêtes, les pois et l'orge se paient dix fois leur valeur. Les troupes réquisitionnent tout ce qu'elles trouvent.

Nous apprenons que les soldats attendus du Kansou sont un ramasis de brigands qui veulent piller la ville. Les habitants sont consternés. Ils craignent que les troupes du gouverneur en fuite ne puissent pas les défendre ou bien que leurs chefs ne jugent préférable de se retirer sans combattre.

Je présume maintenant que les singuliers rôdeurs rencontrés dans la forêt étaient une avant-garde de ces bandits.

Nous comptions nous reposer quelques jours ; les marches en montagne par des sentiers à peine tracés, le mauvais temps, une nourriture insuffisante nous ont fatigués. Les mules qui depuis longtemps sont déferrées se blessent en voyageant, chargées, sur des terrains accidentés et pierreux. Pourtant, rester à Nanping et y courir le risque de nous y trouver au milieu de batailles et de pillage est imprudent.

Nous repartirons le lendemain matin avant le lever du jour.

CHAPITRE III

En quittant Nanping nous remontons, pendant quelque temps, le cours du Paichui ho, puis nous nous engageons de nouveau à travers les montagnes. Le pays est admirable ; il faudrait que je le répète à chacune de ces pages. En dépit de la fatigue, des privations et des difficultés que nous rencontrons parfois, ce voyage est un véritable enchantement. Le temps se met malheureusement à la pluie et le second jour après notre départ de Nanping, nous sommes assaillis par un violent orage. Le lendemain, vers la même heure, l'orage éclate de nouveau.

Je ne sais rien de plus misérable que les camps hâtivement dressés sous la pluie sur un terrain détrempé et les nuits passées dans des vêtements et des couvertures humides. Cependant mes domestiques, mal nourris depuis plusieurs semaines, paraissent si fatigués que je camperai encore ce jour-là s'ils préfèrent s'arrêter. Je les consulte :

— « Oh ! répond Sotar, nous n'avons pas d'opinion à ce sujet. Si Jétsune Kouchog nous dit de nous arrêter, nous nous arrêterons ; si elle nous dit de marcher, nous marcherons. »

Les autres l'approuvent. Il ne faut point déduire de cette attitude que ces hommes sont des imbéciles, loin de là, mais leurs vues concernant les rapports entre maître et domestique diffèrent de celles des Occidentaux. Leur réponse n'implique aucune basse servilité. Elle exprime seulement une confiance illimitée et la reconnaissance de la supériorité de mon intelligence. Ils attendent de moi que je pourvoie à leur plus grand bien et supposent que ce que je déciderai sera sage et avantageux pour eux.

Le jeune lama est loin d'être aussi moutonnier. Il discute, lui, et quelquefois très âprement. Il m'étonne souvent par sa ténacité et lorsque je la lui reproche, il me répond en riant : « Je vous ressemble. » C'est ma foi vrai ! Il me ressemble en plus d'un point. Qui sait si la filiation adoptive ne crée pas une mystérieuse hérédité, dont les causes nous échappent. Un Tibétain dirait plus simplement que ce sont, au contraire, nos affinités, qui ont amené notre rencontre. Il ajouterait aussi que depuis plus d'une vie, nous avons été attachés par des liens familiaux ou affectueux et que nous récoltons ensemble les fruits d'actes accomplis dans un lointain passé.

Allant de hameau en hameau, nous finissons par trouver, vers le soir, un abri chez un jeune ménage chinois. Nous passons la nuit à couvert, mes garçons sont rayonnants ; une fois de plus ma perspicacité s'affirme ; — eux disent : ma prescience. Ils préparent joyeusement notre maigre souper en se séchant devant un grand feu.

Le lendemain, nous poursuivons notre route à travers d'immenses forêts que l'on dit peu sûres. Les yeux sondant l'ombre des sous-bois, les oreilles tendues, pour surprendre une forme ou un son suspect, nous chevauchons généralement en silence. La nuit, les hommes se relaient pour veiller. Je prends aussi mon tour ; le seul privilège que je m'octroie, c'est de choisir la première veille ou la dernière, de sorte que mon sommeil n'est pas interrompu. On se blase de tout. La petite émotion piquante éprouvée les premières fois en chargeant ses armes avant le départ et en pensant qu'*ils*, comme disait Tartarin, pourraient se montrer est, sinon absolument morte, du moins très affaiblie, chez le lama et chez moi. Quant aux autres, ils sont habitués de longue date à circuler en des régions mal hantées et pendant leur enfance les histoires de brigands leur ont tenu lieu de contes de fées.

Voyageant à petites journées, nous arrivons à Tagyu devant un monastère de moines bönpos.

Les bönpos sont des sectateurs de l'ancienne religion des Tibétains, celle qu'ils professaient avant l'introduction du bouddhisme dans leur pays. Du moins, c'est ce qu'ils disent et ce que répètent les orientalistes écrivant sur le Tibet.

Les faits réels sont, toutefois, beaucoup plus compliqués que cette simple définition ne l'indique. Il existe au Tibet plusieurs variétés de bönpos et il est douteux qu'aucune d'elles représente exactement, de nos jours, les formes religieuses qui y régnaient avant le septième siècle de notre ère.

Qu'étaient les doctrines des bönpos primitifs ? La sincérité nous oblige à confesser que nous n'en savons rien. Dire que ces bönpos étaient chamanistes n'éclaire guère la question. Il n'existe pas de « religion chamaniste » clairement définie. Le *chaman* est un sorcier, parfois un magicien ou même un occultiste expert en certaines sciences secrètes, ses clients habituels sont dénommés chamanistes. Ceci n'implique pas une doctrine et des pratiques communes, bien au contraire, chaque pays et chaque *chaman* a les siens propres.

Jusqu'à présent aucun document sérieux ne nous a éclairés concernant le « chamanisme » des anciens bönpos. D'après les chroniques du Tibet, l'écriture n'existait pas dans ce pays avant le règne du roi Srong btsan gampo (septième siècle), qui envoya des savants dans l'Inde (ou peut-être dans les pays-frontières : Népal et Cachemire, de civilisation hindoue), pour y chercher les éléments d'un alphabet, afin de pouvoir traduire les Ecritures bouddhiques.

Certains bönpos affirment, au contraire, qu'un genre d'écriture existait au Tibet avant cette époque et que leurs livres sacrés datent de bien avant le règne de Srong btsan gampo. La chose est possible. Elle ne signifierait d'ailleurs pas que les Tibétains aient possédé une écriture propre. Ces livres pouvaient avoir été écrits ailleurs qu'au Tibet. Quiconque connaît les habitudes des peuples de ces régions, sait que les livres réputés sacrés y sont l'objet d'un culte qui n'entraîne pas, nécessairement, pour les fidèles, la connaissance de leur contenu ni même la simple possibilité de les lire. Très nombreux sont, au Tibet, les illettrés qui possèdent une bibliothèque de livres saints. Celle-ci est rangée au-dessus d'un autel et devant elle, les fidèles se prosternent, brûlent de l'encens et allument des lampes, en témoignage de vénération. C'est là, comme ils en sont eux-mêmes très conscients, le culte de la sagesse à laquelle ils ne se croient pas encore capables de s'élever mais qu'ils espèrent atteindre dans une autre vie.

Quoi qu'il en soit, jusqu'à présent les bönpos n'ont pu produire, pour étayer leurs affirmations, ni livres d'une antiquité prouvée ni documents archéologiques.

Les bönpos modernes se partagent en deux grandes divisions qui, elles-mêmes, se subdivisent chacune en plusieurs branches. Ces deux divisions sont celles des böns blancs et celle des böns noirs.

Les böns blancs ont servilement imité les lamaïstes. Leurs dignitaires s'intitulent aussi lamas, leurs moines portent un costume en tout pareil à celui des lamaïstes et leurs monastères ressemblent également aux *gompas* de ces derniers. On voit dans leurs temples des statues identiques à celles des Bouddhas et des déités vénérées par les lamaïstes, la seule différence est que les bönpos leur donnent d'autres noms. Le Maître Chénrabs[1] tient, chez eux, la place occupée par le Bouddha Gautama chez les bouddhistes. De même aussi que le Bouddha Gautama est dit avoir eu plusieurs prédécesseurs, bouddhas comme lui, les bönpos nomment plusieurs prédécesseurs du Maître Chénrabs. Ces derniers, bouddhas ou maîtres bönpos, n'ont aucune existence historique ; quant au maître Chénrabs, bien que nous ne soyons pas aussi bien renseignés à son sujet qu'à celui de Siddhartha Gautama, le Bouddha, nous pouvons penser qu'il a réellement existé. On le donne comme natif d'un pays appelé autrefois Chang-Choung, situé au sud-ouest du Tibet. Sa véritable personnalité a disparu sous les légendes et la manie d'imitation qui sévit parmi les bönpos les a conduits à lui créer une biographie reproduisant tous les traits de celle du Bouddha.

Quant à leurs doctrines, les bönpos blancs se targuent volontiers de professer les mêmes que les lamaïstes. Leurs rites sont pour la plupart d'inspiration tantrique, ils pra-

1. Ecrit *gchénrabs.*

tiquent les *doubthabs*[1], l'évocation des déités en vue d'obtenir des résultats pacifiques ou terribles.

Leur discipline ne diffère guère de celle des lamaïstes non réformés de la secte *ñingma* des « bonnets rouges ». Comme chez ces derniers, le mariage et l'usage des boissons alcooliques est permis au clergé.

Les bönpos sacrifient des animaux au cours de certains rites, mais ceci s'applique surtout aux bönpos noirs.

Ces bönpos noirs sont plus originaux que leurs coreligionnaires blancs. Peut-être ont-ils mieux conservé le caractère primitif de leur religion. Ils sont moins nombreux que les « blancs » et ne se groupent généralement pas. Les indigènes de l'Himalaya établissent une distinction entre les bönpos et ceux qu'ils dénomment simplement böns. D'après eux, sont bönpos tous ceux qui — soit laïques, soit membres du clergé — répètent *bön la kyab sou tchi wo* au lieu de *tchös la kyab sou tchi wo*[2] et qui font le tour rituel des monuments religieux en les tenant à leur gauche au lieu de les tenir à leur droite, comme le font les lamaïstes. Le bön, lui, est un véritable sorcier et un médium, celui auquel tous ont recours lorsque le pouvoir magique du lama ne paraît pas suffisant pour obtenir l'effet désiré — généralement pour vaincre un démon qui cause du mal, mais aussi, dans des cas plus secrets, pour nuire à un ennemi ou le faire périr. Le bön ne pratique guère que des rites sanglants, le sacrifice d'un animal est toujours commandé lorsqu'il officie. Des femmes aussi bien que des hommes peuvent être böns et, le plus souvent, l'espèce de don naturel qui, d'après les indigènes, fait qu'un individu est bön, se transmet héréditairement.

Chez ces montagnards, il n'existe aucun antagonisme entre le clergé lamaïste (appartenant entièrement à des

---

1. Ecrit *sgrub thab*, littéralement : « méthode pour réussir ». Voir les explications concernant les *doubthabs* et leur description dans *Initiations lamaïques*.

2. Ecrit *bön* ou *tchos la skyabs su mtchibo*. « Je vais en refuge à la doctrine » (respectivement celle des böns ou du bouddhisme). Les bönpos tiennent le terme *bön* pour l'équivalent du terme *tchos* (prononcé *tcheu* ; en sanscrit *dharma*) employé par les bouddhistes tibétains et signifiant « doctrine », « religion ». Bön est prononcé *peune* dans le centre du Tibet. Au nord-est du pays la prononciation est *oueune*.

sectes de « bonnets rouges ») et les böns. Les lamas ne combattent pas les pratiques superstitieuses et cruelles des böns et les böns font leurs dévotions dans les temples lamaïstes. Je connais même un *trapa* occupant une situation importante dans son monastère, qui est l'époux d'une femme bön et qui assiste, dans les villages, aux cérémonies célébrées par celle-ci.

Au nord du Tibet, les bönpos noirs se rapprochent beaucoup des *ngagspas* qui sont classés comme lamaïstes. De même que parmi ces derniers, on rencontre, chez eux, des hommes de caractères très différents, quelques-uns véritablement remarquables, soit par l'originalité et la profondeur de leurs vues philosophiques, soit par le développement de leurs facultés psychiques.

Nous nous trouvions donc en face d'un monastère de bönpos. Il n'était guère que midi, ce n'était pas l'heure de nous arrêter pour camper, mais je voyageais pour observer, pour apprendre et non pas pour battre un record de vitesse. J'ai toujours effectué mes voyages très lentement, c'est ce qui m'a donné le temps de voir beaucoup de choses et d'écouter beaucoup de gens. Je n'allais pas sottement continuer ma route ce jour-là. Il s'agissait au contraire d'obtenir l'accès du monastère.

La permission d'entrer dans ses murs nous fut accordée, mais aucune chambre n'était disponible. L'on allait célébrer, le lendemain, un service solennel pour un homme mort depuis peu. Un grand nombre de villageois devaient venir de loin pour y assister et ne pourraient pas s'en retourner le même soir, il faudrait les loger. En fait, beaucoup étaient déjà arrivés et s'installaient dans les bâtiments qui entouraient le temple. Nous pouvions nous passer de toit, il ne s'agissait que d'être autorisés à planter nos tentes. Ceci nous fut aussi accordé et même je pus choisir pour ma propre tente, une place dans la cour principale, face au péristyle du temple... Je ne pouvais être mieux placée pour observer la cérémonie que l'on préparait.

J'envoyai l'écharpe et le présent d'usage au chef du monastère et je m'établis chez moi, attendant qu'il me fasse inviter à aller le voir ou bien qu'il vienne lui-même me saluer, selon le degré d'estime dont il me jugerait digne.

Il délégua simplement un fonctionnaire de sa maison qui m'apporta le thé de bienvenue et, comme cadeau, quelques mottes de beurre. Cette demi-politesse me suffisait, je bus le thé et, les moines partis, je me mis à regarder les fidèles dont il arrivait à chaque instant de nouveaux groupes.

S'ils m'intéressaient, je les intéressais aussi. Plusieurs vinrent me voir et me consulter, soit au sujet de maladies dont eux-mêmes ou un des leurs souffraient, soit au sujet de la prospérité de leurs cultures et de leur bétail.

A la nuit tombante, l'abbé du monastère me rendit visite. Il commença par s'excuser de n'être pas venu me saluer dès mon arrivée et donna comme cause de son retard les préparatifs à faire pour les cérémonies rituelles qui devaient avoir lieu le lendemain. Il ajouta diverses question polies concernant mon confort. Serais-je bien dans ma tente ?... Avais-je des provisions suffisantes ?... Il allait m'envoyer à souper.

Finalement, il aborda le sujet qui lui tenait à cœur. Comptant sur ma discrétion, il me confiait que les affaires du monastère n'étaient pas aussi florissantes qu'il l'aurait désiré. Il soupçonnait que cette situation fâcheuse pouvait tenir à l'emplacement de la porte du temple qui n'était peut-être pas orientée dans la direction convenable[1]. Il me priait de lui dire ce qu'il en était et n'hésiterait pas, s'il le fallait, à démolir la façade du bâtiment pour la reconstruire vers un autre des points cardinaux. Un second souci le troublait. Il devait choisir l'emplacement d'un nouveau cimetière[2]. Quel était l'endroit propre à cette destination ? — Il était important de n'irriter aucune déité locale et d'être à l'abri des mauvais esprits qui hantent les tombes.

Tout cela était fort compliqué. Il sentait le poids de sa responsabilité et aurait été bien aise d'être conseillé par une *khadoma*.

---

1. Les Tibétains, comme les Chinois, attachent une grande importance à la direction vers laquelle est tournée l'entrée d'une habitation et, surtout, celle d'un temple.

2. Les bönpos enterrent leurs morts, ce que ne font point les lamaïstes. Ces derniers les incinèrent, les jettent dans les rivières, les abandonnent sur les montagnes ou, au Tibet central, découpent leurs cadavres en morceaux que les vautours dévorent.

Je remis ma réponse au lendemain et le souper annoncé ayant été apporté, je commençai à manger, comptant en avoir terminé avec les visiteurs.

Je me trompais. Je n'avais pas encore achevé mon repas lorsqu'un *trapa* souleva le rideau de ma tente.

— « Je voudrais vous parler, » dit-il.

— « Entrez et asseyez-vous, » répondis-je.

Il s'accroupit sur un tapis et, sans préambule, commença :

— « Mon maître[1] et moi, nous habitons une hutte dépendant du monastère, mais nous ne sommes pas bönpos. Nous sommes *nangpas*[2]... Mon maître est malade. J'ai entendu dire que vous avez distribué des médicaments, peut-être en avez-vous un qui guérirait mon lama... Il ne sait pas que je suis venu ici... »

— « Pourquoi vivez-vous parmi les bönpos si vous n'êtes pas bönpos ? » demandai-je.

— « Mon maître le sait », répondit le *trapa*.

Je vis qu'il ne voulait pas me donner d'explication sur ce sujet.

— « Quelle est la maladie de votre maître ? » demandai-je encore. Je ne puis pas vous donner des médicaments sans savoir quel est son mal. Ne peut-il pas venir ici demain matin ?... S'il est trop faible pour sortir de chez lui, j'irai le voir. »

— « Peut-être va-t-il mourir », murmura le *trapa*.

S'agissait-il donc d'un cas très grave ? S'il en était ainsi, je ne possédais pas les connaissances médicales nécessaires pour intervenir utilement, mais la charité me commandait de me rendre auprès du malade. Son disciple pouvait exagérer le mal, le tremblement causé par un simple accès de fièvre lui apparaissait peut-être comme le prodrome de l'agonie.

— « Je vais le voir tout de suite », dis-je.

J'appelai Yongden et nous partîmes ensemble, guidés

---

1. « Mon lama », c'est-à-dire mon guide spirituel, mon « gourou » d'après le terme sanscrit usité au Tibet dans le langage religieux.

2. *Nangpas* : des gens « du dedans », sous-entendu, qui sont dans la communion spirituelle des adeptes du bouddhisme. Les fidèles des autres religions sont dénommés *tchirolpas* : « gens du dehors ».

par le *trapa*. La hutte se trouvait dans un bosquet à peu de distance du monastère.

— « Attendez », fit le *trapa* comme nous approchions. Je vais entrer d'abord, pour annoncer votre visite. Le lama ne m'a pas commandé d'aller vous chercher, je ne sais pas s'il ne sera pas fâché.

Il entra et poussés par la curiosité, au lieu de nous tenir discrètement à l'écart, Yongden et moi nous nous avançâmes tout contre la porte. Comment le zélé disciple allait-il être reçu par son père spirituel ? Ces derniers ont souvent l'humeur vive, au Tibet.

Nous entendîmes d'abord un vague murmure. Sans doute, le *trapa* rendait compte de l'initiative qu'il avait prise et informait son maître de notre arrivée.

Pan !

Le son ne pouvait tromper : c'était le bruit d'une gifle. Le mourant gardait encore quelque reste d'énergie, semblait-il.

Mon fils riait en sourdine.

— « C'est comme cela que j'en recevais de mon professeur de grammaire », dit-il.

Il y avait longtemps que je connaissais ce détail de sa vie scolaire. Je lui fis signe de se taire.

Le malade parlait, maintenant, d'une voix entrecoupée.

— « Je ne veux pas la voir... Des médicaments !... Fou... ! Tu n'as pas foi en moi. Oh ! misère de moi ! Les mauvaises actions que j'ai commises dans mes vies antérieures m'ont amené cet indigne disciple. »

La voix se fit plus sourde.

— « Pourquoi lui ai-je révélé le secret !... Ce sont ses péchés qui me font obstacle... Des médicaments !... C'est le manuscrit qu'il faut, il est là... Je connaîtrai le moyen de ne jamais mourir... Enfermé dans une des statues, dans laquelle ?... »

— « Taisez-vous, taisez-vous, Kouchog[1] », suppliait le *trapa* qui soupçonnait que nous pouvions entendre.

Effet de la colère ou de la faiblesse, l'homme se mit à respirer bruyamment comme s'il étouffait.

— « Je t'ai dit cela cent fois, mauvais ! » reprit-il,

1. Monsieur, avec une nuance de respect plus marquée comme le « Sir » en anglais.

s'excitant de nouveau. Les bönpos ne savent pas que le livre est caché là... Et tu vas chez cette femme... Peut-être lui as-tu dit... Peut-être as-tu dit aux bönpos...

— « Je n'ai rien dit. Taisez-vous, Kouchog », suppliait toujours le disciple éperdu.

— « Va-t'en ! va !... va !... »

La voix faiblissait, les mots devenaient confus. Le *trapa* répétait désespérément : Kouchog ! mon lama ! Mais je ne percevais aucune réponse. Son maître s'était-il évanoui, ou son accès de colère avait-il amené une congestion ? Yongden voulait entrer, mais je le retins. En nous montrant, nous risquions d'aggraver le mal dont, très innocemment, nous étions la cause.

J'entendais le *trapa* aller et venir dans la hutte, en gémissant. Sans doute essayait-il de secourir son maître.

J'attendis pensant qu'il m'appellerait peut-être et que je pourrais être de quelque utilité au malade. Quelque temps se passa puis le *trapa* sortit. L'instant d'un éclair, tandis qu'il ouvrait la porte, j'entrevis un vieux lama adossé à la muraille et soutenu des deux côtés par des coussins. Il avait les yeux grands ouverts, mais ne bougeait pas.

Nous nous étions un peu reculés, mais pas assez loin pour empêcher le *trapa* de deviner que nous avions écouté et entendu parler son maître. Il resta un instant comme interdit.

— « Kouchog ne veut pas de médicaments », dit-il. Il n'est pas malade. Il ne mourra point. Il ne mourra jamais... jamais... »

Il parlait bizarrement, comme un homme qui a l'esprit égaré ou qui rêve.

Je voulus, encore une fois, offrir mes services, mais il les refusa avec force.

— « Kouchog ne veut pas... Il n'est pas malade... Il ne mourra pas... »

Et comme je m'en retournais, l'idée me vint que le vieux lama venait peut-être de mourir.

La recherche du secret de l'immortalité a été aussi passionnément poursuivie en Chine que celle de la pierre philosophale en Occident. Certains prétendent, d'ailleurs, que ce qui était ésotériquement désigné, dans nos pays, comme la transmutation des métaux vils en or, signifiait, pour les initiés, l'art de se rendre immortel.

Les anciens Tao-sses chinois se targuaient ouvertement de posséder le secret de l'immortalité et plus d'un prince crédule mourut empoisonné par l'élixir magique qui, croyait-il, lui assurerait une vie éternelle.

De nos jours, on parle moins de ce secret des secrets, mais il demeure toujours des chercheurs en quête de moyens capables d'assurer la persistance de leur personnalité dans leur corps actuel.

D'autre part, diverses théories concernant la possibilité d'en prolonger indéfiniment l'existence, soit d'une manière purement spirituelle, soit d'une manière matérielle, mais hors du corps auquel elle est présentement liée, font, encore de nos jours, partie de l'enseignement ésotérique de certains maîtres mystiques et de certains occultistes asiatiques.

L'immortalité dans notre corps actuel n'a jamais intéressé les Tibétains au même point que les Tao-sses chinois. Pour quiconque croit fermement à la réincarnation ou aux renaissances, le problème de l'immortalité est résolu. Toutefois, d'après diverses traditions, au nombre des livres secrets cachés par Padmasambhava dans des endroits reculés, se trouvent des traités décrivant les moyens d'échapper à la mort et, parmi les chercheurs de *térmas* [1], un petit nombre visent spécialement à leur découverte.

Les bönpos, surtout les bönpos noirs, qui offrent plus d'un point de ressemblance avec les Tao-sses, gardent aussi le souvenir de traditions concernant le secret de ne pas mourir. Le vieux lama que j'avais entrevu avait peut-être entendu dire, ou s'était imaginé, qu'un manuscrit d'origine bönpo se rapportant à ce sujet avait été déposé parmi les livres saints dont étaient bourrées les

1. Ecrit *gtérma* : des traités mystiques, philosophiques ou concernant la magie dont les auteurs sont dits être des sages des âges passés. Ces derniers, jugeant que l'humanité n'avait pas encore, à leur époque, atteint un degré d'évolution morale et intellectuelle suffisant pour lui permettre de comprendre les doctrines exposées dans ces écrits, les auraient cachés afin qu'ils pussent être découverts plus tard, lorsque les hommes seraient en état d'en saisir le sens.

statues placées dans le temple de ce monastère. La chose avait pu être faite sans que la nature de l'ouvrage qu'ils enfermaient dans la statue apparût à ceux qui faisaient cette besogne. Ils pouvaient être illettrés ou, comme c'est souvent le cas, complètement indifférents à la littérature religieuse.

J'indiquerai brièvement que toutes les statues vénérées par les Tibétains, soit dans les temples, soit dans les maisons des particuliers, contiennent des feuilles de papier sur lesquelles sont imprimés des passages des Ecritures sacrées ou, lorsqu'il s'agit de très petites statuettes, simplement des *mantras* ou mots magiques. Dans les statues de grande dimension, on place souvent la collection complète des livres canoniques : le Kahgyur ou le Tengyur. Ce sont ces écrits cachés en elle, qui donnent *vie* à la statue, la rendent digne de culte et lui communiquent un certain pouvoir que consolidera le rite de la consécration (rabnès) célébré par un lama.

Je fus éveillée par un grand bruit de cymbales entrechoquées auquel se mêla bientôt le son des *gyalings*. Il faisait encore nuit, mais le jour n'était pas loin de poindre. Les bönpos commençaient l'office funèbre pour le villageois défunt.

Peu à peu, les paysans arrivés la veille s'éveillèrent aussi et se mirent à circuler dans l'enceinte du monastère. Ce n'était point qu'ils eussent l'intention d'assister à l'office. Les laïques tibétains, qu'ils soient lamaïstes ou bönpos, n'en ont pas l'habitude. Etre présent pendant la célébration des rites religieux ordinaires ne leur est pas défendu, mais ne leur est pas non plus ordonné. Cette célébration est l'affaire du clergé et quiconque n'en est pas membre n'a pas à y participer. Aucun mérite n'est attaché, pour les laïques, à leur présence dans le temple où les rites sont accomplis. Le fruit de ceux-ci consiste à atteindre le but particulier visé : soit que ce but concerne un individu désigné (qu'il assure sa prospérité, rétablisse sa santé, ou, dans le cas d'un mort, le guide vers une heureuse renaissance), ou bien un effet plus général (produire la fertilité, des récoltes abondantes, écarter les maladies des hommes et des bêtes du pays).

Les frustes montagnards, hôtes passagers de cette *gompa* rustique, ne se souciaient donc guère de la psalmodie bruyante des moines. Ils désiraient simplement préparer le repas matinal qu'ils devaient leur offrir [1] et, aussi, déjeuner eux-mêmes. A ces fins, ils se mettaient en quête de combustible et de feu pour l'allumer. Bientôt de la fumée sortit des fenêtres et s'éleva dans les encoignures de la cour où ceux qui manquaient de logis improvisaient des cuisines en plein air, puis les barattes à thé commencèrent à faire leur partie dans la symphonie des *gyalins*, des *ragdongs*, des cymbales et des tambours qui gémissaient et tonnaient dans le temple. Amusante cacophonie à laquelle les hôtes des écuries mêlaient des hennissements et des braiements sonores.

Peu à peu arrivèrent de nouveaux groupes de fidèles plus proches voisins du monastère ou bien ayant couché en cours de route. Avant dix heures, environ trois cents hommes et femmes se trouvaient réunis, tous vêtus de leurs plus beaux habits.

Cette foule n'était pas belle. Sur vingt individus pris au hasard, une douzaine étaient goitreux à un degré plus ou moins avancé. Des processions s'organisèrent et circulèrent autour du temple en lui présentant le côté gauche, à l'opposé des lamaïstes qui le tiennent à leur droite. Beaucoup de fidèles avaient à la main un moulin à « mani », mais au lieu du *Aum mani padme hum!* des lamaïstes ils chantaient en le faisant tourner : *Aum matriyé sa lén dou* [2].

1. Quand des offices sont célébrés, dans un but quelconque, au bénéfice d'un particulier, ce dernier, ou sa famille, doivent nourrir les célébrants des rites pendant toute la durée de ceux-ci.

2. Telle est la prononciation locale. Sur les nombreuses pierres où la formule est gravée, dans cette région, l'orthographe est : *Aum matriyé sa lén hdu*. Il paraît qu'on la rencontre aussi écrite : *Aum matri moutri sa lé hdzou* et *Aum matris la la hdzou*. De même que celui de *Aum mani padmé hum!* Le sens de la formule des bönpos est expliqué de diverses manières. Littéralement, *mani padmé* signifie en sanscrit : « Joyau dans le lotus ». *Aum* est un terme sacré désignant, dans l'Inde, l'inexprimable Absolu et *hum* (prononcé *houm*) un cri rituel tibétain marquant la colère, la menace. Concernant les diverses interprétations de la formule *Aum mani padmé hum* voir mon livre *Initiations lamaïques*. Plus de mystère encore entoure le sens mystique de la formule sacrée des bönpos. Certains disent qu'elle se rapporte à la « base » de toutes choses ; ce que les Tibétains dénomment « *Kuneji* » (écrit *kungji*) en sanscrit *âlaya*.

La participation de cette foule aux rites funèbres consistait en un jeûne d'une journée. Tous ne s'y astreignaient peut-être pas très strictement et dans tous les cas, comme je viens de le dire, le clergé du lieu et ses serviteurs n'y étaient point obligés.

Le jeûne, au Tibet, implique aussi la défense de boire, même une seule goutte d'eau, et celle de parler. Garder le silence est difficile à la plupart des gens, Tibétains et Tibétaines ne font pas exception.

On pouvait voir, autour du temple, nombre de vieilles que chatouillait le désir de mouvoir leur langue. Elles serraient leurs lèvres, les allongeaient en forme de groin et trouvaient moyen de marmotter, intérieurement, derrière cette barrière, ce qu'il leur était défendu d'articuler distinctement. Elles paraissaient très bien se comprendre entre elles et leur conversation silencieuse accompagnée de sourires, de grimaces et de clins d'œil était fort animée.

Les jeunes filles flirtaient de cette façon muette, avec des gars de leur âge et esquissaient des luttes enjouées à coups de moulin à prières. J'en vis une qu'un garçon avait saisie tandis qu'ils circulaient en procession sous le péristyle du temple. Il retenait à deux bras sa proie, d'ailleurs souriante et ravie et se défendait à coups de pied contre les attaques des amies de la victime qui, riant aussi, cherchaient à la délivrer.

Et tout le monde, en chœur, clamait plus fort, à mesure que la journée avançait : *Aum matriyé sa lén dou !* La nuit venue, ceux qui ne jeûnaient pas ou qui avaient rompu leur jeûne — ils semblaient nombreux — se mirent à boire de l'alcool et quelques heures plus tard, la fatigue et l'ivresse endormirent tout ce troupeau.

Cependant, au cours de l'après-midi, tandis que j'observais la foule, l'abbé bönpo était venu me rappeler la consultation qu'il avait sollicitée. Je la lui donnai.

Il n'était pas nécessaire de déplacer la porte du temple, son orientation ne nuisait pas à la prospérité du monastère. Quant au nouveau cimetière, il fallait observer la direction habituelle des vents et choisir un emplacement situé de telle façon que ceux-ci ne le balaient pas avant de passer sur la *gompa.* Il convenait aussi d'enterrer profondément les morts.

Ces simples conseils ne pouvaient causer aucun mal.

D'autres moines me rendirent aussi visite dans l'intervalle des cérémonies rituelles. Pendant ce temps, Yongden se renseignait discrètement au sujet du malade dont le disciple était venu m'appeler la veille et qui avait refusé de me voir.

Il apprit simplement que quelques mois plus tôt, ces deux moines voyageurs, l'un vieux et l'autre jeune, avaient demandé l'hospitalité au monastère et qu'elle leur avait été accordée. Celle-ci est, en effet, rarement refusée à des membres du clergé, s'il y a un logement disponible à leur donner. Les deux *trapas*, qui disaient appartenir à la secte des Sakyapas, s'étaient installés dans la hutte et y étaient restés. Personne ne songeait à les en expulser. L'abbé leur envoyait quelques vivres et le jeune moine faisait, de temps en temps, une tournée dans les environs, mendiant des provisions. Tous deux vivaient très isolés et les bönpos du monastère ne s'occupaient guère d'eux.

Yongden voulant pousser plus loin ses investigations, retourna à la hutte du malade. Il en trouva la porte close et ayant frappé, personne ne lui répondit.

De leur côté, mes domestiques ne demeuraient pas inactifs, mais leur activité concernait des soins très matériels. L'un d'eux avait tant bien que mal pourvu, en cours de route, au ferrage des mules qui n'avait pas pu être fait à Nanping. Restait le cheval, pour lequel nous n'avions pas, en réserve, de fers assez larges. Ayant demandé à nombre de gens autour d'eux s'ils ne connaissaient pas dans un village voisin quelqu'un qui pût leur vendre des fers et, si possible, les poser convenablement, ils virent venir à eux, tard dans la soirée, un individu qui exhiba deux fers[1] et se donna comme un habile maréchal-ferrant. Le prix des fers et de ses services lui ayant été demandé, l'homme énonça un chiffre tellement élevé que mes garçons crurent qu'il plaisantait. Mais non, ce n'était qu'un spéculateur éhonté qui misait sur la

1. Au Tibet, les chevaux ou mules de selle ne sont ferrés qu'aux pieds de devant — aux « mains » comme disent les indigènes. — Les bêtes portant des charges sont ferrées aux quatre pieds. Les montagnards tibétains de l'Himalaya laissent en général toutes leurs bêtes non ferrées.

crainte que nous éprouvions de voir notre cheval s'abîmer les sabots. Tout ce que les trois domestiques purent lui dire ne modifia point son attitude. Il faisait sonner les fers et ricanait, narguant mes serviteurs furieux.

Je leur laissais souvent régler les menues dépenses de ce genre et l'un d'eux conservait par-devers lui un peu d'argent pour cet usage, mais aucun d'eux n'osa prendre sur lui de payer la somme exigée. Seunam vint me raconter ce qui se passait. L'incident me contrariait. J'ai toujours dû observer la plus stricte économie dans mes voyages et puis l'idée d'être dupée par ce chenapan m'était désagréable.

Il eût, toutefois, été plus désagréable encore de voir mon cheval devenir boiteux et la pauvre bête ne devait pas subir les effets de ma colère.

— « Paie ! » dis-je à Seunam, « et veillez tous les trois à ce que l'ouvrage soit bien fait. »

A la lumière de plusieurs chandelles et d'un feu flambant qui éclairait la scène, l'opération fut faite et l'indigène ayant empoché l'argent en lingot que mes hommes lui pesaient, s'en fut, ravi du bon tour qu'il nous avait joué, célébrer son heureuse aubaine par de copieuses libations.

Le lendemain matin, bien avant l'aurore, mes domestiques venaient me demander mes sacs pour les charger sur les mules. J'étais encore au lit et ne voyais pas la nécessité de ce départ ultra-matinal que je n'avais pas commandé. Je ne sais trop quelles raisons ils me donnèrent confusément tous ensemble : l'étape serait longue, on prédisait un orage pour le soir. Ils avaient l'air bizarre et empaquetaient toutes choses avec une rapidité que je leur avais rarement vu déployer. D'autorité, ils m'annoncèrent que je ne ferais pas ma toilette, l'eau était devenue sale.

Passablement ahurie je suivais machinalement l'impulsion et très promptement je me trouvai en selle sans m'être lavée et sans avoir déjeuné.

Sitôt sur le chemin, Seunam cingla les mules portant les bagages et se retournant vers Yongden et vers moi nous cria :

— « Vite ! Vite ! »

Pourquoi ? Quel danger nous menaçait ? Je n'en voyais

aucun. Le lama n'en savait pas davantage et me regardait sans rien comprendre, mais force nous fut de pousser aussi nos bêtes, car les mules fouettées par nos trois garçons nous devançaient déjà de beaucoup.

— « Qu'y a-t-il ? » criai-je, dès que je fus de nouveau à portée de voix du groupe qui s'enfuyait.

— « Vite, vite ! » répéta Seunam.

Sa physionomie plutôt rieuse me fit supposer que nous ne courions pas un danger sérieux et je continuai à trotter, rappelée à l'ordre par un : « Vite ! vite ! » pressant, chaque fois que je faisais mine de laisser ralentir l'allure de ma bête.

Nous nous en allâmes ainsi pendant une bonne heure. Puis Seunam s'arrêta et me dit :

— « Etes-vous fatiguée, Jétsune Kouchog ? J'ai rempli la bouteille de thé bouillant hier soir. Il doit encore être chaud. Voulez-vous déjeuner ? Nous pouvons nous arrêter un peu. »

— « Mais enfin, qu'y a-t-il ? » criai-je, énervée par cette course absurde.

— « Je lui ai donné le lingot qui a un *wawa* [1]... »

Je me souvenais bien qu'un jour, en changeant de l'argent, nous avions reçu un de ces lingots falsifiés. Seunam venait, à son tour, de le repasser à l'individu qui avait spéculé sur notre embarras pour nous faire payer trois fois le prix normal. Le voleur était volé. Pas même volé, après tout, car la croûte d'argent du lingot évidé égalait bien la valeur de la marchandise qu'il nous avait vendue. Cependant je me représentais sa colère en voyant qu'il avait été mystifié et les railleries dont l'accableraient ceux à qui il avait dû raconter, très fier, comment il s'entendait aux affaires.

Mais mon imagination concevait là des scènes qui peut-

---

1. Littéralement « qui est enceinte », qui renferme un « enfant ». C'est par cette expression pittoresque que les Chinois désignent les lingots d'argent qui ont été adroitement évidés et dont le vide a été rempli par du plomb. Au Kansou et dans les régions-frontières de l'ouest où l'on se sert principalement d'argent en lingots, il en circule un grand nombre qui sont falsifiés de la sorte. Les marchands chinois sont généralement habiles à les reconnaître ; il leur arrive pourtant d'être trompés, mais ce sont surtout les particuliers, moins experts qu'eux, qui acceptent ces lingots renfermant un *wawa* (enfant).

être ne devaient jamais se produire. Comme d'autres avant lui, notre coquin pouvait faire circuler le lingot à *wawa*, soit sans se douter qu'il était bourré de plomb et, alors, il ignorait que nous nous étions moqués de lui et conservait l'orgueil d'avoir réussi un beau coup, soit en connaissance de cause et, dans ce cas, il conservait tout de même son illicite profit.

Je m'amusai, plus tard, à me représenter les suites dont l'aventure était susceptible pour lui. Mais au moment où Seunam me révéla le secret de sa hâte, je ne fis pas tant de réflexions. Je pensai seulement que le larron dupé pourrait se mettre à notre poursuite en compagnie de quelques amis. Je repoussai la bouteille thermo que Sotar voulait m'offrir, fouettai les mules chargées, donnai un coup de talon dans le ventre de ma bête et criant aux autres : « Vite ! vite ! » je pris la tête du groupe et le menai grand train jusque vers le milieu de la matinée.

La zone défrichée et cultivée ne s'étendait pas loin autour de Tagyu. Peu après avoir quitté la *gompa*, nous entrions de nouveau en forêt, chevauchant dans une solitude complète, ayant une fois de plus été prévenus que nous pouvions faire de mauvaises rencontres. Le temps, pluvieux à notre départ, s'était rasséréné vers le milieu du jour et nous avions l'intention d'en profiter pour allonger notre étape afin de sortir aussi promptement que possible de ces forêts superbes mais mal famées.

Que les résolutions sont choses fragiles ! Débouchant dans une merveilleuse clairière où une rivière limpide s'étale formant un petit lac, nous sentons notre décision faiblir. L'endroit est romantique à souhait. De tous côtés s'élèvent de hautes montagnes couvertes de majestueux sapins et, dans les échancrures des cimes, apparaissent des pics neigeux. Il y a là de l'herbe tendre, une friandise rare pour nos bêtes... Qui sait si nous trouverons encore, avant la nuit, un autre endroit où planter nos tentes. Nous n'en avons pas rencontré un seul depuis le matin, dans cette forêt touffue... Pour tout dire, nous avons tous faim et serions heureux de manger, et moi, l'incorrigible amoureuse de la nature, j'ai grande envie de m'arrêter dans ce site grandiose pour l'admirer à loisir.

Nous camperons donc. Ce n'est pas prudent, nous le savons. Faute de pouvoir atteindre un endroit habité, nous devrions nous cacher parmi le sous-bois, loin du sentier, et ne point allumer de lumière afin de ne pas être aperçus par les brigands qui peuvent rôder dans les environs. Mais notre voyage tout entier n'est-il pas un défi à la prudence, qu'importe un risque de plus.

Nous n'avons rencontré personne de toute la journée... Nous n'avons aperçu personne en mettant pied à terre dans cette clairière et voici que, comme nos tentes sont plantées et le feu déjà allumé pour faire du thé, nous apercevons un homme. Un homme seul, sans bagages, qui marche lentement au bord de l'eau, s'avançant dans notre direction. Lorsqu'il est plus près de nous, nous remarquons qu'il tient quelque chose à la main, et ce « quelque chose », c'est un chapelet de poissons enfilés par les ouïes. L'individu les a pêchés dans la rivière. Est-ce au moyen d'une ficelle formant ligne, ou bien a-t-il, par là, une nasse ou un filet qu'il est allé visiter ? Ceci n'est d'aucun intérêt pour nous. Mais comment cet homme est-il là, tout seul, sans le moindre balluchon ? Ce n'est donc point un voyageur et il n'existe aucun village dans le voisinage.

Quel qu'il puisse être, je voudrais bien ses poissons pour mon souper. J'envoie Seunam lui demander de nous les vendre. Il refuse d'abord, se fait prier, puis nous les abandonne, nous les faisant payer un peu cher, mais sans trop d'exagération.

— « D'où venez-vous ? » lui demande Seunam.

— « Heu ! heu ! » fait le pêcheur, et il esquisse un geste indiquant une direction imprécise.

Je me suis approchée et l'interroge à mon tour :

— « Demeurez-vous près d'ici ? Où allez-vous maintenant ? »

— « Heu ! heu ! » tendant la main pour recevoir son argent.

— « Si vous voyagez seul, vous pouvez apporter votre bagage ici et camper près de nous, nous vous donnerons du thé. »

— « Heu ! »

Il a déjà fait couler, dans sa bourse, la demi-roupie szétchuanaise que Seunam lui a donnée et il s'en va, atteint la lisière de la clairière, s'enfonce sous bois et y disparaît dans l'ombre.

— « C'est un génie de la montagne qui m'a apporté à souper », dis-je en riant, « mais ses bienfaits ne sont pas gratuits. »

— « C'est un *koui*[1] » suggère Yongden, riant aussi.

— « Eh ! » rectifie Sotar sérieusement. « Ce peut être un voleur de grand chemin dont les camarades sont en embuscade dans la forêt et qui est venu chercher, ici, de quoi améliorer leur menu de ce soir. »

La chose était plausible. On nous avait tant recommandé de ne pas nous attarder dans cette immense forêt qui confine, à l'ouest, aux grandes solitudes tibétaines habitées par les tribus des Gologs pillards.

Nous pouvions lever le camp, nous en aller. Mais à quoi cela servirait-il ? S'il y avait, près de nous, des brigands en nombre et décidés à nous attaquer, ils nous rejoindraient facilement et nous serions en plus mauvaise posture pour nous défendre sous le couvert de la forêt que dans cet endroit dégagé où nous pouvions voir venir l'ennemi de loin.

Et puis, la lune se leva, fit une tache d'argent dans le petit lac, la pointe aiguë d'un pic neigeux se mit à scintiller dans le ciel au-dessus des montagnes sombres ; tous mes raisonnements sombrèrent dans l'extase où j'entrai. Nous restâmes.

La nuit se passa sans incidents et pour compenser le réveil très matinal de la veille, je m'attardai un peu au lit.

Dans la matinée, nous fûmes rejoints par un groupe de voyageurs. Cinq marchands chinois avec des mules chargées, trois Tibétains portant des fusils d'ancien modèle, et un pittoresque *ngagspa* bönpo : une sorte de géant dont la longue chevelure enroulée dans un morceau d'étoffe rouge le coiffait d'un énorme turban.

J'omets ici, pour ne pas me répéter, les détails concernant ce dernier et la relation du curieux phénomène de télépathie qu'il produisit. On les trouvera dans un livre précédent[2].

A la vue de mon costume religieux, les trois Tibétains descendirent de cheval pour se faire bénir par moi. Tous ces gens disaient s'être groupés par mesure de sécurité

1. En chinois : un diable, un esprit.
2. *Mystiques et magiciens du Tibet.*

et se montraient enchantés de voir leur petite bande s'augmenter de mes garçons armés.

Nous fîmes donc route ensemble. Les trois Tibétains paraissaient trouver difficile de soutenir le pas pourtant assez lent auquel nous avancions. Le sentier, il est vrai, montait continuellement en pente raide, leurs bêtes, disaient-ils, étaient fatiguées.

L'après-midi était peu avancé quand ils nous proposèrent de nous arrêter pour camper à un endroit assez convenable que nous avions atteint. Mes domestiques les auraient volontiers écoutés, mais j'avais décidé de ne m'arrêter qu'à la nuit tombante, quand il serait devenu impossible, à quiconque nous épierait, de distinguer jusqu'où nous avions poursuivi notre route. Je comptais, alors, me retirer assez profondément dans la forêt pour y cacher notre camp.

Je n'avais rien dit de mes intentions à mes compagnons de route me réservant de les leur faire connaître au moment voulu et sachant d'avance que les Chinois y applaudiraient.

Je me bornai donc à répondre aux insistances des trois Tibétains en déclarant que nous étions pressés d'arriver à Sungpan et que nous ne pouvions pas nous attarder en route. Sur ce, nous prîmes les devants, les laissant camper ou nous suivre de loin, comme ils le désireraient.

A vrai dire, la proposition de ces hommes m'avait déplu. Je la rapprochais, à tort peut-être, de la rencontre du pêcheur solitaire. Ce dernier appartenait-il, comme Sotar l'avait supposé, à une bande de brigands rôdant dans la forêt ? — Les trois cavaliers étaient-ils avec lui la veille et cherchaient-ils à nous faire passer la nuit à un endroit désigné, où le pseudo-pêcheur parti pour avertir ses amis, les amènerait pour piller les marchands et moi-même ? — Ce plan était peut-être un peu compliqué, mais il s'en perpètre de bien plus astucieux dans les solitudes du Tibet.

Au crépuscule, nous arrivons dans un endroit largement défriché où s'élève une sorte de grange. Un Chinois est au-dehors et vaque à ses occupations suivi par une chèvre familière. Dès qu'il nous aperçoit, le bonhomme rentre précipatemment avec la chèvre qui bondit derrière lui, et se barricade dans sa demeure refusant absolument de nous laisser entrer. Nous parlementons de l'extérieur. A tour de rôle, nous déployons toute notre éloquence pour convaincre le propriétaire ou gardien du logis que nous sommes d'honnêtes voyageurs et ne commettrons aucun méfait chez lui. Ces discours durent longtemps. A la fin, le Chinois se décide à nous admettre. La baraque est très vaste, toutes nos bêtes et celles des marchands pourront s'y loger, et il restera encore de la place pour les hommes. Quant à moi, le maître du lieu me cédera le compartiment séparé qui lui sert de chambre.

Rassuré sur notre compte, ce dernier se montre serviable, apporte du combustible et même nous vend un peu de farine et de porc séché. Il craignait, disait-il, que nous fussions des gens du Kansou, qui mettent tout à sac partout où ils passent.

C'est étrange. De quels gens s'agit-il ? — Je n'avais jamais entendu dire que ceux du Kansou avaient si mauvaise réputation. J'ai séjourné plusieurs années dans cette province et je n'ai jamais eu à me plaindre de ses habitants, bien au contraire.

Qu'est-ce que cette maison isolée au milieu des bois ? — A qui est-elle, à quoi sert-elle ? — L'homme qui nous héberge parle un dialecte chinois que mes garçons comprennent mal et dont je ne saisis pas un mot. Il semble cependant ressortir de ce qu'il nous explique que nous nous trouvons dans un abri construit par les autorités de la région pour loger les voyageurs traversant la forêt.

Le lendemain matin arrivent encore quatre hommes et deux femmes qui se rendent comme nous à Sungpan : l'un des hommes porte un fusil. Ils racontent les plus terrifiantes histoires de brigands que l'on puisse rêver et affirment que la partie la plus dangereuse de la route est celle que nous allons parcourir maintenant en approchant du col de Kunka.

La forêt devient de plus en plus épaisse, le sentier de plus en plus étroit. Autant dire qu'il n'existe plus qu'une vague trace de piste à travers les taillis. A tous moments, je dois me coucher, la tête sur le cou de ma mule pour éviter les branches basses des arbres.

En passant, les voyageurs qui se sont joints à nous le

matin nous montrent une large dépression de terrain, sorte de vallée peu profonde, moins densément boisée que les alentours, qui monte vers l'ouest et rejoint, au loin, des crêtes semblant à peu près dénudées.

— « C'est par là que descendent les brigands tibétains », nous disent-ils.

Chacun fouille des yeux la vallée dangereuse, mais nous n'apercevons qu'un enchevêtrement de taillis à l'ombre des grands arbres isolés.

Nous atteignons le col de Kunka (Kunka la) sans avoir rien vu de suspect. Comme d'ordinaire, il y a là un *latza*, un haut cairn dans lequel sont plantées des branches d'arbres et des petits drapeaux. Ces *latza* sont des autels rustiques dédiés aux déités des montagnes et indiquent, en même temps, la route aux voyageurs.

Un des hommes qui est descendu de cheval casse une branche et me l'apporte pour que je l'offre au dieu du col. Je la remets à Seunam lui disant de la planter sur le cairn. Puis, pour me conformer à la coutume tibétaine, je me fais donner une pierre que je lance, du haut de ma mule, sur le monticule en criant :

— « *Lha gyalo ! Dé tamtché pam* [1] *!* »

Et sur ce, tous mes compagnons se mettent à pousser des hurlements, à lancer des coups de sifflet stridents, un beau tapage destiné à effrayer les mauvais esprits.

Encore une fois, pour ne pas me répéter, je ne relaterai pas mon entrevue avec les gens venus à ma rencontre près de ce col, appelés, semblait-il, par une communication télépathique. On trouvera ces détails ailleurs [2].

Nous sommes hors de la forêt, notre route descend en pente douce à travers d'immenses pâturages couvrant des cimes arrondies. Les voleurs ne sont plus à craindre ; notre groupe se disloque, chacun marche à l'allure qui lui convient et bientôt nous sommes de nouveau seuls.

Il pleut sans discontinuer. Nous arrivons devant un grand monastère bönpos et nous nous logeons dans un village voisin, chez des paysans.

Le monastère paraît soumis à une règle beaucoup plus

---

1. Exclamations rituelles, en arrivant au sommet d'un col, qui signifient : « Les dieux triomphent, les démons sont vaincus ! »
2. *Mystiques et magiciens du Tibet*, p. 241.

stricte que celui où nous nous sommes arrêtés précédemment. On nous dit, au village, que ce dernier a mauvaise réputation. Son abbé a deux concubines. Pourquoi le lui reproche-t-on ? — La polygamie est admise au Tibet comme en Chine et le célibat n'est pas enjoint au clergé bönpo. Les membres de cette gompa s'adonnent, dit-on encore, à la boisson. Hélas ! c'est un péché commun au Tibet, ainsi qu'en plus d'un autre pays. Le rigorisme des villageois m'étonne. Une rivalité entre les deux monastères n'est-elle pas la cause de leur sévérité ?

Le lendemain m'apporte quelques éclaircissements.

Le grand monastère de l'endroit affecte d'observer une discipline en tout pareille à celle des lamaïstes. Célibat du clergé, ou, du moins, de tout le haut clergé. Si l'on boit de l'alcool (chose permise aux bönpos, comme aux lamaïstes « bonnets rouges »), c'est de façon discrète. Il faut du décorum.

Une ou deux conversations avec des moines me permettent de remarquer leur peu d'originalité. Ils semblent n'avoir rien tant à cœur que de prouver que, comme doctrines et pratiques, ils ne diffèrent en rien des lamaïstes. Peut-être qu'avec du temps et de la patience — ces deux éléments indispensables de toutes recherches en Orient — on arriverait à découvrir parmi leurs collègues des gens plus intéressants. Mais mon programme actuel ne comporte pas un séjour dans cette région. J'ai l'intention de consacrer, plus tard, d'autres pérégrinations à l'étude spéciale de la religion des bönpos et de ses origines. Pour le moment, il ne faut pas que je m'attarde et attire l'attention sur moi.

Nous partons par un temps exécrable. Quelques éclaircies surviennent pendant la journée, mais, vers le soir, une petite pluie fine se met de nouveau à tomber, ce qui nous porte à nous arrêter à un village que nous apercevons à quelque distance au-dessus du chemin. Loger sous un toit et surtout mettre à couvert nos bêtes qui, elles, n'ont pas de tentes, seraient très désirables.

Le lama et Sotar montent donc au village en quête d'un gîte. Il n'y en a pas pour nous, mais un fermier accueillera nos animaux dans son écurie. C'est déjà quelque chose.

Et, ici, commence la comédie.

Mes deux fourriers ne trouvant pas de logis, regardent autour d'eux pour découvrir un endroit où nous pourrions planter nos tentes sans être trop éloignés de la ferme où nos bêtes passeront la nuit. Ils aperçoivent, à une petite distance de là, un espace libre entre des maisons et, l'indiquant aux villageois, leur disent qu'ils y camperont.

Sur ce, tous deux redescendent vers le chemin où j'attends le résultat de leur mission. Ils m'expliquent que le cheval et les mules seront à couvert et que nous pourrons camper au milieu du village, mais ils omettent de dire qu'ils ont eux-mêmes choisi la place de notre camp, me laissant croire qu'elle nous a été assignée par les paysans.

Je monte donc vers le village et, parvenue à l'endroit où nous devrions planter nos tentes, je m'aperçois que c'est celui où toute la population de l'endroit vient faire ses besoins [1].

Persuadée que cette place nous a été désignée par les villageois et pensant qu'ils l'ont fait avec l'intention méchante de nous témoigner leur mépris, l'indignation me saisit. Je me dresse sur mes étriers et maudis la population.

— « Parce que vous avez envoyé une *khadoma* dans un lieu impur, les démons vous visiteront et dans votre prochaine vie, vous mangerez de la... »

Je dis le mot tout net : il est sonore en langue tibétaine. Sur ce, j'esquisse quelques gestes cabalistiques, crache trois fois dans la direction du village et tourne bride en déclarant :

— « Je passerai la nuit dans les champs et comme signe de ma puissance, vous allez voir que la pluie cessera afin que moi et les miens nous dormions confortablement. »

Les indigènes demeurent muets, pétrifiés. Ils ne comprennent rien à ma colère.

Une heure plus tard, le ciel est plein d'étoiles, mes tentes sont dressées sur une petite terrasse naturelle près de la rivière. Des hommes arrivent qui veulent expliquer le

1. Des terrains réservés à cet effet existent dans certaines régions du Tibet où l'usage des latrines privées n'est pas général.

malentendu, mais moi, toujours convaincue qu'on m'a envoyée dans un lieu dégoûtant, je refuse de les entendre. Mes garçons et le lama sont occupés et n'ont pas de temps à leur donner.

Nous passons une excellente nuit.

De grand matin, comme nous nous disposons à partir, un homme arrive encore. Il veut entamer de nouvelles explications, mais Yongden, en véritable vaurien, y coupe court, l'entraîne à l'écart en tirant une lampe électrique de la sacoche pendue à ma selle, il lui dit :

— « Regarde bien ceci et raconte-le à tes amis. Que vois-tu ? »

— « Je vois une petite boîte », dit le paysan, qui ne trouve pas qu'il y ait là rien de merveilleux.

— « Que vois-tu ? »

Le jeune homme presse sur le bouton.

— « *Kyab sou tchiwo !* [1] Il y a du feu là-dedans ! » s'exclame le benêt.

Yongden éteint la lampe.

— « Oh ! il n'y a plus rien... »

L'homme joint les mains en admiration.

Mon fils rallume et éteint encore deux ou trois fois la lampe, puis d'un ton important s'adresse à l'indigène abasourdi :

— « Là, tu as vu. As-tu jamais rencontré un lama ou une *khadoma* qui possédait une chose pareille ? »

— « Jamais. »

— « Ceci est ce qu'on appelle le *Précieux Joyau né de lui-même* [2]. Avec ce joyau magique on arrête ou on fait tomber la pluie, on détruit les récoltes ou l'on rend les champs fertiles, on tient gens et bêtes en santé et en prospérité ou bien on les fait mourir. Tu as vu comment la pluie a cessé sur l'ordre de la *khadoma* et comme elle a fait briller les étoiles pendant la nuit ? — Elle n'a pas besoin de l'abri de vos maisons, ni d'aucune autre chose. Ce « joyau » peut tout lui procurer.

---

1. « Je vais vers la protection » : exclamation courante de surprise et de peur.

2. *Norbou rang djeune*, écrit : *norbu rang byon*. Ce joyau merveilleux tient une grande place dans la mythologie populaire tibétaine.

« Va trouver ton lama et demande-lui s'il peut te montrer un joyau semblable ? »

Nouvel allumage de lampe. L'orateur l'éteint. Il ne s'est pas trop avancé. Les lampes électriques sont certainement inconnues dans ce pays perdu.

Le pauvre primitif est confondu. Les garçons enfouissent leur visage dans les ballots qu'ils chargent sur les mules pour ne pas montrer l'hilarité qu'ils ont grand-peine à réprimer.

Prenant les devants, je m'en vais à pied, non point en secouant la poussière de mes sandales, mais en agitant mon rosaire d'ermite fait de rondelles de crânes humains.

Un peu plus tard je dis à Yongden :

— « C'est une méchante plaisanterie que nous avons faite là, mais ces sales individus la méritaient bien pour m'avoir envoyée dans ce lieu répugnant. »

— « Mais ils ne nous y ont pas envoyés ! » réplique le lama. C'est nous — Sotar et moi — qui, de loin, ayant aperçu cet endroit plat et vide, sans savoir à quoi il servait, avons pensé que nous y serions bien et avons dit que nous y camperions.

« Nous n'en avons vu la malpropreté que quand vous y êtes arrivée et vous avez, tout de suite, si joliment maudit tout le monde, que nous ne pouvions plus rien dire. »

Il rit, lui, l'esprit fort, mais Sotar chevauche pensivement, l'air triste.

— « Tout ceci est malheureux, dit-il en soupirant, parce que ces gens vont renaître comme porcs ou comme insectes se nourrissant d'ordures. »

Les deux autres domestiques hochent la tête. Ils partagent l'opinion, courant dans leur pays comme dans l'Inde, que la parole des *yoguis* n'est jamais vaine.

Toute la journée le temps se maintient au beau — nouvelle preuve de mon pouvoir qui doit impressionner les villageois que nous laissons derrière nous. — L'averse ne tombe que lorsque nous sommes tous à couvert à Sungpan.

Sungpan, agréablement situé parmi des pâturages, nous a produit dès qu'il nous est apparu, une impression agréable. Toutes les villes chinoises sont charmantes, vues de loin. Leurs ceintures de murailles crénelées, leurs tours de garde aux toits pittoresques semblent toujours enclore quelque mystère, promettre quelque surprise au voyageur.

En descendant vers Sungpan du haut de la montagne, nous n'éprouvons pourtant qu'un agréable sentiment de détente. Le paysage est reposant : tout de verdure et de fraîcheur, sans l'ombre quelque peu angoissante de la forêt où s'embusquent les brigands. Nous nous sentons heureux d'atteindre une ville où nous coucherons dans une maison et pourrons nous y abandonner à un véritable et profond sommeil. Un peu de sécurité, après les jours et les nuits passés sur un continuel « Qui vive », mes hommes en ont soif.

Un autre désir leur fait aussi inconsciemment hâter le pas en descendant vers les murs de la petite ville : On y achètera des provisions ! Il y a longtemps que nous n'avons pu nous ravitailler sérieusement. A Sikou, à Nanping, nous n'avons trouvé que bien peu de chose et nous avons eu faim tout le long de la route. Enfin, on va manger. On mangera ! on mangera ! Mes gens marchent rapidement, en silence, je crois qu'intérieurement ils scandent leur pas par ce refrain : On mangera ! on mangera !

Les civilisés accoutumés à la monotonie des repas servis à heures fixes ne se doutent pas de la place considérable que les préoccupations concernant la nourriture tiennent dans l'esprit du voyageur parcourant des régions presque désertes où le ravitaillement est toujours problématique et les jeûnes fréquents.

A Sungpan nous trouvons un beau logement au premier étage d'une maison en bois, presque neuve, habitée par un artisan musulman. Celle-ci est située près de la porte de la ville, les pièces qu'on nous y loue sont grandes, claires, bien aérées et sommairement meublées, à la mode chinoise, de quelques tables et de quelques chaises. Des planches posées sur des tréteaux servent de lits. Les habitants du Szetchouan ne font pas usage du *kang*, le four sur lequel on couche, que j'ai décrit précédemment.

Le plaisir éprouvé à nous installer dans un si agréable logis devait être immédiatement suivi d'une déception. Dès les premiers mots que Yongden prononce concernant des achats de vivres, une réponse catégorique vient anéantir tout espoir d'un souper réconfortant. Il n'y a rien à acheter à Sungpan que du porc séché et de la farine. Notre estomac commence à s'en lasser. J'avais rêvé de beurre, de lait, de légumes et mes garçons de viande fraîche, bœuf ou mouton. Il faudra encore nous en passer.

Moins stricts observateurs de leur loi religieuse, mes hommes pourraient faire tuer quelques poules ou même un mouton, mais ils sont bouddhistes et membres du clergé inférieur. S'ils n'ont pas la force morale nécessaire pour renoncer à toute nourriture animale, du moins ils se refusent à ordonner de tuer un être qui, comme eux, aime à vivre, pour satisfaire le désir bestial de leur estomac. Leur égoïste gourmandise ne va pas aussi loin. Lorsque le mal est fait et la viande débitée chez le boucher, ils fléchissent, cèdent à la tentation. Faiblesse humaine qu'ils reconnaissent avec humilité et dont je ne puis pas me faire le censeur sévère puisque j'y cède aussi parfois.

Après de longues recherches, notre hôte finit pourtant par trouver quelques œufs. Un peu d'espoir nous revient. Qui sait si en continuant les recherches... Les dieux de Sungpan nous sont, décidément, favorables. Le lendemain matin on nous apporte des navets.

A Sungpan j'étais réellement hors du Kansou, non seulement selon la délimitation officielle de cette province, mais d'une manière plus effective à mon point de vue. Entre les villes chinoises du centre du Kansou où circulent des étrangers blancs et où j'étais personnellement connue de quelques Chinois de marque, j'avais mis un vaste espace de pays, occupé par une population, très clairsemée, d'origine tibétaine, ou même tout à fait désert. Les voyageurs occidentaux sont rares dans ces parages. Il n'est pas certain qu'il en passe un tous les dix ans. Et, quant à moi, après avoir quitté Lhabrang, j'étais bientôt devenue une anonyme religieuse tibétaine de rang distingué. C'était ce que je désirais. Aussi, je me gardai bien de renoncer au bénéfice de mon incognito en allant rendre visite au préfet chinois de Sungpan. La protection que ces fonctionnaires peuvent accorder aux voyageurs est purement théorique et entraîne, au contraire, maints désagréments. A part le plaisir qu'un étranger, parlant couramment le chinois, peut trouver à s'entretenir avec ces lettrés, la plupart du temps aimables et intelligents, il n'y a aucun avantage pratique à faire leur connaissance. Or, ni Yongden ni moi, ne savions suffisamment la langue chinoise pour pouvoir causer de choses intéressantes avec le magistrat de Sungpan et il m'était au contraire fort utile de conserver la liberté complète de mes mouvements, allant à mes risques et périls, où bon me semblait sans que nul se soucie de moi.

Cette fois, je réussis parfaitement à garder mon incognito. Sotar, pour des raisons connues de lui seul, se montra parfaitement discret.

Nul ne songeait donc, pour le moment, à ouvrir une enquête concernant le but de mon voyage, ni à contrecarrer mes plans, mais je ne pouvais pas être certaine qu'il en irait toujours de même, lorsque, m'avançant vers le sud, je traverserais des régions chinoises où la population est plus dense et plus éveillée que celle qui confine aux solitudes tibétaines. Ne valait-il pas mieux, au lieu de continuer ma route droit au sud vers Mochow[1], incliner à l'ouest et passer par les territoires occupés par des tribus tibétaines indépendantes ?

Des pistes existaient de ce côté. Quelques-unes peut-être à peu près bonnes et la majorité détestables, mais permettant le passage à des gens peu douillets. Je pourrais, en les suivant, gagner, loin au sud, la route des caravanes qui portent le thé de Tatchienlou à Lhassa. Ma seule crainte était d'être pillée par les indigènes qui ont la réputation d'être de redoutables brigands. J'avais des bagages, de belles mules, surtout, bien propres à éveiller leur convoitise. Comment continuerais-je mon voyage si

1. J'écris ici *Mochow* d'après les cartes anglaises et pour la facilité de mes lecteurs qui y trouveront le nom orthographié de cette manière. Ailleurs, j'ai écrit, à la française, *Lantchou* au lieu de *Lanchow* de la transcription anglaise, parce que le nom de la capitale du Kansou se trouve orthographié ainsi sur certaines cartes. En réalité, la prononciation chinoise locale est *Modoue, Landoue.* De même que le nom de la capitale du Szetchouan que les cartes écrivent *Tchéngtou* à la française et *Chengtu* à l'anglaise, est appelée par les Chinois *Téndou sse.* De même encore Szetchouan est prononcé par eux *Séluan.* Les villes de *Kantchou* — ou *Kanchow* à l'anglaise — et *Sutchou* — *Suchow* à l'anglaise — sont dénommées par les Chinois *Kandoue* et *Sedoue.* Et ainsi de suite, le *tchou* (*chow* à l'anglaise) étant en réalité, *doue* pour les Chinois, tout au moins pour ceux de ces provinces.

j'étais entièrement dépouillée ? Je n'étais pas seule, mes garçons ne se feraient pas mendiants pour poursuivre notre route. A force de supplications, ils me contraindraient à retourner vers un endroit civilisé où je pourrais recevoir de nouveaux fonds et m'équiper de nouveau. Ceci équivalait à l'échec de mes plans.

Je l'ai bien vu par la suite, on ne doit s'engager dans des entreprises aventureuses que seul ou en compagnie d'amis sûrs qui partagent votre désir de réussir. Lorsque plus tard, mon fils et moi, nous traversâmes le Tibet par des régions inexplorées, jamais nous ne nous sommes beaucoup inquiétés de ce que nous ferions si on nous volait le peu d'argent et d'or cousu dans nos ceintures. Tous deux, nous savions que nous aurions continué notre route quand même, mendiant, jeûnant, mais marchant toujours vers notre but.

Comme j'hésitais, ne sachant que décider, j'appris la présence à Sungpan du chef d'une de ces tribus de la frontière. L'homme était connu pour être un brigand de grande envergure. Les fonctionnaires chinois que ses bandes inquiétaient discutaient en ce moment, avec lui, une question épineuse concernant la délimitation d'un territoire qu'il revendiquait comme sien. Plein de tranquille audace, le vieux pillard était venu à Sungpan avec son fils et quelques serviteurs pour traiter d'égal à égal avec les autorités chinoises. Il comptait certainement que ces dernières, craignant de terribles représailles, n'oseraient pas profiter de son isolement pour s'emparer de lui. Cependant, sa certitude ne pouvait être absolue, un mouvement de colère subit des magistrats qu'il narguait pouvait, en moins d'une heure, le faire décapiter ou fusiller. Il acceptait le risque avec cette désinvolture, cette placidité hautaine devant le risque suprême, qui sont familiers aux gentilshommes de sa sorte. A tout prendre, son attitude était intéressante, et point antipathique.

Yongden alla voir ce personnage. Il lui raconta qu'une révérende dame tibétaine, « *khadoma* incarnée », souhaitait, par crainte et dégoût des mécréants chinois, continuer sa route à travers un pays occupé par des Tibétains ses coreligionnaires.

L'entrevue fut cordiale. Le chef comprit sans peine les

raisons qu'on lui exposait et promit de nous délivrer un sauf-conduit valable parmi les gens de sa tribu et ceux de deux autres tribus voisines avec qui il était en termes d'amitié.

Ce sauf-conduit nous assurait le libre passage. Nous ne serions point volés, le chef s'en portait garant, — ceci lui était facile puisque les voleurs étaient ses sujets. — De plus, on nous aiderait en nous donnant des vivres, des guides et des bêtes de somme afin que les nôtres puissent se reposer en voyageant sans être chargées. Ce programme, j'en suis certaine, aurait été exécuté ponctuellement. Je m'en rapportais, sans la moindre arrière-pensée, à la parole du vieux chef. S'ils sont gentilshommes, les brigands tibétains sont aussi, en général, très « pieux » et ma qualité de *khadoma* m'eût fait fort bien traiter.

Mais l'excellente protection qui nous était accordée s'arrêtait à un certain point. Nous en étions loyalement prévenus d'avance. Le chef présent à Sungpan était en guerre avec un grand lama abbé d'un monastère dont nous devions traverser les terres.

Cette circonstance était de nature à modérer notre enthousiasme. Comment serions-nous accueillis dans le camp ennemi ?

Le chef vint me voir un matin. C'était un type curieux de demi-civilisé à la fois matois et épais d'esprit. Il me répéta ce qu'il avait dit à Yongden sans chercher à m'influencer le moins du monde, soit pour accepter, soit pour refuser son offre. Ce seigneur brigand montrait, en tout, une souveraine indifférence. Il devait, j'imagine, être philosophe et tenir les choses de ce monde pour « des images vues en rêve » comme dit la Prajña Pâramitâ, très lue dans son pays.

Après son départ, Yongden et moi nous tînmes conseil et, ayant longuement pesé le pour et le contre, nous jugeâmes trop hasardeux de nous aventurer entre des tribus en état d'hostilité réciproque. Nous continuerions donc notre voyage en pays chinois jusqu'à Lifan et nous nous remettrions en route le lendemain.

Nous étions demeurés quatre jours à Sungpan. Dois-je dire que nous y étions restés un jour de trop ? Un plus court séjour nous eût évité le macabre spectacle d'une exécution capitale, mais puisqu'elle devait avoir lieu, peut-être était-il aussi bien, pour nous, étrangers, de pouvoir noter cette lugubre scène de mœurs.

Il s'agissait d'un traître. Le condamné avait dévoilé aux chefs des Sudistes je ne sais quel plan stratégique des Nordistes, amenant ainsi la perte d'une bataille et la mort d'un général tué au cours de celle-ci. C'était là, du moins, ce qu'on racontait à Sungpan.

L'homme avait commis l'imprudence de revenir dans son village et y avait été arrêté. Maintenant, on allait le mettre à mort.

Vers la fin de l'après-midi, il passa, en cortège, à travers la ville. Ouvrant la marche, venait un fonctionnaire subalterne portant cette latte de bois qui symbolise, en Chine, ce que les faisceaux et la hache du lecteur symbolisaient à Rome : la Loi, l'Autorité. Près de lui marchait le bourreau tenant un sabre nu tout droit devant lui, comme un cierge. Les magistrats suivaient et le condamné s'avançait le dernier, les mains liées derrière le dos, entouré de quelques soldats. Il ne paraissait nullement ému, son pas était aussi ferme que celui d'un promeneur ordinaire.

Le groupe, s'en allant à une allure rapide, sortit hors des remparts sur lesquels la foule se pressait pour assister au drame. Celui-ci fut, d'ailleurs, très bref, très peu solennel et, à en juger par leur physionomie, très peu impressionnant pour les assistants.

Tandis que l'un des magistrats paraissait lui poser encore quelques questions, le bourreau plongea soudainement son sabre dans le dos, ou peut-être dans le côté, du condamné. Le mouvement fut rapide et je ne distinguai pas bien où le coup portait. Je me tenais — on s'en doute — à bonne distance du lieu de l'exécution.

L'homme chancela et tomba. Le petit cortège officiel, moins celui qu'il laissait derrière lui, s'en retourna dans l'ordre où il était venu, précédé des mêmes emblèmes et la foule se dispersa rapidement.

Tard dans la soirée, je vis le cadavre du supplicié toujours gisant à la même place. Un seul homme demeurait près de lui. Parfaitement calme, la face impassible, il m'expliqua qu'il était un parent du mort et formula quelques excuses au sujet de l'incorrection involontaire de sa tenue. Il n'avait pas encore pu revêtir la robe de deuil blanche et ce manquement aux rites de l'étiquette paraissait le contrister plus que la fin tragique de son parent. Il attendait, disait-il, que l'on apportât un cercueil pour y déposer le corps et l'emmener ensuite dans son pays natal où il serait inhumé.

Tout cela paraissait extrêmement simple, nullement dramatique. Le mort était là, à nos pieds. Autour de lui, la terre imbibée de sang prenait, aux dernières lueurs du jour, des reflets d'un brun doré et il semblait reposer sur un tapis velouté que bordaient quelques touffes d'herbes, quelques fleurettes sauvages.

J'attendis encore pendant un certain temps. L'obscurité se faisait rapidement et le cercueil n'arrivait pas. Je saluai le funèbre veilleur et m'en allai.

Un peu plus loin, je me retournai. La robe noire du Chinois se fondait maintenant dans l'ombre environnante et l'on n'apercevait plus, de lui, qu'une face toute blanche, immobile, fantastiquement suspendue dans l'espace.

CHAPITRE IV

A tous les voyageurs qui pourraient être tentés de parcourir l'extrême ouest de la Chine au printemps ou en été, je donne le confraternel conseil de s'en abstenir. Cette époque de l'année y est la saison des pluies et, tant au cours du voyage que je relate ici, que pendant un autre effectué deux ans plus tard, j'ai pu en expérimenter à loisir les divers inconvénients : glissements de terrain qui emportent les chemins, inondations emplissant les vallées, ponts qui s'écroulent, cascades soudaines dégringolant à travers les toits délabrés sur le voyageur endormi, boue et humidité accroissant la malpropreté des auberges indigènes, l'enthousiasme du pèlerin est mis à une sévère épreuve.

Quant à moi, j'avais le feu sacré de l'aventure. Il suffisait à me réchauffer moralement et physiquement aussi sans doute, car ma santé se maintint toujours bonne et j'échappai même aux simples rhumes.

De Sungpan à Mochow, la distance n'est pas grande : moins de deux cents kilomètres ; nous mîmes six jours pour la franchir ! Une grande partie du sentier muletier que nous suivions côtoyait et même, s'accrochant aux rochers, surplombait la rivière. En des temps probablement très anciens, il avait été construit à la mode chinoise, qui fut aussi celle des Romains, c'est-à-dire dallé. Sur des longueurs de plusieurs kilomètres des escaliers intervenaient lorsque la pente devenait décidément trop raide pour une simple rampe. Le manque de réparation avait laissé ces antiques ouvrages d'art dans un état bien proche de la ruine. Les gros blocs formant les marches s'étaient disjoints, roulant çà et là et, en beaucoup d'endroits, nos mules devaient s'improviser chamois, pour grimper, puis, ce qui était pire, pour descendre parmi les dalles et les rochers enchevêtrés et branlants. Quant à nous, il nous fallait les suivre à pied, chose peu commode pour moi à cause de ma petite taille. Souvent, mes jambes étant trop courtes pour atteindre les marches, je devais effectuer la descente en sautant de l'une à l'autre.

A ces journées de fatigue succédaient des nuits qui me fatiguaient plus encore. Il ne nous était pas possible de camper. Toute cette partie de pays est cultivée ; le sentier serpente entre des champs entourés de murs ou bien frôle le roc à pic de la montagne. Les auberges sont rares, affreusement sales. Les muletiers qui parcourent cette route couchent dans les écuries avec leurs bêtes et leurs marchandises. En de semblables endroits, il ne pouvait pas être question de se déshabiller pour dormir ; nous n'osions même pas ouvrir nos sacs pour en tirer nos couvertures, tant l'idée nous répugnait de les mettre en contact avec la saleté environnante. Je devais me contenter de somnoler un peu, enveloppée dans ma large robe tibétaine, mes bottes mouillées aux pieds. Un peu de marche de grand matin, au bon air, me délassait heureusement et réveillait en moi la grande joie d'être en route hors des chemins battus.

Le pays que je traversais ne manquait d'ailleurs pas d'intérêt et son histoire vaudrait la peine d'être étudiée. Quels ennemis tentaient de s'engager dans ces vallées-couloirs enserrées entre des montagnes abruptes, pour justifier les fortifications qui y ont été construites ; d'où venaient-ils, où se rendaient-ils ? En beaucoup d'endroits se voyaient des bâtiments aux murs d'une épaisseur peu commune, des tours de garde de-ci, de-là, se dressaient, surveillant le chemin et les moindres hameaux étaient entourés de murailles énormes. Tous ces ouvrages de défense tombent aujourd'hui en ruine. Voilés par la pluie ou bien émergeant des brumes nocturnes, touchés par la clarté falote de la lune cachée derrière les montagnes, ils ajoutaient à l'aspect fantomatique du paysage.

Ce fut pourtant avec un vif plaisir que nous nous retrouvâmes enfin dans un honnête sentier libre de dallage prétentieux et dont les pentes étaient plus modérées. Pour ajouter à notre confort, la pluie cessa de tomber et des cœurs généreux me firent l'aumône.

Nous longions un champ où des paysans arrachaient des pommes de terre. Des pommes de terre ! Leur vue seule me mit l'eau à la bouche.

— « Voulez-vous nous en vendre ? » demanda poliment le lama.

— « Non. »

— « Nous vous les paierons un bon prix. Combien en voulez-vous ? »

— « Nous ne les vendons pas. »

Ces gens étaient des Chinois. Mes robes lamaïques ne me conféraient pas nécessairement, à leurs yeux, le prestige dont elles me faisaient jouir parmi les Tibétains. Cependant, poussée par la gourmandise, je tentai ma chance.

— « Ne voulez-vous pas aider une dame-lama à se nourrir sans manger de viande ? » dis-je.

J'avais touché juste. Ceux à qui je m'adressais appartenaient probablement à l'une des sectes bouddhiques, nombreuses en Chine, dont les adeptes sont de stricts végétariens. Des femmes interrompirent leur travail et me sourirent.

— « Voilà des pommes de terre », dirent-elles. Et elles en emplirent les sacs pendus à ma selle.

Yongden tira sa bourse pour payer.

— « Non, pas de paiement, nous vous les donnons. Bon voyage ! »

— « Merci. Que vos récoltes et votre bétail prospèrent. A vous tous, longue vie exempte de maladies ! »

Nous passons.

Les nouvelles obtenues des muletiers que nous croisons sont contradictoires. Une tranquillité relative paraît régner dans la région, mais on s'attend à ce que le gouverneur du Szetchouan qui s'est retiré à Nanping, redescende avec des troupes fraîches vers sa capitale, pour attaquer le général usurpateur qui l'en a chassé. Je tiens à être loin avant que les batailles ne recommencent. Me voici donc forcée de refuser à mes pauvres bêtes le repos dont elles auraient tant besoin. Deux mules se sont abîmé les sabots sur les mauvais chemins et elles boitent, presque toutes ont des plaies au dos. Malgré leur rembourrage et les couvertures que l'on place sous elles, les selles indigènes, faites en bois, blessent rapidement les animaux.

Quant à moi, je dois, à mon grand regret, renoncer à voir Tchéngtou[1], la capitale du Szetchouan, et le célèbre mont Omi[2] où des milliers de pèlerins chinois et tibétains se rendent chaque année pour visiter les nombreux temples construits le long de ses pentes et contempler, à son sommet, la merveilleuse apparition du Bouddha[3]. Mienchow, sur la route de Tchéngtou, est occupé par des bandes de soldats pillards.

On redoute même leur arrivée à Mochow où nous devons passer. Il faut nous hâter de nous rejeter vers l'ouest, en pays tibétain, mais pour y arriver, il faut d'abord traverser Mochow. Que s'y passe-t-il actuellement ? Nous n'avons pas pu l'apprendre. Y rencontrerons-nous les bandits ? Risquons-nous de voir saisir nos mules sous prétexte de réquisitions ? Mystère.

Après avoir longtemps envisagé la conduite la plus prudente à tenir, je décidai de renoncer momentanément à mon semi-incognito et d'afficher, au contraire, ma nationalité étrangère. A cette époque, les Européens jouissaient encore, en Chine, d'un reste de prestige, je comp-

---

1. Au sujet de l'orthographe de ce nom, voir p. 152.

2. L'avenir devait se charger d'effacer ces regrets. Deux ans plus tard, en me rendant du Kansou au Yunnan, en route pour Lhassa, je passai un mois à Tchéngtou et séjournai aussi sur le mont Omi.

3. Certaines personnes, mal informées, placent ce phénomène singulier à Jigatzé, au Tibet, dans une imaginaire « vallée de Vésak » (en réalité Vésak est le nom d'un des mois de l'année hindoue). C'est là une erreur. Le lieu de l'apparition est le mont Omi, au Szetchouan, et l'apparition elle-même, quelle que puisse en être la cause physique, est un fait réel. Elle a été vue par de nombreux pèlerins, ainsi que par des voyageurs non bouddhistes. Le lama Yongden et moi en avons aussi été témoins. Une particularité curieuse c'est que ceux qui contemplent l'apparition au même moment, ne la voient pas tous de la même façon. Les uns disent voir le Bouddha assis dans la posture de méditation, d'autres le voient debout ; son attitude, l'expression de sa physionomie, son costume, le plus ou moins de netteté de l'image qui surgit diffèrent aussi.

tais sur lui pour en imposer aux voleurs, en cas de mauvaises rencontres.

Paraîtrais-je suffisamment Européenne dans mes robes lamaïques ? Ceci m'inquiétait peu. J'avais un passeport, mais avant d'avoir découvert un fonctionnaire qui l'examinerait, bien des choses fâcheuses pouvaient survenir. Il m'aurait fallu des vêtements occidentaux ou, du moins, une robe chinoise comme en portent généralement les missionnaires habitant l'intérieur de la Chine. Je n'en possédais point. Maîtres et domestiques, nous étions tous Tibétains, du chapeau aux bottes.

Ce dénuement n'était pourtant pas absolu. Avant notre départ, j'avais fait venir d'Amérique quelques vêtements imperméables : manteaux pour Yongden et pour moi, pèlerines à capuchon pour les domestiques et, pour moi encore, une casquette avec couvre-nuque. Malgré le mauvais temps que nous avions essuyé, nous ne nous en étions guère servis, craignant qu'ils ne nous fassent remarquer. Ils allaient sauver la situation.

Yongden et moi revêtirions nos manteaux, je coifferais ma casquette et mon fils un chapeau de feutre mou. En le rabattant sur ses yeux, peut-être réussirait-il aussi à paraître « étranger ». Tous deux nous mettrions des gants. Quant à nos serviteurs, leurs pèlerines devaient témoigner hautement de l'origine étrangère des maîtres qui les en avaient pourvus.

Jamais je n'ai vu de troupe plus bouffonne que la nôtre quand nous fûmes tous costumés. Leurs capuchons pointus sur la tête, nos trois domestiques avaient l'air de pénitents espagnols, il ne leur manquait qu'un cierge à la main. Nos bêtes, elles-mêmes, nous regardaient avec un étonnement mêlé d'inquiétude.

Ainsi, tous en tenue de pluie, bien que, précisément, le soleil fût radieux ce jour-là et me brûlât désagréablement le crâne sous ma casquette de caoutchouc, nous entrâmes à Mochow.

Je chevauchais en tête de notre groupe, comptant bien attirer l'attention sur moi. Il n'en fut, d'abord, rien ; les indigènes manifestaient la plus complète indifférence à mon égard. Cependant, parvenue vers le milieu de la petite ville, quelques Chinois s'avisèrent de me remarquer. Je pris un air digne et avançai la tête, pointant, aussi ostensiblement que possible, mon nez de forme bien aryenne. Les Chinois me considérèrent plus attentivement.

— « C'est une femme *Hsi fan,* dit tranquillement l'un d'eux, communiquant à un autre l'impression dérivée de son examen et tous approuvèrent en inclinant la tête affirmativement.

Oh ! mon humiliation !... *Hsi fan* est l'un des noms que les Chinois donnent aux Tibétains et il n'est guère complimenteur car il signifie à peu près « sauvage ». Ainsi, malgré mon manteau américain, mes gants fabriqués en France, mon nez dûment pointu de femme blanche et les vêtements « étrangers » de mon escorte, je ressemblais à une *Hsi fan !*

Notre première surprise passée, nous nous égayâmes du résultat inattendu de mon beau stratagème. Personne ne daigna plus s'intéresser à nous et sans éveiller la moindre curiosité, nous arrivâmes devant une maison dont le propriétaire nous arrêta, offrant de nous louer des chambres pour passer la nuit.

Voyant que nous allions loger là, quelques hommes, comme il s'en trouve toujours flânant dans les rues des villes chinoises, s'empressèrent d'aider mes garçons à décharger les bêtes, à les installer dans l'écurie et à garnir les mangeoires de paille.

Leur besogne terminée, Yongden appela les Chinois pour leur distribuer de menues gratifications. Il était assis, ayant posé à côté de lui un sac plein de gros sous en cuivre. Tout à coup, tandis qu'il leur parlait, l'un des hommes rangés devant lui s'élança vers ce sac et y plongea la main. Il ne l'avait pas encore retirée que le lama lui saisissait le poignet, le serrant énergiquement et forçant le voleur à laisser retomber la monnaie qu'il tenait. Sa main ressortit vide. Les autres Chinois présents l'accablèrent d'injures et mes domestiques, accourus au bruit et comprenant de quoi il s'agissait, tombèrent sur lui à coups de poing. J'interrompis la correction et le voleur fut poussé dehors par ses compatriotes indignés.

Quelle raison pouvait l'avoir poussé à commettre cet acte absurde, dénué de la plus minime chance de succès ? — L'homme était-il fou ou bien la misère, la faim, peut-être troublaient-elles à ce point son esprit que la vue de ce sac de gros sous avait aboli en lui toute notion de prudence ?

Il demeurait debout au milieu de la rue, en face de la porte restée ouverte, il semblait encore fasciné par l'argent contenu dans le sac demeuré sur la table.

Les Chinois et mes domestiques, approuvés par Yongden, avaient décidé que la moindre punition à lui infliger était de le priver de la gratification que nous entendions lui donner. On l'avait informé de ce jugement, ajoutant qu'il devait s'estimer heureux que nous ne l'ayons pas livré au magistrat qui l'aurait fait bâtonner. Néanmoins, le malheureux ne s'en allait pas. Les autres Chinois partirent après avoir reçu quelque monnaie ; lui, s'obstina à rester, les yeux toujours attachés à notre porte, dans une attitude de bête travaillée par la convoitise.

Il me rappelait un incident survenu un soir où je campais dans les grandes solitudes des *tchang thang* ensevelies sous la neige.

Sur la plaine blanche, un point noirâtre se mouvait : un loup cherchant une proie. Il avait vu mes mules attachées près des tentes. Ses congénères n'attaquent guère d'aussi fortes bêtes que lorsqu'ils sont en nombre et, né dans ce pays de pasteurs, l'animal savait parfaitement que les tentes abritent des hommes tueurs de loups, mais à ce moment la faim primait en lui tout autre intérêt. Il s'élança...

Je le guettais depuis quelques instants, cachée derrière mes rideaux, mon mouvement répondit au sien, je me précipitai au-dehors en criant. Il n'eut pas le temps d'atteindre les mules et s'arrêta, mais il ne s'en alla point. En m'entendant, mes domestiques étaient accourus et voyant le loup, l'un d'eux alla chercher un fusil et me demanda la permission de tirer la bête dont la peau, disait-il, me ferait un bon tapis. Bien naturellement, je le lui défendis.

Quant au loup, il demeurait cloué à la même place. Il avait vu les hommes, il avait pu discerner le fusil dont l'aspect ne lui était peut-être pas inconnu, mais rien ne pouvait rompre la fascination que les mules... la nourriture exerçaient sur lui.

Nous avions, dans nos sacs, quelques grosses pièces de viande, j'en pris une et je commandai aux domestiques de me laisser seule. Alors, j'avançai doucement sur la bête toujours immobile. Lorsque j'arrivai à une cinquantaine de mètres d'elle, je lui montrai la viande, la jetai aussi loin que je le pus dans sa direction et m'en allai à reculons. En quelques bonds, le loup se jeta sur mon aumône, la prit dans sa gueule et s'enfuit à toute vitesse.

Le triste Chinois debout dans la rue me rappelait ce loup.

Profitant d'un moment où mes gens étaient occupés ailleurs, je lui jetai un dollar. La grande pièce d'argent ne brilla pas longtemps dans la poussière. L'homme s'en saisit avec la même avidité passionnée qu'avait montrée la bête affamée et, comme elle, s'enfuit.

Etait-ce là de la justice ? — Certes non. Son acte « répréhensible » rapportait au « voleur » plus que n'avaient reçu ceux qui nous avaient aidés « honnêtement ». Peut-être son besoin était-il aussi plus grand que le leur. Je ne pouvais pas le savoir et, m'ériger en juge présomptueux dans notre monde chaotique, me paraîtrait absurde. La meilleure morale, pour nous pauvres humains, est, sans doute, de nous faire l'aumône d'une mutuelle pitié.

Pas de repos à Mochow ; arrivés de bonne heure nous avons pu acheter des provisions et nous repartons le lendemain matin. Nos waterproofs ont été rangés dans nos sacs et nous avons repris nos vêtements de *Hsi fans*, nous demandant en riant, mais non sans une pointe d'inquiétude si, maintenant, nous ne ressemblons pas à des « étrangers ».

La route et le temps sont tous deux meilleurs, mais les effets des pluies torrentielles des semaines passées continuent à se faire sentir. Le jour même où nous avons quitté Mochow nous nous butons, non point comme précédemment, à un glissement de terrain s'étant, provisoirement au moins, arrêté, mais à une haute falaise en train de s'écrouler. Il y avait déjà là une longue file de porteurs de fardeaux, assis à distance, sur le chemin, et regardant placidement dégringoler les pierres et le sable.

Pendant une grosse heure, il nous fallut les imiter, puis la quantité de terre qui s'éboulait et la fréquence des chutes diminuant, mes garçons déclarèrent vouloir tenter le passage. Ils durent premièrement aplanir la terre amoncelée afin de frayer un chemin aux mules. La besogne n'allait pas vite, ils manquaient d'outils et se servaient, en guise de pelles, de pierres plates tombées de la montagne.

Tandis qu'ils travaillaient, je surveillais l'endroit d'où provenaient les éboulements et avertissais mes terrassiers quand un mouvement se dessinait en haut de la falaise et qu'ils devaient s'abriter en hâte. Malgré cette précaution, je n'étais guère rassurée ; un glissement inattendu pouvait causer un accident grave, même mortel.

Dès que le passage fut possible, les bêtes furent conduites une à une le long de ce sentier de fortune, jusqu'au-delà de l'endroit dangereux. Puis ce fut le tour des bagages que les domestiques transportèrent sur leur dos. Tout cela prit longtemps et j'éprouvai pas mal d'anxiété à voir mes braves garçons effectuer tant de fois cette traversée périlleuse.

Enfin je passai la dernière et m'en tirai sans autre ennui que de recevoir sur moi une averse de sable.

Weitchou, où notre route conduisait, est une localité d'une certaine importance, entourée de superbes jardins maraîchers. A ce moment, elle venait d'être pillée par une bande de soldats devenus brigands. Peut-être quelques-uns de ceux-ci s'y attardaient-ils ? — Il valait mieux nous tenir à distance, nous n'entrâmes pas dans la ville.

C'était à cet endroit que nous désirions quitter le chemin descendant vers Tchéngtou via Kouanchién et tourner à l'ouest pour gagner Lifan et le pays tibétain. La route de Lifan se trouve par-delà deux rivières : le Hsi ho, qui n'est autre que la rivière de Sungpan sous un autre nom, et le Hsiao ho descendant des environs du col de Dza, qui se jette dans la première. Le passage s'effectue à leur confluent sur deux ponts suspendus divisés seulement par l'extrémité de la langue de terre séparant les deux cours d'eau.

Quatre énormes câbles, apparemment faits en paille [1],

---

1. Les câbles en paille sont d'un usage fréquent dans l'ouest de la Chine, soit pour la construction de ponts suspendus, soit comme « corde-pont », c'est-à-dire un simple câble attaché aux deux rives,

supportent ce qui tient lieu de tablier du pont, c'est-à-dire des planches posées les unes à la suite des autres, sans être reliées entre elles, ni fixées d'aucune autre façon. De chaque côté, quatre ou cinq câbles soutiennent ceux sur lesquels reposent les planches et constituent, en même temps, un vague parapet. Le tout ressemble à un gigantesque hamac.

Les jours où le vent souffle, me dit un indigène, le passage est interrompu. Les ponts deviennent des balançoires et l'on se hâte d'en enlever les planches qui seraient balayées dans la rivière.

La traversée du premier pont s'effectua sans incident, mais dès les premiers pas qu'une des mules fit sur le second, elle glissa et l'un de ses pieds s'enfonça dans le vide. Son conducteur s'empressa de la soutenir, mais en tentant de reprendre son équilibre, la bête dérangea d'autres planches, tomba et se trouva suspendue, son ventre seul appuyant sur les câbles.

Je me plais à rendre hommage à l'amabilité des campagnards chinois ; partout où je suis passée je les ai trouvés bienveillants et prêts à rendre service. Partout, sauf à Weitchou.

Loin de chercher à aider mes garçons qui s'efforçaient de sauver la mule en grand danger de tomber dans la rivière, beaucoup de ceux présents traversèrent le pont, le faisant osciller et rendant ainsi le sauvetage plus difficile, le danger plus grand. D'autres se hâtèrent d'enlever des planches pour couper le passage et nous empêcher d'atteindre la rive opposée. Enfin, j'appris que certains individus faisaient, à cet endroit, métier de conduire les animaux d'un bord à l'autre et entendaient être grassement payés pour leurs services. De là provenaient la mauvaise volonté et la méchanceté qu'on nous témoignait. Ces gens ne voulaient pas nous permettre de se passer d'eux.

Tenant à ne pas perdre entièrement la « face », je déclarai que je paierais pour le sauvetage de la mule et pour que l'on conduise les autres en terre ferme par-delà le pont, mais que quant aux planches enlevées pour nous

---

au moyen duquel voyageurs, animaux ou marchandises passent les rivières, suspendus à un crochet courant sur le câble.

empêcher de passer, je ne donnerais rien pour qu'on les remette en place. Si elles n'étaient pas immédiatement rapportées et posées comme il convenait, j'enverrais ma carte au magistrat local qui punirait ceux qui me créaient des difficultés. Sur ce, je remis ma carte à un des garçons qui se dirigea vers Weitchou.

Il n'alla pas loin, arrêté par une foule de gens qui promirent de remettre les planches à l'instant et se faisaient fort d'amener mes bêtes et mes bagages à bon port moyennant huit dollars. Je dus me contenter de ce semblant de satisfaction.

Les coquins étaient décidément habiles. En un tournemain ils passèrent une corde sous le ventre de la mule en péril, la soulevèrent, la remirent, toute tremblante sur ses pieds et, sans lui donner le temps de se reconnaître, la tenant par la tête et par la queue, ils la poussèrent le long des planches et allèrent l'attacher près d'une maison, où elle put à loisir méditer sur les vicissitudes des voyages.

Les autres bêtes ayant été déchargées furent, à leur tour, emmenées tambour battant, chacune par deux hommes, mes garçons transportèrent les bagages et je m'en allai la dernière quand tout et tous furent en sûreté. Les corsaires du pont se montraient maintenant extrêmement gracieux. Ils m'offraient de me soutenir par les bras pour m'aider à marcher. L'enthousiasme suscité en eux par la perspective des huit dollars à toucher les remplissait de zèle ; pour peu que je me fusse laissé faire, ils m'eussent poussée et tirée comme une mule : certains voulaient même me porter. Je calmai leur tardive et intéressée bonne volonté et traversai le pont à mon aise.

A l'autre bout, Yongden payait les drôles, nous nous remettions en selle et repartions.

L'éboulement d'abord, puis le passage mouvementé des rivières nous avaient fait perdre beaucoup de temps ; le soir nous surprit alors que nous étions encore loin de Lifan. Nous nous arrêtâmes dans un hameau nommé Koutchéng, situé sur le bord du chemin. Ses habitants paraissaient très pauvres, aucun d'eux n'avait une écurie où nous pussions abriter nos bêtes. Enfin, désireux de gagner quelque argent, un paysan nous offrit de les loger dans une chambre de sa maison. Quant à nous, nous habiterions chez un vieux bonhomme nanti de trois épouses presque aussi vieilles que lui. Faute de mieux, il fallut accepter cet arrangement.

Les nouvelles que l'on nous donne sont franchement mauvaises. Les Gyarongpas[1] ont, dit-on, envahi Lifan, le sous-préfet chinois et son personnel se sont enfuis, des bandes de Gyarongpas errent dans le voisinage de la ville et ont pillé des voyageurs.

Notre situation est embarrassante. Nous nous trouvons dans une vallée étroite n'offrant de praticable aux mules que le sentier sur lequel nous nous sommes arrêtés. Deux choses seulement nous sont possibles : avancer sur Lifan où la situation paraît troublée, ou bien retourner en arrière avec la perspective de devoir retraverser les ponts que nous avons franchis avec tant de peine et de retomber dans une région parcourue par des soldats transfuges des troupes régulières, se livrant au brigandage.

Les mules aussi me causent des soucis. Faute d'être soignées à temps, leurs plaies se sont élargies. Je ne veux pas leur infliger la souffrance de continuer à porter des bagages. Il faut, ou bien nous arrêter pour les laisser guérir, ou bien louer d'autres bêtes, mais aux premiers mots que je dis à ce sujet les paysans me répondent que je n'en trouverai pas. Il n'y a des muletiers qu'à Weitchou, au-delà des ponts, et à Lifan et la plupart d'entre eux ont envoyé leurs animaux au loin par crainte de les voir voler par les brigands.

La nuit est venue ; nous réfléchirons demain à ce qu'il conviendra de faire. Pour le moment, nous avons besoin de repos.

On dresse mon lit de camp dans une petite chambre déjà encombrée par deux lits en planches, d'où mes hôtes ont retiré leurs couvertures. Ils me serviront de tables pour déposer mes bagages.

Une surprise désagréable m'attend. Lorsque j'ouvre les sacoches suspendues à ma selle, je n'y trouve plus mon revolver. Sa place habituelle est pourtant dans celle de droite, hors de vue, mais à portée de ma main. Je

1. Littéralement « gens des vallées chinoises ». Ce sont des populations d'origine tibétaine établies depuis des siècles dans les vallées-frontières de l'ouest de la Chine.

m'informe. Ni Yongden ni les domestiques ne l'ont retiré de la sacoche, personne ne l'a vu. On le cherche. Il ne se trouve dans aucun de nos autres sacs.

Il a dû être volé par un adroit larron, tandis que notre mule en danger de tomber dans la rivière retenait notre attention. Il a pu, aussi, glisser hors de la sacoche lorsque les bagages ont été transportés par mes garçons, soit en passant le pont, soit en se hâtant, sous la falaise qui s'écroulait. Inutile de se livrer à des conjectures. Nous ne saurons jamais comment la chose est arrivée. Un seul fait est évident et important : me voici privée d'une arme qui, à un moment donné, pouvait m'être utile et je ne vois aucun moyen de la remplacer.

Nous restons pendant huit jours à Koutchéng. Les plaies des mules ne guérissent pas, malgré les soins que je leur donne. Nous n'avons aucune nouvelle de Lifan. Pas un muletier ne passe à qui nous pourrions demander des informations. Quant aux habitants du village, ils ne sont pas mieux renseignés que nous. Ils sont tous Chinois et craignent les Gyarongpas brutaux et plus robustes qu'eux ; de peur d'en rencontrer, ils ne s'aventurent pas au-delà de la limite de leurs champs.

La vie, pendant cette période d'attente, n'a rien de particulièrement agréable, mais un des heureux côtés de mon caractère est que je suis capable de m'accoutumer et même de me plaire, n'importe où. Je lis des livres tibétains que j'ai emportés dans mes bagages, je me promène le long de la rivière et j'écoute mes vieilles hôtesses qui se querellent du matin au soir.

Quels sont les sujets de discorde qui leur font emplir la maison de cris de volailles effarouchées ? — Je saisis peu de choses de ce qu'elles disent, mais Tobgyal, qui comprend très bien le chinois, m'assure qu'il ne s'agit que de vétilles : le feu mal allumé, du thé renversé, une chaise laissée hors de sa place... L'époux commun de ces vieilles acariâtres est un bonhomme taciturne au chef un peu branlant, à la démarche mal assurée. Il demeure assis pendant la plus grande partie du jour, le regard perdu dans le vague. Pense-t-il à quelque chose ? — A quoi ?...

Il ne prête aucune attention au bruit que font ses fem mes, il doit y être habitué. D'après la loi chinoise, une seule d'entre elles a véritablement droit au titre d'épouse, les deux autres ne sont que des concubines, bien que cette situation avouée n'ait rien de déshonorant pour elles. Dans les familles de rang social supérieur, la démarcation est assez nettement tranchée entre la femme légitime et les concubines ; il est loin d'en être ainsi chez les pauvres où toute la famille vit dans un étroit logement et où tous travaillent ensemble.

Ce n'était pas la première fois que j'observais de près un ménage polygame de vieux paysans chinois et je remarquai, de nouveau, la différence frappante existant entre les effets de la polygamie et ceux de la polyandrie en de pareils milieux. La majorité des vieillards polygames que j'avais vus ressemblaient plus ou moins à mon hôte de Koutchéng. C'étaient de pauvres bonshommes déprimés, ayant abdiqué toute initiative, entièrement dominés par leurs femmes. Celles-ci n'étaient point toutes d'humeur revêche et querelleuses, j'avais connu de fort aimables vieilles toujours souriantes, mais les unes comme les autres s'affirmaient maîtresses et si bien qu'elles eussent soin de lui, l'époux n'était plus que leur chose.

Combien différente l'épouse polyandre de paysans tibétains ! Celle-là n'abdique point devant ses vieux époux et toute courbée et édentée qu'elle soit, elle sait encore les tenir sous le joug. Sa suprématie, à cet âge, devient pourtant précaire le jour où entre dans la famille la jeune épouse polyandre de ses fils qui prend le gouvernement de la maison. Comme consolation, il reste alors, à la vieille, la récitation de milliers de *mani* [1] en égrenant son chapelet ou en faisant tourner son moulin [2] et d'interminables bavardages avec d'autres dévotes de son âge, les jours de fêtes sur le parvis des temples.

Une découverte d'ordre zoologique que je fis à Koutchéng jeta une lueur de gaieté dans la monotonie des jours que j'y passai, mais oserai-je la narrer ?...

D'abord, le terme ambitieux « découverte » ne s'applique qu'à moi. L'animal dont il s'agit est bien connu, depuis des siècles et par des millions d'individus, sur

1. La formule : *Aum mani padmé hum !*

2. Le petit cylindre portatif contenant des rubans de papier sur lesquels est inscrite la formule : *Aum mani padmé hum !* Les étrangers le dénomment improprement moulin à « prières ».

toute l'étendue du globe, mais je ne l'avais jamais vu et c'est là, paraît-il, un miracle.

Tous les étrangers qui racontent leurs voyages en Orient ou qui en écrivent des relations, s'accordent pour décrire la saleté des indigènes, l'abondance sur eux et dans leurs demeures, de l'insecte en question et se plaignent d'avoir été en butte à ses incursions.

Or, plus de dix années de pérégrinations parmi les Tibétains, les Chinois, les Hindous, les Coréens et autres Asiatiques, non seulement m'avaient laissée indemne de ces hôtes indésirables, mais, comme je l'ai dit, nul d'entre eux ne m'était encore apparu.

Et voici qu'à Koutchéng, un matin, en défaisant mon lit et pliant mes draps, j'aperçois sur l'un de ceux-ci un petit être d'aspect singulier, blanchâtre et comme transparent, traversé dans toute sa longueur par une raie noire. Voilà, me dis-je, une bête curieuse et rare sans doute, car je n'ai jamais rencontré sa pareille ; probablement cet insecte appartient à la faune du Szetchouan.

J'avais pris la bestiole dans le creux de ma main et je l'examinais avec intérêt lorsque Yongden entra.

— « Avez-vous bien dormi ? » dit-il... « Que regardez-vous ainsi ? »

— « Une bête, » répondis-je. « Viens la voir. Sais-tu ce que c'est ? »

Le lama s'approcha, jeta un coup d'œil sur la paume de ma main que je tendais vers lui et se prit à danser de joie en riant comme un fou.

— « Là », dit-il enfin. « Vous disiez toujours que vous n'en aviez jamais vu. Eh bien ! vous en avez vu un maintenant. C'est un pou. »

D'autres années se sont écoulées, j'ai continué à vivre parmi des Tibétains et des Chinois, mais le pou de Koutchéng est demeuré l'unique exemplaire de son genre que j'aie jamais aperçu.

Il était impossible que nous demeurions plus longtemps dans l'incertitude où nous nous trouvions. Yongden accompagné d'un domestique partit pour Lifan. Tous deux firent route à pied ne voulant pas exposer les deux mules qui demeuraient valides, à être volées si des malandrins erraient le long de la route.

A leur retour, ils m'apprirent que les Gyarongpas qui avaient envahi Lifan s'étaient retirés ; leur querelle était avec les autorités chinoises et concernait des impôts que celles-ci voulaient percevoir. Le magistrat local s'était enfui, mais nous n'avions pas à craindre d'être inquiétés. Le lama avait aussi fait accord avec un muletier de Lifan qui transporterait nos bagages jusqu'à Tsakalo [1], un bourg au-delà de Lifan. Nos bêtes, à part leurs blessures, étaient en bonne santé, la marche leur ferait du bien après une semaine de repos. Il suffisait qu'elles ne portassent ni fardeaux ni selle.

Le surlendemain, le muletier arrivait et, le même soir, nous couchions chez lui, dans une maison en bois, tout imprégnée de l'odeur de l'opium. Lifan n'offre aucun intérêt spécial, nous ne nous y arrêtâmes pas ; de bon matin, nous partions pour Tsakalo.

Notre route remontait le cours du Hsiao ho ; sur la rive opposée à celle que nous suivions, se voyaient des villages haut perchés sur les versants des montagnes et d'aspect un peu farouche. Ils étaient formés par des habitations en bois, à plusieurs étages, pourvues de balcons et étroitement serrées les unes contre les autres. Des tours de garde, comme il y en a beaucoup autour de Lifan, continuaient à jalonner la vallée.

L'étape était courte : moins de quarante kilomètres. Nous arrivâmes de bonne heure à Tsakalo.

Tsakalo est un village de Gyarongpas, c'est-à-dire de gens de race tibétaine établis depuis des siècles dans les vallées (rong) chinoises (gya).

Beaucoup de monde s'assemble autour de nous lorsque nous arrivons mais nul ne nous indique une maison où nous pourrons loger. Yongden nous quitte pour parcourir le village à la recherche d'un gîte. Tandis qu'il est absent, une femme vient me dire qu'elle a des chambres à notre disposition mais pas d'écurie assez grande pour loger toutes nos bêtes. Plusieurs de celles-ci devront demeurer en plein air dans la cour. Ceci me déplaît et j'attends le retour de Yongden avant d'accepter l'offre qui m'est faite, mais comme le lama revient sans avoir trouvé de

1. Zaccalo, suivant la prononciation locale.

logement, il ne nous reste qu'à nous rendre où l'on nous appelle.

La femme qui m'a parlé est une Chinoise, la patronne d'une auberge, enserrée entre les maisons du village. La cour dans laquelle nous entrons est petite et boueuse. l'écurie située en contrebas, plus boueuse encore et fort malpropre. Nos pauvres bêtes seront très mal logées. Quant à nous, nous aurons un appartement au premier étage. On y accède par un escalier en bois, raide comme une échelle, aboutissant à une galerie donnant sur la cour. Ici, la surprise est agréable. Ce premier étage tout en bois comme un chalet est construit depuis peu. Il n'a pas encore eu le temps d'être enfumé et maculé par les hôtes de passage. La boiserie garde sa teinte claire et communique à l'ensemble un air de réconfortante propreté. Une grande chambre près de l'escalier sera le dortoir de mes hommes. Plus loin est une cuisine et tout à l'extrémité de la galerie lorsque celle-ci tourne en angle droit sur un autre côté de la cour, est un petit appartement de deux pièces. J'occuperai celle du fond qui a deux fenêtres, l'une sur la galerie et une autre donnant au-dehors, sur la campagne. Yongden logera dans la chambre d'entrée et, ainsi, me servira de garde du corps. On ne pourra entrer chez moi qu'en passant chez lui, il arrêtera les importuns : c'est autant de tranquillité assurée.

Les jours passent. Les plaies de mes bêtes sont lentes à se cicatriser. Mes garçons se dédommagent des privations qu'ils ont subies. Tsakalo ne fournit pas de quoi faire grande chère, mais l'on y trouve amplement de quoi se nourrir et ils en profitent pour manger presque continuellement.

Le lama lit dans sa chambre ; je fais de même dans la mienne d'où je ne sors jamais. Les gens du village sont curieux et voudraient m'examiner de près, ce qui m'est souverainement désagréable. J'ai aussi une autre raison pour vivre retirée. Il y a un monastère lamaïque à Tsakalo. Un monastère d'une certaine importance auquel un énorme *chörten* prête un air de dignité vaguement hautaine.

Les moines, encore plus que les marchands, sont l'élément voyageur au Tibet. Sans bagages, sans argent, ces chemineaux cléricaux s'en vont, par milliers, de-ci, de-là, à travers le Tibet et les régions voisines. Les uns cherchent un maître spirituel capable de les aiguiller sur la voie de la suprême sagesse, d'autres sont en quête d'initiations mystiques, de doctrines secrètes. Certains rêvent de découvrir les livres cachés (*gtérmas*)[1] par les saints lamas des siècles passés. Il en est qu'anime le désir d'étranges rencontres, de singulières communions avec des êtres autres qu'humains. Ceux qui sont, ou se disent *naldjorpas*, célèbrent *tcheud*[2] ou d'autres rites, le long de leur chemin. Enfin, de plus simples ne sont que de pieux pèlerins visitant les lieux sacrés.

Tous ces gens qui déambulent d'un endroit à l'autre sont d'excellents porteurs de nouvelles. Dès lors, je ne tenais pas à ce que les *trapas* de Tsakalo me vissent trop fréquemment, ni de trop près et que l'un ou l'autre d'entre eux pût annoncer ma présence près de la frontière interdite et me dépeindre à ceux dont je ne voulais pas être connue.

Cependant, malgré ma réclusion, je n'échappais pas complètement aux regards du bas clergé de l'endroit. Des *trapas* venaient à l'auberge pour causer avec mes domestiques, leurs collègues dans l'Ordre lamaïque. Ils circulaient sur le balcon-galerie, devant ma fenêtre, et essayaient de voir ce qui se passait dans ma chambre. Ils y réussissaient quelquefois et n'en étaient guère plus avancés car ils me voyaient lire un ouvrage tibétain, ce qui n'avait rien de nouveau pour eux.

Un après-midi, tandis que je lisais assise comme d'habitude, sur mon lit, le dos tourné à la fenêtre donnant sur la galerie, j'éprouvai cette sensation particulière que l'on a parfois, lorsqu'on se *sent* regardé. Je me retournai et vis un œil encadré dans une des déchirures du papier, qui, suivant la mode chinoise, tenait lieu de vitres. Ce n'était pas la première fois que j'étais épiée ainsi ; je repris ma lecture, mais à l'extérieur une voix dit :

— « Je viens vous voir. »

Sur ce, l'œil disparut, j'entendis marcher sur la galerie

1. Voir note p. 133.
2. Voir le chapitre concernant ce rite extraordinaire dans *Mystiques et magiciens du Tibet*.

puis entrer dans la chambre de Yongden et la même voix dit :

— « Je viens voir la *ani*[1]. »

— « Jétsune Kouchog », rectifia mon fils d'un ton scandalisé par le manque de déférence du visiteur.

— « Jétsune Kouchog, si cela vous fait plaisir », repartit la voix avec une indifférence marquée pour ce détail.

Puis, avant que Yongden eût le temps de l'en empêcher, l'intrus ouvrit la porte de ma chambre, et se mit à m'examiner.

C'était un homme aux cheveux grisonnants, correctement vêtu d'un costume monastique en belle therma[2]. Il paraissait très sûr de lui-même, très à son aise et, il me semblait, un peu goguenard. La manière dont il avait forcé ma porte me déplaisait, mais je ne voulais pas risquer de me quereller avec un lama, à deux pas d'un monastère qui comptait probablement plusieurs centaines, sinon un gros millier de moines. Cela aurait pu nous créer des désagréments.

Je pris donc le parti de rire.

— « Asseyez-vous, Kouchog », dis-je au visiteur. Vous avez pris de la peine pour rien. Il n'y a rien de curieux à voir ici. »

— « Il y a vous », répliqua le lama. Que faites-vous ici ? »

— « J'attends que les plaies de mes mules soient guéries pour repartir. »

— « D'où venez-vous ? »

— « Du nord, près de la Mongolie. »

— « Où allez-vous ? »

— « Au sud, dans mon pays. »

— « Quel pays ? »

---

1. *Ani*, le terme le plus usuel pour désigner une religieuse ordinaire. Celles que leur rang, soit ecclésiastique, soit social, assimile aux *lamas* sont respectueusement nommées Jétsune Kouchog, ou, par abréviation, Jétsunma.

2. Le costume monastique lamaïque est confectionné en serge de laine appelée therma (ne pas confondre avec *gtérma* prononcé *térma* : livres cachés). Il en est de toutes qualités, la plus fine est fabriquée à Tsithang, au sud du Tibet, sur le bord du Yésrou Tsangpo, une localité que je visitai après mon séjour à Lhassa.

— « Gya Méd [1]. »

— « Mais vous n'êtes pas Chinoise. »

— « Non, pas plus que les Gyarongpas ne le sont. Les Gyamédpas aussi sont différents des Chinois. »

— « Ah ! »

Gya Méd laissait le lama perplexe, il n'imaginait pas très bien de quelle région il s'agissait.

— « Yunnam ? » demanda-t-il.

— « Plus loin au sud... »

— « C'est très loin ? »

— « Très loin. »

Il y eut un silence.

— « Et dans ce pays-là, les gens sont *nangpas* (bouddhistes) ? »

— « Ils le sont. »

— « Y a-t-il longtemps que vous êtes religieuse ? »

— « Dix ans. »

Il me considéra un moment.

— « Que faisiez-vous avant ce temps ? »

— « J'étais mariée. »

— « Votre mari est mort ? »

— « Non, il m'a permis d'entrer en religion... Il a deux autres femmes. »

La porte se referma subitement derrière Yongden qui se sauvait, ne pouvant pas contenir son hilarité.

Je m'amusai moins que lui, cet interrogatoire m'agaçait. J'y mis fin.

— « En quoi tout cela peut-il vous intéresser, Kouchog ? »

— « Cela ne m'intéresse pas du tout. Les *trapas* m'ont dit qu'il y avait ici une *ani* étrangère qui récitait des livres religieux toute la journée, cela m'a paru étonnant. Qu'est-ce que vous récitez ? »

L'insupportable personnage, pensai-je, et je répondis un peu sèchement :

— « Je ne récite pas, je *lis*. »

Il me regardait de nouveau d'un air qui semblait narquois.

— « Eh oui ! je lis », repris-je presque en colère. « Je

1. « *Gya Méd* » : la basse Chine. C'est, pour les Tibétains de ces régions, une contrée vaguement définie, qui inclut l'Indochine.

lis pour tâcher de comprendre comment « la forme est le vide même et le vide est la forme même », comment « en dehors du vide il n'y a point de forme et en dehors de la forme point de vide »[1].

Il ne répondit pas, devint sérieux et se levant alla examiner les livres qui se trouvaient sur ma table.

— « Les temps sont mauvais, Jétsune Kouchog », dit-il, lorsqu'il eut fini son inspection. « L'esprit des hommes est tourné vers la méchanceté, ils ne songent qu'à se nuire. En cherchant égoïstement leur propre bien ils préparent leur ruine. Ce sont des aveugles ; il leur manque le calme dans lequel se développe la vue profonde[2] qui produit la sagesse. Les *tchirolpas*[3] et bien d'autres ont pensé et médité, ont eu des savants et des saints, mais ils ont continué à croire à la réalité d'un *moi* séparé, isolé. De cette chose inexistante, ils ont fait un objet d'adoration, pour elle ils se tourmentent et tourmentent les autres. Ils n'ont pas atteint la vue pénétrante qui révèle l'irréalité du *moi* et du monde tel qu'il leur apparaît.

« Tant qu'ils n'auront pas reconnu l'erreur de la croyance au *moi*, ils seront soumis à la douloureuse illusion de la naissance et de la mort. Dissiper cette erreur libère à jamais de la mort. »

Il se tut et j'attendis en silence ne voulant pas rompre le fil de ses idées, s'il voulait parler davantage, mais il passa à un autre sujet.

— « Qui est ce jeune homme qui était ici ? C'est un « tulkou »[4], n'est-ce pas ? Je ne pense pas me tromper. »

— « On vous l'a dit, sans doute ? »

— « Non, cela se sent parfois, même si le *tulkou* n'est pas officiellement reconnu... Il aura une vie singulière. »

---

1. C'est une citation de la Prajña Pâramitâ.

2. *Lhag thong*, écrit lhag mthong : « voir davantage », c'est-à-dire la vue profonde, supérieure.

3. Ecrit *phyirolpa*, littéralement : les « gens du dehors », c'est-à-dire qui ne professent pas le bouddhisme. Cette épithète désigne surtout les adeptes des différentes sectes hindoues.

4. Un lama réincarnant un éminent défunt ; un de ceux que les étrangers dénomment improprement « Bouddhas vivants ». Au sujet des théories concernant les *tulkous*, voir *Mystiques et magiciens du Tibet*, p. 109.

Il a déjà commencé, pensai-je en moi-même en songeant à tous les voyages que Yongden avait effectués et à ceux qu'il ferait sans doute encore, étant devenu mon fils.

— « Il appartient à la secte des Kahgyud-Karma », dis-je, « il a étudié avec plusieurs maîtres ; c'est mon fils adoptif. »

— « Ma famille était des environs de Gartog », reprit le lama. « J'ai eu pour *gourou*[1] un lama qui avait, lui, atteint la vue profonde. Ce n'était pas un *gomtchén*[2], il n'avait jamais cru nécessaire de se retirer dans un ermitage. Il voyait toutes choses autrement que nous les apercevons à travers notre ignorance. Approcher seulement de lui était déjà une bénédiction... Je lui dois tout ce que je suis parvenu à comprendre... »

« Vous allez dans un pays lointain... »

Il me regarda et continua :

— « ... Peut-être plus lointain que celui que vous m'avez nommé. Le jeune homme vous accompagne. Puisque tous deux vous aimez la Doctrine[3] et cherchez à en saisir le sens, je vous communiquerai volontiers quelques-uns des enseignements de mon maître. Ils pourront faire du bien aux hommes de là-bas.

« Je ne compte pas non plus rester longtemps ici. Je suis occupé et, pour d'autres raisons encore, je ne puis pas revenir dans cette auberge, mais que le jeune lama vienne au monastère, je lui dicterai des notes ou lui laisserai copier quelques pages de certains manuscrits. Demain, j'enverrai un *trapas* pour le chercher et le conduire près de moi. »

Le lama but ensuite du thé, causa un peu avec Yongden puis se retira.

Le lendemain, mon fils trouvait le lama installé dans une maisonnette[4] qui n'était évidemment pas la sienne

1. Guide spirituel. Le terme sanscrit *gourou* est employé par les Tibétains dans la langue littéraire et religieuse.

2. Ecrit *sgomtchén*, littéralement : un « grand méditateur », un ascète contemplatif vivant en ermite.

3. *Chos* prononcé *tcheu*, c'est-à-dire la Doctrine bouddhique.

4. Les monastères tibétains se composent d'habitations séparées, de différentes grandeurs et ressemblent à des villes. Chaque *trapa*, chaque lama, y vit chez lui, selon ses moyens.

car il ne paraissait pas, me rapporta Yongden, y connaître la place des objets les plus familiers. Ce dernier en conclut que le lama ne voulait pas le recevoir chez lui. Peut-être désirait-il que l'on y ignorât ce qu'il dictait à son élève passager. Aux marques de respect que lui témoignaient deux *trapas* qui le servaient, Yongden comprit aussi que le lama était un personnage important. Il s'informa de son nom, mais les noms personnels des lamas sont peu connus et l'étiquette défend qu'on s'en serve en parlant d'eux. D'une façon générale ils sont désignés par leur titre ou par leur charge dans le monastère, par leur siège s'ils sont *tulkous*, ou par le nom de leur pays natal.

Le maître bénévole de Yongden était Markam Kouchog. Or, Markam est un des noms de la région de Gartog, en pays de Kham et cette dénomination ne nous éclairait guère sur la personnalité du lama. Sans doute était-il un de ces érudits penseurs, comme il en existe un bon nombre au Tibet oriental, dont la vie s'écoule paisiblement dans une confortable aisance, sans rechercher aucune célébrité, partageant leur temps entre la lecture, d'amicales conversations avec d'autres lettrés et, parfois, l'instruction de quelques élèves choisis.

Pendant le peu de jours que nous demeurâmes encore à Tsakalo, mon fils prit un bon nombre de notes intéressantes et c'est avec regret qu'il se sépara du bienveillant lama.

L'auberge de Tsakalo était le minable théâtre d'un drame poignant dont le souvenir m'a poursuivie longtemps. Les aubergistes, des Chinois, n'avaient qu'un seul enfant : un fils de seize ans, tuberculeux au dernier degré.

Chaque soir, au crépuscule, sa mère allumait des lampes devant l'image de je ne sais quelle divinité du panthéon taoïste, puis, tenant des bâtons d'encens dans ses mains jointes, elle se plaçait sur le seuil de sa porte et la tête levée vers le ciel, lançait dans l'espace une déchirante lamentation. C'était un appel, semblait-il. Un même mot — peut-être le nom du personnage divin invoqué — revenait souvent. La voix de la suppliante ne s'élevait pas en des vociférations exaspérées, elle demeurait presque basse, monotone, empreinte d'une lassitude douloureuse inexprimable.

Il s'agissait d'une récitation rituelle à laquelle des

répons faisaient écho. Un jeune garçon d'une dizaine d'années prenait place debout sur le seuil, auprès de la mère implorante et, en temps voulu, prononçait les mots requis. Bien souvent, sans doute, il eût préféré être ailleurs et son rôle, dans ce rite pathétique auprès de cette femme affligée, l'ennuyait. Du moins, il manifestait peu de recueillement, tournant la tête de droite et de gauche, s'intéressant à ce qui se passait dans la cour, tandis que la mère, les mains élevées vers le ciel, absorbée dans ses pensées, oubliait tout, hormis son fils qui se mourait et le dieu qui pouvait lui rendre la santé, si tel était son bon plaisir. Elle ne s'apercevait des distractions de son acolyte que lorsque celui-ci oubliait le répons. Elle le lui soufflait alors, et le gamin le répétait nonchalamment, sa voix criarde coupant l'harmonie émouvante de la plainte psalmodiée où la pauvre Chinoise mettait tout son cœur.

Tandis qu'elle s'absorbait dans sa prière, des gens passaient dans la cour, vaquaient à leurs affaires dans l'auberge, chacun uniquement préoccupé de soi. Je la regardais de ma fenêtre, le cœur étreint par une indicible tristesse en la voyant ainsi, seule parmi l'indifférence générale, tendant les mains dans le vide. La pauvre, la pauvre femme !...

Un jour, elle me demanda d'aller voir son fils. Je descendis au rez-de-chaussée où se trouvait le logement des patrons de l'auberge : une chambre de moyenne grandeur, sans autre ouverture qu'une large porte donnant en face d'un autre bâtiment et abritée par le balcon courant autour de la cour. Ce logis était sombre, enfumé et manquait complètement d'aération. Au fond de la pièce se trouvait le lit du malade. Nulle connaissance médicale n'était nécessaire pour deviner qu'il lui restait peu de temps à vivre.

Je conseillai une nourriture très substantielle, si le jeune garçon pouvait la digérer. J'engageai aussi les parents à le sortir de cette chambre obscure pour l'asseoir au soleil quand il ferait chaud, ou bien à l'installer dans une autre chambre plus claire et ensoleillée à l'étage supérieur. Il fallait bien que je dise quelque chose, mais tout remède eût été impuissant.

Je n'ai jamais oublié cette mère douloureuse. Souvent

encore, il m'arrive de penser à elle qui pleure peut-être toujours l'enfant que les dieux n'ont pas voulu, ou pas pu, lui conserver.

Une occasion se présenta pour nous de quitter Tsakalo sans attendre la cicatrisation complète des plaies de nos mules, qui tardait beaucoup plus que nous n'aurions jamais pu l'imaginer. Yongden apprit qu'un muletier avait apporté des marchandises à Tsakalo et allait s'en retourner sans chargement. Immédiatement, il alla le voir et engagea ses services pour le transport de nos bagages à travers la montagne par-delà le col de Dza.

Nous sommes partis tard de Tsakalo, notre première étape est courte. Le temps est nuageux. Au sortir du village, nous voyons encore une haute tour de garde admirablement bien posée dans le paysage, puis nous cheminons entre des champs et traversons des hameaux n'offrant aucun intérêt. Le sentier miné par les pluies récentes est presque coupé en différents endroits ; nous passons pourtant sans grandes difficultés, mais notre progrès est lent et le soleil va bientôt se coucher lorsque nous nous arrêtons près d'une localité que notre muletier dénomme *Hsi-tien*.

Comme nous cherchons un endroit convenable pour camper, un *trapa* vient à passer. Il est momentanément *amtcheud*[1] chez un fermier et se fait fort de nous faire donner des chambres chez ce dernier, si nous le désirons. La ferme comprend aussi, nous dit-il, une vaste écurie ; nos bêtes pourront y être logées, tandis que le muletier chinois et son domestique dormiront à proximité, dans une chambre attenant à l'écurie. Cette proposition me convient parfaitement, du moins en ce qui concerne les mules. Quant à moi, après être restée pendant plus d'une semaine enfermée dans une chambre d'auberge, je serai ravie de passer la nuit dans ma tente.

Tobgyal, Seunam et les muletiers déchargent donc les bêtes, puis guidés par l'obligeant *trapa*, ils les conduisent

---

1. Un chapelain. Souvent un *trapa* qui réside de façon fixe ou temporairement chez un laïc ou chez un lama, pour lire les Ecritures saintes ou célébrer des rites religieux.

au village où ils achèteront pour elles de la paille et du grain et leur donneront à manger.

De son côté, Sotar a vivement tiré un peu de bois sec d'un de nos sacs, rapproché trois grosses pierres pour supporter une casserole et allumé du feu. En attendant que ses camarades lui apportent une plus ample provision de combustible pour cuire notre repas, il prépare du thé.

N'ayant rien à faire, je tire un livre de ma sacoche, m'assois sur un sac et me mets à lire.

L'endroit où nous nous proposons de passer la nuit est un peu éloigné du village, les paysans ne nous ont pas vus arriver, mais notre présence est signalée par le *trapa* guidant mes gens et leurs bêtes, des curieux viennent m'examiner.

L'un de ceux-ci m'entendant lire à mi-voix, selon la coutume tibétaine, s'approche pour tâcher de saisir les mots que je prononce. N'y parvenant pas, il demande à voir mon livre. Je le lui tends. Il ânonne, alors, quelques phrases avec une prononciation étrange, puis, tout à coup, ayant reconnu l'ouvrage qu'il tient en main, il crie de toute sa force à ceux qui l'entourent :

— « Ceci est de notre religion ! C'est la *Chésrab kyi pharol tou tchinpa* [1] ! »

Il me rend ensuite le livre, recule de quelques pas et se prosterne trois fois avec une ferveur véhémente, pour rendre hommage aux feuillets des Saintes Ecritures, que je tiens en main. Plusieurs villageois s'empressent de l'imiter. Après avoir ainsi témoigné son respect, cet « érudit » se sauve en courant et revient peu de temps après, apportant quelques livres. Il me les montre et, avec mon aide, en lit quelques pages. Les paysans qui nous regardent continuent à manifester une vive admiration. Cependant le soleil est couché, la lumière baisse, force nous est de cesser notre lecture, mais tandis que celle-ci retenait mon attention, un miracle s'est produit. Subite-

---

1. Ecrit *Chésrab kyi pharol tu phynpa* : la traduction tibétaine du traité philosophique sanscrit : la *Prajñâ pâramitâ*. L'ouvrage entier se compose de 12 gros volumes mais il en existe de nombreux extraits formant de petites brochures, telles que celle que je lisais.

ment illuminés, les indigènes ont découvert le but de mon voyage.

Leur village a eu l'insigne honneur de voir naître un *tulkou*. Cet éminent lama revient de Lhassa et, en s'en retournant à sa résidence, en Mongolie, il passera quelques jours dans son pays natal. Pour le moment, il s'est arrêté dans une localité située au-delà du col de Dza. Quant à nous, nous sommes des gens pieux qui, ayant appris la présence du lama dans la région, s'en vont lui présenter leurs hommages et solliciter sa bénédiction.

Je suis enchantée que ces braves Gyarongpas aient, d'eux-mêmes, imaginé cette histoire. Ils m'épargnent la peine d'en inventer une autre.

Les sentiments dévots que l'on nous attribue sont immédiatement récompensés. On nous apporte diverses provisions de route, parmi lesquelles figurent trois œufs et un corbillon plein de noix.

La nuit vient, les villageois s'en vont. Tobgyal et Seunam sont de retour. Ils ont bu du thé et vont procéder à l'installation de notre camp. Quand tout sera en ordre, ils iront abreuver les bêtes qui avaient trop chaud pour boire dès leur arrivée.

Comme nous commençons à déplier les tentes, le vent se lève brusquement et, presque tout de suite, devient violent. Je commence à regretter d'avoir refusé l'hospitalité qui m'était offerte. La nuit s'annonce mauvaise et je l'aurais sans doute passée plus confortablement sous un toit. Tandis que je réfléchis ainsi, le tonnerre gronde au loin. Les domestiques m'interrogent : Faut-il continuer à dresser les tentes ? — Il est certain qu'une grosse pluie tombera bientôt. Ne pourrions-nous pas encore chercher un abri dans une maison ?...

Cela me paraît difficile. L'habitation du fermier chez qui nos mules sont logées est à l'autre extrémité du village. Y transporter nos bagages à dos d'homme demanderait trop de temps... Pouvons-nous demander un gîte ailleurs ?...

Seunam propose de nous rendre à une maisonnette qu'il a aperçue tout près de nous, derrière un repli de terrain et un bouquet d'arbres qui me l'ont cachée.

Le tonnerre gronde plus près de nous. Je comprends que mes garçons ont un grand désir de se mettre à couvert. Qu'ils aillent donc demander l'hospitalité à la petite ferme voisine.

— « Qui oserait refuser de recevoir des voyageurs pendant un orage ! » déclare Seunam, plein d'assurance.

Les autres partagent sa confiance, ils sont disposés à s'imposer aux maîtres du logis. Du reste, le temps presse si nous ne voulons pas être mouillés. Mes domestiques referment sommairement les sacs déjà ouverts, emportent les tentes à demi dépliées et courent vers la maison. On les y accueille aimablement comme ils l'ont prévu. Yongden et moi aidons au déménagement. De larges gouttes de pluie commencent à tomber. Enfin, après quelques voyages, du camp à la demeure des paysans, tous nos colis sont à couvert.

La petite ferme où l'on nous donne l'hospitalité est habitée par deux paysans d'âge moyen : le mari et la femme. Leur demeure, située au-dessus de l'étable, ne comprend que deux pièces : la cuisine et, séparée de cette dernière par une terrasse, une chambre encombrée par des provisions, des vêtements, de la laine à filer, des fagots de bois sec, des sacs, des coffres, et un tas d'objets hétéroclites couverts d'une épaisse couche de poussière. La *nemo* [1] promet de m'y ménager une place pour ouvrir mon lit de camp, les hommes passeront la nuit dans la cuisine avec les maîtres de la maison.

Quel qu'il soit, je me félicite d'avoir trouvé ce gîte. L'orage est venu, le vent fait rage, une pluie mêlée de grêle bat les murs de la maison. Nous sommes mieux ici que sous des tentes et nous pourrons souper tranquillement.

La *nemo* s'est offerte à confectionner notre soupe avec la viande et la *tsampa* que nous lui donnerons. Elle y ajoutera des navets et des radis-raves et compte bien être invitée, ainsi que son mari, à partager notre repas. En attendant que la soupe soit prête, nous buvons encore du thé beurré.

La bourrasque était trop violente pour durer longtemps ; moins d'une heure après notre arrivée à la ferme, la pluie cesse.

1. *Nemo :* appellation familière, mais polie, désignant une maîtresse de maison qui est une femme du peuple.

Seunam et Tobgyal en profiteront pour retourner au village, faire boire nos bêtes et garnir leurs râteliers de paille. Puisque notre hôtesse épargne à Sotar la peine de cuisiner, il ira aider ses camarades.

Les trois hommes rangent leurs bols vides sur le plancher contre le mur [1], et sortent. Le *népo* [2] les suit, allant chercher du lait et les légumes qui nous ont été promis, sa femme s'en va mettre un peu d'ordre dans la chambre où je coucherai. Yongden et moi demeurons seuls, près du foyer.

Quelques minutes plus tard, un jeune homme entre dans la cuisine, et, sans nous adresser la parole, s'assoit dans un coin. Notre hôtesse revient, donne un coup d'œil indifférent au nouveau venu puis, avisant un bol de bois qui se trouve sur le plancher, près de lui, elle y verse du thé et pose un petit sac plein de *tsampa* à côté du bol. Ensuite, elle retourne au foyer, active le feu et s'occupe de la cuisine.

Le garçon reste toujours muet, il n'a même pas remercié la femme qui l'a servi. Maladroitement, il plonge la main dans le sac de *tsampa* et, en la retirant, laisse tomber une grande partie de la poignée de farine qu'il tenait. Il jette le restant dans son thé, puis tourne la bouillie avec ses doigts, sans regarder ce qu'il fait, les yeux fixés dans le vide, l'air inconscient. Enfin, il porte le bol à sa bouche et le garde là, contre ses lèvres, sans manger.

Tout en découpant en menus morceaux la viande qui doit cuire dans notre soupe, la *nemo* observe à la

---

1. Pour prendre leurs repas, les gens du peuple, surtout dans les campagnes, s'assoient les jambes croisées à même le plancher ou sur un morceau de tapis. Les bols ou les plats contenant leur boisson et leur nourriture sont posés devant eux sur le plancher — à un degré supérieur de confort, ceux-ci sont placés sur une petite table très basse. Les gens de la haute société mangent assis sur une pile de coussins, ayant devant eux une table longue dont la hauteur est calculée en proportion de celle de leur siège. Mes domestiques avaient bu leur thé assis sur le plancher et sans table pour poser leurs bols. Ensuite, chacun d'eux avait rangé le sien, hors du chemin, près du mur, pour le reprendre à son retour. Telle est la coutume du pays.

2. *Népo :* maître de maison, lorsque celui-ci est un homme du peuple.

dérobée les manières bizarres du silencieux individu. Tandis qu'elle va prendre, pour activer le feu, des branches sèches qu'elle arrache à un fagot posé dans un coin de la cuisine, le garçon se lève, laisse tomber le bol qu'il tenait en main et sort comme un automate.

Yongden et moi, nous avons compris.

— « C'est un idiot », me dit le lama à voix basse.

J'incline la tête affirmativement.

Au bruit qu'a fait le bol en tombant, la *nemo* s'est retournée. Elle voit le malheureux insensé franchir le seuil et disparaître.

— « Qu'a donc votre domestique ? » nous demande-t-elle. « On dirait un fou. »

— « Comment, notre domestique ? Ce garçon n'est pas notre domestique. »

— « Ce n'est pas un de vos gens qui sont restés au village avec vos mules ? »

— « Pas du tout. Nous ne le connaissons pas. Deux Chinois seulement sont demeurés près des mules et vous avez vu, ici, nos trois domestiques. »

— « Pourquoi ne disiez-vous pas qu'il n'était pas votre serviteur ? »

— « Nous avons cru qu'il était de votre maison. Vous lui avez servi du thé. »

— « Je lui ai servi du thé parce que je croyais qu'il était un de vos hommes. »

— « Ne regrettez rien, c'est une aumône. Vous en aurez le mérite. Ce malheureux ne jouit certainement pas de sa raison. C'est un idiot. Il a gaspillé sa *tsampa* et son thé sans manger ni boire. Il semblait essayer de le faire et ne pas pouvoir. »

Ciel ! Quelles paroles imprudentes avais-je prononcées sans me douter de leur portée. La femme pâlit.

— « N'est-ce pas, balbutia-t-elle, vous l'avez remarqué comme moi ? Il voulait manger et ne le pouvait pas... »

Elle se mit à réfléchir. A ce moment les chiens de garde aboyèrent férocement comme ils l'avaient fait à notre arrivée. Mes garçons revenaient.

En entrant, ils virent tout de suite la *tsampa* et le thé répandus sur le plancher et le bol renversé par terre. Tobgyal bondit sur lui et le ramassa.

— « Qu'est-ce que cela ? » dit-il en colère. « Qui s'est servi de mon bol [1] ? »

Je compris alors que le bol près duquel l'idiot s'était assis appartenait à Tobgyal qui l'avait rangé là. En le voyant près de celui qu'elle prenait pour mon domestique, la *nemo* avait cru qu'il était le sien et que le garçon attendait poliment, en silence, qu'on veuille bien le lui remplir de thé.

La fermière ne prêtait aucune attention à l'indignation de Tobgyal. En entendant aboyer les chiens, elle avait sursauté, frappée par une idée subite.

— « Et... dit-elle, quand cet homme est entré, les chiens n'ont pas aboyé, et quand il est parti, ils n'ont pas aboyé non plus... *Kyab sou tchiwo !... Lama Kiéno* [2]... »

Quoi, qu'avait-elle ?

Elle appela son mari et lui raconta ce qui s'était passé. L'homme devint sombre.

— « Mauvais cela », prononça-t-il. Ce n'est pas un homme qui est venu, c'est un démon. Le thé et la *tsampa* ne sont pas la nourriture que désirent ceux de son espèce, c'est du « souffle vital » des êtres qu'ils se repaissent... Qui l'a mené ici ?... »

— « Vous déraisonnez, *népo* », dis-je. « Nul démon n'est venu. Il s'agit d'un simple d'esprit. S'il n'est pas de votre village, c'est qu'il erre à l'aventure sans savoir où aller. Il faut le rechercher et lui donner abri. Demain, vous tâcherez de savoir d'où il vient pour le renvoyer à sa famille. »

— « Prends la lanterne », commandai-je à Seunam, et va voir si un garçon ne rôde pas près d'ici. Si tu le rencontres, tu le ramèneras doucement : c'est un pauvre fou. »

En m'entendant, la paysanne s'était jetée en travers de la porte.

1. Chaque Tibétain possède un ou plusieurs bols personnels. L'usage veut que nul ne boive dans ceux-ci que leur propriétaire.

2. Exclamations courantes, en cas de danger, de malheur, etc. La première signifie : « Je prends refuge » ou « Je vais pour refuge » et la seconde « Sache-le ô lama ! » ou « Le lama le sait. » Elle est un appel à son guide spirituel ou au fondateur de la secte à laquelle on appartient, l'adjurant de regarder son fidèle, de voir le danger qui le menace, l'infortune qui l'accable, etc.

— « Vous n'irez pas, vous ne sortirez pas ! » criait-elle. « Vous ne ramènerez pas ici ce démon ! »

— « Je le recevrai, s'il lui arrive encore de se montrer ! » appuya le mari en tirant de son fourreau un sabre suspendu contre le mur.

Il ne s'agissait plus d'un fou seulement, j'en voyais deux autres devant moi et, certainement, plus dangereux que le premier. Contrecarrer les idées superstitieuses des fermiers eût été imprudent. Le malheureux insensé courait moins de risques en errant à travers la campagne qu'en étant reconduit dans cette maison où on voulait le massacrer. Je n'insistai pas. Sotar remplaça la cuisinière trop bouleversée pour continuer sa besogne, nous mangeâmes rapidement et je me retirai dans ma chambre.

Je n'étais pas encore couchée quand mon fils frappa doucement à la porte. Je lui ouvris et vis qu'il apportait ses couvertures sur son bras.

— « Si vous le permettez, me dit-il, je coucherai ici. »

— « Vous êtes trop nombreux dans la cuisine, tu n'as pas de place ? »

— « Ce n'est pas cela. Cette histoire de l'idiot m'ennuie. »

— « Oh ! pourquoi ? »

— « Parce que ces imbéciles se sont mis en tête qu'il était un démon et qu'ils paraissent conclure que c'est nous qui l'avons amené à notre suite. Vous connaissez leurs idées à ce sujet. »

— « Qu'est-ce que cela peut nous faire ?... Dors ici si tu le veux. »

Le jeune homme étend ses couvertures sur le plancher devant la porte, qu'il faut me décider à laisser ouverte. J'étouffe dans cette chambre sans air parmi les odeurs que dégagent les choses qui y sont empilées.

Dans la nuit un bruit insolite me réveille. Quelqu'un marche lentement pieds nus, sur la terrasse. Qui est-ce ? Un voleur ? C'est peu probable. Pourtant je me lève vivement, m'agenouille près de Yongden, appuie ses couvertures sur sa bouche pour amortir le son de sa voix s'il parle en étant brusquement réveillé et je lui dis à l'oreille :

— « Quelqu'un vient, réveille-toi ! »

Le lama ne s'était pas encore débarrassé de ses couvertures que le nocturne visiteur apparaissait. C'était Seunam.

— « Je suis venu vous avertir », dit-il. « La *nemo* est malade, elle a gémi toute la nuit, se plaignant de douleurs dans le cœur. Elle dit que le démon, qui est venu hier soir, a emporté son « souffle vital »[1] pour le dévorer et qu'elle va mourir. Son mari nous accuse d'avoir amené ce démon avec nous. Il est très irrité contre nous et a proféré des malédictions toute la nuit. Nous n'avons pas dormi pendant un seul instant. Je suis sorti comme pour satisfaire un besoin, je voulais vous informer de ce qui se passe. »

Yongden prit immédiatement une décision.

— « Il faut partir, dit-il, partir immédiatement avant que le *népo* ait le temps d'aller colporter ses divagations dans le village. La maladie soudaine de cette femme produira mauvais effet... Il faut partir... Si son état s'aggravait, les paysans excités par cette histoire de démon, pourraient nous faire un mauvais parti... »

— « J'en ai grand-peur », fit Seunam.

Ils avaient raison. La situation, aussi ridicule qu'elle fût, était grave. La superstition, profondément ancrée chez les Tibétains, que des démons errant s'attachent aux pas des voyageurs, pénètrent avec eux dans les maisons où on les reçoit, et là, arrachent et « mangent » la vie des gens et des bêtes, pouvait provoquer une crise de fureur collective chez les paysans. Raisonner avec eux, soigner la *némo* dont la maladie était, sans doute, uniquement causée par la frayeur, aurait été inutile. Mieux valait fuir.

— « Ecoute, dis-je à Seunam, dans deux heures il fera jour. Va immédiatement trouver les muletiers, dis-leur que je veux aller loin aujourd'hui afin de rejoindre bientôt le lama-*tulkou* à qui je tiens à rendre visite. Surtout, ne leur parle pas du « démon ». Dépêchez-vous tous les trois à amener les mules. Si le *trapa amtcheud* ou d'autres gens de la ferme s'éveillent et te questionnent,

1. On écrit *dbugs*, le souffle. On entend souvent parler de ces démons au Tibet, sous la désignation de *Kié doï ou lénkén* (écrit *skyé hgroï dbugs lén mkhen*), « ceux qui s'emparent du souffle des êtres ». Voir à ce sujet « Les mangeurs de souffles vitaux », p. 148, dans mon livre *Mystiques et magiciens du Tibet*, et aussi p. 221 de *Voyage d'une Parisienne à Lhassa*.

dis-leur, comme aux muletiers, que j'ai hâte de voir le lama. »

« Faudra-t-il longtemps pour ficeler les bagages, ici ? »

— « Nous avons tout empaqueté hier soir. A part le lit de Jétsune Kouchog et nos couvertures, tout est prêt à être chargé. »

— « Bon, fais vite. Les chiens ont été attachés, tu n'as rien à craindre. Le *népo* t'a vu sortir, il te croira dans la cour et ne s'étonnera pas s'ils aboient. »

— « Je crois pouvoir sauter dans les champs à l'extrémité de la terrasse, les chiens sont attachés du côté opposé, ils ne me sentiront peut-être pas. Le *népo*, tout occupé de la malade, s'apercevra moins de mon absence si les chiens ne font pas de bruit. »

Yongden approuve, je les laisse agir à leur idée.

Seunam est grand, jeune et agile, la terrasse n'est pas élevée, il a tôt fait d'enjamber les bâtons servant de rampe, de s'y suspendre et de sauter. Le voilà parti en courant dans l'obscurité. Les chiens ne se sont pas réveillés. On dirait que nous jouons un drame romantique. J'ai presque envie de rire, mais le lama est sérieux. « Sale affaire ! » déclare-t-il.

Ma toilette est vite faite, on se déshabille peu en voyage, au Tibet. Je n'ai fait qu'enlever ma robe de dessus et mes bottes. Mon fils et moi replions silencieusement mon lit et mes couvertures et les remettons dans leur sac. Puis nous attendons.

Le temps nous semble long. Enfin nous entendons le bruit étouffé des sabots de nos bêtes pataugeant dans la boue.

Yongden va prévenir Sotar et Tobgyal. Il débite aussi au *népo* la fable que j'ai inventée. « Il nous tarde de voir le *tulkou*, nous partons de bonne heure pour faire beaucoup de chemin dans la journée. » Je crois bien que la visite que nous allons rendre à ce saint personnage en impose un peu à notre hôte ; il n'est pas tout à fait sûr que des gens aussi pieux puissent traîner des démons à leur suite. Il est bon de profiter de son incertitude.

Je m'approche de la malade, mais son mari m'écarte et ne me permet pas de la toucher. Je n'insiste pas. Sa frayeur passée, lorsque dans quelques jours elle se verra toujours de ce monde, la fièvre la quittera tout naturellement.

Les bêtes sont chargées à la lumière de nos lanternes chinoises et nous nous mettons en route.

Le sentier montant vers le col est coupé à travers la forêt vierge, les gens du pays y circulent à pied ou bien montés sur les petits chevaux du Szetchouan et les arbres ont été sommairement élagués à leur intention. Sur ma grande mule de Sining, je dépasse cette mesure et promène ma tête en plein feuillage, courant souvent le risque d'être éborgnée par les branches. A un certain moment je suis même tout à fait arrêtée. Ma mule, ne comprenant pas pourquoi je la retiens, s'efforce de suivre la file de ses compagnes, mes garçons doivent la maintenir et me dégager en coupant les branches autour de moi avec leurs sabres.

Notre départ précipité ne nous a pas permis de déjeuner, les bêtes aussi sont encore à jeun ; vers midi je fais faire halte. Tandis que les uns donnent du grain aux mules, les autres ramassent du bois mort, le feu est allumé et bientôt nous savourons chacun plusieurs bols de thé beurré. Le reste du menu suit : quelques morceaux de viande grillée à même la braise ardente et du pain que nous avons fait cuire nous-mêmes à Tsakalo.

Comme nous prenons notre repas, un cavalier arrive.

— « Où allez-vous ? » lui demande Tobgyal, selon la coutume tibétaine d'interroger les voyageurs que l'on rencontre. Et, conformément à l'usage du pays, Yongden ajoute : « Venez boire du thé avec nous. »

— « Merci, je ne boirai pas, répond le cavalier, je suis pressé. »

— « Où allez-vous ? »

— « Chez le *Kouchog-tulkou*, de l'autre côté du col. La femme chez qui vous avez couché est morte au lever du jour. Je porte sa robe au lama pour qu'il fasse le *poa*[1]. »

Il a parlé sans s'arrêter. Ses dernières paroles étant criées de loin alors que déjà les arbres le masquaient, c'est la voix d'un être invisible qui, à travers la forêt,

1. Rite qui dirige « l'esprit » d'un mort vers un séjour heureux. Voir le chapitre « la Mort et son au-delà » dans *Mystiques et magiciens du Tibet*.

nous a lancé la surprenante nouvelle : « La femme est morte ! »

Nous demeurons stupéfaits. Il ne faut pourtant pas que les muletiers s'effraient, ils seraient capables de nous abandonner. Je me reprends vite :

— « Pauvre femme ! dis-je. Elle était très malade quand nous sommes arrivés. »

Cette déclaration doit rassurer les Chinois, la mort de notre hôtesse et notre visite chez elle n'ont aucun rapport apparent puisque sa maladie était antérieure à notre arrivée.

Est-ce que, tout à fait convaincu maintenant, qu'un démon a dévoré la « vie » de sa femme et que nous avons introduit ce démon chez lui, le fermier va ameuter ses amis ? Allons-nous être poursuivis ?

Yongden ne le croit pas. La séance de lecture prouvant que nous sommes des gens « instruits dans la religion » et le but pieux de notre voyage, notre visite au *tulkou* feront, pense-t-il, hésiter les villageois à nous molester.

Ses prévisions se justifièrent. Nous ne fûmes pas inquiétés.

Notre hôtesse était morte de peur. Cela ne faisait pas de doute. Probablement quelque désordre cardiaque la prédisposait à ne pouvoir supporter les émotions violentes. Je ne m'étais pas étonnée en voyant que la terreur qu'elle éprouvait lui avait donné la fièvre, mais jamais je n'aurais pu supposer que celle-ci eût une issue fatale.

Bien qu'étant tout à fait innocente de cette mort, je sentis pendant longtemps peser sur moi le poids d'une pénible responsabilité. Si, me disais-je, je n'avais pas été chez elle quand le malheureux idiot y était entré, la fermière l'aurait reçu autrement. Elle aurait compris qu'elle avait affaire à un insensé et n'aurait probablement pas imaginé cette absurde histoire de démon... J'avais été si impressionnée par ce triste événement que bien qu'il n'eût, en lui-même, rien qui l'assimilât à un « phénomène » anormal ou d'ordre occulte, et que je ne cherchasse aucune explication à son sujet, je le racontai pourtant à plusieurs lamas. C'est ainsi que me fut proposée la plus singulière explication que l'on puisse rêver concernant la personnalité réelle de celui que j'avais pris pour un simple insensé et que je continue à tenir pour tel. Une histoire fantastique se greffait sur cette explication et comme, outre son caractère extraordinaire, elle touche à certaines croyances des occultistes tibétains, je crois pouvoir me permettre de l'intercaler ici.

Alak Ngags Tchang, réputé docte en sciences secrètes, n'admettait pas que l'étrange garçon, dont la visite avait été fatale à mon hôtesse, fût un démon authentique. Il hésitait aussi à se ranger à mon opinion en le tenant pour un simple dément. Sans l'affirmer catégoriquement, il insinuait que ce dernier pouvait être un *tulpa* ayant échappé au contrôle du magicien qui l'avait créé [1], et errant à l'aventure, n'ayant acquis qu'un rudiment de conscience, ce qui lui donnait l'apparence d'un idiot.

Cet être pouvait-il, comme un démon « mangeur de souffle », avoir causé la mort de la fermière ? D'après Alak Ngags Tchang, la chose était fort douteuse, mais non impossible. Et sur ce, la conversation étant aiguillée sur les *tulpas*, ce dernier me raconta l'histoire du magicien Tcheu Tags.

---

1. Les Tibétains croient que les initiés à un certain enseignement ésotérique ont le pouvoir de former des êtres-fantômes (*tulkous* ou *tulpas*) capables de se comporter dans le monde comme des personnes naturelles. Ce pouvoir est attribué, par les bouddhistes mahâyânistes, aux Bodhisatvas. Le *tulpa* est formé supernormalement et n'a aucune conscience propre. Il n'est qu'une forme vide, animée et dirigée par le magicien qui l'a façonnée. Le *tulkou*, au contraire, naît de façon naturelle. Il est un être aussi réel que nous le sommes et bien que possédé par « l'esprit » de celui qui l'a voulu comme instrument, il a pourtant une volonté propre qu'il doit à sa naissance selon la chair. Cependant, surtout dans les récits épiques, le terme *tulkou* est souvent employé pour *tulpa*. C'est là, toutefois, une licence incorrecte. Les occultistes tibétains croient que, dans certains cas, les *tulpas* agissant à la manière d'un aimant, peuvent attirer à eux des éléments d'ordres divers existant dans leur ambiance et, en les assimilant, arriver à compléter leur personnalité, à devenir, dans une certaine mesure, des individus conscients. Le désir de conserver leur existence et de la rendre indépendante de leur créateur peut, alors, s'éveiller en eux et une lutte acharnée — généralement conduite par des moyens psychiques plutôt que matériels — s'engage entre le magicien et sa créature, le premier tentant de dissoudre celle-ci et se heurtant à la résistance et aux attaques du *tulpa* qui, lui, s'efforce de détruire son maître pour conquérir son indépendance. Les théories concer-

Comment la connaissait-il ? Peu de temps avant sa mort, inspiré sans doute par l'exemple du célèbre ascète Milarespa, Tcheu Tags avait dicté sa biographie à l'un de ses disciples, lui recommandant spécialement de mettre en garde contre les dangers attachés à la formation des *tulpas*, ceux de ses collègues *ngagspas* [1] qui seraient tentés de s'y livrer.

Ce disciple, ami du maître spirituel d'Alak Ngags Tchang, lui avait répété l'histoire du *tulpa* créé par Tcheu Tags et, à son tour, mon interlocuteur l'avait entendue de son maître.

Le *ngagspa* Tcheu Tags n'était ni un saint ni un sage. Dans sa jeunesse, il avait commis un crime. Un soir, obéissant à une soudaine flamblée de luxure, il avait brutalement assailli une fille *dokpa* [2] qu'il désirait depuis longtemps. Puis, comme sa victime appelait à l'aide, lui, sa rage sensuelle éteinte et craignant des représailles, avait froidement jeté la malheureuse dans la rivière toute proche et, avec elle, le baquet qu'elle avait apporté pour puiser de l'eau.

Il s'en était allé très calme, nullement ému. Les gens des tentes noires cherchant la disparue n'avaient retrouvé que son baquet échoué entre des rochers. Dès lors, tout s'expliquait : il s'agissait d'un accident... La fille s'étant trop penchée en puisant de l'eau, avait perdu l'équilibre : elle était tombée dans la rivière et le courant l'avait emportée. Sur une de ses robes [3] Tcheu Tags, impassible et solennel, célébra l'office des morts, le *poa* qui envoie l'esprit des défunts au paradis de la « Grande Béatitude » : *Noub Déwa Tchén.*

Les années avaient passé. Tcheu Tags était devenu riche et célèbre. Tcheu Tags avait approfondi les plus secrètes des sciences magiques. Inscrutable à l'égal des

---

nant ce sujet constituent une des plus curieuses sections de l'enseignement ésotérique tibétain et sont tenues extrêmement secrètes.

1. Les *Ngagspas* (écrit sngagspa), « hommes des paroles secrètes » : des magiciens.

2. Les *dokpas (hgrogpas)*, littéralement « gens des solitudes », sont des pasteurs vivant sous la tente dans les grands déserts d'herbe du Tibet.

3. Le corps du défunt n'étant pas présent, le rite peut être célébré sur un objet quelconque lui ayant appartenu.

déités redoutables avec qui il entretenait commerce, Tcheu Tags était l'objet d'un respect mêlé de terreur. Pourtant, il ne jouissait pas de son succès ; intérieurement, un ver rongeur le torturait : il se savait vieux et la pensée de sa mort prochaine lui était épouvantable.

Vivre !... le vieux magicien n'avait que ce désir ; tous ses triomphes passés, ses richesses, sa gloire, il les comptait pour rien. Il voulait continuer à vivre pendant des années et encore des années et, lui, habile à produire tant de prodiges, il ne connaissait pas le moyen efficace de prolonger sa vie pour des siècles.

Pourtant, ce moyen existait. Un ancien manuscrit qu'il avait découvert dans la bibliothèque poudreuse d'un *ngagspa* mort récemment, rapportait qu'un *tér* [1] traitant de ce sujet avait été enterré par Padmasambhava, dans une caverne proche de la cime du Khang Tisé [2].

Il lui fallait ce livre, mais comment s'en emparerait-il ?

Peut-être, si difficile que la chose fût pour lui, à son âge, parviendrait-il à effectuer le long trajet de Ga [3] au Khang Tisé, mais une fois arrivé au pied de la montagne sainte, il lui serait absolument impossible de la gravir Pourtant Tcheu Tags avait soif du secret de l'immortalité dans notre chair actuelle.

Alors, il réfléchit et se rappela la maxime du Maître qui l'avait initié aux mystères des méthodes ésotériques : « Il existe toujours un moyen de parvenir à ses fins. Il ne s'agit que de le découvrir. »

Le « moyen » pour son cas, existait. Si son corps était privé de forces, ses membres ankylosés, si l'enveloppe de chair de Tcheu Tags ne pouvait être l'instrument efficace de la volonté de Tcheu Tags, cette volonté était capable de créer un autre instrument plus propre à servir ses desseins.

Le magicien connaissait l'art de produire des *tulpas*, des fantômes doués de toutes les facultés physiques des êtres réels, mais privés de vie propre, animés par la pensée

---

1. *Tér* ou *Térma*, voir p. 133.
2. Une montagne sacrée aux Tibétains et aux Hindous. Ces derniers la dénomment Kailasa et y placent la demeure de Çiva. Elle est située à l'ouest du Tibet.
3. *Ga* est le nom d'un territoire inclus dans le pays de Kham, à l'est du Tibet.

de leur créateur et se mouvant d'après ses intentions. Plus d'une fois, il avait fait usage de ces créatures éphémères. Il y aurait encore recours. Un *tulpa* portant en lui l'ardent désir de vie de Tcheu Tags, rendu robuste par l'énergie que lui déverserait son esprit toujours vigoureux malgré la décrépitude de son corps, irait à sa place au Khang Tisé et, obéissant aux impulsions qu'il lui communiquerait, il déterrerait, à l'endroit indiqué, le précieux traité de Padmasambhava et le lui apporterait.

Tcheu Tags s'enferma pour une réclusion sévère dans les ténèbres et se mit à l'œuvre. Le *tulpa* se forma. Comme l'avait voulu le magicien, il avait l'aspect d'un jeune *trapa*, le personnage le mieux choisi pour entreprendre, sans être remarqué, un pèlerinage à la montagne sainte.

Le fantôme fut gardé plusieurs mois enfermé avec son créateur qui l'animait progressivement en prononçant les *mantras* [1] appropriés et en transfusant, en lui, une partie de sa substance subtile. Quand il le crut en état de se mouvoir dans le monde comme un être naturel, Tcheu Tags lui donna la liberté et celui-ci s'éloigna. Mais bien que séparé du magicien, un lien occulte le liait à lui, il continuait à être actionné par sa volonté et ce dernier, par l'effet de sa clairvoyance, pouvait le suivre dans tous ses mouvements.

Le *tulpa* marchait, marchait, jour et nuit. Il n'avait besoin ni de manger, ni de boire, ni de se reposer. La force des *mantras* prononcés sur lui et l'énergie engendrée par la concentration de pensée du magicien le soutenaient.

Ainsi, le pseudo-pèlerin traversa Lhassa, Jigatzé et remonta très haut le cours du Yésrou Tsangpo. Puis, après avoir passé par maints villages et devant maints dzongs [2], il parvint à des tchang-thangs, pareils à ceux qui avoisinent Ga, où ne vivent que des pasteurs.

Un jour, continuant sa route, il arriva près d'un camp. Les chiens n'aboyèrent point quand il approcha. Marchant toujours droit devant lui, il heurta le piquet d'une tente et soudain s'arrêta. Dans la tente était une jeune fille.

---

1. Formules magiques. *Mantra* est leur nom sanscrit. Les Tibétains l'ont adopté dans le langage littéraire. Ses équivalents en tibétain sont *zoung* (écrit gzungs) ou *ngags* (écrit sngags).

2. *Dzong* (écrit rdzong) : un fort ; actuellement aussi, la résidence d'un gouverneur de province ou d'un chef de tribu.

A l'autre extrémité de l'immense Tibet, Tcheu Tags ressentit le choc qui venait d'arrêter son *tulpa*, il vit la jeune fille dans la tente et la reconnut : c'était celle qu'il avait violée et tuée soixante ans auparavant.

Le vieux magicien n'ignorait pas que, bons ou mauvais, tous nos actes produisent des effets qui nous atteignent tôt ou tard, nous apportant de la joie ou de la douleur, mais son crime ancien n'avait jamais contrarié son succès et il avait presque cessé d'en redouter le châtiment.

Sa profonde science lui permettait de pénétrer le secret, caché au vulgaire, des existences passées des êtres quels qu'ils soient. Il s'absorba dans une profonde méditation et les images à jamais ineffaçables des événements qui avaient eu lieu lui apparurent.

Il vit sa victime emportée par le courant et l'entendit se recommander au Seigneur de Compassion, le puissant Tchenrézigs. *Om mani padmé hum !* disait-elle, *Noub déwa Tchén kyi chinka la kiewar tchog*[1]. Et comme elle avait, durant sa courte vie, assidûment récité *mani*, et pratiqué la charité, Tchenrézigs l'accueillit dans son bienheureux royaume. Cependant ses mérites n'étaient pas assez grands pour lui permettre d'y faire un long séjour. A peine quarante de nos années s'étaient-elles écoulées — ce qui correspond à moins d'une heure de Noub Déwa Tchén — que la jeune fille renaissait dans notre monde et dans une condition pareille à celle qu'elle avait eue dans sa vie précédente. Une fois encore, elle était fille de pasteurs vivant sous la tente.

Tcheu Tags, qui n'avait jamais eu peur, trembla. L'heure du châtiment était venue. Mais il ne s'abandonna pas à la crainte, il résolut de lutter et se crut capable de vaincre l'obstacle qui paraissait s'opposer à son dessein. Il fallait d'abord que son *tulpa* s'éloignât de la tente et se remît en marche.

Il concentra ses pensées avec force pour communiquer au fantôme sa volonté de continuer sa route, et pour la première fois, le *tulpa* n'obéit pas.

La jeune fille voyant un *trapa* pèlerin debout au-dehors, sortit et le pria d'entrer pour se reposer et boire du thé. Le *tulpa*, obéissant à une force plus grande que celle de son créateur, entra.

1. « Puissé-je renaître dans le Paradis de la Grande Béatitude. »

Fait de la substance subtile de Tcheu Tags, imprégné par cela même des sentiments qui animaient ce dernier alors qu'il le confectionnait, le voyageur fantôme portait, latent en lui, le désir passionné de vivre et, soudainement, au contact des influences provenant de l'acte criminel de Tcheu Tags, ce désir devint actif. En même temps, la sensualité de Tcheu Tags s'éveillait dans le *tulpa*. Le magicien et sa créature n'étaient qu'un seul esprit en deux formes matérielles.

Du moins, c'est ce qu'ils avaient été jusqu'alors, mais d'autres forces agissaient maintenant. Le désir de vivre et les tendances sensuelles attachées à la forme du *tulpa* attiraient, comme un aimant, des éléments étrangers qui allaient intervenir dans l'œuvre du magicien. Sa créature prenait vaguement conscience d'elle-même.

Le *tulpa* s'assit, il semblait fatigué, chose naturelle à un pèlerin. Il ferma les yeux, on le crut endormi. Les parents de la jeune fille, des gens pieux, s'estimèrent heureux d'héberger un religieux se rendant à la sainte montagne. Des jours passèrent, puis des semaines. Le *tulpa* résistait à la pression exercée sur lui par le magicien. Il ne voulait pas aller au Khang Tisé ; la fille des *dokpas* lui plaisait. Nourri par des apports étrangers à la volonté du magicien possédé par d'autres esprits que le sien, une intelligence propre naissait en lui. A présent, le lien subtil qui unissait l'homme-fantôme à Tcheu Tags ne servait plus seulement de canal pour transmettre au *tulpa* la volonté du maître ; le long de ce fil conducteur, la conscience rudimentaire du *tulpa* remontait et prenait contact avec celle de son créateur, pénétrant ses desseins. Ainsi le *tulpa* comprit que l'existence lui était mesurée, que sa tâche accomplie il serait détruit. Il ne le voulait pas. Il voulait vivre.

Tcheu Tags perçut sa révolte. Le vieux magicien s'enferma de nouveau dans les ténèbres. Il employa les *mantras* les plus puissants, les épuisantes concentrations d'esprit, celles pendant lesquelles l'énergie vitale s'écoule toute en un unique ruisseau. Il appela à son aide ses déités tutélaires. Rien ne put remettre le *tulpa* en marche vers la caverne où était enfoui le traité contenant le secret de l'immortalité.

Bien au contraire, Tcheu Tags perçut que son fantôme

fortifié par l'aide de *cela* — êtres et choses — qu'il avait incorporés, commençait à lui soutirer à lui-même de l'énergie et de la vie.

Le danger qu'il courait l'affola. Il ne s'agissait plus, maintenant, de traité enseignant l'art de se rendre immortel, il fallait se défendre contre une destruction imminente, anéantir le *tulpa* révolté.

Tcheu Tags essaya de le ramener vers Ga, comptant en venir plus facilement à bout lorsqu'il serait entre ses mains. Ce fut en vain. De plus en plus conscient, le fantôme, devenu presque un homme, percevait ce que le magicien tramait contre lui et se défendait avec toute la force que lui donnait son désir de vivre.

A ce désir s'ajoutait un autre sentiment. Le *tulpa* aux facultés mentales restreintes n'était pas capable d'aimer, mais les effets de la passion criminelle de Tcheu Tags se manifestaient en lui ; une attraction sensuelle, à demi consciente seulement, mais irrésistible, le poussait vers la fille de ses hôtes. Souvent, ses pensées étaient occupées par le désir qu'il avait d'elle et pendant ces heures de rêveries, la concentration de son esprit sur la conservation de son existence se trouvait relâchée. Le lointain magicien reprenait alors l'avantage dans leur lutte occulte, mais lui aussi s'intoxiquait aux effluves mauvais de sa passion d'autrefois qu'il revivait dans sa mémoire.

Un jour vint où la scène du drame passé se présenta comme actuelle devant lui. Sa clairvoyance lui montra la fille des *dokpas*, portant un baquet, allant puiser de l'eau à la rivière et le *tulpa* qui la suivait. Alors, la même flambée de luxure, qui s'était allumée en lui soixante ans auparavant, le brûla d'un feu infernal. Au loin, le *tulpa* en ressentit l'âpre morsure, il se jeta sur la jeune fille.

Cependant, entraîné de longue date à la perspicace observation des faits, le magicien conservait assez de lucidité pour saisir l'occasion que son adversaire lui offrait. Subjugué par la passion, s'abandonnant à elle, ce dernier ne se « gardait » plus. Tcheu Tags se maîtrisa. Par un puissant effort, il « reprit »[1] en lui le *mantra*

---

1. Le rite de la « reprise » des *mantras* a pour objet de défaire une œuvre magique que l'on a opérée à l'aide de *mantras* ou pour

vital sur lequel reposait l'existence du *tulpa* et, terrifiée, la fille des *dokpas* vit l'homme qui l'étreignait se dissoudre comme un nuage.

Cet effort avait épuisé ce qui restait de force chez le vieux magicien. Il n'y survécut que quelques mois. Peu de temps après avoir dicté sa dramatique biographie à l'un de ses disciples, il fut trouvé mort sur son siège de méditation.

Il est douteux que j'aie été capable de rendre, dans une langue étrangère, le véritable et hallucinant caractère de cette histoire tibétaine. Il est, aussi, impossible que ceux qui la liront dans les villes de l'Occident comprennent l'impression qu'elle produit racontée, le soir, près d'un feu de camp dans les solitudes des *tchang thangs*, alors que la lune, les nuages et les flammes bleuâtres de la *tchiwa*[1] embrasée peuplent le désert d'ombres fantomatiques. Plus impossible est-il encore d'imaginer les pensées qu'elle éveille chez celui qui, sans en accepter tous les détails fantastiques, sait pourtant que ce conte cache une vérité.

Le lendemain du jour où nous avions appris, dans la forêt, la mort imprévue de notre hôtesse, voyant que personne ne nous rejoignait, les craintes que j'avais conçues se dissipèrent. Le pronostic de Yongden se réalisait : nous n'étions pas poursuivis. Peut-être les villageois avaient-ils chargé le cavalier qui nous avait parlé d'instruire le *lama-tulkou* des particularités de notre séjour chez la défunte, laissant à ce dernier le soin de nous punir. Peut-être aussi comptant nous trouver chez lui, entendaient-ils s'y rendre en nombre et obtenir qu'il nous condamne à leur payer une indemnité. Ces façons de faire bizarres sont très en honneur au Tibet. Mais de ce tribunal, je n'avais cure. Il n'entrait nullement dans mes intentions de rendre visite à l'honorable lama mongol.

Partie à pied ce matin-là, selon ma coutume, tandis que les hommes ployaient les tentes et chargeaient les

---

contrarier ou détruire celle d'un adversaire également basée sur des *mantras*. Dans ce dernier cas, il faut connaître ceux dont il s'est servi.

1. Ecrit *lichiba*, la bouse de yak séchée, l'unique combustible dans le centre et le nord du Tibet.

mules, je me heurtai, après une heure de marche, à un fleuve de boue qui coupait le chemin, sur une étendue d'environ trois cents mètres. Un torrent démesurément enflé avait emporté un large morceau de montagne, arrachant et charriant à travers la forêt des rochers et des arbres énormes. Le chaos formé par leur enchevêtrement baignait dans une vase jaunâtre et profonde parmi laquelle le torrent, encore gros, se frayait un lit.

L'idée d'étrenner de hautes bottes en caoutchouc, qui m'était venue tandis que je m'habillais, devait m'avoir été suggérée par quelque dieu ami. Jamais elles n'auraient pu m'être plus utiles. Avant mon départ de Koum-Boum, j'en avais fait venir deux paires — une pour Yongden et une pour moi — d'une maison américaine qui a une grande clientèle en Chine. Ni le lama ni moi ne les avions encore chaussées, les réservant pour les pires circonstances, craignant de les user trop vite, sachant qu'il nous serait impossible de les remplacer au cours de notre voyage. Nos craintes, cependant, étaient superflues, les précieuses bottes semblaient inusables et, en plus des services réels qu'elles nous rendirent, elles furent aussi pour nous une source d'amusement parmi les primitifs pasteurs du désert d'herbe.

Ceux-ci, qui n'avaient jamais eu que des chaussures en feutre ou en cuir, s'émerveillaient de nous voir marcher dans l'eau, puis retirer nos pieds parfaitement secs de ces bottes miraculeuses. Certains n'étaient pas éloignés de croire que la magie jouait un rôle dans ce prodige.

Or donc, plantée dans mes bottes neuves, je me trouvais seule devant ce fleuve de boue mouvante. Attendre pour le traverser que mes gens fussent arrivés et employer leur aide m'eût paru indigne d'un chef d'expédition. Après avoir attaqué le passage à plusieurs endroits, tour à tour pataugeant et me hissant sur des arbres renversés, je parvins de l'autre côté de l'obstacle, sinon en terrain sec, du moins en terrain solide.

Plus loin, la rivière dont nous remontions le cours avait débordé et envahi le sentier resserré entre des rochers. Le courant descendait avec la rapidité d'un cheval au galop et nous arrivait aux mollets. Nous commencions à être fatigués de tant d'eau tombant sur nous du ciel ou noyant notre route et cependant nous n'étions qu'au commencement de nos peines.

Continuant à monter en pente douce, nous trouvons un meilleur terrain, où ne zigzaguent que d'aimables et innocents ruisseaux. Un après-midi, presque au pied du col, nous débouchons dans une jolie clairière. Il y a là de la bonne herbe pour nos mules, un terrain plat pour établir notre camp. Gens et bêtes seront heureux d'y passer une journée au repos et j'y consens volontiers. Les voyages ne sont agréables qu'effectués lentement, en s'accordant beaucoup de loisirs pour regarder, faire intime connaissance avec les pays que l'on traverse, et... pour penser.

Nous sommes presque au bout de notre longue ascension. Le lendemain nous sortons de la forêt, traversons la zone des taillis, puis celle des pâturages qui sont entièrement déserts. Le sentier serpente, ensuite, parmi des terrains pierreux dénués de végétation et, enfin, la neige apparaît, devenant bientôt très épaisse. Cette dernière partie de la montée est fort raide. Un étroit sentier a été piétiné par les voyageurs qui nous ont précédés, nous le suivons de confiance car nulle part le sol n'est visible. La nécessité de ne pas nous en écarter nous est promptement démontrée. Des mules à qui il prend fantaisie de quitter la file pour se promener dans les champs de neige y enfoncent perdant pied. Les hommes, moins lourds qu'elles, réussissent à demeurer à peu près fermes sur la surface encore gelée et à les dégager, mais ce n'est pas sans peine. Ma mule glisse à chaque pas, je mets pied à terre et continue mon chemin à pied.

Le col lui-même est une simple coupure pratiquée dans une arête aiguë. Un V dont la base, par où le chemin s'introduit, est si étroite qu'en passant nos bêtes en raclent les deux parois avec leurs fardeaux. L'arête elle-même n'a guère plus de trois mètres d'épaisseur à cet endroit. Immédiatement, l'on passe sur l'autre versant dont la pente est moins raide mais où la neige est encore plus épaisse. Toute la descente doit être effectuée à pied jusqu'à la zone des pâturages.

L'altitude du col est, dit-on, d'environ 4 500 mètres [1].

---

1. La carte de Chine, teintée par altitude, confirme approxima-

Très au-dessous de lui, les premiers arbustes rencontrés commençaient à peine à bourgeonner quand je le traversai, à la fin du mois de juin 1921.

Cette promenade dans la neige m'a passablement fatiguée. Dès que je retrouve des prairies, la tentation me vient de m'asseoir et de me reposer. Ce n'est même pas assez d'être assise, mes membres réclament une plus complète détente. Je me couche et je m'endors. A quelques pas de moi, Yongden s'est aussi allongé sur l'herbe. A peine vingt minutes plus tard, je me réveille courbaturée et fais lever le lama qui s'est assoupi. Le résultat de l'imprudence que nous avons commise en demeurant étendus sur la terre humide se fait déjà sentir. Yongden a mal à la gorge et je frissonne. Tobgyal, resté avec nous, s'est promené en gardant nos montures ; bien lui en a pris, il a échappé au refroidissement.

Nous enfourchons rapidement nos bêtes. Les mules de louage ne se sont pas arrêtées. Quand les rattraperons-nous ? Il est impossible de trotter par ces sentiers de forêt et nous n'avançons guère plus vite qu'elles. Les muletiers trouvent leur profit à allonger les étapes lorsqu'ils sont payés à forfait pour un trajet. Que la nuit soit venue lorsque l'on campera, que l'on ne puisse pas faire cuire mon souper, notre Chinois s'en moque : un bol de thé, un morceau de pain et quelques pipes d'opium suffisent à cet homme sobre.

La fièvre augmente, j'ai le vertige, les oreilles bourdonnantes, chaque mouvement de ma mule me cause de violentes douleurs dans les reins et dans la poitrine. Yongden me dit que j'ai le visage cramoisi, lui-même commence à tousser. Il nous faudrait boire chaud et nous mettre au lit, mais boisson et lit sont loin de nous. Où le muletier va-t-il s'arrêter ?...

---

tivement ce renseignement. Toutefois, je prie le lecteur de se rappeler que mes voyages ont eu pour objet des recherches orientalistes et ethnographiques et ne comportaient point d'études géographiques. Les renseignements concernant les altitudes indiquées dans le présent livre comme dans ceux que j'ai écrits précédemment m'ont été fournis par des voyageurs compétents et par les meilleures cartes existant actuellement. Ces chiffres doivent être pris *approximativement* et sont donnés simplement pour que le lecteur puisse plus facilement se former une idée des pays que ces récits décrivent.

Du sentier qui descend doucement, nous entrevoyons, devant nous, une étroite vallée couverte de forêts et, au lointain, un pic couvert de neige. Le paysage est sévère, très beau, imprégné d'un grand calme, le charme qui s'en dégage me fait presque oublier ma souffrance.

Plusieurs heures s'écoulent, la pluie tombe par intervalles ; enfin je distingue, très au-dessous de nous, une légère brume bleuâtre qui s'élève entre les arbres. Elle est à peine visible, mais à mener une vie de primitif par les monts et les bois, l'on développe l'acuité de ses sens. Un feu brûle là-bas : nos gens doivent y être campés.

Il nous faut encore pas mal de temps pour les rejoindre, mais je ne m'étais pas trompée, le feu est là et nos tentes dressées. Bien mauvais, l'emplacement du camp : un terrain en pente, couvert de hautes herbes mouillées. Aucun autre endroit ne s'offrait, dans cette forêt touffue, il faut nous en contenter.

Tout me sera bon, du reste, pourvu que j'aie chaud et que j'enlève mes vêtements humides. Sotar et Seunam, partis en avant avec les Chinois, ont fait mon lit et préparé du thé beurré, j'en bois plusieurs bols et je me couche sous un bon nombre de couvertures, une bouteille d'eau chaude entre mes bras, une autre à mes pieds. De son côté, Yongden se traite de même. Le lendemain, la fièvre nous a quittés, nous sommes, tous deux, frais et dispos, prêts à nous en aller jusqu'au bout du monde.

Lianghokow est beaucoup moins loin que « le bout du monde ». Nous campons encore en forêt, la nuit suivante et, le lendemain matin, nous plantons nos tentes à trois *lis*[1] du village. De celui-ci part la route conduisant au lieu où réside actuellement le *tulkou* mongol, mais je me dispenserai de lui rendre visite.

Yongden se rend au village pour acheter des provisions ; il y trouve peu de chose. Il rapporte six livres de bon beurre, huit livres de farine et un peu de *tsampa* qu'on lui fait payer un prix exorbitant.

L'engagement que j'ai conclu avec les muletiers expire à Lianghokow. Je voudrais pourtant traiter de nouveau avec eux pour continuer à descendre la vallée. Je tiens à ne pas fatiguer mes mules afin de les avoir en bonne

1. Mesure chinoise. Trois *lis* font environ deux kilomètres.

forme au moment d'entrer au Tibet où il me faudra avancer rapidement et sans demander d'aide à personne.

Le Chinois veut bien me continuer ses services pendant quelques jours encore, mais il exige que je loue six mules. Il ne m'en faut que trois. Il me déplaît de faire une dépense inutile. Je dois ménager l'argent que j'ai emporté car je n'ai aucune possibilité d'en toucher d'autre jusqu'à la fin de mon voyage. Entre le temps où j'écrirais en Europe et celui où je pourrais recevoir les fonds demandés, il s'écoulerait environ six mois. Dans six mois, je compte bien avoir fait du chemin.

Je refuse donc de subir les exigences du muletier. Sur nos huit bêtes, cinq sont à peu près valides, leurs plaies s'étant cicatrisées. Nous les chargerons et, pour alléger leurs fardeaux nous porterons, chacun, un sac sur notre dos. C'est ainsi que le 13 juin, vers trois heures de l'après-midi, nous nous mettons en route à pied.

Ai-je eu tort de ne pas louer les six mules ?... Le muletier a-t-il voulu se venger de ma résistance ? A-t-il simplement cherché à mettre sa responsabilité à couvert quant aux services qu'il m'avait rendus, en informant le magistrat chinois le plus proche, du passage dans le pays de gens portant des armes ? Je l'ai toujours soupçonné d'avoir joué un rôle dans la désagréable aventure qui allait nous advenir et dont les conséquences, en bouleversant mes plans, m'entraînèrent dans une nouvelle suite de pérégrinations qui durèrent plus de trois ans. Pour ce, béni soit-il, si mes soupçons étaient fondés !

CHAPITRE V

De Lianghokow, un bon sentier, suivant la rivière, descend à travers les forêts, vers Foupién. La distance existant entre ces deux localités n'est pas grande, mais nous la parcourûmes à très petites étapes. Nous étions lourdement chargés et pas du tout entraînés à porter des fardeaux sur notre dos. Nos mules trouvaient amplement de quoi paître et le demi-repos que je leur laissais achevait la guérison de leurs plaies. Et puis flâner dans ces bois ne manquait pas de charme, nous y demeurions parfois campés toute une journée jouissant de la quiétude profonde du paysage environnant... C'était le calme avant la tempête.

Foupién, où nous nous rendions, emprunte l'importance qu'on lui accorde dans la région, au fait que les villages des environs comptent souvent moins d'une douzaine d'habitations. Il y en a peut-être une quarantaine à Foupién et, de plus, un magistrat chinois a son siège dans cette localité. Malheureusement pour nous, nous ignorions ce dernier détail.

Arrivés tard dans la soirée, en vue de la petite agglomération et n'apercevant pas de meilleur endroit pour camper, nous nous installons dans un ancien cimetière situé sur une colline. L'endroit est splendide. Une belle prairie offre un large emplacement pour nos tentes autour desquelles nos mules pourront paître en liberté. C'est nuit de pleine lune, les nombreuses tombes en ruine émergeant des buissons et des herbes folles nous entourent d'un décor romantique. Le temps est beau, je demeure longtemps au-dehors regardant le jeu des ombres que la lune et notre feu de camp projettent parmi les vieux sépulcres. Le paysage est si fantastique que j'accueillerais sans étonnement l'apparition de quelques fantômes, mais aucun ne se montre. Nous dormons paisiblement auprès de nos voisins qui s'endormirent, avant nous, d'un plus profond sommeil.

Le 21 juin vers 9 heures du matin, je quitte le camp à pied, accompagnée de Yongden, tandis que les domestiques achèvent de ficeler les bagages. Nos bêtes sont toutes redevenues capables de porter leur charge ordinaire et il n'est plus nécessaire que nous nous chargions nous-mêmes de fardeaux, comme nous l'avons fait durant la semaine précédente. C'est heureux, car nous aurions fait piètre figure en traversant les villages chinois dans cet équipage. Mais, qui sait, peut-être faisons-nous, maintenant, trop bonne figure, et est-ce là la cause de notre mésaventure.

Nous nous en allons tout allègres, le lama et moi, donnons un coup d'œil au village, en le traversant, et passons devant la porte du *yamén*[1] sans soupçonner le caractère officiel de ce vieux bâtiment. Je remarque pourtant, devant cette porte, deux Chinois correctement vêtus, l'un d'eux de haute taille, et j'entends vaguement ce dernier dire à voix basse, quelques mots parmi lesquels il me semble distinguer la phrase : « Ce sont des Européens (*wégo rén*). » Yongden n'a rien entendu et je ne lui communique pas ce que j'ai remarqué. La chose est sans importance. On m'a reconnue pour étrangère, malgré ma robe tibétaine, on a « reconnu » le lama comme Européen, ce qui est plus drôle, il n'y a rien là qui puisse nous inquiéter. Nous ne sommes pas en territoire interdit.

Nous sortons du village par une porte veuve de battants et nous voici dans la campagne. Nous n'allons pas loin. Deux hommes accourent en nous hélant. Dès qu'ils nous ont rejoints, gesticulant et parlant tous deux à la fois, ils nous posent quantité de questions. A leurs

1. Les bureaux d'un fonctionnaire chinois.

manières, je comprends qu'ils doivent être envoyés par quelque « autorité » locale. Yongden, je ne sais pourquoi, leur dit que nous sommes Mongols.

Sur ce, le long personnage entrevu dans le village, celui qui avait parlé des « *wégo rén* », arrive et se répand en un flot de paroles auxquelles nous ne comprenons rien. Nous ne sommes pas forts en langue chinoise et nous n'entendons guère que le dialecte du Kansou.

Les employés du *yamen* qui nous ont rejoints les premiers rapportent à leur chef que nous déclarons être Mongols. Ceci contribue à embrouiller la situation. Le fonctionnaire hausse le ton, je ne comprends pas davantage ce qu'il dit, mais je *vois* qu'il devient malhonnête. Je perds patience, me campe devant lui et, en tibétain, qu'il n'entend pas plus que je ne comprends le chinois, je lui intime l'ordre d'avoir à se contenir et à être poli. Lui aussi a *vu* que je me fâchais. Il se calme un peu mais veut regarder ce que contient un sac que Yongden porte sur son dos. On le lui montre, ce sont nos deux manteaux imperméables.

Il demande, alors, si nous avons des passeports. Ici, nous le comprenons et répondons que nous en avons, qu'ils sont dans nos bagages. Finalement, nous rebroussons chemin avec lui pour aller au-devant de mon convoi.

Lorsque nous l'avons rejoint, je tire les papiers d'une valise et les passe au magistrat, avec nos cartes de visite chinoises. Deux autres Chinois sont venus le rejoindre, l'un de ceux-ci sait quelques mots de français et quelques mots d'anglais, mais ses talents de linguiste ne nous sont pas nécessaires. J'ai, maintenant, deux bons interprètes : Tobgyal et Seunam qui parlent chinois couramment.

La comédie prend un autre ton. Mon passeport et celui du lama n'ont pas été délivrés le même jour. Tous deux sont de date trop ancienne, déclare l'insupportable fonctionnaire. J'explique que nous avons habité le Kansou pendant plusieurs années et n'avons pas eu l'occasion d'aller à Pékin les faire renouveler. D'ailleurs, ce sont des passeports de « résidents » valables pour un temps indéfini : nous *habitons* la Chine.

Autre chose : pourquoi Yongden a-t-il dit que nous étions Mongols ? — Il a compris qu'on lui demandait d'où nous venions et il a répondu : « De la Mongolie. »

Le magistrat réfléchit, puis prend une résolution. Il examinera tous nos bagages. C'est l'aventure de Gomi[1] qui recommence. Je m'y oppose fermement, arguant de ma qualité d'étrangère, non soumise à cette visite. Ce n'est pas que mes sacs contiennent rien qui ne puisse être vu de tous, mais dans l'un d'eux se trouve une carabine à répétition. Je ne la laisse porter à découvert que dans les endroits réputés dangereux où nous pourrions devoir nous en servir. D'ordinaire, je la tiens, démontée en deux parties et emballée parmi les vêtements. Je soupçonne le muletier d'avoir fait avertir le fonctionnaire de notre passage et probablement aussi de ce que nous possédons un fusil à répétition. Je vois le grand Chinois qui scrute du regard les ballots de piquets des tentes ; il songe sans doute à un véritable fusil et se demande où nous avons caché un objet de cette longueur. Il ne faut pas qu'il aperçoive la carabine, la tentation serait peut-être trop forte pour sa vertu. Il convient aussi de lui en épargner une autre : la vue de mon « trésor de voyage », des lingots d'argent et des sacs pleins de pièces de monnaie. Ce sont là des choses qu'il est imprudent d'étaler devant les « autorités ». Je fais peut-être injure à celles de Foupién en doutant de leur intégrité, mais ne les connaissant point particulièrement, j'estime que la prudence s'impose.

Nouveau temps de silence. Le magistrat réfléchit encore. Il se rabat sur les bagages de Yongden. Son passeport porte qu'il voyage avec quatre colis. Où sont-ils ? Qu'on ouvre ceux-là.

Une particularité passablement absurde des passeports indigènes est que le voyageur doit déclarer le nombre des colis qu'il transportera dans ses pérégrinations et que celui-ci est inscrit sur son passeport. Comment est-il possible que ce nombre demeure toujours le même au cours d'un voyage qui dure une année ou davantage ; l'administration chinoise, ridicule comme toutes les administrations du monde, ne daigne pas se le demander. Je dois pourtant dire que je n'avais encore jamais rencontré de fonctionnaire qui s'attachât à vérifier le nombre des sacs appartenant en propre au lama et, à part ses articles de toilette, tous ses autres objets se trouvaient mêlés

1. Voir page 201.

aux miens dans les sacs, le poids de ces derniers étant conditionné pour satisfaire à l'équilibre de la charge de chaque mule.

Forcé, pourtant, de satisfaire l'autocrate du lieu et espérant en finir avec lui, Yongden désigne un sac contenant ses vêtements et l'ouvre, aussi adroitement qu'il le peut, en relevant, comme pour en montrer le contenu, ses robes de soie sur un paquet contenant deux lingots d'argent valant cinquante taëls [1] chacun. Mais de bons yeux le surveillent, le paquet a été vu et à la façon dont il pèse sur les robes, on en a deviné le contenu.

Le magistrat annonce avec solennité la décision qu'il vient de prendre.

— « Vous pouvez aller où bon vous semble avec vos domestiques, vos bêtes et vos bagages, me dit-il, mais ce jeune homme restera ici avec les siens. »

Naturellement, il restera « avec ses bagages » dans lesquels se trouve de l'argent. Sous un prétexte quelconque, une forte amende lui sera infligée et, légalement, mes lingots changeront de propriétaire. Non, les choses ne se passeront pas ainsi ; d'ailleurs, sous aucun prétexte je n'abandonnerai Yongden, ni aucun de ceux qui ont eu confiance en moi.

— « Ce jeune homme est mon fils adoptif, fais-je répondre par mon interprète. Si vous le retenez, je resterai avec lui. J'enverrai une lettre à mon consul à Tchéngtou [2] ; il parlera au gouverneur de la province et nous verrons ce qui en résultera. »

— « Pourquoi donc faire tant de difficultés ? » risque Tobgyal. « Vous avez vu les passeports, laissez-nous partir tous. »

Il a trop parlé pour un homme de son humble condition. Le magistrat, énervé, le lui démontre immédiatement. Il dit quelques mots que je ne comprends pas et, à mon grand étonnement, je vois deux individus se saisir de mon domestique et l'emmener.

Où l'emmènent-ils ? Le mot « prison » que je saisis dans

1. Le taël n'existe pas en pièces de monnaie. C'est la désignation d'un certain poids d'argent. Taël est d'ailleurs un terme usité seulement par les étrangers, les Chinois disent *liang* et les Tibétains *sangue* (écrit *srang*).

2. La capitale de la province de Szetchouan.

les paroles que le garçon prononce me le fait comprendre.

En prison !... Un de mes serviteurs !... Il faudrait que je sois morte pour qu'une telle chose se produise. Je bondis sur Tobgyal, lui fais faire volte-face et d'une bourrade l'envoie se ranger près de ses deux compagnons, lui intimant l'ordre de demeurer derrière moi sans bouger et d'être muet.

— « Il vous fera des excuses », dis-je au fonctionnaire. « Il ne devait pas se permettre de vous parler. »

Mais qu'est-ce encore ? — Si rapidement que j'aie opéré la délivrance de Tobgyal, le Chinois a eu le temps de faire saisir le fusil que Sotar portait à la bretelle. Je le vois maintenant aux mains d'un de ses acolytes. Nouveau bond vers cet individu à qui je reprends l'arme.

— « Ce fusil est à moi... Cet homme est mon domestique. »

Le magistrat n'insiste pas, le fusil est de fabrication tibétaine et n'a aucune valeur.

De part et d'autre, on se regarde en silence.

— « Puisque vous nous retenez, » dis-je après quelques minutes d'attente, « nous restons. Je vais envoyer une lettre à mon consul. »

Et, m'adressant à mes domestiques, je jette cet ordre :

— « Retournez au cimetière !... »

Pendant une seconde, je m'égaie intérieurement de cette injonction mélodramatique et de la stupéfaction mêlée d'une pointe d'inquiétude que décèle le visage des Chinois qui l'entendent. Pourquoi ai-je choisi ce lieu funèbre ?

Le magistrat m'offre un logement dans le temple du village. Je refuse. Je ne veux pas demeurer aussi près de lui.

Les tentes sont de nouveau dressées dans le vieux cimetière, les bêtes déchargées se mettent à paître. Il n'y a qu'à elles que l'incident profite. Elles vont se reposer.

La situation n'est rien moins que drôle. Aller d'ici à Tchéngtou et en revenir, prendra quinze jours. Il faut traverser plusieurs cols avant d'atteindre la basse région qui entoure la capitale. Les sentiers doivent être médiocres comme ceux que nous avons parcourus, les pluies les ont peut-être emportés en certains endroits. Même si le consul fait diligence et presse les autorités chinoises, combien de jours s'écouleront avant que celles-ci envoient des ordres à leur subordonné de Foupién ? — Le télégraphe ne s'avance pas dans ce pays perdu. Nous en avons peut-être pour trois semaines à nous morfondre dans notre cimetière.

Yongden m'a engagée à partir avec les domestiques, puisque le magistrat le permet. Il resterait seul attendant sa décision et il me rejoindrait dans la prochaine ville, mais il ne peut être question de cela.

Pendant que je réfléchis au moyen de nous tirer le plus rapidement possible de cette absurde situation, Sotar a préparé le repas. Je mange de bon appétit. A l'opposé de beaucoup de gens, les contrariétés me donnent faim.

Ensuite, je commence à écrire ma lettre au consul. Tandis que j'y suis occupée, le fonctionnaire, cause de mes ennuis, survient. Il est accompagné par quatre autres Chinois, tous bien habillés, et se tient devant ma tente dont les rideaux sont ouverts. Son intention est évidente : il veut me parler, mais je continue à écrire sans faire attention à lui. Assis sur un tapis, Yongden lit sans lever les yeux.

Désappointés, ces messieurs s'en vont vers la tente du lama. Elle est vide puisqu'il est dans la mienne. Ils se retournent alors vers celle des domestiques. Ceux-ci profitent de notre arrêt forcé pour réparer diverses pièces de harnachement. Je leur ai donné l'ordre exprès de ne pas dire un mot.

De plus en plus embarrassé, le magistrat revient vers moi. J'appelle alors celui de mes hommes qui s'exprime le mieux en chinois et lui fais dire au mandarin que je le charge d'envoyer d'urgence, par courrier spécial, deux lettres à Tchéngtou : l'une au consul de France et l'autre au consul d'Angleterre qui s'occupera du lama.

Pourquoi un consul britannique s'occupera-t-il d'un lama ?

La chose doit évidemment paraître bizarre au grand homme de Foupién, mais je ne lui donne aucune explication à ce sujet et il pense, probablement, que si j'envoie cette lettre, c'est que j'ai des raisons de compter sur son résultat.

Il cherche à se dédire de la sentence qu'il a prononcée, mais sans trop amoindrir son prestige. Comme je tiens à m'en aller, je crois utile de l'aider en lui montrant divers papiers. Ceux-ci n'ont pas le moindre rapport avec la question de notre identité, ni même avec le but de notre voyage, mais le magistrat, qui en a les mains pleines, feint de les trouver très explicites. Les soldats formant sa garde d'honneur, qui le regardent à distance, pourront se convaincre et témoigner qu'il n'a changé sa décision qu'en recevant des preuves palpables de notre honorabilité.

Il s'exclame. Ah ! si je lui avais montré ces papiers tout de suite !... Il ne nous aurait pas retenus... La physionomie du lama l'a trompé, il l'a pris pour un Japonais... Il raconte encore d'autres choses aussi absurdes. Il est ravi d'en avoir fini avec cette affaire désagréable ; moi aussi.

Bref, nous sommes libres de partir quand bon nous semblera.

— « Demain matin, » dis-je. « Et vous nous enverrez à dîner ce soir. »

C'est entendu, il enverra des provisions.

Ceci est pour la satisfaction de mes gens qui verront que je sais me faire respecter et puis, nous pourrons retraverser le village le front haut devant les indigènes. Nous n'avons pas « perdu la face ».

Quittant Foupién, nous nous dirigeons vers Mowkong que les gens du pays dénomment généralement Sinkaïtzé. Nous avons de nouveau employé nos bêtes de selle à porter quelques colis pour alléger la charge de leurs compagnes de voyage et nous faisons tous route à pied, en dépit d'une très forte chaleur. A plusieurs reprises, je crains une insolation et je me mouille la tête chaque fois que je rencontre de l'eau. Le chemin est bon. Il passe entre des champs et des villages, et n'offre aucun intérêt particulier. La culture du pavot à opium est très pratiquée dans cette région. Que cette méchante drogue est donc jolie à l'état de fleur ! Rien de plus sinistre, au contraire, que le champ de pavots mûrissants. Ces têtes sèches qui se balancent au vent au bout de leurs tiges minces ont une apparence spectrale !

Le magistrat de Foupién m'a appris qu'un missionnaire français réside à Mowkong. Je crois pouvoir me permettre, en qualité de compatriote, de lui envoyer un de mes garçons en le priant de me faire chercher un logement. Seunam, mon émissaire, est parti à la fin de l'après-midi quand nous nous sommes arrêtés pour camper. Il a couché quelque part en route et le lendemain matin, sa commission faite, il vient à notre rencontre lorsque nous sommes encore loin de Mowkong.

Il me remet une lettre fort aimable. Le missionnaire, le Père Ch..., m'apprend qu'il a récemment acheté une maison où il se propose d'établir des religieuses qui ouvriront une école de filles. Les religieuses ne sont pas encore arrivées, la maison est vide et il m'offre d'y demeurer pendant les quelques jours que je passerai à Mowkong.

Je suis ravie. J'échappe à l'auberge chinoise et à l'humidité des nuits passées sous la tente par cette saison pluvieuse. Nous allons tous, gens et bêtes, prendre trois ou quatre jours de vrai repos.

Seunam, à qui le missionnaire a montré la maison où il m'offre un gîte, nous y conduit directement. Je suis installée depuis une heure lorsque mon hôte vient me voir. Il était déjà informé de ma présence dans le pays avant d'avoir reçu ma lettre. Sans m'en prévenir, le fonctionnaire de Foupién lui avait dépêché un messager, lui demandant s'il connaissait une Française qui descendait la vallée et si elle se rendait chez lui. Le Père Ch... avait répondu qu'il ne me connaissait pas, qu'il n'attendait personne, mais qu'il lui conseillait de ne pas susciter d'ennuis à une voyageuse paisible. Il se disposait à prévenir le consul et à envoyer un domestique me chercher, si je n'étais pas arrivée.

Lui-même devait partir quelques jours plus tard pour Tatchienlou, avec un groupe de chrétiens.

Cette ville est le siège d'un évêque appartenant à la Société des Missions étrangères de Paris. Le titulaire, à cette époque, était Mgr G..., un érudit orientaliste tibétanisant très connu dans le monde savant. Il m'aurait été extrêmement agréable de m'entretenir avec lui, mais aller à Tatchienlou me paraissait imprudent. Beaucoup de marchands tibétains y ont des comptoirs, ces gens voyagent fréquemment avec leurs caravanes et, si je me faisais voir à Tatchienlou, je risquais, en rencontrant l'un ou l'autre d'entre eux sur la route de Lhassa, d'être reconnue et dénoncée par lui.

Je n'ai donc jamais vu le savant évêque orientaliste, mais j'ai pas mal entendu parler de lui au pays de Kham où, bien que vivant, il était déjà devenu un héros de légende. S'en doutait-il ? — Probablement non.

Parmi les hauts faits qu'on lui attribuait était le suivant :

Mgr G... ayant perçu, par sa clairvoyance, qu'un certain lac contenait un trésor, s'y était rendu.

Là, en prononçant des paroles magiques, il avait plongé ses mains dans l'eau et, miracle ! celles-ci les attirant comme un aimant, les pierres précieuses et l'or cachés au fond du lac étaient montés vers elles. C'est ce trésor emporté à Tatchienlou, qui subvenait aux frais de la mission. Il existait diverses variantes de cette histoire et certaines de celles-ci s'enjolivaient de détails d'une originalité très amusante.

Les quelques rares étrangers qui ont approché le pays de Kham peuvent revendiquer la gloire d'avoir grandement enrichi le fond des légendes de cette belle région. Il m'a souvent été possible de reconnaître le héros de ces histoires ; pourtant il en est une, très populaire parmi les indigènes de Ga et de Cherkou [1], dont il m'a été impossible de découvrir l'origine.

Il s'agit d'un voyageur — un étranger occidental — qui possède un chien merveilleux. L'animal est de grande taille. On me l'a représenté comme une sorte de lévrier. De crainte qu'il ne se fatigue, son maître le fait porter à dos d'homme, dans un panier spécial. Ce chien sorcier voit « à travers les montagnes » ce qui se passe de l'autre côté d'elles et renseigne exactement son maître à ce sujet. Il entend aussi ce que disent les hommes et les bêtes ; mieux encore, il lit leurs pensées et, toujours, il renseigne fidèlement son maître concernant ce qu'il a découvert de cette manière. Ce dernier est considéré comme ayant nourri de mauvais desseins contre les Tibétains et s'étant servi de son extraordinaire animal pour les espionner et leur nuire.

Voir de l'autre côté d'une montagne est une faculté

1. *Alias* Jakyendo.

dont il est souvent parlé au Tibet. Les pasteurs des solitudes sont portés à croire que les Blancs la possèdent et j'ai maintes fois été questionnée à ce sujet. Certains s'enquerraient aussi de la possibilité de photographier ce qui se trouvait derrière une montagne. A tort ou à raison, les Tibétains attribuent à certains lamas cette vue supernormale et l'on cite des cas où ceux-ci ont exactement décrit des faits qui se passaient de l'autre côté d'une chaîne de montagnes. Il est évident que dans ces circonstances, il ne s'agit pas de la vision ordinaire.

Quant au chien-phénomène et à son maître, ce ne sont point des mythes. Des gens que j'ai connus les ont vus. Sans aucun doute, miracle à part, un étranger a voyagé dans cette région, faisant porter un chien dans un panier. Qui est-il ? — Parmi le très petit nombre des étrangers, tous bien connus, qui ont visité Ga et Cherkou, je n'ai pas réussi à l'identifier. S'il lui arrive de lire ce livre, il s'amusera probablement, en apprenant la célébrité dont jouit son compagnon à quatre pattes.

Afin d'éviter Tatchienlou, j'avais décidé de rejoindre la route des caravanes à Tao, en coupant à travers un massif de montagnes en grande partie inhabitées.

Je continuais machinalement à suivre le plan conçu à Koum-Boum, mais j'avais perdu toute foi en son succès. L'aventure de Foupién laissait derrière elle des conséquences auxquelles je ne pouvais pas me soustraire. Mon identité avait été dûment reconnue, j'étais annoncée à Mowkong et, déjà, le sous-préfet chinois de cette ville avait informé le Père Ch... qu'il me donnerait une escorte pour continuer ma route. Même si je parvenais à éviter cet honneur gênant, je serais administrativement signalée à Romitchangkou et de là, plus loin, de ville en ville... C'était la fin !

Il valait mieux, me disais-je, ne pas m'obstiner à poursuivre une entreprise vouée à l'insuccès, ne pas augmenter, en me faisant voir et arrêter à la frontière, les difficultés d'une nouvelle tentative. Mais le mouvement était donné et ne pouvait pas être arrêté. J'étais prisonnière des circonstances, de mes domestiques bavards, de mes bêtes et de mes bagages. Les uns et les autres entravaient la liberté de mes mouvements, m'empêchaient de faire perdre ma trace, de me fondre dans la foule anonyme.

Congédier les gens, vendre ou abandonner les bêtes et les bagages étaient impossibles. Cette conduite inaccoutumée eût provoqué l'étonnement de toute la ville et la suspicion des autorités chinoises.

Alors, il fallait continuer à marcher... Ah ! quelles heures pénibles j'ai passées dans cette petite maison à Mowkong, cherchant des combinaisons impossibles à trouver, tandis que le tic-tac assourdissant d'un moulin à eau voisin martelait douloureusement mon cerveau torturé !

Pendant mon séjour à Mowkong, il plut tous les jours, la rivière montait rapidement. Je prévoyais que les chemins seraient boueux. Mieux valait, cette fois, que nous ayons chacun une monture. Je louai donc quatre mules pour porter nos bagages. Deux muletiers les accompagneraient. Cet arrangement était conclu pour le trajet de Mowkong à Romitchangkou. J'aviserais ensuite à la façon dont nous traverserions la montagne.

Je laissai partir le Père Ch... et sa petite troupe de fidèles qui voulaient se hâter, craignant de trouver la route coupée par une inondation. En proie à des pensées pénibles, je préférais voyager seule, en silence, sans devoir affecter une attitude qui ne correspondait pas à mon état d'esprit.

Mal m'en prit. Vingt-quatre heures de retard, l'allure de ma petite caravane, plus lente que celle du Père Ch... qui ne comprenait que des cavaliers, donnèrent à la crue le temps de me gagner de vitesse, tandis qu'il atteignait Romitchangkou sans encombre.

La matinée était déjà très avancée quand nous partîmes de Mowkong. Le sous-préfet se dispensa de m'envoyer une escorte, mais non pas d'avertir son subordonné de Romitchangkou de mon arrivée, comme je m'en aperçus par la suite. Il plut pendant tout l'après-midi.

A la nuit tombante, nous arrivons près d'un petit temple délabré. On y pénètre par une ouverture béante : la porte n'existe plus. A l'intérieur, des bancs et des tables indiquent que ce local sert d'école pour les enfants du village voisin. Pour le moment il est désert. Mes gens et les mules s'abritent sous ce qui reste de toit à un petit bâtiment en ruine et je m'installe dans le temple, avec les dieux.

Ils sont là, plusieurs, vétustes sur un autel poussiéreux ;

leurs visages, endommagés par le temps, les rats et les oiseaux, respirent cette bonhomie mi-bienveillante mi-narquoise habituelle aux déités taoïstes.

Je les salue avec sympathie.

— « O divins dont je ne sais ni les noms ni l'histoire, accueillez une voyageuse qui cherche un abri dans votre demeure. Bien que je n'entende pas votre réponse, je la devine gracieuse. Vous ne vous offenserez pas en voyant mon lit au pied de votre autel. Pour loyer, je vous brûlerai quelques bâtons d'encens ; puisse leur odeur vous réjouir.

« Soyez heureux, ô divins ; plus heureux que moi, si vous le pouvez. Inspirez à ceux qui viennent vous vénérer des pensées de sagesse, même si vous n'êtes pas tout à fait sages vous-mêmes. L'aumône est mesquine quand on ne donne pas plus que ce que l'on a. »

Le vénérable vieillard qui trône au milieu de l'autel, flanqué de deux serviteurs, l'un d'apparence humaine et l'autre de forme démoniaque, semble content de mon *speech*. Une statue dorée — dieu ou déesse ? Yongden et moi ne pouvons pas nous mettre d'accord sur son sexe — se rengorge évidemment satisfaite et d'autres personnages plus humbles ne paraissent pas moins approbatifs. « Voici une femme bien civile », pensent-ils sans doute.

Pourtant, s'il est capable de lire dans l'avenir, le bonhomme chef de cette assemblée, doit sourire malicieusement dans sa barbe d'octogénaire en voyant les tribulations qui m'attendent.

Nuit paisible et départ de grand matin. Je ne crois pas que les villageois se montreraient plus susceptibles que leurs dieux et se fâcheraient en constatant que j'ai pris leur temple pour chambre à coucher, cependant, il vaut mieux qu'ils n'en sachent rien. Donc, partons avant que n'arrivent le maître d'école et ses élèves.

Soleil et fortes ondées alternant, nous arrivons vers le milieu de l'après-midi, devant un pont que nous devons traverser. La rivière roule tumultueusement ses eaux grossies et charrie des arbres arrachés par la crue, le tablier du pont, formé de planches non jointes, tremble et oscille de façon inquiétante. Comme d'habitude, il faudra guider les mules par la bride et les faire passer une à une.

La première bête arrive à bon port ; la seconde vient

à peine de la rejoindre lorsque le courant, qui minait la rive, provoque un éboulement et une brèche s'ouvre entre elle et le pont. L'eau trouvant un passage s'y engouffre, élargissant la coupure et assaillant de deux côtés la pile du pont construite en pierres sèches qui commencent à tomber.

Seuls, nous n'aurions pas pu nous tirer de ce mauvais pas. La brèche qui s'était produite empêchait notre passage et aussi le retour vers nous des deux mules déjà parvenues sur la rive opposée et des deux hommes qui les y avaient conduites. Séparés de ceux-ci, notre groupe aurait dû remonter vers Mowkong et chercher une autre route pour gagner Romitchangkou ou Tatchienlou. Combien de semaines ce détour nous aurait-il pris ?

Notre bonne étoile nous l'épargna. En face du pont, se trouvait un petit hameau et, précisément, une maison en construction contre laquelle un certain nombre de longues planches étaient appuyées. Spontanément, les paysans en apportèrent plusieurs pour relier le pont à la rive et, la communication étant rétablie, Seunam, confiant le soin des deux bêtes au muletier venu avec lui, s'en retourna vers nous.

Ces deux mules avaient passé le pont en portant leur charge. Cela parut, maintenant, trop hasardeux. Il était prudent, pour leur sûreté, de laisser aux bêtes toute la liberté de leurs mouvements et, aussi, d'éviter qu'un soubresaut soudain, si l'une d'elles s'effrayait, ne fît tomber dans la rivière les colis attachés sur son dos.

Décharger les mules, en conduire séparément dix, plus deux chevaux, sur la rive opposée, y transporter à bras tous nos sacs et nos ballots, demandèrent plus d'une heure. Pendant ce temps, les chutes de pierres, qui se multipliaient, devenaient inquiétantes. La pile allait être emportée par la rivière, cela ne faisait pas de doute, mais jusqu'à quand tiendrait-elle ?

Mon inaction m'énervait. En plus du lama et de nos trois domestiques, il y avait là deux muletiers chinois, en tout, six hommes. On n'avait nul besoin de mon aide. Je ne pouvais qu'écouter les flouc ! pouf ! des pierres dégringolant dans l'eau, regarder le pont branlant et craindre, chaque fois qu'on le traversait, de voir un homme ou une bête tomber dans la rivière.

Enfin, ce fut fini. Yongden et moi, nous restions seuls.

— « Va en avant, » dis-je au lama. « Tu me donneras la main pour passer sur les planches. »

— « Hâtez-vous, » répondit-il. « Je vais m'assurer qu'elles tiennent bon. »

Il s'éloigna rapidement, plus preste que moi.

— « Hâtez-vous ! » cria-t-il encore, comme il atteignait l'extrémité du pont.

Je me trouvais à moins de cinq mètres de celle-ci lorsqu'un éboulement plus prononcé se produisit ; quelques-unes des grosses pièces de bois qui reposaient sur la pile s'affaissèrent brusquement, le pont donna de la bande comme un navire qui roule, une partie des planches formant le tablier glissèrent et furent emportées par le courant.

Le choc, combiné avec un instinctif et violent mouvement de recul, me fit perdre l'équilibre. Je tombai assise, une posture ridicule mais sûre, dont je me félicitai. La retraite ne m'était pas coupée, je pouvais encore regagner le bord d'où je venais, mais m'y trouver seule, sans argent, sans provisions, sans monture était une triste perspective.

Les excellents Chinois qui m'avaient regardé arriver ne me laissèrent pas le temps de l'envisager pendant plus d'une minute. Devançant mes garçons occupés plus loin à recharger les mules et écartant Yongden, plusieurs d'entre eux se précipitèrent vers le pont. L'un d'eux se mit à califourchon sur une poutre encore assez solidement appuyée et me rejoignit.

L'armature disjointe du pont craquait de toutes parts. Il convenait vraiment de se « hâter » comme le lama m'y avait exhortée.

Le paysan me tendit la main, m'aida à enfourcher la poutre à mon tour et à glisser le long de celle-ci, un autre Chinois me saisit comme j'arrivais au bout du trajet — heureusement assez court — et ne me lâcha qu'arrivée en terre ferme. Le « drame » était terminé.

Cet incident me fournit une nouvelle occasion de constater la cordialité des campagnards de l'Ouest chinois. Il est impossible d'imaginer des gens plus aimables, plus empressés qu'eux à rendre service. J'ai des raisons de croire qu'ils ne sont pas les seuls en Chine à posséder ce caractère sympathique.

Je connais peu les villes de la côte, n'ayant séjourné qu'à Pékin. Je ne doute pas que parmi la population indigène qui y dépend des étrangers, il n'existe nombre d'individus peu recommandables. Ceux-là, coolies, domestiques, ouvriers de fabrique et autres, sont des dévoyés « déchinoisés » et leurs pareils ne se rencontrent pas dans les régions où les mœurs sont demeurées purement chinoises.

Le vrai Chinois est volontiers serviable, il n'est pas servile.

La façon dont les Chinois ont été traités par les « conquérants » blancs installés dans leur pays a fait naître chez les indigènes qui ont été en rapport avec eux, une humilité, une servilité factices couvrant une haine secrète et violente. Tel *boy* qui aujourd'hui prend sa mesquine revanche en trompant son maître sur le prix d'un achat, demain, les événements aidant, lui coupera joyeusement la tête.

Nous avons créé une race de chiens enragés en Asie. Il n'est de cage si solide que le temps ne l'use : nous nous ferons déchirer.

Nous voici donc tous réunis et en terre ferme, ce qui est une simple façon de parler car, en réalité, le sol n'est rien moins que « ferme » : nous enfonçons dans la boue jusqu'à la cheville.

Après que nous nous sommes réciproquement congratulés sur l'heureuse issue de notre petite aventure et que j'ai distribué les gratifications convenables à nos sauveteurs, ces derniers, en quelques mots, abattent notre joie. Le chemin que nous devons suivre est sous l'eau, à quelques kilomètres de là ; il n'y a pas moyen de passer.

Nous voilà bien avancés ! Il ne nous est même plus possible de remonter vers Mowkong pour y attendre la fin de l'inondation ou pour prendre une autre route. Le mieux est d'aller nous rendre compte par nous-mêmes de l'état du chemin. En route !

Nous arrivons bientôt à l'endroit inondé. Là, le sentier qui suivait de haut la rivière descend rapidement le long de falaises en rocher. Au bas de celles-ci, le chemin, sur une petite longueur, est construit en terre rapportée maintenue par des pieux et des branches, puis il remonte brusquement vers un haut promontoire. C'est cette banquette qui est submergée. L'eau boueuse ne nous permet pas de distinguer sa largeur, qui doit être, comme de coutume, minime. N'a-t-elle pas été en partie emportée par la force du courant. Qu'y a-t-il sous ces flots opaques d'un jaune sale ?

Seunam et Tobgyal déclarent qu'ils vont s'en rendre compte. Ne gardant que leur pantalon, ils entrent dans l'eau, tout de suite elle leur vient presque jusqu'aux aisselles, puis, soudainement, Seunam s'enfonce et commence à tournoyer pris par le courant. Le chemin est-il emporté ou bien est-ce que le garçon en a dépassé la limite et est tombé en contrebas, dans la rivière même ?

Ce n'est pas le temps de discuter la question. Sotar détache rapidement une des cordes de réserve suspendue à un ballot et la jette à Tobgyal qui la saisit et en lance l'extrémité à son camarade, mais le courant contrarie les efforts que ce dernier fait pour s'en emparer et la promène de-ci de-là hors de sa portée. L'eau ne doit pas être très profonde, le garçon paraît reprendre pied de temps en temps, mais la force du courant ne lui permet pas de se maintenir en équilibre. Enfin, un remous le pousse vers le bord, il peut saisir le bâton puis la main que Tobgyal lui tend et remonter sur le chemin.

Cet accident nous força à suspendre la reconnaissance du passage.

La journée avait été suffisamment fertile en incidents, il était temps de nous reposer.

Près de l'endroit inondé s'ouvrait une courte vallée dont le fond se heurtait à des pentes gazonnées. Un cours d'eau, sans doute simple ruisseau en temps ordinaire, mais à ce moment un gros torrent, y rugissait entre des blocs rocheux et, se divisant en plusieurs branches, avait inondé une grande partie du terrain plat. Nous dûmes nous établir dans l'un des rares endroits encore à sec. L'emplacement ne me plaisait guère, peut-être en aurais-je cherché un autre plus loin, mais Seunam, qui avait pris son accident en riant et, jusque-là, ne s'en était nullement montré affecté, céda soudain à une crise d'émotion rétrospective, pleurant à chaudes larmes, s'agitant et marmottant des mots entrecoupés. Il fallait le coucher au plus vite, le faire boire chaud et le laisser s'endormir.

Je commandai que l'on ne déballât que les objets strictement nécessaires et qu'on laissât les bêtes sellées. Je ne me déshabillai pas et me bornai à m'étendre sur des ballots. Malgré ma fatigue et mon besoin de sommeil, le bruit assourdissant de l'eau roulant sur les rochers et, plus encore, l'inquiétude que je ressentais m'empêchaient de dormir. De temps en temps, j'allais vérifier la hauteur de l'eau. Elle ne baissait pas, paraissant avoir plutôt tendance à monter.

J'hésitais à réveiller mes hommes ; pourtant, ayant encore une fois été observer l'endroit où j'avais planté un morceau de branche comme témoin et voyant que l'eau l'avait atteint, je fis lever tout mon monde afin de gagner les pentes voisines.

On commença à charger les plus gros colis sur les mules, les hommes se réservant d'emporter les plus légers sur leur dos pour que le déménagement soit opéré plus rapidement. Malgré la hâte qu'ils y mirent, l'inondation les gagna de vitesse. Nous nous trouvâmes dans l'eau alors que les derniers sacs à charger attendaient encore sur le sol. Bientôt l'emplacement de notre camp fut balayé par les flots.

L'obscurité augmentait la difficulté que nous avions à nous diriger. L'eau courant rapidement et, en certains endroits, déjà profonde, nous força à faire maints détours avant d'atteindre un terrain plus élevé. Là, nous déchargeâmes de nouveau nos pauvres mules, mais sur ce sol en pente raide, nous ne pouvions plus dresser nos tentes. D'ailleurs, la nuit allait bientôt finir. Nous nous assîmes sur l'herbe humide attendant l'aurore et nous félicitant de ce qu'au moins, il ne pleuvait pas.

Le lendemain, vers midi, l'eau a fortement baissé. Les jeunes gens s'en vont de nouveau tenter le passage. Yongden et moi nous les accompagnons. L'eau ne leur vient plus qu'à la ceinture. Le chemin n'est point rompu, en s'y prenant adroitement, on fera passer les bêtes.

Sur ce, apparaît une bande de sauvageons demi-nus, de race tibétaine, appartenant à l'une ou à l'autre des tribus indépendantes qui habitent à l'ouest de cette région. Apprenant de nous que le passage est possible, ils se jettent à l'eau en riant et en hurlant comme des démons. Il ne leur faut pas deux minutes pour être à sec et avoir grimpé jusqu'au promontoire qui domine la rivière. Arrivés là, ils se retournent, nous regardent et paraissent se consulter.

Je suis vêtue de ma robe lamaïque, coiffée du bonnet jaune de l'Ordre religieux et porte autour du cou le macabre rosaire des ermites. Des gens pieux, et tous les Tibétains sont dévots, ne peuvent pas laisser une *gomtchénma*[1] dans l'embarras. Sans aucun doute, elle pourrait marcher sur la rivière si la chose lui plaisait, mais puisqu'elle semble ne pas le vouloir, il sera méritoire de l'aider. Raisonnant de cette manière ou d'une autre analogue, un des Tibétains offre de revenir et de me porter.

Je flaire une heureuse intervention. Je lui réponds que j'ai besoin de cinq hommes et immédiatement cinq grands diables se remettent à l'eau et, tout ruisselants, me rejoignent.

Alors Yongden leur explique que la *Khadoma* a des bêtes et des bagages à faire passer. « Parfait, » répondent-ils, « on les passera ». Il faut d'abord aller les chercher. On y va en pataugeant dans les terres inondées. Ensuite, les colis sont portés à dos d'homme et déposés en lieu sec. Enfin, les bêtes franchissent une à une le mauvais pas, chacune d'elles encadrée par deux Tibétains dont l'un la guide par la bride et l'autre, la tenant par la queue, est prêt à la soutenir en cas de besoin. Toutes passent facilement sauf un grand mulet roux qui, trop pressé, s'aventure seul, tombe du chemin dans la rivière et renouvelle la baignade dangereuse de Seunam. Comme ce dernier, aussi, il s'en tire sans mal.

Pour terminer, le lama et moi sommes emportés.

Je veux, alors, distribuer des gratifications aux braves gens qui nous ont aidés, mais ceux-ci les refusent énergiquement. Ils souhaitent plutôt m'offrir quelque chose, mais ils n'ont rien. Si, pourtant, du fromage sec. Il faut que j'accepte le fromage. Cependant les Tibétains attendent quelque chose de moi et du lama. D'abord les bénédictions habituelles et puis que nous récitions les formules

1. Ecrit *sgom tchénma :* une femme ermite adonnée à la méditation.

rituelles qui « raccommodent » la vie, c'est-à-dire qui la fortifient chez quelqu'un qui s'affaiblit. Tel est, disent-ils, le cas d'un des hommes qui se trouve là. Ce géant ne paraît guère « affaibli », mais il est sans doute seul bon juge de son état de santé et nous promettons de réciter l'office tout en cheminant, ce que nous faisons très scrupuleusement, ayant horreur de ne pas tenir les promesses faites aux âmes simples.

Mes hommes ont tordu leurs pantalons ruisselants et se sont rhabillés. Il fait chaud : 30 à 32 degrés centigrades, tous seront vite secs. Nous repartons pour une longue étape entrecoupée par de courts trajets à travers des terrains légèrement inondés. Camp agréable cette nuit-là, sous de gros arbres et assez loin de la rivière pour jouir d'un silence relatif. Nous dormons profondément, nous en avions grand besoin.

Le lendemain, peu après notre départ, le même mulet roux qui est tombé la veille dans la rivière, glisse sur une planche servant de passerelle et s'affale dans un ruisseau. Il ne tombe pas de haut et l'eau n'est pas profonde, mais elle court si rapidement qu'elle entraîne la bête.

La grande rivière est toute proche, je crois que le mulet va y être déversé et s'y noyer, mais un rocher contre lequel il bute le soutient, lui permettant de se remettre sur pieds et de sortir du ruisseau.

Plus loin, la dévastation causée par l'inondation nous apparaît vraiment navrante. Partout, les champs de maïs sont ravagés et nous ajoutons malheureusement nous-mêmes au dommage en devant chercher notre route parmi les cultures, au-dessus du chemin inondé ou coupé par les éboulements. Malgré tous nos efforts, nos quatorze bêtes que le maïs tente, en arrachent de-ci de-là des plants et en brisent d'autres sous leurs pieds. A qui payer une indemnité ? On ne voit personne.

Ce même jour, deux mules dégringolent du sentier étroit dont la terre détrempée s'éboule sous leurs pieds. On va les relever dans les terrains en contrebas, il faut beaucoup de temps pour trouver un endroit où elles peuvent remonter vers nous.

Nos tribulations ne sont point finies. Nous voici arrivés à un hameau composé de trois maisons, d'où le sentier descend vers la rivière ; celle-ci y tourbillonne dans un trou qu'elle a creusé dans la rive et, un peu plus loin, une longue étendue de chemin a disparu, emportée par un glissement de terrain. Cette fois, la chose est sérieuse. Il faut de la main-d'œuvre.

C'est en pareilles circonstances que Yongden brille.

Sans perdre de temps, il endoctrine les quelques habitants mâles de l'endroit. Il leur vante les mérites à acquérir en entretenant les voies de communication le long desquelles hommes et dieux circulent. Son mauvais chinois se hausse jusqu'à l'éloquence. Il n'oublie même pas de mentionner les âmes des ancêtres qui peuvent, ainsi, cheminer sans obstacles et énumère les bénédictions qui en résultent. Les femmes sont sorties des maisons et l'écoutent en extase. Que ce lama est savant ! Et comme il parle bien.

Seunam et Sotar, moins doués quant au talent oratoire, jettent simplement leur fusil sur leur épaule et déclarent que je suis un *ta rén* [1], c'est-à-dire une personnalité importante, et que le chemin doit être réparé à l'instant.

Les deux arguments : l'onctueux et le violent, le doux et le fort, le spirituel et le matériel unissent leur pouvoir convaincant. Les campagnards s'en vont avec leurs pioches, encadrés par les deux porteurs de fusils. Ils ressemblent à des forçats conduits au travail. Yongden les encourage de loin en clamant de multiples bénédictions.

La besogne n'est pas mince. Il s'agit de construire un chemin de fortune dans une brousse épineuse, au-dessus du sentier éboulé. Cet ouvrage prendra plusieurs heures.

Seunam et Sotar aident les Chinois, les muletiers gardent les bêtes et Tobgyal fait cuire notre repas : des pommes de terre en robe des champs et du thé.

Les paysans m'ont offert d'entrer chez eux, mais la malpropreté qui règne dans leurs maisons me répugne. Je préfère m'asseoir à la porte de l'une d'elles dont Tobgyal a emprunté la cuisine et je regarde les habitants du hameau. Parmi une douzaine d'enfants sales et laids, dont un malheureux borgne au visage déformé par des cicatrices de brûlures, il y a là une petite merveille : une fillette d'une dizaine d'années, menue, fine, jolie, dont

1. Voir page 22. Par extension l'expression s'applique aux femmes comme aux hommes.

les traits n'ont rien de chinois. Elle ressemble aux princesses portraiturées par les enlumineurs des vieux livres persans. Elle en a toute la chatterie, toute la grâce voluptueuse et ses poses, ses mines de petite actrice qui veut se faire valoir laissent deviner que son âme correspond à sa figure. Je songe qu'elle serait à sa place vêtue de soie et parée de bijoux, dans un harem oriental. D'où vient cette fée menue et hardie qui plante dans mes yeux son regard troublant ? Comment est-elle née là, parmi ces rustres ? Quel lointain atavisme oublié, ou quelles vies antérieures ressuscitent en elle et que deviendra-t-elle ? Un paysan voisin en fera-t-il sa femme, ou bien, d'aventure, passant sur cette route, quelque homme de la ville ou quelque fonctionnaire en tournée l'achètera-t-il pour en faire une actrice, une courtisane, ou sa « petite épouse » ?...

On m'avertit que le sentier est terminé, il suffit à permettre le passage à des mules, rompues aux marches en montagne. Je distribue des gratifications aux travailleurs et nous partons.

Peu après avoir franchi ce mauvais pas, nous arrivons, de nouveau, en face d'un pont. Comme Seunam s'en approche, conduisant une mule par la bride, une partie de la pile touchant à la rive opposée s'écroule subitement. Le choc a fait tomber dans la rivière quelques-unes des planches formant le tablier, le passage est coupé. Mes hommes pâlissent. C'en est trop... Est-ce que les démons nous poursuivent ?...

Nous nous trouvons à l'extrémité inférieure d'une gorge étroite où la rivière gonflée par la crue s'engouffre et tombe sur d'énormes rochers chaotiquement étagés. L'eau rejaillit de toutes parts, nous sommes trempés et les mille rugissements qui s'élèvent des chutes, nous assourdissent.

— « Tchouï djigpa ! [1] », me crie Yongden.

1. Ecrit *tchuī hdjigpa*. « La destruction par l'eau » est un terme classique se rapportant à la destruction de la terre qui est dite être tour à tour détruite par le feu, par l'eau, par le vent, dans un cataclysme « provisoirement » final. De même que les êtres qui les peuplent renaissent après leur mort, les mondes « resurgissent » aussi après leur destruction. Cette croyance est commune aux Hindous et aux Tibétains.

Le malheureux pont battu par le courant torrentueux, ne résistera probablement pas longtemps.

Mes garçons courent jusqu'à un hameau voisin, en reviennent avec quelques Chinois portant des planches et nous recommençons la manœuvre qui nous a réussi deux jours auparavant. Aucun accident fâcheux ne se produit.

Nous campons au bord de la route, dans un terrain inculte. Notre souper est peu substantiel. Les provisions emportées de Mowkong sont presque entièrement épuisées.

Le lendemain matin je pars en avant, à pied, avec Yongden. Jointes à mes autres soucis, les péripéties contrariantes de ce voyage en pays inondé, m'énervent. Rien ne vaut la marche pour relâcher la tension pénible de l'esprit.

Près d'un petit village, nous trouvons le sentier submergé. Les paysans me disent que, plus loin, celui-ci a été entièrement emporté et qu'il nous sera impossible de passer. Un homme montant une mule l'a essayé la veille et tous deux se sont noyés.

Il faut que j'aille examiner l'endroit moi-même. Le lama va retourner en arrière, dire aux gens de décharger les bêtes et d'attendre. Puis il reviendra, amenant Seunam, Tobgyal et nos mules de selle. A nous quatre, peut-être trouverons-nous un moyen de franchir le mauvais passage.

Nous traversons la partie inondée, faisons beaucoup de chemin, puis arrivons à l'endroit qu'on nous a signalé. En rongeant la rive, la rivière a creusé un golfe en miniature ; au-delà de celui-ci sont des falaises rocheuses plongeant à pic dans le courant. L'aspect des petites vagues qui battent leur pied dénote une eau profonde. C'est là que le Chinois s'est noyé avec sa bête.

Cette fois, il n'y a véritablement rien à tenter. D'ailleurs, les deux jeunes gens et le lama sont, aujourd'hui, dénués de toute énergie. Ils se sont assis au bord de la brèche et ne bougent plus. Il me faut les faire lever d'autorité. Nous nous en retournons. Alors, j'aperçois un sentier que je n'avais pas remarqué en arrivant. Il monte dans la montagne. Nous le prendrons et trouverons certainement, en coupant à travers celle-ci, le moyen de redescendre vers notre route qui la contourne. Nous essaierons, dans tous les cas, et si nous sommes contraints de rester campés en attendant que l'eau baisse, j'aime mieux le faire dans un endroit élevé où je ne courrai pas le risque de voir l'eau envahir les tentes pendant la nuit, comme cela vient de nous arriver. Mais au moment où je commande à Tobgyal d'aller dire à Sotar et aux muletiers de venir vers moi, Yongden m'apprend qu'il leur a commandé, non point seulement de décharger les bêtes et d'attendre mes ordres, mais de planter les tentes pour camper. N'importe, il retournera faire lever le camp, il est à peine midi, nous aurons encore le temps de faire pas mal de chemin avant le soir.

Eux partis, je m'achemine lentement par le sentier que j'ai découvert. Il est sablonneux, très raide, la chaleur est forte, mes bottes tibétaines sont mouillées, je suis trop chaudement habillée, bref, la « promenade » n'a rien d'agréable. Sous un arbuste, à l'ombre d'un rocher, je me déshabille, fais sécher mes bottes et mes bas et confectionne un petit balluchon avec ceux de mes vêtements qui me gênent. Je prends là une demi-heure de repos, puis je continue lentement mon chemin. Inutile de me presser ; même s'ils se hâtent beaucoup, il s'écoulera au moins deux heures avant que mes hommes me rejoignent.

Au sommet de la montée je vois un village. Mon sentier bifurque, une branche tournant dans la direction que je veux suivre, l'autre conduisant vers les habitations. Il me vient à l'idée d'aller y demander du thé. Sans doute pourrions-nous aussi camper là, si mes gens sont fatigués. Mais comme je m'avance de ce côté, un gros chien noir accourt sur moi, un garçonnet le suit et le rappelle, mais l'animal lui obéit avec peine. D'autres chiens arrivent en aboyant. Il est prudent de ne pas insister. Je fais volte-face. Le chien noir me poursuit pendant quelque temps, devenant de moins en moins agressif à mesure qu'il s'éloigne du village où il est « chez lui ». Il finit par s'en retourner.

Je parviens à un petit col d'où la descente commence vers la vallée. Mes gens devraient, maintenant, m'avoir rejointe. Je m'assieds pour les attendre, une heure encore se passe ; pas un bruit de voix, pas un tintement de clochette n'indique l'approche des mules et de leurs conducteurs. Où sont-ils passés ? — Je ne puis guère conserver de doute. Ils auront pris, quelque part, plus bas sur la montagne, un sentier que je n'ai pas aperçu et convaincus que je suis en avant, ils continuent leur route. Ils ne passeront pas à l'endroit où je les attends. Je dois en prendre mon parti.

Il ne me sera pas difficile de regagner le sentier qui longe la rivière et d'arriver à Romitchangkou demain... ou après-demain. Cela ne m'inquiète nullement, pourtant j'aimerais mieux retrouver ma petite caravane avant la nuit. En ne me voyant pas venir, les hommes vont se mettre à ma recherche et se fatiguer à parcourir la montagne, alors qu'ils ont grand besoin de repos. Et puis, souci plus égoïste : j'ai faim, je tiens à souper et à coucher dans ma tente si la nuit est pluvieuse.

J'ai déjà dit qu'en prévision d'incidents de ce genre, rendant nécessaire que nous puissions signaler notre présence de loin, nous étions tous munis d'un sifflet au son puissant. Avant de me remettre en marche, je sifflai plusieurs fois, mais rien ne répondit. Tout en continuant ma route, je lançai encore de temps en temps un appel. Enfin, après avoir descendu passablement loin au-dessous du col, j'entendis un coup de sifflet répondre au mien et peu après, le lama ayant grimpé en ligne droite vers moi, émergea d'un bois. Les mules suivaient un autre sentier, comme je l'avais pensé. Un peu plus bas, ce sentier débouchait dans le mien et nous continuâmes la descente tous ensemble.

Le chemin fait mille détours ; mes hommes et mes bêtes sont fatigués... moi aussi et la malchance veut que je me blesse au pied entre des pierres. Je clopine, le convoi me gagne de vitesse ; nous traversons un hameau, peut-être aurions-nous pu y loger, mais les muletiers sont déjà loin quand j'y arrive. Rien à faire qu'à les suivre.

La nuit vient comme nous revoyons la rivière. Je trouve mes gens exténués, affalés dans un cimetière. L'endroit n'est guère convenable pour y camper. Une rapide inspection des lieux me montre que les pluies torrentielles ont raviné les tombes et mis au jour des cercueils pourris dont le macabre contenu s'échappe au-dehors. Tout cela est suintant, des ruisselets zigzaguant dans l'herbe y répandent, mêlés à leur eau, Dieu sait quels liquides immondes. J'exhorte les hommes à s'établir ailleurs, mais la fatigue les abrutit. Ils sont incapables de rien comprendre et se couchent sans manger.

Tout aussi fatigué qu'eux, mais plus vigoureux d'esprit, Yongden emporte ma tente à quelque distance de là, dans un endroit élevé et nous nous y installons. Il me reste un peu de thé dans ma bouteille thermo, je le partage avec lui, puis, sans souper non plus, nous nous endormons tout habillés, couchés sur la terre nue.

Avant de les laisser, j'avais annoncé aux hommes que puisqu'ils étaient fatigués, ils pourraient se reposer le lendemain pendant toute la matinée. Nous étions près de Romitchangkou, une demi-journée suffirait pour y arriver.

Hélas ! funeste idée que j'avais eue !

Vers 11 heures du matin, j'entends des hurlements s'élever du cimetière. Je sors aussitôt de ma tente et, de la hauteur où je suis, le premier objet qui frappe mes yeux est une peau sanglante accrochée le long d'un rocher, entre les tombes, comme un étendard diabolique.

A quelques pas de là brûle le feu sur lequel mes garçons se préparaient, sans doute, à faire cuire leur repas, mais ils sont debout, criant, gesticulant, et la marmite à soupe gît renversée dans les cendres.

Avant que j'aie eu le temps de revenir de mon étonnement, les trois hommes sont près de moi, l'air égaré, proférant, tous à la fois, des paroles incohérentes parmi lesquelles reviennent : « grande eau », « démons », « cheval ».

Qu'est-ce que cela veut dire ?

— « Ils veulent s'en aller, » me dit Yongden, qui les a suivis.

— « S'en aller où ?... »

— « Ils ne savent pas, ils veulent nous quitter, c'est tout. »

C'est inimaginable ! Je tâche de les calmer ; je leur dis de m'accompagner jusqu'à Romitchangkou où je leur donnerai de quoi rentrer dans leur pays.

Non, ils ne veulent pas d'argent, pas de provisions. Ils ne veulent rien. Ils jettent par terre les vêtements que je leur ai donnés, leur robe, leur chapeau. Tobgyal lance sa bourse dans les buissons. Puis le trio de déments se sauve à toutes jambes dans la direction d'où nous sommes venus la veille.

Toute la scène n'a pas duré dix minutes. Je demeure pétrifiée.

— « J'ai quelquefois pensé que cela pourrait arriver, » dit flegmatiquement le lama, « ce sont des cœurs faibles [1]. »

« Cette inondation qui nous a coupé la route à chaque instant, les ponts qui s'écroulaient, les gens et les bêtes qui tombaient à l'eau. Tout cela a troublé leur esprit ; ils ne dormaient plus ou bien avaient des cauchemars.

« Et puis, ce matin, la mort du cheval... Sachant que nous n'aurions pas besoin de ses bêtes de grand matin et qu'il aurait suffisamment de temps pour les rassembler, le muletier les a laissées en liberté la nuit dernière pour qu'elles puissent paître. Son cheval a grimpé sur des rochers, le long de la montagne, il a glissé et ce matin, son maître l'a trouvé mort. Il n'a pas voulu perdre la peau et a écorché le cadavre sur place aidé par son domestique. Nos hommes ignoraient l'accident. Quand le Chinois a rapporté cette peau d'où le sang dégouttait et l'a étendue pour la sécher, ils ont été pris de terreur et se sont mis à hurler comme des fous, disant que les démons nous poursuivaient, qu'ils avaient tué le cheval et que si, eux, ne fuyaient pas, les démons les tueraient aussi. »

Je comprenais. Jusque-là, gens et bêtes, nous étions sortis indemnes de tous les incidents désagréables qui s'étaient multipliés sur notre route, depuis notre départ de Mowkong, mais la chance tournait contre nous. Pour ces esprits superstitieux, la mort du cheval présageait d'autres malheurs plus graves.

Cette ridicule aventure augmentait les difficultés de ma situation. Où trouverais-je des domestiques pour m'accompagner au loin ? Ce ne pouvaient être des Chinois. Il me fallait des Tibétains pour entrer au Tibet et des gens dont je puisse être sûre.

Je réfléchirais à cela plus tard. Pour le moment, il fallait gagner Romitchangkou.

Yongden chargea le muletier d'aller engager, au village le plus proche, trois hommes pour accompagner notre convoi, puis il se mit à emballer nos objets laissés épars

1. *Gning tob méd pa,* des cœurs sans force.

par les fuyards. Tout en l'y aidant, je confectionnai du cacao à l'eau et y délayai une bonne dose de kola dont je tenais un flacon en réserve pour les « jours héroïques » où nous aurions à fournir un grand effort, sans rien manger.

Manger, il n'en était pas question pour le moment, bien que nous n'ayons rien pris depuis le déjeuner de la veille.

Dans l'après-midi, le muletier ramène trois hommes, et nous partons.

La pluie recommence à tomber et ne cesse pas ; nous arrivons en face de Romitchangkou sous un véritable déluge. Là se trouve encore un endroit inondé. On y a construit un sentier de fortune sur le flanc de la montagne, entre les rochers. Il n'est praticable que pour les piétons. Les bêtes déchargées doivent se mettre à la nage en suivant le bord de la rivière. De la rive, on les guide et les soutient avec des cordes afin qu'elles ne soient pas entraînées par le courant. Malgré ces précautions, il s'en faut de peu que deux d'entre elles soient emportées et le mulet roux, toujours malheureux, est projeté contre des rocs et sort de l'eau les jambes en sang.

Pour entrer dans la ville, il ne nous reste plus qu'à traverser un pont suspendu, mais la pluie a rendu les planches de son tablier trop glissantes pour que les bêtes puissent s'y aventurer sans risque : une chute pourrait les précipiter dans la rivière.

Il est tard, presque nuit. Je laisse tout mon monde avec les bagages en face du pont, le traverse seule et me fais indiquer la maison de la Mission française où je vais demander conseil et aide. J'ai l'heureuse surprise d'y retrouver le Père Ch... qui s'est arrêté, en cours de route, chez le prêtre chinois qui y réside.

Mes vêtements ruissellent. Malgré toute la sympathie que m'inspire le Père Ch... je regrette de ne pas me trouver en ce moment, dans une Mission anglaise ou américaine où d'aimables dames me prêteraient du linge et un peignoir secs. C'est trop demander. Je me considère déjà heureuse d'être invitée à dîner ; à part le bol de cacao à la kola, depuis trente-six heures, je n'ai ni mangé ni bu.

Le missionnaire envoie un de ses domestiques recruter des porteurs pour amener mes bagages et il fait conduire mes bêtes chez un de ses fermiers habitant sur la rive où je les ai laissées.

Il fait nuit noire depuis longtemps quand Yongden arrive, il dîne, puis le temps ayant manqué pour nous chercher un logement, nous nous rendons chez un commerçant chinois, habitant en face de la Mission, qui a offert de nous louer des chambres.

La pluie ne cesse pas. Elle dégringole sur nous à travers le plafond. Bientôt il n'y a plus un coin de sec dans les pièces que nous occupons. Nous replions nos couvertures et nos lits de camp et les enfermons dans leurs sacs pour éviter qu'ils soient abîmés par l'eau sale qui nous arrose. Finalement, mon fils et moi finissons la nuit assis en face l'un de l'autre, chacun sur notre sac, vêtus de nos manteaux imperméables, leurs capuchons relevés sur la tête.

Combien de temps allons-nous rester à Romitchangkou ? — Il est impossible de le prévoir. Il va falloir chercher des domestiques. Est-ce que tous nos plans de voyage ne vont pas devoir être changés ? — Et si je ne me dirige pas vers le Tibet, où irai-je ?

J'ai pensé à tout cela pendant cette nuit d'insomnie, Yongden aussi y a songé, mais quoi que nous décidions, il nous faut d'abord un gîte. Dès le matin, il se met donc en campagne.

Notre muletier habite Romitchangkou. Il y est propriétaire d'une distillerie et offre de nous louer un appartement chez lui. Je vais voir la maison. Elle est propre, presque neuve, en bon état, les pièces sont vastes, c'est ce qu'il nous faut. J'y fais transporter mes bagages. Le lama commande un repas à un restaurateur chinois qui nous l'apporte chez nous. Sa cuisine n'est pas mauvaise, au contraire. Nous commençons à être plus à l'aise. Nous sommes à l'abri ; qu'il pleuve ou non, nous pourrons reposer cette nuit.

Je viens à peine de m'endormir lorsque je m'éveille, sentant que j'étouffe. Une épaisse fumée emplit ma chambre. Qu'arrive-t-il ? La maison est-elle en feu ? — Pas du tout. La fumée provient du fourneau de la distillerie situé sous ma chambre. Les maisons chinoises n'ont pas de cheminées.

J'ouvre la fenêtre et demeure pendant toute la nuit

la tête au-dehors, c'est le seul moyen de ne pas être asphyxiée. Oh ! dormir, dormir ! Quand donc cela me sera-t-il enfin possible ?

De bon matin, Yongden m'apporte du thé.

— « Ils sont là », me dit-il à voix basse.

— « Qui, *ils ?* »

— « Les garçons. Ils sont arrivés hier soir très tard ; je leur ai donné du thé et de la *tsampa* et je les ai laissés coucher dans la cuisine. En nous quittant, ils ont couru jusqu'au pont qui commençait à s'écrouler quand nous l'avons traversé et l'ont trouvé complètement démoli. Ils ont passé la nuit dans un temple en ruine, ayant froid sous la pluie. Ils n'avaient rien à manger. Ils disent qu'ils étaient devenus fous de peur. »

Le plus clair de l'histoire était qu'ils regrettaient leur coup de tête.

Je les trouvai tous les trois assis devant le feu. La veille au soir, j'avais précisément acheté un superbe poisson et un poulet. Tous deux avaient été suspendus dans la cuisine en attendant d'être cuits pour le repas du lendemain. Face à cette « nature morte » que le fond jaune du mur en planches de sapin faisait ressortir avantageusement, les trois fugitifs immobiles, graves, fascinés, paraissaient l'adorer.

Bien que le lama les eût rassasiés, la gourmandise innée chez les Tibétains les aiguillonnait. Le souvenir tout récent de la nuit passée, affamés et grelottants, dans le temple en ruine, agissait de son côté. Ah ! diables pour diables, pensaient-ils probablement, puisqu'il en existe partout, mieux valait les affronter en compagnie de celle qui pouvait dispenser de si appréciables victuailles !

Les trois hommes désiraient donc leur pardon. J'étais, intérieurement, enchantée de leur retour qui m'épargnait bien des ennuis, mais tout en me montrant généreuse je voulus profiter de l'occasion pour me débarrasser de Sotar qui m'avait souvent contrariée par ses indiscrétions.

De plus, cet homme était sujet à de fréquents accès de fièvre, je craignais de le voir tomber malade. A tous points de vue, il valait mieux qu'il ne m'accompagnât pas plus loin.

J'eus de la peine à le convaincre de s'en retourner à Sining, près de Koum-Boum, d'où nous venions. Ce n'était pas son pays, car il était natif de Lhassa, mais il avait vécu longtemps dans cet endroit et s'y était fait de nombreuses relations. Je lui donnai, outre ses gages et des vêtements, une somme suffisante pour faire le voyage confortablement. Puis, je pris des mesures pour qu'une petite rente mensuelle lui soit payée pendant six mois après son retour à Sining, afin de lui donner le temps de trouver de l'occupation. Yongden ajouta le cadeau d'une grosse montre en acier.

Sotar arriva à bon port. S'étant mis, pour une partie du trajet, au service d'un marchand qui conduisait une caravane, il en reçut une gratification et ne dépensa rien de ce que je lui avais donné.

Dans le cours de l'année suivante, je le retrouvai à Sining, où je l'engageai de nouveau et il m'accompagna encore pendant diverses pérégrinations.

Etant pourvue de domestiques, je n'avais plus aucune raison de m'attarder à Romitchangkou.

Quant à me rendre à Lhassa, j'y avais provisoirement renoncé[1]. Les diverses expériences que je venais de faire m'avaient démontré que pour y réussir il fallait m'y prendre d'une autre façon. Donc, puisqu'une nouvelle tentative ne pouvait être effectuée qu'en partant d'une autre région où je n'étais pas connue, le mieux, pour moi, était de visiter le très intéressant pays de Kham à la lisière duquel je me trouvais et que je n'aurais peut-être jamais l'occasion de revoir. Ainsi j'accomplirais au moins la première partie du programme que je m'étais tracé avant de quitter Koum-Boum.

---

1. Voir pages 217 et 218, les raisons qui m'y avaient engagée.

CHAPITRE VI

Un voyage au pays de Kham comprenait, naturellement, la ville de Kanzé, la capitale des tribus Horpa, un centre important situé sur la route des caravanes qui transportent le thé de la Chine à Lhassa. Elle figurait dans mon ancien itinéraire ; je n'avais qu'à le suivre jusque-là. De Kanzé, pensais-je, au lieu de continuer vers Lhassa, je tournerais au sud pour visiter Litang, Batang, et toute la région que les Tibétains désignent par le nom composé de Balitang.

Ce second programme ne devait pas plus se réaliser que celui que j'avais précédemment conçu. Des circonstances imprévues allaient m'entraîner dans une autre direction.

Quelque vexantes que paraissent ces modifications forcées de nos projets, à l'instant où elles s'imposent contre notre volonté, elles n'en constituent pas moins l'un des plus grands charmes du voyage. Elles lui conservent un précieux caractère d'aventure en permettant au voyageur de toujours attendre des développements spontanées, intéressants par leur nouveauté, que ses prévisions n'ont point déflorés. C'est un plaisir piquant que de se dire, en se mettant en route : « Que va-t-il m'arriver ? » Un autre plaisir, non moins vif — quoique par manque de sagesse l'on y mêle souvent des récriminations — est celui d'accueillir l'événement inattendu qui brusquement fait irruption dans nos plans soigneusement ordonnés et de se demander : « Qu'amène-t-il à sa suite ?... Où va-t-il m'entraîner ?... »

Tous ces plaisirs, je les ai amplement savourés. Certains penseront même qu'ils m'ont été trop amplement prodigués.

Des renseignements recueillis à Romitchangkou représentaient le sentier que j'allais suivre comme couvert par l'inondation en différents endroits. La région qu'il traverse étant à peu près déserte, il y avait lieu de penser que les ravages causés par la rivière ne seraient réparés que lentement.

Fallait-il m'engager dans un tel chemin avec mes deux seuls serviteurs ? Il semblait imprudent de demander si vite de nouveaux efforts à ces hommes mal remis de leur panique. Je me proposais donc d'engager, encore une fois, le muletier qui était venu avec moi de Mowkong et chez qui je demeurais. Il amènerait son domestique et quatre bêtes qui allégeraient la charge à porter par les miennes. Mes deux nigauds auraient à la fois moins de travail et de la compagnie. Le voyage serait plus gai pour eux.

J'avais compté sans celui que j'enrôlerais ainsi dans mon esprit. Le muletier refusa catégoriquement ses services, n'ayant nulle envie, disait-il, de voir se renouveler les péripéties désagréables du voyage que nous venions d'effectuer. Deux autres propriétaires de mules refusèrent également de nous louer des bêtes.

Le Père Ch... qui se trouvait encore à Romitchangkou eut l'obligeance d'aller voir le magistrat chinois et de lui exposer mon embarras. Très gracieusement, celui-ci me délivra un papier qui me donnait le droit de réquisitionner des porteurs, hommes ou bêtes, pour transporter mes bagages, ainsi que le font les fonctionnaires en voyage. Il ajouta que le surlendemain il me ferait envoyer des mules et que j'aurais aussi une escorte de soldats pour traverser la montagne, où les mauvaises rencontres étaient fréquentes.

Heureusement pour moi, il lui fut impossible de remplir cette dernière promesse. Les soldats d'escorte me furent épargnés. Il n'y en avait plus de disponibles dans la région. Le gouverneur en fuite, que j'avais rencontré à Nanping, se préparait à revenir vers Tchéngtou avec des troupes fraîches que lui avait prêtées son collègue le gouverneur du Chénsi et comptait joindre à celles-ci des renforts envoyés par un autre de ses amis : le général commandant à Tatchienlou. Pour empêcher la liaison de ces deux troupes, le gouverneur usurpateur avait dépêché ses propres soldats à Mowkong.

Le matin du départ, je vis arriver des porteurs, au lieu des mules attendues. Par la suite, je me félicitai de ce changement. Jamais des bêtes chargées n'auraient franchi les obstacles que l'inondation nous suscita ; les miennes, qui ne portaient que leur selle, eurent assez de mal à arriver à Tao.

A défaut de « braves » munis de fusils, le magistrat me fit dire qu'il enverrait deux hommes de la milice indigène locale, sorte de gendarmes non armés. Ceux-ci n'étaient point prêts à partir avec nous mais on nous engagea « officiellement » à ne pas les attendre, nous assurant qu'ils nous rejoindraient bientôt.

La première journée de marche fut agréable et le chemin meilleur que nous l'espérions. Nous passâmes, sans nous arrêter, près d'un monastère de bönpos, puis nous fîmes halte dans un village où l'on relayait les porteurs. Les gens de l'endroit n'étant pas prévenus de notre passage, il fallut plus d'une heure pour rassembler le nombre d'hommes nécessaires. Pendant ce temps, je pus examiner le village à loisir. Celui-ci était habité par des Gyarongpas et, par son aspect, différait autant des villages chinois que de ceux du Tibet propre. Ces montagnards d'une région forestière construisent des chalets à plusieurs étages, coiffés de toits pointus et ceinturés de balcons. Les écuries, comme chez la plupart des fermiers tibétains, occupent le rez-de-chaussée de l'habitation. Ici les chalets étaient particulièrement élevés. Vus des étroites ruelles qui les séparaient, ils donnaient l'impression de « gratte-ciel ».

Le soir venu, les porteurs, ayant déposé leurs fardeaux à un endroit que nous avons choisi, s'en retournent chez eux. Un seul d'entre eux continue en avant pour avertir les gens du hameau le plus proche qu'ils aient à nous envoyer des hommes le lendemain matin.

Nous restons seuls sur un monticule herbeux, non loin de la rivière, mais en terrain sec. Il fait nuit et je dors lorsque des cris me réveillent. Des gens viennent. Mes garçons, qui veillaient encore en buvant du thé, les ont entendus et les accueillent par les traditionnelles paroles de bienvenue en usage dans cette partie du globe : « N'approchez pas, amis, ou je tire ! » L'usage est de répondre en criant de loin qui l'on est et ce que l'on veut, si l'on a des desseins honnêtes. Dans le cas contraire, on prend la fuite en se voyant découvert, ou bien, si l'on peut distinguer celui qui a parlé, on lui envoie une balle avant qu'il ait eu le temps de mettre sa menace à exécution.

Cette fois, les arrivants se font connaître : ce sont les miliciens qui devaient nous rejoindre. Je sors de ma tente pour m'assurer qu'il n'y a pas erreur et je reçois, en chemise de nuit, les génuflexions cérémonieuses des deux hommes.

L'étape du lendemain nous mène à Wadjo. Mon ordre de réquisition y fait merveille ; il nous procure des vivres. On m'a assuré que je n'en trouverai plus ailleurs sur ma route. Je m'approvisionne donc d'autant de farine, de beurre et de grain pour les bêtes qu'il m'en faut pour le voyage, plus du lait qui, avec des soins, pourra se conserver un ou deux jours.

Les campagnards, qui auraient catégoriquement refusé de me *vendre* même un seul œuf, semblent parfaitement satisfaits d'avoir été *forcés* de me *livrer* toutes ces provisions. Ils se montrent enchantés des gratifications que Yongden leur distribue, sachant que j'aurais pu tout emporter gratuitement. Cette mentalité particulière prévaut dans presque tout le Tibet.

La pluie tombe à torrents toute la nuit. Au matin, la rivière a démesurément grossi. Les villageois nous engagent à demeurer à Wadjo tandis qu'une équipe de corvée ira inspecter le chemin et y faire quelques réparations s'il est nécessaire.

Les hommes reviennent à la nuit tombante et nous informent que nous pourrons passer. L'étape du lendemain est rendue fatigante par un sentier en partie inondé bien que la rivière ait beaucoup baissé depuis la veille.

Vers la fin de l'après-midi, nous arrivons en vue du monastère de Tesmon habité par des bönpos. Pour y parvenir, il faut franchir un pont. Pour le moment, ce dernier émerge à peine du milieu de la rivière dont la crue a triplé la largeur habituelle. Comme beaucoup de ponts chinois, celui-ci est construit en dos d'âne. On y accède de chaque côté par un escalier rustique bâti avec des blocs de rochers bruts. Cet escalier disparaît sous l'eau, battu par un courant violent ; entre son pied et l'endroit où nous sommes arrêtés, la distance doit être d'une quinzaine de mètres qu'il faudra franchir dans la rivière qui coule rapidement.

Les porteurs passent un à un, leur fardeau sur la tête, chacun d'eux étant soutenu par deux hommes non chargés. D'autres villageois font la chaîne, avec l'intention évidente de retenir leurs camarades, en cas de chute, et de les empêcher d'être emportés par la rivière. La façon dont ils s'y prennent m'intrigue. Tous, les bras étendus de côté, se portent en amont de ceux qui cheminent dans l'eau au lieu de se mettre sous le courant. Je me demande quelle est leur idée. Il est certain que si un homme ou un colis venait à tomber, cette guirlande de bras, placée où elle est, ne pourrait pas l'empêcher d'être entraîné. Mais je dois être seule à faire cette réflexion. L'imperturbable sérieux de tous ceux présents dénote que l'efficacité de ce barrage vivant n'est mise en doute par aucun d'eux.

Afin de ne pas rester dans la boue pendant le temps qu'a duré le passage des bagages, je suis demeurée en selle sur ma grande mule noire, surveillant l'opération. Lorsque celle-ci est terminée, Seunam et Tobgyal guident ma bête vers l'escalier. Ces sortes de ponts ne se traversent jamais à cheval et ce serait moins que jamais le moment de le tenter. Je mets donc pied « à terre » ou plutôt « à l'eau » sur les marches submergées. Les garçons feront traverser la mule lorsque je serai passée. Le terrain est plus élevé vers l'autre rive, l'eau s'est répandue moins loin de ce côté. Arrivée à l'extrémité du pont, un homme m'emporte, comme un ballot, sur une épaule.

Nous allons loger au monastère. Un des moines me cède son longement : deux petites pièces dont l'une est la cuisine et l'autre la chambre à coucher [1]. Je m'installe

1. J'ai déjà expliqué, dans des livres précédents, que les membres des monastères tibétains ne vivent pas en communauté comme les

dans la chambre, Yongden couchera dans la cuisine. Mes garçons et les miliciens seront hospitalisés chez un autre religieux.

La journée a été rude pour les porteurs. Je les engage vivement à ne pas s'en retourner immédiatement chez eux où ils n'arriveraient que tard dans la nuit. Qu'ils se reposent ; en plus d'une gratification, je leur offrirai un bon souper, ils pourront s'en aller au lever du jour. L'appât du « bon souper » les décide : ils restent. Je donne ordre de leur distribuer de la farine et de la viande pour faire de la soupe et je rentre « chez moi ».

Le propriétaire de la chambre que l'on m'a donnée doit être un ascète ou bien un pauvre hère, à moins qu'il ne soit simplement un sage. Son mobilier se compose uniquement d'une table basse devant laquelle il s'assoit sur le plancher, un brasero, une étagère en planches non rabotées qui sert de bibliothèque, deux couvertures comme couche et un long bâton, suspendu aux solives par des cordes, sur lequel on range les vêtements. Il faut ajouter « l'armoire aux *tormas* », sorte de tabernacle où les moines lamaïstes, de même que leurs collègues bönpos, tiennent captif, par des procédés magiques, un être de race démoniaque ou une déité terrible [1].

---

moines catholiques. A part le thé servi au cours de l'assemblée matinale et, occasionnellement, quelques repas de fête offerts par des bienfaiteurs, *trapas* et *lamas* mangent chacun chez soi. Chacun, suivant son rang ou sa fortune, habite son palais, sa maison, son appartement ou simplement sa chambre dans le monastère. C'est là son logis privé où il est complètement indépendant, employant son temps comme bon lui semble. La règle exige seulement que, sauf dispense spéciale, il soit présent aux assemblées ordinaires et extraordinaires pour la lecture des Ecritures sacrées ou la célébration de certains rites. En somme, un monastère tibétain est, selon sa grandeur, une ville ou un village, composé de rues et de places autour desquelles sont bâtis des temples, des collèges, des palais et de simples maisons luxueuses ou humbles. Presque toujours, un haut mur d'enceinte entoure la ville monastique où, seuls, les religieux sont admis à résider. Il existe également des monastères de religieuses construits sur ce même plan. La profession religieuse, chez les bouddhistes, ne comporte jamais le vœu d'obéissance et, au Tibet, la pauvreté n'est pas enjointe.

1. Lorsqu'il s'agit d'une grande déité terrible, la captivité forcée, dans le tabernacle, devient une présence volontaire, une condescendance bienveillante de cette déité répondant aux sollicitations de

Le maître du logis emporte ses couvertures et quelques livres puis me laisse seule. J'étends mes vêtements mouillés sur le bâton et je fais mon lit. En attendant que mon repas soit prêt, je visiterai le temple. On doit y célébrer un office, car j'entends le bruit sourd d'un tambour martelé en cadence. Mais avant de m'y rendre, je désire voir ce que renferme le tabernacle.

Ce n'est point là vaine curiosité de ma part, mais recherche studieuse. Un bönpo le meuble-t-il de la même manière qu'un lamaïste ? Généralement, ces armoires sont cadenassées, nul profane ne doit jeter les yeux sur leur contenu. La raison ordinairement donnée de cette défense est que l'être qui y est retenu pourrait s'échapper, ou bien qu'il s'irriterait. Cependant les occultistes tibétains expliquent les choses autrement. D'après eux, ce qui réside dans le mystérieux tabernacle est une force créée par des procédés magiques. Les *tormas* [1] qui s'y trouvent ont, disent-ils, été « animées » par celui qui les y a placées et une « énergie » d'ordre différent a été incorporée en chacune d'elles. Exotériquement, chaque *torma* est dite représenter une personnalité différente, divine ou démoniaque. Renfermées dans le tabernacle après avoir été ainsi « animées » et pourvues des « aliments » [2] convenant à chacune d'elles, celles-ci forment une réunion d'énergies actives, « d'êtres vivants », entre lesquels il se produit des échanges secrets, des combinaisons mystérieuses. Il en résulte que l'ouverture inopportune de ce laboratoire occulte trouble le travail qui s'y effectue, libère mal à propos la force qui doit y demeurer et celle-ci, en n'étant pas contenue et dirigée par un initié compétent, peut causer du mal et prendre pour première victime son imprudent libérateur.

C'est là, du moins, ce qui m'a été dit, mais d'après ceux-là mêmes qui les donnent, ces explications ne s'appliquent qu'aux tabernacles des initiés aux sciences secrètes. Ceux que l'on voit chez les *trapas* vulgaires

---

son fidèle. Toutefois, dans les rites qui amènent celle-ci dans le tabernacle, perce toujours l'idée d'une contrainte exercée par des moyens magiques.

1. Gâteaux rituels (écrit *gtorma*).

2. Ces aliments consistent en offrandes telles que riz, viande, vin, thé, etc., ou en autres *tormas* figurant de la nourriture.

ont peu ou point d'importance, parce que ces derniers manquent du pouvoir nécessaire pour « animer » les diverses *tormas*, et de la science requise pour les grouper comme il convient.

La petite armoire de mon hôte devait appartenir à cette dernière catégorie. Faite en bois grossièrement sculpté, noircie par la fumée, elle n'avait rien d'impressionnant. Nul cadenas n'en fermait la porte. A l'intérieur je vis dix *tsa-tsas*[1] qui représentaient, peut-être, les dix Sages des Bönpos et une *torma* triangulaire devant laquelle, en guise d'offrande, se trouvait un tas poussiéreux d'os de côtelettes. Ce n'était pas d'un grand intérêt ; pourtant, lorsqu'on est naturellement curieux, quelque question surgit toujours. Pourquoi tous ces os, sans exception, étaient-ils des os de côtelettes ? — Mon hôte se nourrissait-il exclusivement de cette partie de l'animal dont il passait les reliefs à son démon favori, ou bien était-ce ce dernier qui exigeait cet os particulier ? — Un mystère à éclaircir...

De l'autre côté de la cour, dans le temple, quelqu'un battait toujours rythmiquement le tambour. Peut-être rencontrerais-je de ce côté une personne qui m'instruirait, sans que j'aie à confesser mon indiscrétion, du rôle assigné aux os de côtelette dans les rites bönpos.

Et me voilà descendue du premier étage dans la cour, montant les marches du temple et y pénétrant. Il est très sombre, presque entièrement obscur même. Une seule lampe brûle devant l'autel. J'entrevois un groupe assis : l'homme qui bat le tambour et un autre qui psalmodie à voix basse ce qu'il lit dans un livre placé devant lui sur une table étroite : posée près du livre, une lampe éclaire curieusement les deux religieux.

Mes yeux s'accoutumant à l'obscurité, je discerne encore des *tormas*, quatre lampes minuscules et les divers éléments d'un *kyilkhor*[2] dressé sur une autre table en face des officiants.

Tandis que j'observe ceux-ci, quelques-uns de mes porteurs entrent dans le temple. Comme moi, ils flânent, sans

---

1. Imitation, en terre moulée, des monuments appelés *chörtens* (les *stûpas* de l'Inde).
2. Diagramme magique.

doute, en attendant que leur souper soit prêt.

Ils demeurent un long moment immobiles, puis l'un d'eux fait quelques pas en avant. Quelque chose, table ou banc, qu'il n'a pas vu dans l'ombre, se trouve sur son passage ; il le heurte du pied et le culbute. Le bruit causé par la chute de l'objet résonne dans la salle vide. L'homme profère, à mi-voix, un vilain juron. Le lecteur relève la tête.

— « Va-t'en ! » commande-t-il en employant l'expression la plus autoritaire et la moins polie du vocabulaire tibétain [1].

Il existe des esprits forts au pays de Kham et en plus grand nombre qu'on ne serait porté à le supposer. J'y ai entendu, de la bouche d'une femme, le plus horrible blasphème qu'un Tibétain puisse imaginer : « Je me moque de la religion, j'aime mieux l'argent. »

Au bas de l'échelle des valeurs intellectuelles, les esprits forts du Kham en demeurent d'ordinaire à l'état d'esprit de cette impie, tout en se montrant plus discrets qu'elle, quant à leur profession de foi. A des degrés supérieurs, les esprits forts y sont des occultistes, d'aimables sceptiques ou, parfois, des philosophes aux vues profondes.

L'homme qui venait de jurer très malhonnêtement était un « esprit fort » vulgaire. Comme je l'appris quelques heures plus tard, il avait vécu à Tatchienlou et à Tchéngtou et s'y était probablement ouvert l'esprit à sa manière. Il se rebiffa violemment contre l'ordre qui lui était donné.

— « Je ne suis pas un chien, » dit-il. « Je ne l'avais pas vu, ce banc... il n'est pas cassé... je le relèverai. Il n'y a pas de raison de me parler ainsi. »

Ce disant, il se baisse et relève quelque chose qui racle de nouveau le plancher avec bruit.

— « Va-t'en ! » répète l'officiant.

— « Je ne m'en irai pas, » réplique l'homme obstiné, esquissant un mouvement vers le lama.

— « N'approche pas du *kyilkhor !* » ordonne impérieusement ce dernier.

Cette défense ne fait qu'irriter davantage le mécréant.

1. *Pargyu* écrit *phar rgyug*, littéralement : « va de l'autre côté », « va ailleurs », mais le terme a acquis un sens plus accentué. En fait, il équivaut à notre « f... le camp ».

— « Oh ! ton *kyilkhor !* tes *tormas !* clame-t-il. Les *ta-rène*[1] étrangers qui sont de grands savants, disent que c'est de la pâte à *momo*[2] et que tout ce qu'on chante dans les *gompas* ne sont que des sottises... Me parler comme à un chien !... »

Le rustre était lancé. Ses compagnons l'avaient saisi et s'efforçaient de l'entraîner dehors, mais le gaillard était robuste et la colère augmentait sa force. Il se dégagea, jurant de nouveau et criant :

— « Ton *kyilkhor !...* tes *momos !...* Je vais les mettre en pièces... Me parler comme à un chien !... »

Alors, comme il se portait en avant, le böpo, à l'autre bout du temple, saisit un *chang*[3] placé à côté de lui, et l'agita. Un son extraordinaire, fait de mille clameurs déchaînées emplit la salle d'une houle de vibrations tumultueuses et me transperça le cerveau. L'irrévérencieux campagnard poussa un cri et je le vis se rejeter en arrière en étendant les bras devant lui comme pour repousser un objet effrayant.

— « Va-t'en ! » répétait encore une fois le lama.

Les autres hommes s'empressèrent de soutenir leur camarade et tous sortirent très agités.

Doung ! doung ! continuait le tambour placide scandant la sourde psalmodie du bönpo de nouveau assis devant le *kyilkhor*.

Que s'était-il passé ? — Je n'avais rien remarqué sauf ce son étrange. Je sortis pour rejoindre mes porteurs et les interroger. Le malotru qui avait troublé l'office ne crânait plus.

— « C'était un serpent, je vous assure, » affirmait-il aux autres rangés autour de lui dans la cour. « Un serpent de feu, qui est sorti du *chang.* »

— « Quoi, tu as vu un serpent de feu ? » demandai-je. « C'est pour cela que tu as hurlé ? »

---

1. Les hommes distingués, voir page 22.
2. *Momo* = pain, une expression chinoise adoptée par les Tibétains du Tibet oriental.
3. Le *chang* (écrit *gchang*) est un instrument musical spécial aux bönpos ; il a vaguement la forme d'une cymbale aux bords recourbés en dedans et est muni d'un battant. On l'agite en tenant le battant au-dessus comme une sonnette retournée.

— « Ne l'avez-vous pas vu ? Il est sorti du *chang* quand le lama l'a frappé. »

— « Tu as rêvé », répliquai-je. « Je n'ai rien vu du tout. »

— « Nous n'avons pas vu le serpent, mais des éclairs ont jailli du *chang* », déclarèrent les autres paysans.

Bref, ils avaient tous contemplé un prodige. Moi seule, indigne étrangère, j'avais été aveugle. Quoi qu'il en fût, il me semblait convenable, puisque je recevais l'hospitalité dans ce monastère, de présenter des excuses pour la conduite malhonnête de l'homme que j'y avais amené à ma suite.

Je rentrai dans le temple et me tins debout, près de la porte, attendant la fin de l'office. L'acolyte qui battait le tambour s'arrêta enfin, passa une housse sur son instrument et le célébrant enveloppa son livre dans une pièce de soie.

Je m'avançai et exprimai mes regrets au sujet de la conduite de mon porteur. Le lama accueillit aimablement mes excuses. « Ce n'est pas votre faute, vous n'y êtes pour rien, » me dit-il. « La chose est sans importance, n'y pensez plus. »

La démarche que la politesse m'avait imposée était accomplie. Le bönpo demeurait silencieux, il ne me restait qu'à m'en aller. Pourtant ce son bizarre que j'avais entendu et l'extravagante vision des villageois continuaient à m'intriguer. Inconsciemment, je regardais le *chang*, base tangible de toute cette fantasmagorie.

Le lama n'eut pas de peine à deviner mes pensées.

— « Vous voudriez l'entendre encore sonner ?... » me demanda-t-il avec un sourire vaguement moqueur.

— « Oui, certainement, Kouchog, si cela ne vous contrarie pas. Cet instrument a un son curieux. Voulez-vous bien l'agiter ? »

— « Vous pouvez le faire vous-même, » répondit-il en me tendant le *chang*.

— « Je ne suis guère experte dans son maniement, » lui fis-je observer.

En effet, le son que je produisis ne ressemblait en rien à celui que j'avais entendu.

— « Je n'ai pas votre habileté, Kouchog, » dis-je au

lama, en lui rendant son instrument. « Nul serpent n'est sorti de votre *chang.* »

Le bönpo me regarda d'un air interrogatif. Feignait-il de ne pas comprendre, ou ne comprenait-il pas ?

— « Oui, » repris-je, « l'homme grossier qui vous a mal parlé, affirme avoir vu un serpent de feu sortir du *chang* et s'élancer sur lui. Les autres ont vu des éclairs ou des étincelles. »

— « Tel est le pouvoir de la *zoung*[1] que j'ai prononcée, » déclara le lama avec une certaine emphase. Et il continua à voix basse :

— « Le son produit les formes et les êtres... le son les anime... »

Je crois qu'il citait un texte.

— « Les gens de l'Inde, les *tchirolpas*[2] l'affirment aussi, » repartis-je. Et espérant amener le Bönpo à exprimer son opinion et à parler de la doctrine qu'il professait, j'ajoutai :

— « Certains croient, cependant, que le pouvoir de la pensée est supérieur à celui du son. »

— « Il y a des lamas qui le croient aussi, » répondit le bönpo. « Chacun a sa voie... Les moyens d'agir diffèrent. Moi, je suis maître du son. Par le son, je puis tuer ce qui vit et ranimer ce qui est mort... »

— « *Kouchog,* ces deux choses : vie et mort, existent-elles vraiment comme des contraires absolument dissemblables ? »

— « Etes-vous Dzogstchénpa[1] ? » me demanda mon interlocuteur.

---

1. Ecrit *gzungs,* « qui saisit », « qui retient ». Formule magique. Equivalents sanscrits : *dhârani, mantra.*

2. Ecrit *phyirolpa,* « ceux du dehors » avec le sens « hors du Bouddhisme », les sectateurs d'autres doctrines. Ce terme désigne plus spécialement les Hindous brahmanistes.

3. Appartenant à la secte Dzogstchén — écrit *rdzogstchén* — « grand accomplissement ». La dernière fondée des sectes tibétaines. Elle regarde comme un ancêtre spirituel Lhadzunpa, un maître religieux qui vivait vers 1640. Ses doctrines appartiennent à l'Ati anuttara yoga. La grammaire exigerait le féminin : « *dzogstchénma* » puisque le lama s'adresse à moi, mais l'usage courant est d'employer la terminaison masculine *pa* pour les deux genres, dans les termes de cette espèce.

— « Un de mes maîtres était Dzogstchénpa, » répondis-je évasivement.

Le bönpo demeure silencieux. Je voudrais bien ramener la conversation sur la vie et la mort et connaître ses théories à ce sujet, mais son mutisme ne m'y encourage pas. Dois-je l'interpréter comme une façon polie de me faire comprendre que je dois m'en aller ?

Mais voilà que le lama murmure quelques mots entre ses dents, saisit le *chang* et l'agite à plusieurs reprises.

Merveille ! Au lieu du son effrayant qui a retenti d'abord et de celui fort peu harmonieux que j'ai produit moi-même, j'entends un suave carillon de clochettes argentines. Comment est-ce possible ? Ce bönpo est-il simplement un artiste émérite et peut-on, avec la pratique requise, tirer des effets si différents d'un instrument aussi primitif que le *chang*, ou bien dois-je croire qu'ainsi qu'il l'a orgueilleusement déclaré, mon interlocuteur est « maître du son ».

L'envie que j'éprouvais de continuer à causer avec le lama s'était encore accrue. Allais-je réussir à me faire expliquer le mystère de ce *chang* ?...

Un incident banal rompit l'entretien. Yongden entra dans le temple et m'annonça que notre repas était prêt. Le lama profita avec empressement de cette occasion pour m'échapper en feignant, avec de grandes démonstrations de politesse, de ne pas vouloir me retenir.

La nuit suivante, la pluie tomba de nouveau à torrents et il fut encore nécessaire d'envoyer une équipe de montagnards examiner le chemin que je devais suivre, avant de m'y engager moi-même avec des bêtes et des bagages. Cette circonstance m'immobilisait pour toute une journée à Tesmon. J'en profitai pour essayer de revoir le « maître du son ». Malheureusement, il continuait à pleuvoir, les hôtes du monastère demeuraient enfermés chez eux. Je ne pouvais pas me permettre d'aller frapper au hasard à leurs portes pour m'enquérir de celui qui m'intéressait. Cette façon de faire eût déplu. Yongden, en tant que jeune homme, pouvait agir avec plus de liberté ; il trouva l'appartement du « maître du son » et crut se montrer excellent diplomate en l'invitant à venir prendre le thé avec moi.

Ce dernier accepta et, une heure plus tard, il entrait,

accompagné par un jeune *trapa*, dans la cellule que j'occupais.

Notre conversation débuta par les politesses d'usage. Puis le lama voulut m'entendre raconter mes voyages dans l'Inde, il me questionna sur les mœurs de ce pays, puis sur son monde religieux : les Bouddhistes et les Hindous, leurs pratiques, les pouvoirs supernormaux qu'ils attribuent à leurs *doubthobs*[1]. Je m'efforçai de satisfaire sa curiosité, espérant trouver un moment favorable pour l'interroger à mon tour. Il m'en fournit l'occasion en parlant des pouvoirs des *doubthobs* de l'Inde.

— « Il n'est point nécessaire d'aller dans l'Inde pour rencontrer des hommes possédant ces pouvoirs, » lui dis-je. « Vous-même, je crois, me l'avez démontré hier soir. Et, d'ailleurs, les Hindous qui regardent le Tibet avec vénération, comme l'asile où vivent de grands Sages, croient aussi qu'il y existe des magiciens bien plus puissants que les leurs. »

— « C'est possible, » répondit le bönpo. « Je n'ai jamais été dans l'Inde... C'est au *chang* que vous pensez, n'est-ce pas ? Pourquoi attacher tant d'importance à cette vétille. Le son a bien d'autres mystères.

« Tous les êtres, toutes les choses, même celles qui paraissent inanimées, émettent des sons. Chaque être, chaque chose rend un son particulier qui lui est propre, mais ce son, lui-même, se modifie suivant les divers états par lesquels passe l'être ou la chose qui l'émet. Comment cela ? — C'est que ceux-ci sont des agrégats d'atomes *(rdul phra)* qui dansent et en se mouvant ils produisent des sons.

« Il est dit qu'à l'origine, le vent en tournoyant forma les *gyatams*, base de notre monde[2]. Ce vent tournoyant était sonore et c'est le son qui assembla la matière en

1. Ecrit *grubthob* : celui qui possède des pouvoirs supernormaux, un thaumaturge. L'équivalent tibétain du terme sanscrit *siddha* ou *siddhi pouroucha*.

2. Allusion à des théories cosmogoniques tibétaines. D'après celles-ci, le vent (*rlung* prononcé *loung*), ce qui est expliqué comme étant non pas le vent, que nous connaissons, mais le « mouvement », produisit comme premières formes des *gyatams* (écrit *rgya kram* ou *rgya gram*). Les lamaïstes conçoivent ces *gyatams* sous la forme de deux *dorjis* entrelacés en croix, tandis que les bönpos les imaginent comme des *svastikas* symboles du mouvement. Mon

forme de *gyatam* [1]. Les *gyatams* primordiaux chantèrent et des formes surgirent qui, à leur tour, en engendrèrent d'autres par le pouvoir des sons qu'elles rendaient. Ceci n'est pas seulement l'histoire d'un temps passé ; il en est toujours ainsi. Chaque atome [2] chante perpétuellement sa chanson et le son crée, à chaque instant, des formes grossières ou subtiles. De même qu'il existe des sons créateurs qui assemblent, il en existe d'autres qui sont destructeurs, qui désagrègent, qui désintègrent. Celui qui est capable de produire les uns et les autres peut, à son gré, construire ou détruire. Vraiment, le *doubthob* qui pourrait faire résonner « le son destructeur de la base » — lequel est, lui-même, la « base des sons destructifs » [3] — serait capable d'anéantir ce monde et tous les mondes des dieux jusqu'à celui des grands « Trente-trois » [4] dont parlent les Bouddhistes. »

Après ce discours, le bönpo prit congé en me souhaitant du beau temps pour le lendemain et un heureux voyage.

Les théories passablement abstruses qu'il m'avait exposées ne manquaient pas d'intérêt, mais elles ne m'apportaient aucun éclaircissement sur ce qui demeurait, pour moi, le « mystère du *chang* ».

La pluie a cessé vers la fin de la nuit ; nous partons de grand matin. Les pauvres montagnards ont pris beaucoup de peine pour rendre possible le passage de mon convoi ; malgré leurs efforts, le chemin est épouvantable.

La vallée que nous remontons bifurque au-dessus de Tesmon, une de ses branches conduit au territoire des

---

interlocuteur était un bön blanc. Ceux-ci ont adopté beaucoup de théories lamaïstes ; les lamaïstes, de leur côté, en ayant admis d'autres, d'origine bön. Cependant les böns noirs ont plusieurs théories particulières concernant l'organisation de notre monde. A noter qu'aucune doctrine orientale n'admet une création *ex nihilo.*

1. *Gyu* écrit *rgyu* : matière, substance.

2. *Doulta,* écrit *rdul phra.*

3. Une double expression de construction curieuse : *da jii djigkén,* écrit *sgra gjihi hrdjig mkhan* et *da djigkén gi jii,* écrit *sgra hrdjig mkhan gi gfi.* Il faut entendre, ici, que le son qui peut détruire la base, le fondement sur lesquels reposent toutes les formations qui constituent les mondes est le son essentiel, subtil, la racine d'où naissent tous les sons destructifs.

4. Les dieux *Soum tchou tsa soum* (écrit *sum tchu rtsa gsum*). En sanscrit : les *Trâyastrimça.*

Géchitas et l'autre à Tanli, où nous nous rendons. Notre sentier zigzague ensuite parmi des rochers entre lesquels la crue a creusé des trous qui restent pleins d'une épaisse boue noirâtre et gluante. Je tente de demeurer en selle mais il me faut bientôt y renoncer, ma mule a assez de mal à se faufiler seule entre ces obstacles. La marche cst affreusement fatigante au milieu de ces grands rocs aux arêtes aiguës contre lesquels on se heurte à tous moments. A certains endroits, ceux-ci forment des escaliers dont les marches sont si hautes que je dois m'y hisser en m'aidant de mes mains.

Plus loin, l'eau recouvre le sentier. Les hommes de corvée ont coupé, la veille, un vague passage plus haut, à travers les bois. L'on y trébuche sur les racines, l'on s'y égratigne aux broussailles hâtivement taillées à la hache, l'on y enfonce dans la terre saturée d'eau, puis l'on retrouve enfin le vrai sentier. Pourrons-nous le suivre maintenant jusqu'à notre but ? — Non, car après avoir encore marché péniblement pendant environ deux heures, nous sommes de nouveau arrêtés par l'inondation. Il faut recommencer la même gymnastique que précédemment, à travers les bois. Porteurs et mules grimpent la pente. Le courage me manque pour les suivre. Je demeure en arrière avec Yongden, contemplant mélancoliquement la rivière qui tourbillonne.

— « Voulez-vous que nous essayions de passer ? » me demande mon fils.

— « Je ne voulais pas te le proposer, mais j'en ai grande envie. »

— « Attendez, je vais examiner la profondeur de l'eau. »

Le lama enlève sa robe et son gilet qu'il me donne à garder, puis sondant le fond avec un bâton, il parcourt une partie du chemin. L'eau ne lui monte qu'un peu audessus de la ceinture. Nous sommes à peu près de la même taille, nous pourrons passer. Je me déshabille, ne conservant que mon pantalon et ma chemise. Du reste de nos vêtements nous faisons chacun un paquet que nous portons sur notre tête. La température de la rivière est fraîche mais non pas froide. Ce bain est agréable et nous délasse. En sortant, nous tordons le bas de nos pantalons, remettons nos bottes et nos robes et continuons notre route. La chaleur produite par la marche séchera, sur nous, nos vêtements de dessous.

Il fait presque nuit lorsque nous arrivons à Tanli. Nous parvenons là au terme de nos épreuves aquatiques. Encore un col à traverser, puis nous entrerons dans un pays de plateaux et de vallées immenses offrant généreusement, aux rivières comme aux voyageurs, tout l'espace qu'ils peuvent souhaiter pour vagabonder à loisir.

Tanli enveloppé des ombres du soir me fait penser à la Suisse. Le paysage est tout à fait alpestre ; grands sapins, ruisselets menus qui serpentent parmi l'herbe rase et les mousses, quelques chalets. L'air a la saveur particulière dont il est imprégné dans les hautes altitudes. Ce hameau ne doit pas se trouver beaucoup au-dessous de 4 000 mètres, si même il ne les atteint pas, car la carte attribue 4 600 mètres au col voisin où l'on arrive sans forte montée.

On nous donne deux chambres dans l'un des chalets ; nous préparerons nos repas dans la cuisine des propriétaires. Les bêtes seront mises à l'abri chez un autre paysan ; deux hommes de l'endroit coucheront dans l'écurie pour les garder.

Nous sommes revenus au pays où le brigandage est sport et chevalerie. Nos hôtes et leurs voisins sont certainement plus souvent occupés sur les grandes routes que dans leurs champs. Ici, comme en Amdo, la culture est volontiers considérée comme ouvrage de femme, un revenu accessoire dans le budget familial alimenté par de plus héroïques labeurs.

Ceci n'empêche point les fermiers d'être des gens fort aimables. Tant que nos biens et nos personnes seront commis à leur garde, nous n'aurons rien à redouter d'eux. Ils savent trop bien que si nous pouvions les désigner comme voleurs de nos bêtes ou de nos bagages, le magistrat chinois leur ferait payer cher leur audace. Ils m'expliquent que ce n'est pas leur tour de fournir la corvée de portage et que l'on a, dès mon arrivée, dépêché un messager à la tribu qui doit y pourvoir.

De bonne heure, on verrouille les portes et l'on clôt les volets. Tandis que nous soupons près de l'âtre, on entend marcher et parler sur le chemin. Chacun dresse l'oreille, puis de l'intérieur un homme hèle les nocturnes passants : « Qui va là ?... » Point de réponse. « Ce sont des voleurs qui viennent de la vallée du Nord, » expliquent nos hôtes. Et, sur ce, ils commencent à raconter de multiples histoires de brigandage plus terrifiantes les unes que les autres.

— « Pourquoi ne les arrêtez-vous pas au passage, ces voleurs de la vallée du Nord ? » demande Yongden.

La réponse est embarrassée.

— « On ne peut pas... »

Le lendemain un des miliciens revenant sur ce sujet me dit : « Bien certainement, ils ne peuvent pas les arrêter, ils font le même métier et s'associent souvent ensemble. »

Ceux à qui échoit la corvée de portage sont précisément des indigènes de la vallée du Nord appartenant à la tribu des Chabrougpas. Deux chefs et quelques hommes arrivent le lendemain assez tard dans la matinée, venant de loin. Les sentiers permettent désormais l'emploi des bêtes de somme. Les Chabrougpas vont louer des yaks aux gens de Tanli pour me conduire à Tao en deux étapes. Ils trouvent sans doute préférable de faire cette dépense que d'amener leurs propres bêtes ce qui, d'ailleurs, prendrait longtemps.

L'un des deux chefs a une remarquablement belle tête d'Espagnol. On pense, en le regardant, à un hidalgo d'Estramadure qui, à la suite d'aventures malheureuses, serait devenu brigand. Un vrai personnage de roman, sombre à souhait, les lèvres minces, gardées serrées, le nez long un peu busqué, un large anneau d'argent pendant à l'oreille droite, grande allure, paroles rares. Quel sang est mêlé dans ce Khampa ? Il n'a rien du Tibétain ni du Chinois, rien même du Musulman, qui, bien qu'assez rare dans cette région, pourrait avoir été un de ses ancêtres. C'est tout à fait un bel Espagnol métissé de Maure, une énigme parmi le paysage et les gens où il se meut.

Les Chabrougpas passent la journée à recruter des bêtes et des gens pour les mener et le lendemain matin nous partons, sous la pluie, à travers la forêt. Les conducteurs de yaks sont bruyants et joyeux, leur peine leur est payée. Les Chabrougpas qui les paient sont moins gais et l'hidalgo, son fusil en bandoulière, chevauchant un cheval noir et toujours aussi romantique, est grave avec noblesse.

A l'intersection de deux vallées, on me montre la piste

embroussaillée que suivent les bandes de brigands allant s'embusquer sur la route de Tatchienlou pour attendre les caravanes qui se rendent à Lhassa. Et puis, un peu plus loin, nous ne voyons plus ni le grand d'Espagne ni ses compagnons. Le mauvais pas où leur présence pouvait nous servir de sauvegarde est franchi, ils nous ont lâchés estimant inutile de se fatiguer davantage. Peut-être sont-ils en route par la vallée qui rejoint la route de Tatchienlou, ayant des camarades et des affaires de ce côté. Un des miliciens se met à leur recherche, mais ils restent introuvables. Bon voyage ! Il est tout à fait improbable qu'ils tentent de nous attaquer. Nous savons trop bien qui ils sont et il nous serait facile de les désigner à la justice. Nous continuons donc paisiblement notre route à travers la forêt.

Arrosés par des ondées intermittentes, nous montons lentement en pente douce. A la limite de la zone des arbres, nous nous arrêtons et faisons du thé. Tobgyal est fiévreux et souffre de névralgies, j'espère qu'une boisson chaude et une heure de repos lui feront du bien. Les conducteurs de yaks, escortés par les miliciens, poursuivent leur chemin, désireux de ne pas s'attarder. Ils savent que l'étape est très longue ; nous nous en apercevrons nous-mêmes dans la soirée.

Le col que nous franchissons ensuite n'a pas la grandeur sauvage de celui de Dza. Les gens du pays le considèrent comme plus élevé que ce dernier et la carte lui donne 4 613 mètres d'altitude, soit environ 100 mètres de plus que le col de Dza ; mais les cartes diffèrent entre elles quant aux indications qui concernent les régions-frontières du Tibet. Nous sommes en juillet, le col est libre, mais à moins de cent mètres du passage, l'on voit des champs de neige épaisse qui, probablement, ne fond jamais entièrement.

Il n'en faut pas déduire que 4 000 mètres d'altitude est, au Tibet et dans les régions voisines, la limite des neiges éternelles. De nombreux cols dont l'altitude dépasse 5 000 mètres sont parfaitement libres de neige, en été et en bien des endroits, les neiges perpétuelles ne descendent pas au-dessous de 6 000 mètres.

Nous faisons la descente à pied sur un terrain rocailleux, puis nous entrons de nouveau en forêt. Le soir vient, le lama, les deux domestiques et moi, nous suivons difficilement, à travers les bois, un sentier boueux, étroit, et mal marqué. La pluie se remet à tomber en torrents. Le malade ne se plaint même plus : la face rouge, tremblant de fièvre, il a à peine la force de se tenir en selle. Nous n'apercevons aucun signe indiquant le voisinage d'un village et nous commençons à craindre de nous être égarés. Enfin, notre sentier sort de la forêt et continue à travers des pâturages ; un peu plus loin, il côtoie des champs cultivés. Nous voici à Lumbo.

Une misérable masure va nous abriter. Yongden et moi devrons loger dans une toute petite pièce où sont empilées quantité de peaux de mouton et de peaux de bœuf. Nos hôtes en font sans doute le commerce. Il y en a là à tous les degrés de dessiccation : les unes presque fraîches, les autres durcies ; l'odeur qu'elles dégagent est épouvantable. J'insiste pour laisser la fenêtre ouverte. Mon fils fait des objections.

— « On pourrait, » dit-il, « en se servant d'une échelle, entrer par cette fenêtre tandis que nous dormons. » C'est vrai, mais il m'est impossible de respirer dans cette puanteur. La fenêtre restera donc ouverte et par mesure de précaution, Yongden s'allonge devant elle, roulé dans ses couvertures. Si quelque voleur entre, dans l'obscurité, il lui marchera sur le corps et l'éveillera. Cela nous suffit. En criant de surprise, le lama me réveillera aussi et une fois réveillés, nous nous croyons capables d'avoir raison d'un malfaiteur... même de plusieurs.

Nuit peu reposante, comme bien d'autres passées dans nos vêtements que les averses ont trempés. Réveil à l'aube ; le soleil brille et va nous sécher. Selon mon habitude, je pars en avant, à pied, pour une promenade matinale d'environ deux heures.

La vallée s'élargit de plus en plus, on s'éloigne des forêts et voici qu'en débouchant sur les pentes encadrant une autre vallée très large, nous apercevrons au loin, très au-dessous de nous, une route qui coupe la nôtre à angle droit : c'est la grande route de Lhassa.

Combien de fois nous l'avons suivie en pensée ! Yongden m'avait dit : « Quand elle m'apparaîtra, je me prosternerai trois fois. » Il ne peut le faire que mentalement, car il est à cheval, mais il s'écrie du ton que l'on peut prêter à Moïse découvrant la terre promise : « La voilà donc enfin, cette route que j'ai tant regardée sur la carte ! »

Je ne réponds rien, je suis émue comme lui, plus que lui, mais il n'y a pas de joie dans mon émotion. Sans doute, j'ai mené jusqu'ici mon voyage suivant le plan que je m'étais tracé, mais je *sais* que la route de mes rêves ne nous conduira pas à Lhassa. Depuis l'aventure de Foupién, notre entreprise est condamnée à échouer. Remettant à plus tard notre tentative, il nous reste à voir tout ce que nous pouvons voir et à apprendre tout ce que nous pouvons apprendre au Tibet oriental. Cela, seul, représente une quantité considérable de connaissances [1].

Bientôt, nous distinguons des masses noires se mouvant sur la grande route. Nous avançons, notre sentier tourne alors vers l'ouest et continue le long du versant de la montagne, parallèlement à la route de Lhassa qu'il domine de haut. Les imprécises masses noires se distinguent de mieux en mieux ; ce sont des yaks transportant, à Lhassa, des briques de thé comprimé.

C'est un beau spectacle que cette foule grouillante, lente et sombre, de gros animaux à l'épaisse toison, avec leurs conducteurs à cheval, le fusil en bandoulière et les grands chiens poilus courant autour des bêtes commises à leur garde. Celles-ci sont divisées par groupes, chacun d'eux étant précédé d'un cavalier. Les groupes succèdent aux groupes, il y a là peut-être deux mille animaux. Ils mettront trois mois à atteindre Lhassa.

Le paysage qui nous environne présente le plus parfait contraste qui soit avec celui parmi lequel nous avons vécu pendant les mois précédents. Plus de gorges resserrées, de torrents grondants, plus de pittoresques montagnes chinoises aux roches dentelées, aux arêtes aiguës. Les sommets voisins, couverts d'herbe, étalent à l'aise leurs formes arrondies. Tout le décor s'est élargi, il baigne dans un calme imperturbable, une sorte de placidité forte, sûre d'elle-même, qui s'affirme et s'impose.

Un air de mystère enveloppe aussi cette route blanche

---

1. Après expérience, je considère le pays de Kham comme la partie la plus intéressante du Tibet.

et droite qui se perd, au loin, entre des monts bleuissants. Nous la savons longue, infiniment longue, et nous la voyons, en esprit, s'enfoncer dans les *tchangs thangs*, côtoyer d'immenses lacs azurés et atteindre, bien au-delà de Lhassa, le plus majestueux des lieux sacrés du monde : le neigeux mont Kailas, demeure de Çiva et de son épouse Parvati.

Nous voici, de nouveau, au seuil du fascinant Tibet auquel des liens divers nous attachent tous deux : Yongden et moi, et mille sentiments complexes de joie, de regret, de pieuse admiration et de désir fervent, nous envahissent tandis que nous regardons s'éloigner lentement la pittoresque caravane qu'il nous est interdit de suivre.

Graduellement, notre sentier descend vers le fond de la vallée et un peu avant de l'avoir atteint, rencontre Tao, une des localités importantes de la région, mais en réalité rien qu'un village très sale.

Puisque j'étais escortée, autant valait jouir des avantages que cette escorte pouvait me procurer. J'avais donc envoyé un des miliciens en avant pour me chercher un logement. L'homme crut bien faire en s'adressant au propriétaire de la plus belle maison de l'endroit et celui-ci mit une vaste chambre à ma disposition. Je m'y serais trouvée fort bien si une autre pièce n'en avait pas dépendu. Celle-ci était occupée par un militaire chinois et par sa famille ; ainsi, pour entrer chez eux et pour en sortir, mari, femme et enfants auraient dû à tous moments passer chez moi. Comme je comptais demeurer quelques jours à Tao, cette promiscuité ne pouvait me convenir. Il n'y avait pas d'autres chambres disponibles dans la maison ; cependant j'eus vite fait de découvrir où m'installer.

Le toit-terrasse de l'habitation offrait un vaste espace. D'un côté de celui-ci une galerie régnait, adossée au mur et couverte d'un toit soutenu par des piliers en bois peints en couleurs vives. Cette galerie servait à remiser du foin, mais à ce moment elle était presque entièrement vide. Nul endroit ne pouvait être plus agréable pour y planter une tente. Abritée par le mur et le toit, j'avais devant moi, sur la terrasse, un large champ de promenade.

De ce haut poste d'observation, l'on jouissait d'une

vue magnifique. A droite et à gauche s'étendait à perte de vue la très large vallée suivie par les caravanes de Lhassa. Dans celle-ci, en face de Tao, s'en ouvrait une autre profondément encaissée entre les montagnes, sombre, tortueuse, mystérieuse, où s'engouffraient deux rivières unies, l'une descendant de la route de Kanzé et l'autre de celle de Tatchienlou, qui s'en allaient rejoindre le Yalung. Avec elles, un sentier pénétrait dans la vallée obscure et ce sentier menait vers Litang. On disait la région qu'il traversait infestée de brigands. Il me venait parfois à l'idée de quitter Tao avant le jour et de m'en aller par ce sentier pour me libérer de la surveillance bienveillante mais gênante à laquelle j'étais soumise.

Je pensais alors que m'en allant directement à Litang, je ne verrais pas Kanzé, la capitale du pays de Hor. Je pensais un peu aussi aux chevaliers de grand chemin qui battaient la campagne de ce côté et pourraient bien me voler mes bêtes et mes bagages. Mais je pensais surtout, qu'entre la vallée conduisant vers Litang et Tao existait une rivière, que je ne pouvais pas traverser à la nage et que du moment où il me fallait un bateau, il fallait aussi prévenir les passeurs et, ainsi, mon projet de fuite sous les étoiles tombait en pièces. Le destin voulait me conduire plus loin, le long de la route tant contemplée sur la carte, dans ma maisonnette monastique de Koum-Boum.

En attendant, après tant de camps en pays inondé, mon toit me paraissait un véritable paradis.

Tao est le siège d'une mission catholique dépendant de la Société des Missions étrangères de Paris. Dès le lendemain de mon arrivée, je fis la connaissance du prêtre français qui y résidait, le Père D... Dois-je dire qu'il m'accueillit cordialement ? Il me faut répéter la même chose de tous les missionnaires — sauf un — de toutes les confessions et de toutes les nationalités que j'ai rencontrés en Chine. Mais le Père D... était [1] plus qu'un homme aimable, il était le héros d'une aventure dramatique.

Quelques années auparavant, les Tibétains de la région s'étant révoltés contre les Chinois, ceux de Tao avaient

---

1. J'en parle au passé. Il est mort environ deux ans après mon passage à Tao.

fait prisonnier le Père D... et le magistrat chinois de l'endroit. Ensuite, les ayant emmenés au monastère lamaïste, ils les y avaient mis nus et attachés par les poignets, les bras levés au-dessus de la tête, chacun à un pilier de la grande salle des assemblées. Dans cette position torturante, sans pouvoir ni s'asseoir ni se coucher, les malheureux étaient restés plusieurs jours. Pour nourriture, on leur tendait l'écuelle contenant la pâtée des chiens. Il ne s'agissait nullement de persécution religieuse. A aucun moment, les révoltés ne songèrent à demander au missionnaire d'abjurer sa religion. De lui, comme du magistrat chinois, ils exigeaient seulement la reconnaissance de leur autorité politique. Le Chinois céda et fut délié. Le Français persista, question d'amour-propre sans doute, il ne voulait pas être vaincu. Un officier chinois arriva à la tête de quelques troupes, fit rentrer les Tibétains dans l'obéissance et délivra le missionnaire. Je vis cet officier à Kanzé lors de mon séjour dans cette ville.

Je ne sais pas quel dédommagement fut accordé officiellement au Père D... pour les mauvais traitements qu'on lui avait fait subir, mais les gens de Tao qui admiraient, du reste, sa force de caractère, disaient qu'il montrait, dans la revanche, la même inflexibilité de volonté avec laquelle il avait bravé ses bourreaux. Ils racontaient que la maison actuelle de la Mission et ses dépendances avaient été bâties par les villageois contraints de fournir des corvées et que, chaque jour encore, le missionnaire, autorisé par les autorités chinoise, réquisitionnait pour son service un certain nombre de travailleurs non salariés.

Ces détails étaient-ils parfaitement exacts ? Je n'oserais pas m'en porter garante. Le Père D..., qui avait eu la modestie de ne pas me narrer l'histoire de sa ténacité héroïque, ne m'avait pas non plus prise pour confidente de ses sentiments intimes concernant la vengeance, le pardon des injures et la façon dont il les traduisait dans la pratique. Le devoir de charité, pensent certains, diffère pour l'homme qui vit en société, de ce qu'il est pour le philosophe isolé. Tandis qu'il convient, disent-ils, aux sages et aux saints solitaires de renoncer à tirer vengeance des sévices qui leur sont infligés, le membre d'un groupe social doit envisager que le défaut de sanction peut inciter des invidus ou des populations rustres à faire d'autres victimes.

Dès le lendemain de mon arrivée l'excellent Père D... m'a aimablement envoyé un cadeau de provisions : des poulets vivants et une bouteille de bon vin. Il s'imagine que j'ai été privée depuis longtemps de notre boisson nationale et il est très étonné d'apprendre que je ne bois aucun breuvage alcoolisé. Plus étonné est-il encore d'entendre que je refuse absolument de faire tuer des animaux pour ma consommation, déplorant déjà beaucoup d'acheter de la viande de boucherie pour nourrir mes domestiques et... d'en consommer quelquefois moi-même, quand légumes et farine viennent à manquer et que mon estomac crie famine.

Le missionnaire est chasseur ; beaucoup de ses collègues, protestants comme catholiques, le sont aussi. Je me demande comment il est possible que ces gens religieux n'arrivent point à percevoir le caractère épouvantable de la souffrance et combien il est horrible de l'infliger pour son plaisir.

De leur point de vue, puisqu'ils dénient que l'animal ait une âme, il est plus cruel de le tuer que de tuer un être humain. L'homme assassiné n'est, d'après leur croyance, pas véritablement mort puisque son âme, son vrai « moi » est immortel. Son meurtrier n'a donc fait que le déloger brutalement de son domicile et le forcer d'entrer dans un autre. Ce changement peut même être avantageux à la victime si, par ses vertus, elle a mérité d'être reçue dans le Paradis [1]. Mais puisque, selon ces théories, l'animal tué tombe dans le néant, en le privant de sa vie présente, on lui ravit à jamais tout ce qu'il a et tout ce qu'il est.

Le magistrat chinois de Tao se montre aussi très obligeant à mon égard. Il met à ma disposition, trois villageois en service commandé. Deux de ceux-ci gardent mes mules tandis qu'elles paissent sur la montagne et les ramènent le soir à l'écurie, le troisième va chercher l'eau et le bois, souffle le feu à la cuisine et aide mes garçons.

---

1. On excuse ainsi, dans l'Inde, les sacrifices d'animaux offerts aux déités. Les victimes sont dites renaître dans une condition supérieure à l'animalité, ou bien dans le paradis même du dieu à qui ils ont été sacrifiés.

Tao est en terre tibétaine et le régime les *oulas* — c'est-à-dire la corvée obligatoire de portage et de service des voyageurs munis d'un titre de réquisition — est en vigueur. Il est d'usage que le voyageur rétribue les *oulas*, mais le montant de la gratification dépend de sa générosité ; il n'est, du reste, pas obligé de la leur donner. Pour ma part, j'ai presque toujours tenu à récompenser les villageois des services qu'ils me rendaient ; pourtant la curieuse mentalité de certains indigènes m'a quelquefois forcée à m'en abstenir. J'ai rencontré des Tibétains qui proclamaient hautement que ceux qui les payaient étaient de vulgaires petites gens ne méritant aucune considération. Les personnalités de marque, au contraire, bien loin de les payer, exigeaient des cadeaux, des vivres et leurs domestiques battaient ceux qui ne se hâtaient pas d'en fournir. C'est à cette conduite, disaient-ils, que l'on reconnaissait les gens dignes de respect.

En présence de cette façon de voir, qu'aucun raisonnement ne les aurait amenés à modifier, j'avoue que je me suis parfois montrée « digne de respect ».

Eh oui ! mon révérend compatriote et le magistrat chinois étaient tous deux charmants, mais j'aurais préféré ne pas les avoir rencontrés. J'aurais voulu être arrivée incognito à Tao, m'y joindre à quelque caravane de thé et m'en aller lentement avec elle à Lhassa par le désert d'herbe. Les dieux du Tibet, bénis soient-ils ! m'avaient, à mon insu, marquée pour une plus grande aventure. En attendant, il me fallait cacher mon impatience et sourire aux sollicitudes importunes qui me ligotaient.

Les jours passent. Que fais-je à Tao ? — Je n'en sais rien. Je suis désorientée et je suis fatiguée. J'ai quitté Koum-Boum le 5 février 1921 et août vient de commencer. Six mois de voyage par des chemins difficiles suffisent peut-être à excuser le désir d'un peu de repos. Pourtant je repartirais volontiers tout de suite pour six nouveaux mois de pérégrinations encore plus ardues, si j'avais en perspective un programme intéressant, mais celui que j'ai longuement préparé ne peut pas s'accomplir et mes nouveaux plans sont encore très flottants. Cette indécision me fatigue plus que ne l'on fait mes six mois de route.

Quand je descends du toit sur lequel je campe, c'est pour me promener avec Yongden, dans la campagne. Nous causons avec les gens que nous rencontrons. Ces conversations nous initient aux mœurs du pays et aux idées de ses habitants ; elles sont un délassement, un répit à la tension nerveuse produite par mes préoccupations.

Un jour, nous voyons un homme accroupi sur le bord d'un ruisseau ; près de lui est un sac dont il tire des brindilles qu'il pose soigneusement dans l'eau. L'air attentif, anxieux même, avec lequel il opère nous intrigue. A quel exercice se livre-t-il ?

En nous entendant approcher l'individu a tourné la tête et, d'un geste rapide, a caché le sac sous sa robe.

— « Que fais-tu là, ami ? » lui demande Yongden.

La réponse se fait attendre, le campagnard nous considère longuement tous les deux. Sans doute l'examen nous est favorable et nous lui inspirons confiance. Il se décide à parler :

— « J'ai un *dipching* [1], » dit-il, d'un ton confidentiel.

Il n'est pas un Tibétain qui ne sache ce qu'est un *dipching ;* nombre de légendes mentionnant les exploits accomplis à l'aide du morceau de bois ou des plumes qui rendent invisible, mais quant à en avoir vu un exemplaire, le fait est plus rare, si même il s'est jamais produit.

— « Tu as un *dipching,* » dit Yongden à l'homme au sac mystérieux. « D'où te vient-il ? — Et si tu as un *dipching* sur toi, comment se fait-il que je te voie ? »

— « Kouchog, » répondit poliment le Tibétain, « quand je dis que j'ai un *dipching,* cela signifie que j'en ai un là, dans ce sac. Je ne l'ai pas encore reconnu parmi les autres brindilles auxquelles il est mêlé. Je suis occupé à les sou-

---

1. Ecrit *sgrib ching*. Littéralement « arbre ou bois qui cache, qui rend obscur ». C'est le talisman qui rend invisible celui qui le porte ou les objets auprès desquels il est placé. Il est décrit de plusieurs façons différentes et des milliers d'histoires circulent à son sujet. Les lecteurs de la *Vie surhumaine de Guésar de Ling* ont vu que le héros de l'épopée nationale des Tibétains en fait usage. Certains, tels que l'homme rencontré à Tao, se représentent le *dipching* comme un morceau de brindille d'une nature spéciale que le corbeau sait reconnaître. D'autres, s'éloignant de la signification ordinaire du mot *ching,* écartent l'idée de *bois* et d'*arbre* et tiennent ce terme pour symbolique. Les *dipchings,* pour eux, sont des plumes spéciales, de corbeau ou de pie. Elles sont dénommées *arbre* parce qu'elles *mettent à l'abri,* qu'elles *dérobent à la vue, couvrent d'ombre,* comme le fait un arbre.

mettre une à une à l'épreuve décisive dans ce ruisseau. Le *dipching* remontera le courant au lieu d'être emporté par lui. Quand il aura touché l'eau, sa vertu, qui n'agit pas encore, se manifestera, et lorsque je le saisirai, vous ne me verrez plus. »

— « Oh ! » fis-je, « je brûle d'envie de te voir devenir invisible. Mais quand tu seras invisible, comment te conduiras-tu, de retour chez toi ? Les tiens ne te verront plus. Et si tu déposes le *dipching* dans un coffre, celui-ci deviendra invisible. Peut-être toute ta maison, avec toute ta famille qui y demeure, deviendra-t-elle invisible. Que penseront tes voisins ? »

Il ne sied pas de faire subir aux miracles un examen critique trop minutieux. Le Tibétain me jeta un regard à la fois méprisant et peu amical.

— « Croyez-vous que j'aie oublié d'apporter la boîte au *khabléndo*[1]. Lorsque le *dipching* y est enfermé il n'agit pas.

Yongden voyant le mécontentement du paysan et craignant que ce dernier ne nous permette pas d'assister à la découverte du *dipching* s'empressa d'effacer la mauvaise impression produite par mes paroles.

— « Elle ne connaissait pas la boîte au *khabléndo,* » dit-il. Puis, poussant un soupir, il ajouta : « Les femmes ignorent tant de choses ! »

Mon astucieux compagnon avait touché juste, la pensée que j'avais parlé par ignorance rasséréna l'homme au *dipching.*

— « Asseyez-vous, sœur aînée, » me dit-il avec condescendance.

Yongden et moi nous nous assîmes sur l'herbe.

— « Voici la boîte, » déclara-t-il, en exhibant un petit objet qu'il remit aussitôt dans son *amphag*[2]. Je n'ai pas besoin d'imiter le prince Sodétchén qui enleva à son rival

1. Ecrit *khab lén rdo,* « la pierre qui saisit les aiguilles », pierre magnétique, aimant naturel, employé aussi dans la médecine tibétaine. Le paysan en avait placé un fragment dans la boîte où il comptait conserver son talisman lorsqu'il l'aurait reconnu parmi les brindilles ordinaires.

2. La poche que forme, sur la poitrine, la large robe des Tibétains serrée par une ceinture.

la femme qu'il aimait en la rendant invisible alors qu'on allait célébrer leurs noces... » Et il se mit à rire.

— « Allons, continuez votre travail, » suggéra Yongden désireux de voir ce qui allait arriver.

Le Tibétain plongea la main dans son sac, en retira un menu morceau de branche et le posa sur l'eau qui l'emporta rapidement. Un second, puis un troisième morceau eurent le même sort. Le quatrième, poussé par le vent, ou pour toute autre cause, vira sur lui-même, se trouva pris dans un remous et parut, pendant un instant, remonter le courant. Le soi-disant possesseur du *dipching* jeta un cri de triomphe. Hélas ! sa joie était prématurée, la brindille atteignit le bord du minuscule tourbillon, fut happée par le courant et bientôt balayée par lui. Une à une les autres suivirent. L'homme consterné regardait son sac vide.

La chose en elle-même était comique, mais ce qui ne l'est jamais, c'est la tristesse, quelque ridicule que puisse être la raison qui l'engendre. Yongden s'efforça de consoler son innocent compatriote.

— « Les *dipchings,* » lui dit-il, ne se découvrent pas facilement. Il faut recommencer bien souvent ses tentatives. Vous serez plus heureux une autre fois. Et puis un *dipching* vous est-il vraiment nécessaire ? — A quoi vous servirait-il ? Nul mérite utile pour cette vie ou pour les suivantes n'est attaché à sa possession. Si votre cœur n'est pas entièrement vertueux, la possession du *dipching* pourra même vous nuire en vous induisant à commettre, protégé par votre invisibilité, de mauvaises actions qui vous écarteront de la voie des renaissances heureuses. »

— « Vous parlez bien, lama, » répondit le Tibétain. « Vous êtes savant. Ce que vous dites est vrai... Et puis... je puis encore essayer l'an prochain... C'est la quatrième année que je cherche le *dipching*... Il y a à Gartag un *ngagspa* qui connaît des paroles puissantes et qui prépare des charmes. J'irai le consulter. Sans doute je ne sais pas bien m'y prendre. »

— « Comment faites-vous ? » demanda Yongden.

— « Je fais ce que l'on dit qu'il faut faire. Le corbeau dont les œufs n'éclosent pas a besoin d'un *dipching* pour que les petits naissent. Il faut obliger un corbeau à aller en chercher un, ce dont lui seul est capable. Pour cela, on prend ses œufs pendant qu'il ne les couve point, on les fait bouillir et on les remet très promptement dans le nid. Si le corbeau ne s'aperçoit de rien, il continue à couver. Les jeunes oiseaux ne peuvent pas naître puisque les œufs ont été cuits. Le corbeau mâle s'en va, alors, à la recherche d'un *dipching* et quand il l'a trouvé il le dépose près des œufs. Quand on voit le mâle revenu, on s'empare du nid et on examine une à une, comme je l'ai fait, toutes les brindilles dont il est formé. Le moyen est infaillible... pourtant, voici la quatrième fois que je ne réussis pas. Un démon ou un ennemi doit m'avoir aperçu tandis que j'épiais les corbeaux, ou bien quand j'ai fait cuire les œufs, ou encore, lorsque j'ai pris le nid. Il aura placé quelque objet impur sur mon chemin pour m'obscurcir la vue et m'empêcher de distinguer le bâton qui remontait le courant... Ou bien il s'en sera saisi lui-même à mon insu. Oh ! je n'ai guère de chance... Il faudra que je consulte aussi un *mopa*[1] qui verra quels êtres me suscitent des obstacles. »

— « Peut-être ferez-vous bien, » concéda Yongden pour ne pas contrarier l'obstiné paysan. « Mais puisque nous nous sommes rencontrés, venez donc passer un moment chez nous. C'est l'heure de notre repas, vous boirez et mangerez quelque chose. Il faut se distraire quand on a des ennuis. »

— « Vous êtes bien bon, Kouchog, » répondit le villageois. Je vais avec vous. Je réussirai certainement l'année prochaine. »

— « C'est probable, » affirma le lama imperturbable.

L'amateur de *dipching* fut bien traité et ne ménagea pas les mets qui lui furent servis. Il mangea, à lui seul tout un gigot de mouton bouilli, une copieuse soupe aux nouilles[2] et but force thé beurré. Un ou deux bols d'eau-de-vie lui auraient paru compléter heureusement ce repas. Je vis qu'il cherchait du regard celui qui les lui servirait.

1. Un clairvoyant.
2. De même que les Chinois du Nord, les Tibétains des régions frontières de la Chine confectionnent des nouilles qu'ils mettent dans la soupe. C'est, chez les gens aisés de ce pays, un plat presque quotidien. Dans le centre du Tibet cette soupe aux nouilles dénommée « soupe chinoise » est aussi très appréciée mais elle y est servie plus rarement, le riz alternant avec elle ainsi que la soupe à la *tsampa*.

Mais tout l'alcool était prohibé chez moi et le Taopa dut se résigner à s'en passer, comme il s'était passé du *dipching.* Sa bonne humeur n'en parut pas sensiblement altérée.

Le voyant repu et jouissant d'une agréable digestion, Yongden jugea le moment bien choisi pour lui faire raconter l'histoire du prince Sodétchén qu'il avait nommé à propos du *dipching.*

Il existe, au Tibet, de très nombreux contes dont les héros possesseurs de *dipching* se servent de façon ou d'autre de ce talisman au cours de leurs aventures. Celles de Sodétchén pouvaient être intéressantes et le lama voulait me procurer l'occasion de les noter si elles en valaient la peine.

Fier de retenir notre attention et celle de nos serviteurs, devant le *oula* de service qui rapporterait par tout le village combien les « riches voyageurs » faisaient cas de lui, notre Taopa ne se fit pas prier.

Le roi Namgyal était un puissant souverain et la reine Péma Eusal la plus belle des femmes ; tous deux s'aimaient tendrement et se désolaient de ce que leur union restait stérile. Ils avaient vainement propitié beaucoup de déités et consulté nombre de savants magiciens et nul espoir ne leur restait de voir naître le fils tant désiré lorsqu'une nuit, le roi eut un songe. Il vit un vénérable ermite assis à l'entrée d'une caverne dominant un lac bleu. Près de l'ermite, un enfant, dont le corps émettait des rayons lumineux, se tenait miraculeusement debout dans l'air.

Dès son réveil le roi fit appeler le devin de la cour et lui demanda le sens de son rêve. Ce dernier assura Namgyal que ce rêve était de bon augure. Il devait se rendre avec la reine auprès de l'ermite qu'il avait vu en songe et s'il suivait les conseils qu'il en recevrait, la reine donnerait le jour à un fils doué de qualités excellentes.

Immédiatement, le roi envoya des messagers dans toutes les directions à la recherche d'un ermite habitant une caverne semblable à celle de son rêve. Quelques mois plus tard, celui-ci était découvert. Le roi et la reine se rendirent alors en grande pompe auprès de lui. Ils se prosternèrent respectueusement à ses pieds, lui offrirent de riches présents et le conjurèrent de leur indiquer le moyen de vaincre le sort adverse qui les privait d'héritier.

L'anachorète leur commanda de jeter dans le lac tous les objets qu'ils lui avaient offerts et d'y ajouter encore un grand nombre de pierres précieuses, puis de se baigner tous les deux dans le lac.

Le roi et la reine obéirent et neuf ou dix mois plus tard la reine mit au monde un enfant mâle d'une exceptionnelle beauté.

Le jeune prince reçut le nom de Sodétchén (Grande Chance). Ce nom auspicieux fut démenti dès la semaine suivante où la belle Péma Eusal, mère de Sodétchén, mourut. Le roi se montra d'abord extrêmement affligé puis, quelques années s'étant écoulées, il prêta une oreille plus attentive aux sollicitations de ses ministres et des gens de sa cour qui le pressaient de se remarier, et finit par leur permettre de lui chercher une nouvelle épouse. Il n'avait en vue, disait-il, que le bien de l'Etat et le plaisir de ses sujets, mais en fait, il était consolé. Alors, tandis que ses conseillers se mettaient en quête d'une princesse, Namgyal vit à une fête publique une jeune fille de petite naissance, dont il devint immédiatement amoureux. Le lendemain même du jour où il l'avait aperçue, il envoya un messager chez les parents de son élue pour la demander en mariage et la semaine suivante, il l'épousa.

Dix mois plus tard, la nouvelle reine, nommée Nordzinma, mettait un fils au monde et celui-ci fut appelé Tseundoup.

Des années passèrent, Tseundoup grandit et se prit d'une telle affection pour son frère aîné Sodétchén qu'il ne pouvait se passer de lui et le suivait partout comme son ombre. Or il advint que la reine Nordzinma, en prenant l'air sur le toit [1], entendit des familiers du roi causer près de la porte du palais. Ils louaient Sodétchén et se réjouissaient de le voir si plein de sagesse puisqu'il devait, après la mort de son père, devenir leur souverain. Et voici qu'en continuant à se promener sur le toit, la reine aperçut de l'autre côté du palais, des femmes du peuple

1. Les maisons tibétaines sont, tout comme les maisons arabes, couvertes de toits plats. Les Tibétains passent une grande partie de leur temps sur ces terrasses. Il faut se rappeler que le Tibet est un pays sec où le soleil brille presque toujours.

qui lavaient des vêtements dans un ruisseau : « Quel bienveillant protecteur nous aurons lorsque le prince Sodétchén sera roi ! » disaient-elles. « Il est toute bonté et toute justice ; sans nul doute, il doit être un dieu incarné. » Se tournant vers une autre façade du palais, la reine vit des enfants qui jouaient. L'un des petits garçons affectait un air digne et disait à ses camarades : « Je suis le roi Sodétchén, préparez mon trône ! » Et les autres enfants s'empressaient d'apporter des planches et des morceaux de bois pour construire un « trône », tous criant : Longue vie à notre bon maître le roi Sodétchén ! »

Alors, l'avenir, auquel Nordzinma n'avait jamais pensé que vaguement, lui apparut en une suite d'images très nettes et elle eut l'impression que des dents aiguës lui mordaient cruellement le cœur. Sodétchén serait roi. Non seulement il était le fils aîné du roi, mais sa mère Péma Eusal était de sang royal. Quant à Tseundoup, il n'était qu'un cadet et elle, sa mère, appartenait au petit peuple.

Que deviendrait-elle donc, si son époux mourait ? n'avait-elle pas à craindre d'être renvoyée de la cour et de se voir assigner comme résidence l'une ou l'autre des villas ou des fermes que le souverain possédait dans les montagnes. Qui pourrait défendre ses intérêts, prendre son parti, la maintenir dans sa condition de souveraine ? Sodétchén se marierait, une jeune reine prendrait la place qu'elle occupait actuellement, se parerait des joyaux royaux qu'elle devrait lui abandonner et la mépriserait sans doute à cause de sa naissance vulgaire. Combien différent serait son sort si Tseundoup, son fils, succédait au roi Namgyal...

Pendant les semaines suivantes, ces idées s'imprimèrent de plus en plus profondément dans l'esprit de la reine et elle conçut le projet d'assurer la succession paternelle à Tseundoup en faisant tuer Sodétchén. Mais ceci ne pouvait être amené que par ruse. Nordzinma se dit donc malade, elle ne mangea presque plus, pâlit et maigrit. Elle mâchait en cachette le papier rouge [1] qui se trouve

1. Un morceau de papier rouge est placé à même la brique de thé compressé et emballé avec elle dans un autre papier. Les coquettes, trop pauvres pour acheter des fards, se servent de ce papier, qu'elles mouillent avec de la salive, pour se rougir les joues.

sur les briques de thé et lorsqu'elle pouvait être vue d'un personnage important de l'entourage du roi, elle crachait de la salive teinte en rouge, laissant croire que c'était du sang. Enfin, un jour où elle se trouvait avec son époux, elle tournoya soudain sur elle-même et tomba raide sur le plancher en vomissant un flot de salive rouge.

Le roi, déjà alarmé par la maladie prolongée de sa femme, fut terrifié. Il appela en hâte le médecin le plus en renom et le plus célèbre devin du pays.

— « La cause du mal dont souffre la reine réside dans son esprit et non pas dans son corps, » déclara le premier.

— « Une influence démoniaque possède la reine, » dit le second.

Ce dernier avait perçu que Nordzinma nourrissait de mauvaises pensées, mais il n'avait pas été capable de discerner lesquelles. L'ambiguïté de sa déclaration allait permettre à la mère de Tseundoup de poursuivre avec succès ses desseins criminels.

Le roi, navré de voir le caractère grave que prenait la maladie de sa femme la supplia de lui dire si elle connaissait un moyen qui la guérirait. Celle-ci répondit qu'elle en connaissait un, mais qu'elle n'osait le lui dire et elle résista longtemps aux prières de son époux qui l'adjurait de le lui révéler. Enfin, elle parut être vaincue par ses instances et parla.

— « S'il n'était question que de ma vie, je continuerais à me taire, » dit-elle, « mais la vôtre, chef [1], est aussi menacée. Vous avez entendu ce qu'a déclaré le clairvoyant devin. Un démon cause ma maladie et va

1. Les femmes tibétaines n'appellent pas leurs maris par leurs noms lorsqu'elles leur parlent. Ce serait un grave manque de respect. Elles s'adressent à eux en leur donnant leur titre s'ils en ont un, ou bien leur disent « Monsieur » *(Kouchog)* ou, encore, les appellent du nom de la profession qu'ils exercent : docteur, tailleur, etc., en y ajoutant la terminaison polie *lags*. De même, seul un mari mal élevé et grossier appelle sa femme par son nom. S'il appartient à la haute société il lui dira : Madame-épouse *(tcham)*. S'il est du peuple il l'appellera « sœur aînée » ou « mère de... » en mentionnant le nom de son fils aîné. Il existe encore d'autres dénominations. On peut entendre les femmes de rois de tribus interpeller leur mari comme « Gouvernement » !

me tuer. Le prince Sodétchén, sous les apparences trompeuses d'un jeune homme vertueux, cache l'incarnation d'un démon. Quelques jours après sa naissance, il a fait mourir sa mère ; maintenant c'est moi qu'il va tuer et, ensuite, il vous tuera vous-même. Le seul moyen d'éviter ce malheur est de le mettre à mort. »

Le roi fut d'abord atterré par ces paroles, mais la déclaration du devin y ajoutait un grand poids et il finit par être convaincu de leur vérité.

Sans vouloir revoir son fils aîné de peur que sa résolution ne faiblisse, il ordonna qu'il fût emmené au loin dans la forêt et exécuté.

Trois serviteurs du palais entraînèrent le prince avec eux sous prétexte d'aller vénérer une déité sylvestre. Quand ils furent au cœur de la forêt, l'un d'eux, feignant de s'attarder, rebroussa chemin, laissant à ses deux compagnons le soin d'accomplir leur sinistre mission. Lorsqu'ils constatèrent cet abandon, l'un des deux hommes qui demeuraient avec le prince dit à l'autre : « Continue ta route, je vais voir ce qu'est devenu notre camarade, peut-être a-t-il besoin d'aide, nous vous rejoindrons ensemble. » Il s'éloigna rapidement et ne revint pas. Le troisième serviteur du roi répugnait autant que ses amis à assassiner le jeune prince. Il chevaucha encore tout un jour avec lui. Puis il lui avoua que le roi avait ordonné sa mort.

— « Je comprends, » lui dit-il, « pourquoi mes camarades ont fui. Nul dans le pays ne voudrait commettre l'abominable crime d'assassiner un prince aussi plein de qualités que vous l'êtes. Je m'y refuse aussi. Cependant je ne puis pas désobéir ouvertement au roi votre père, il pourrait me punir et punir aussi les miens à cause de moi. Je vais donc vous laisser seul et il me faut aussi ramener votre cheval avec moi au palais, afin de convaincre le roi que j'ai accompli ses ordres. Il m'est impossible de vous servir davantage. Vous avez certainement mérité la protection des dieux par votre bonne conduite et je ne doute pas que l'un ou l'autre d'entre eux ne vienne à votre secours dans cette forêt. »

Heureux d'avoir été épargné, Sodétchén livra son cheval au serviteur du roi et celui-ci l'attachant à la selle de sa propre monture, s'en retourna.

A la lisière de la forêt il retrouva ses compagnons et tous trois convinrent de se garder mutuellement le secret de leur bonne action.

Le roi, les ayant reçus secrètement et croyant le prince mort, leur ordonna de raconter à tous qu'une déité s'était montrée à eux et avait enlevé le prince vers les nues en marchant sur une voie lumineuse.

Les gens du pays s'affligèrent d'avoir perdu leur bienveillant protecteur, mais ils s'accordèrent pour penser qu'il était l'incarnation d'un dieu et avait regagné sa demeure céleste.

Sodétchén était seul dans la forêt, il ne savait dans quelle direction il devait se diriger pour gagner un pays habité et il n'avait point de vivres, sauf un petit sac de *tsampa* que lui avait laissé le serviteur de son père. Il continua à marcher, ne s'arrêtant que la nuit pour dormir au pied d'un arbre. Alors, à l'aurore du quatrième jour, comme il s'éveillait très faible et souffrant de la faim, il entendit une voix derrière un buisson qui disait :

— « Sodétchén, viens ici. A mon pied il y a de bons champignons. »

C'était l'esprit d'un arbre qui parlait. Le prince trouva les champignons à l'endroit indiqué ; il alluma un feu de bois mort avec son briquet et les fit griller. Puis après avoir remercié l'esprit de l'arbre il continua sa route. Ainsi, jour après jour, les déités sylvestres continuèrent à lui indiquer des racines ou des plantes comestibles dont il se nourrissait.

Un soir, comme il cherchait un endroit propice pour passer la nuit, un corbeau vint se poser sur une branche près de lui. « Sodétchén, » dit-il au prince, « tu cours un grand danger. Demain une bande de brigands va passer sur ce chemin, tu es revêtu d'une belle robe et tu es un jeune homme robuste ; si les brigands te voient, ils te prendront cette belle robe fourrée et t'obligeront à devenir leur domestique. Je veux te donner une chose précieuse qui te sera utile non seulement en cette circonstance, mais en bien d'autres. C'est une brindille de *dipching*, elle te rendra invisible et les brigands passeront devant toi sans te voir. Etends un pan de ta robe au-dessous de moi. »

Le prince ayant fait ce qui lui était dit, le corbeau laissa choir le *dipching*. Dès que celui-ci eut touché sa robe, Sodétchén devint invisible pour les hommes, mais il ne l'était point pour les autres êtres.

Le lendemain, comme il traversait une petite clairière, il vit venir des cavaliers. C'étaient les brigands annoncés par le corbeau.

— « Arrêtons-nous ici, » dit l'un d'eux. « Nous ne pourrions pas trouver de meilleur endroit pour la halte du milieu du jour[1]. »

Tous furent de son avis. Ils s'approchèrent d'un ruisseau où l'on voyait des *mi deussa*[2], entravèrent leurs chevaux qu'ils laissèrent paître, déballèrent les provisions, allumèrent du feu entre les pierres disposées en trépied et placèrent dessus la marmite à thé.

Sodétchén regardait ces préparatifs avec un vif intérêt. Grâce aux bienveillantes déités de la forêt, il avait pu y trouver de quoi se nourrir, mais ses repas quotidiens de racines sauvages ou de champignons sans beurre et sans sel n'étaient guère savoureux. Sa faim s'éveillait en voyant de la bonne *tsampa* blanche, du beurre, de gros morceaux de viande, les uns séchés, les autres bouillis et en entendant chanter le thé dans la marmite.

Dûment convaincu qu'il était invisible pour les brigands, puisqu'ils circulaient autour de lui sans l'apercevoir, le prince pensa qu'il pourrait en profiter pour faire un bon repas et même pour emporter quelques provisions de route.

Tous les hommes s'étant assis, le thé fut versé à la ronde. Sodétchén s'approcha, profita du moment où l'un des brigands tournait la tête pour parler à un de ses camarades, saisit son bol, le vida et le remit sur l'herbe, devant son propriétaire.

Celui-ci voulant boire le trouva vide.

— « Eh ! » appela-t-il, s'adressant à celui qui versait le thé. « Tu m'as oublié. »

---

1. Le *tsha phog*. Les voyageurs tibétains se mettent en marche de très bonne heure, souvent à jeun ou n'ayant bu que du thé. Vers midi ils s'arrêtent, laissent reposer leurs bêtes et prennent un repas.

2. Ecrit *mi sdod sa*, littéralement : place où les hommes s'assoient : les foyers primitifs formés par trois pierres, que l'on rencontre le long des pistes aux endroits où il y a de l'eau et où les voyageurs ont coutume de s'arrêter pour faire du thé ou pour camper.

— « Mais non, » répondit l'interpellé. « Je t'ai servi comme les autres. »

— « Mon bol est vide. »

— « Farceur ! »

— « Je t'assure que je n'ai pas bu. »

— « Tu auras bu sans t'en apercevoir. »

Tous de rire et le bol fut rempli de nouveau.

Tournant autour du groupe, Sodétchén renouvela sa manœuvre avec un gros morceau de viande. Celui qui venait de le placer devant lui ne le retrouva plus lorsqu'il retourna la tête après avoir attiré à lui un *sac de tsampa* [1]

— « C'est bête, » dit-il à son voisin. « N'imite pas la plaisanterie de Tséring. Il a peut-être vidé son bol sans le savoir, mais moi, je sais bien que je n'ai pas mangé ma viande. Rends-la-moi. »

— « Je ne l'ai pas prise. »

— « Ne te moque pas de moi. »

Le volé commençait à se fâcher.

A ce moment, Sodétchén enleva un sac de *tsampa* d'un autre côté, tandis que l'attention de celui à qui il appartenait était retenue par la querelle de ses deux camarades. Quand il s'aperçut de sa disparition, son propriétaire interpella aigrement son voisin tout comme l'avait fait le brigand dont la viande s'était miraculeusement envolée.

Le chef de la bande crut ramener la paix en ordonnant une distribution d'eau-de-vie. Sodétchén, pendant ce temps, dévorait la viande à belles dents. Ayant terminé, il retourna au cercle formé par les brigands et recommença à s'approvisionner, raflant de nouveaux sacs de tsampa, du beurre, de la viande. Cette fois, échauffés par l'alcool qu'ils avaient absorbé, les brigands prirent encore plus

1. Ce sont de petits sacs individuels, en cuir ou en étoffe, qui contiennent de un à trois kilos de *tsampa* environ. Le voyageur tient son sac à portée de sa main pour pouvoir manger quand il le désire. Souvent on place un morceau de beurre en réserve dans la *tsampa* pour être mangé avec celle-ci. Certains de ces sacs sont très coquettement ornés. Il en est en brocart et en drap d'or ou d'argent que les lamas riches apportent avec eux aux réunions dans le grand hall des assemblées où du thé est servi aux membres du monastère. Je rappelle que la *tsampa* est une farine faite avec de l'orge dont la graine a été grillée avant d'être moulue.

mal ce qu'ils tenaient pour de mauvaises plaisanteries ; des injures puis des coups furent échangés. Le prince, sur ce temps, avait rempli deux grands sacs de selle [1] de provisions. Il courut vers le meilleur des chevaux, lui enleva ses entraves, passa les sacs sur la selle et l'enfourcha. Dès qu'il fut sur la bête, celle-ci, par l'effet du *dipching* que le prince portait, devint aussi invisible que lui.

Au bruit que fit la clochette suspendue à son cou lorsque le cheval se mit à trotter, les brigands regardèrent du côté de leurs montures. Celles-ci, sauf une, paissaient tranquillement, mais bien que le sentier fût droit sur une longue distance et que l'on entendît dans cette direction le tintement de la sonnette qui s'éloignait, nul animal n'était en vue.

Jetant les yeux sur les provisions demeurées auprès du feu, ils virent que d'autres choses encore avaient été mystérieusement dérobées.

Alors ils se mirent à hurler de terreur.

— « Ce sont les démons ! » criaient-ils. « Fuyons ! fuyons ! Ils vons nous dévorer aussi. »

Et sautant sur leurs bêtes, un de ses camarades prenant en croupe celui dont la monture avait été enlevée, ils s'enfuirent au galop.

Peu de jours après, Sodétchén arriva dans une merveilleuse vallée. La forêt la bordait, d'un côté et de l'autre s'élevaient de hautes montagnes rocheuses dans lesquelles étaient creusés une foule d'édifices singuliers. On y voyait des temples, des *chörtens*, des palais, des ermitages, tous d'une blancheur éclatante [2] qui devaient être l'œuvre des dieux de la montagne. Des ruisseaux naissaient au pied de cette étrange cité et leur gazouillis mélodieux sur leur lit de cailloux rosés résonnait seul dans le grand silence qui enveloppait ce lieu solitaire.

---

1. Des sacs en cuir, de plus ou moins grandes dimensions, accouplés par une courroie. On passe cette courroie sur la selle et les sacs pendent des deux côtés du cheval.

2. Cette description n'est pas purement fantaisiste. L'on voit au Tibet des paysages de ce genre. J'en ai contemplé plusieurs, notamment un près du col de Dokar (voir *Voyage d'une Parisienne à Lhassa*, page 27) et un autre au pays de Ga, dont je parlerai dans un prochain livre.

Sodétchén s'était arrêté plein d'admiration et, tout à coup, il lui sembla entrevoir une forme humaine passant devant une des demeures aériennes qu'il contemplait. Un ermite vit là, pensa-t-il, j'irai vers lui, je lui conterai mon infortune et il me conseillera.

Ayant traversé la vallée, le prince découvrit un étroit sentier qui grimpait entre les rochers et l'ayant suivi, il arriva à l'entrée d'une grotte affectant la forme d'une chambre percée de fenêtres. A l'intérieur de celle-ci un *gomtchén* [1] était assis. Sodétchén se prosterna plusieurs fois devant lui avec un profond respect, puis voyant que l'ermite ne paraissait pas s'apercevoir de sa présence, il se permit de lui adresser la parole.

— « Rimpotché, » dit-il, « je suis le prince Sodétchén, le fils du roi Namgyal. Mon père, écoutant de faux rapports à mon sujet, a voulu me faire tuer mais ceux qu'il en avait chargés ont été pitoyables et m'ont laissé sauf dans la forêt. Pendant longtemps j'y ai marché au hasard, nourri par de bienveillantes déités. Ce sont elles, sans doute, qui m'ont conduit vers vous. Je vous prie d'avoir compassion de moi et de me secourir. »

L'ermite sourit.

— « Voici probablement, » dit-il, « un être du *monde sans formes* [2] qui s'adresse à moi, puisque j'entends une voix, sans voir personne. Y a-t-il donc dans le *monde sans formes* des rois, des fils de roi, des intrigues de cour et des pères qui veulent mettre leur fils à mort dans une forêt de notre monde. Ceci est tout nouveau pour moi et me paraît bizarre. »

Le prince ne comprenait rien à ce discours. Cependant il savait que les *gomtchéns* agissent et parlent souvent de façon incompréhensible aux simples laïques. Il reprit donc respectueusement :

— « Rimpotché, je suis un homme. Je ne viens pas

1. Un ermite contemplatif.

2. Les Bouddhistes distinguent trois mondes : 1° le monde du désir, c'est-à-dire le nôtre qui comprend non seulement notre terre avec tous les êtres qui y vivent, mais de nombreuses régions habitées par des dieux et d'autres nombreuses régions où règne la douleur, qui sont des purgatoires ; 2° le monde de la pure forme ; 3° le monde sans formes, ou de l'idée pure.

d'un autre monde, mais du territoire de mon père, le roi Namgyal, qui est situé par-delà cette vaste forêt. »

— « Ne serais-tu point, par hasard, ce prince qui a reçu un certain cadeau d'un corbeau ? »

— « Oh ! le *dipching,* » s'écria Sodétchén, soudainement éclairé.

— « Oui, le *dipching.* Il est sans pouvoir sur moi comme il est sans pouvoir sur les dieux et je te vois comme ils te voient, mais pour tout autre être humain, tu es devenu invisible. Comment entends-tu te conduire dans le monde maintenant ? »

— « Le *dipching* m'a sauvé des brigands, » répliqua le prince, « mais il va m'être plus nuisible qu'il ne m'a été utile s'il m'empêche de vivre parmi mes semblables. Je n'en veux plus, je vais le jeter. »

Ce disant il portait la main dans son *amphag* pour y prendre la brindille magique mais l'ermite l'arrêta.

— « Garde-toi de te défaire de ce précieux *dipching,* » dit-il, il te sera une aide puissante. Non seulement il contribuera à ton bonheur mais assurera celui de deux peuples...

« Avec le *dipching,* il faut posséder une boîte doublée de *khablén do.* Lorsque le *dipching* y est enfermé, on peut le porter sur soi sans être invisible. Pour le devenir, il suffit d'ouvrir le couvercle de la boîte et le charme opère. Ne remarques-tu pas que, pour le moment, tu ne projettes pas d'ombre sur le sol ? »

Sodétchén qui, jusque-là, n'avait pas été conscient de cette particularité, se troubla en s'en apercevant. Il pensa aux « doubles »[1] des défunts qui errent désincarnés et, précisément, comprennent qu'ils sont morts en ne se voyant point d'ombre. L'idée qu'il leur ressemblait lui était désagréable.

L'ermite avait pris dans un coffre une très petite boîte noire et la tendait au prince.

— « Mets-y le *dipching,* » lui dit-il, « et ferme la boite. »

Sodétchén obéit et aussitôt, à son grand soulagement, il vit son ombre s'allonger sur le rocher.

---

1. Tout comme les anciens Egyptiens, les Tibétains croient que chaque être possède un « double » ou corps éthéré qui peut, dans certaines circonstances, se dissocier de son corps matériel. D'après eux, ce « double » survit au corps matériel, mais n'est pourtant pas immortel.

— « Maintenant, que désires-tu ? » lui demanda le *gomtchén.*

Le jeune prince était intelligent et réfléchi. Depuis déjà longtemps il avait compris qu'aucun bien, même dans le domaine des choses matérielles, ne peut être effectué si l'on est dénué de connaissances spirituelles. Il se prosterna de nouveau devant l'ermite.

— « Puisque mon nom s'est trouvé être vrai aujourd'hui [1], » répondit-il, « je désire devenir votre disciple afin d'acquérir le savoir et les vertus nécessaires pour faire le bonheur de mes sujets, si je dois un jour succéder à mon père. »

— « Ton désir est bon, » répliqua l'ermite. « Je t'accepte pour disciple. Va puiser de l'eau au ruisseau et fais du thé. Tu prendras ton repas avec moi... »

Pendant trois années, Sodétchén servit l'ermite avec zèle. Alors, celui-ci, sachant que le temps était venu où le prince devait se rendre utile aux habitants de plusieurs pays, l'envoya porter un message au chapelain du roi Tobdén Gyatso.

Chez ce dernier se trouvait, à ce moment, un ministre de son voisin le roi Norbou, accompagné d'une nombreuse suite. Le roi Norbou était jeune et venait de succéder à son père. Très ambitieux, il rêvait de joindre le territoire de Tobdén Gyasto au sien et comme il ne disposait pas d'assez de soldats pour le faire par la violence, il croyait habile d'épouser la fille de son voisin. Celle-ci était enfant unique et le roi pourrait être aisément persuadé de désigner son gendre comme héritier du trône. L'ambition de Norbou ne s'arrêtait pas là. Il voulait aussi s'emparer des Etats du roi Namgyal et croyait en être capable s'il disposait des guerriers de Tobdén Gyatso unis aux siens.

Ce dernier considérait avec complaisance les projets du jeune roi et il avait volontiers agréé sa demande. La princesse Kunzang Lhamo n'avait pas été consultée, mais comme le prétendant à sa main était riche et bel homme,

1. Il s'appelle Sodétchén, ce qui veut dire « qui a de la chance » ou « grande chance », suivant l'orthographe donnée au mot, en tibétain.

Tobdén Gyatso supposait que sa fille l'accepterait avec plaisir.

Le chapelain de Tobdén Gyatso reçut affectueusement le disciple de son ami et l'engagea à demeurer pendant quelques jours avec lui au palais. C'est ainsi que Sodétchén aperçut la princesse sur une des galeries extérieures de l'habitation. Dès qu'il l'eut vue, il en devint éperdument amoureux. Plusieurs fois, au cours de vies antérieures, Kunzang Lhamo avait été sa femme et les sentiments qu'elle lui avait inspirés renaissaient en lui sans qu'il en connût la cause. De nouveau, il voulait être son époux.

Cependant, le lendemain même, la princesse devait quitter sa famille pour être conduite par le ministre de son futur mari, au pays du roi Norbou où son mariage serait célébré.

Qu'allait faire Sodétchén ? Il songea au *dipching*.

Ouvrant la boîte en *khablén do* qui le contenait, le prince se rendit invisible et rentrant dans le palais, il en parcourut les différents appartements pour se rendre compte de leur disposition et de l'emplacement exact de leurs issues.

Au cours de ces promenades, il pénétra dans la chambre de Tobdén Gyatso. Ce dernier discutait avec l'envoyé de son futur gendre, un plan d'attaque contre les Etats du roi Namgyal. La détermination prise par Sodétchén de s'opposer au mariage de Kunzang Lhamo devint encore plus forte lorsqu'il eut compris que celui-ci était le gage d'une union politique dirigée contre son pays.

Retenu par le désir d'apprendre tous les détails du projet élaboré par les ennemis de son père, le jeune prince s'attarda jusqu'à la nuit tombée dans la chambre du roi, écoutant la conversation qui s'y tenait.

Il continua ensuite à circuler à travers le palais et arriva au bout d'une longue galerie, à l'appartement du trésorier. Celui-ci y faisait, à ce moment, le compte des contributions payées en or et en argent, par les vassaux et par les sujets du roi.

Le bonhomme séparait les pièces de monnaie des lingots, comptait les unes, pesait les autres et en faisait de petits tas, prélevant sur chacun de ceux-ci une certaine quantité de métal ou de monnaies dont il formait d'autres petits tas qu'il entendait se réserver.

Sodétchén, invisible, s'amusait de son manège. « Ceci pour le roi, ceci pour moi, » marmottait l'infidèle caissier.

— « Ceci pour moi, » fit silencieusement écho Sodétchén, en raflant un nombre de pièces empilées du côté des profits illicites du trésorier.

Il répéta plusieurs fois sa manœuvre sans que l'intéressé s'en aperçût. Pourtant, après quelques instants, ce dernier remarqua que les tas qu'il se réservait étaient moins nombreux que ceux qui, de l'autre côté du tapis sur lequel il opérait, allaient entrer dans les coffres du roi.

— « Oh ! » murmura-t-il, « je m'oublie ! »

Et il fit vivement passer un nombre de lingots de son côté.

— « Mais je ne m'oublie pas, moi, » dit Sodétchén *in petto*, et il saisit les lingots.

Le trésorier, qui contemplait un sac plein d'or, ne les vit pas disparaître.

— « Hé ! hé ! » disait-il entre ses dents. Je fais trop bonne part au roi. De ce sac, il n'aura que la moitié. La moitié pour moi, ce n'est pas trop... »

— « Ce n'est pas assez, je le prends tout entier, » murmura Sodétchén en soulevant le sac.

— « Oh ! je rêve ! » fit le trésorier stupéfait. Un sac qui remue... Mais où donc est-il passé ; je ne le vois plus... Il réfléchit un instant. « Que je suis bête, » conclut-il toujours monologuant. Il est tard, j'ai sommeil et ma vue est troublée. Il n'y a jamais eu de sac là... Le voilà !

Et il attirait un autre sac d'or à lui.

— « Bon, celui-ci n'est pas un rêve. » Il le palpait. « Il ne disparaîtra pas. »

— « En es-tu bien sûr ? » répliqua silencieusement Sodétchén, qui enleva le sac.

— « Atsi !... Lama kiéno !... Un démon est ici... Il emporte d'autres sacs !... au secours ! »

Une gifle magistrale lui ferma la bouche.

— « Si tu te permets de crier ou de sortir d'ici avant qu'il fasse grand jour demain, je t'étranglerai, voleur ! dit à haute voix le prince, toujours invisible. Ceci évitera au roi la peine de te faire bâtonner à mort pour te punir de tes larcins. »

— « Epargnez-moi ! » supplia le coupable terrorisé par cette voix d'un être invisible. « Je ne bougerai pas. »

— « Songe que je te vois et te surveille, » dit encore le prince, puis il rafla ce qui restait d'or devant le trésorier et l'engouffra dans son *amphag*.

— « Oh ! » ne put s'empêcher de s'exclamer douloureusement le vieil avare.

— « Tu oses encore ouvrir la bouche, je crois, » fit le pseudo-démon, en lui assenant un coup de poing sur la tête.

— « Oh !... » Cette fois, la terreur que le larron éprouvait lui fit ravaler son cri qui ne produisit qu'un bruit étouffé.

Chargé de son butin, le prince descendit vers les écuries, près desquelles se trouvait la sellerie. Il y prit un harnachement avec deux grands sacs de voyage, alla détacher un cheval vigoureux, le sella et plaça son trésor dans les sacs pendant de chaque côté de la selle[1]. Puis il cassa en deux sa brindille de *dipching* et en mit un morceau dans l'un des sacs. Il conduisit alors le cheval devenu invisible sous un petit abri, près de la grande porte qui était fermée à cette heure et l'y attacha.

Dès le lever du jour l'agitation régna au palais ; les domestiques allaient, venaient, s'empressaient affairés procédant aux derniers préparatifs du voyage.

L'heure du départ venue, la princesse entourée des femmes qui allaient la suivre et demeurer à son service, le roi Tobdén Gyatso, la reine, leur chapelain, le ministre de Norbou et les principaux personnages de sa suite, plus une foule de fonctionnaires et de serviteurs, se trouvèrent réunis dans la grande salle du palais.

Kunzang Lhamo et la reine sa mère pleuraient en se disant adieu et ne pouvaient pas se décider à se séparer. Enfin, le ministre fit observer qu'il était temps de se mettre en route afin de pouvoir effectuer l'étape fixée pour la journée, avant que la nuit tombât et, sur un signe du roi Tobdén, tous descendirent dans la cour où les chevaux attendaient leurs cavaliers.

Alors, comme l'on guidait la princesse vers sa monture, un phénomène extraordinaire se produisit.

D'abord l'on vit la jeune fille être soulevée de terre et emportée à travers l'air par des mains invisibles, puis elle

1. Voir la note concernant ces sacs, page 277.

devint invisible à son tour et l'on entendit seulement ses cris auxquels se mêla, presque immédiatement, le bruit du galop d'un cheval également invisible. Le groupe fantastique franchit la porte qui avait été ouverte toute large pour le départ du cortège nuptial et bientôt les cris de la princesse et le bruit des sabots du cheval s'éteignirent dans le lointain.

Cette scène s'était déroulée avec la rapidité de l'éclair. Revenus de la stupeur qui les avait rendus muets, les assistants se mirent à vociférer et à se lamenter.

— « Un démon !... un démon a enlevé la princesse ! »

Le chapelain réfléchissait.

— « Peut-être au lieu d'un démon, est-ce un dieu ou un *doubthob,* » dit-il à la reine qui se désolait. « Du bien peut sortir de ce prodige. Espérez !... »

C'était auprès de son maître l'ermite que Sodétchén se rendait. Couverts par l'action du *dipching* ni lui ni le cheval qu'il montait n'étaient visibles pour la princesse et voyant toutes les autres choses autour d'elle celle-ci ignorait qu'elle-même était devenue invisible. Aucun raisonnement ne pouvait lui donner la clef de l'extraordinaire situation dans laquelle elle se trouvait et après quelques heures de chevauchée elle en vint à se croire morte et entrée dans le *bardo*[1] où son esprit était le jouet des acolytes du divin Chindjé[2].

---

1. Les Tibétains croient qu'entre le moment de la mort et celui de la renaissance dans notre monde ou dans un autre, « l'esprit » des défunts erre dans le *bardo* où il est en proie à des illusions diverses dont la nature dépend des croyances et des pensées qu'il a entretenues durant sa vie précédente. *Bardo* signifie littéralement « entre deux », c'est-à-dire entre la vie qui est terminée et la nouvelle vie qu'on va commencer. Les mystiques regardent le *bardo* comme un état de conscience et non point comme un lieu matériel. Les visions fantastiques contemplées par l'esprit désincarné sont, disent-ils, purement subjectives. On trouvera d'intéressants détails sur cette curieuse conception dans la traduction anglaise du livre tibétain le *Bardo thös grol* par Evan-Wentz, d'après Dawasandoup. On pourra aussi consulter l'explication que j'ai donnée dans le chapitre « la Mort et son au-delà », page 24 de mon livre *Mystiques et magiciens du Tibet*. Il faut noter que la croyance au *bardo* est essentiellement tibétaine et n'est pas admise par le Bouddhisme originel. Les Bouddhistes croient que la renaissance succède immédiatement à la mort, sans aucun intervalle.

2. Le roi des morts.

En cours de route, passant par des villages, Sodétchén s'emparait des aliments nécessaires à la princesse, à lui-même et à leur monture. Les bons villageois voyaient subitement s'évanouir devant leurs yeux une motte de beurre, un sac de *tsampa* ou un morceau de viande enlevés par une main invisible. Puis comme le prince avait trop bon cœur pour leur faire tort, les propriétaires de ces denrées voyaient aussi tomber devant eux, en paiement, quelques pièces de monnaie ou un morceau d'argent. Jamais aucun démon ne s'était montré aussi généreux. Ceux qui recevaient sa visite ramassaient l'argent, mais n'en tremblaient pas moins de peur. Des voyageurs entendaient aussi, par les bois et par les montagnes, les plaintes d'une femme qui priait qu'on la délivre, la voix d'un homme qui riait et le hennissement d'un cheval, mais ils n'apercevaient jamais personne. Ainsi, de village en village, se répandait la nouvelle qu'un dieu ou un démon parcourait le pays.

Arrivé à l'ermitage, Sodétchén défit le charme en renfermant les deux fragments de *dipching* dans la boîte en *khablén do* et la princesse vit devant elle un vénérable *gomtchén* et un beau jeune homme qui la regardait tendrement.

Elle se prosterna respectueusement devant le *gomtchén* et sourit gracieusement au beau jeune homme. Sans se douter de la cause qui le lui inspirait, elle éprouva immédiatement pour le prince un amour pareil à celui qui s'était emparé de celui-ci lorsqu'il l'avait aperçue sur le balcon du palais.

Alors, l'ermite les invita à boire du thé et leur révéla que pendant plusieurs vies précédentes ils avaient vécu ensemble en fidèles époux et se trouvaient de nouveau réunis par la force de leur mutuelle affection. Un grand bien allait résulter de leur union puisqu'elle empêcherait le roi Norbou de porter la guerre dans un pays paisible.

Sodétchén offrit à l'ermite tout l'or qu'il avait apporté et Kunzang Lhamo déposa ses précieuses parures à ses pieds.

Celui-ci les bénit et leur dit de conserver leurs biens dont il n'avait aucun besoin et qui leur permettraient de faire des heureux. Il les garda pendant quelques jours dans son ermitage pour leur expliquer les devoirs des chefs envers leurs sujets puis il envoya Sodétchén chez son *djindag*[1] pour quérir des chevaux. Quand celui-ci les eut amenés, le *gomtchén*, Sodétchén et Kunzang Lhamo se mirent en route. Ils se rendaient chez le roi Namgyal en traversant la forêt où le prince avait erré et, tout le long du chemin celui-ci présenta des offrandes aux déités sylvestres qui l'avaient protégé et les bénit à haute voix.

Lorsqu'ils approchèrent du palais royal, Sodétchén et l'ermite ouvrirent les boîtes dans lesquelles ils tenaient des *dipchings* enfermés et nul ne les vit arriver. En face de la grande porte du palais, l'anachorète sonna plusieurs fois du *kangling*[2]. Les gens surgissaient de toutes parts en entendant le *kangling* et s'étonnaient de ne voir personne. Le roi lui-même parut à la fenêtre avec la reine et le prince Tseundoup. Bien que ce dernier ne vît pas plus que les autres le groupe caché par les *dipchings*, son amour fraternel lui fit sentir la présence de Sodétchén. Il se précipita hors du palais en criant aux gens assemblés :

— « Mon cher frère, votre bon prince est revenu ! » Et mû par un sûr instinct, il se précipita vers Sodétchén qui l'enleva dans ses bras et l'assit sur sa selle où il devint, lui aussi, invisible.

Le roi et le peuple poussaient des clameurs de surprise. Mais l'ermite et Sodétchén ayant renfermé leurs *dipchings*, ils apparurent tous les trois avec le prince Tseundoup.

— « Joie ! joie ! criait la foule, le prince Sodétchén est revenu de sa demeure céleste et il nous amène une déesse ! »

Namgyal qui, pour masquer son crime, avait inventé l'histoire de l'enlèvement de son fils par une déité, se sentait mal à l'aise et la reine Nordzinma s'était évanouie.

L'ermite entra au palais avec les jeunes gens et prenant à part le roi et la reine il leur reprocha le meurtre qu'ils avaient voulu commettre.

Plein de remords, Namgyal déclara qu'il voulait abdiquer en faveur de Sodétchén et se retirer dans une caverne

1. Ecrit *spyin gdag* : un laïque qui subvient aux besoins matériels d'un religieux.

2. Trompette faite d'un fémur humain, dont se servent les ermites.

pour y vivre en anachorète jusqu'à la fin de ses jours. Nordzinma le supplia de lui permettre de le suivre au désert pour l'y servir et obtenir son pardon de la ruse détestable qu'elle avait employée pour amener la perte de son fils.

Le mariage de Sodétchén et de Kunzang Lhamo fut célébré dès le lendemain. Tseundoup, infiniment joyeux d'avoir retrouvé son frère bien-aimé, ne voulait pas même concevoir l'idée d'une nouvelle séparation. Il fut mentionné au cours de la cérémonie nuptiale, comme second époux de la princesse et tous trois formèrent une seule heureuse famille.

Vers le soir de cette journée, la rivière qui coulait devant le palais grossit soudainement et monta jusqu'à la porte de la demeure royale. Quand l'eau se retira elle laissa sur le seuil de celle-ci tous les objets précieux que le roi Namgyal et sa première femme Péma Eusal avaient jetés dans le lac bleu, alors qu'ils souhaitaient la naissance d'un fils. Les *nâgas* [1] qui les avaient reçus les restituaient, maintenant, comme présent de noces à Sodétchén.

Des messagers allèrent porter au roi Tobdén Gyatso et à sa reine la nouvelle du mariage de leur fille et leur firent le récit des événements qui l'avaient amené et du prodige par lequel les *nâgas* avaient manifesté leur sympathie pour le jeune homme.

Tous deux se réjouirent fort en apprenant que Kunzang Lhamo était toujours vivante et mariée à l'héritier d'un royaume prospère. Comprenant que Sodétchén était l'ami des déités, peut-être même l'incarnation de l'une d'entre elles, Tobdén Gyatso abdiqua aussi en sa faveur et se retira dans un monastère.

Quant au roi Norbou, le dépit que lui causa l'échec de ses ambitieux et méchants projets le rendit malade et il mourut un an après le mariage de Sodétchén. Ses sujets, qui voyaient ce dernier gouverner avec sagesse et bienveillance, le prièrent de devenir aussi leur roi.

Les trois pays furent ainsi réunis.

Tous les auditeurs : mes domestiques, les gens de la maison, nos hôtes et leurs locataires qui, les uns après

---

1. Divinités des eaux.

les autres, s'étaient groupés sur le toit pour entendre le conteur, lui firent un grand succès. Pas un d'entre eux ne doutait que sa merveilleuse histoire ne fût vraie de bout en bout.

Quand ils se furent retirés, l'homme au *dipching* nous pria, Yongden et moi, de ne pas divulguer ce que nous savions de sa recherche d'un *dipching*.

— « J'en trouverai un l'année prochaine, c'est certain, » nous dit-il, plein d'assurance. Il ne faut pas que les lamas du monastère aient vent de la chose. »

— « Pourquoi ? »

— « Ils disent qu'il n'est pas bon de posséder un *dipching*, que cela attire la mauvaise chance sur son propriétaire. Le *dipching* perd aussi souvent son pouvoir si un lama jette les yeux sur lui... Et puis, peut-être aussi ceux du monastère voudraient-ils me le prendre. Ces recherches-là doivent être tenues secrètes. Je ne sais pas pourquoi je vous en ai parlé... Le jeune lama (c'était Yongden) doit avoir le pouvoir de faire dire aux gens ce qu'ils veulent taire... Oui, ce doit être ainsi... Pourvu que cela ne me nuise pas... »

Le Tibétain commençait à nous regarder de travers.

— « Ne vous tourmentez pas, » lui dit Yongden. « Nous ne dirons rien à personne. Nous ne vous voulons que du bien. Du reste, dans quelques jours nous serons loin d'ici et nous n'y reviendrons jamais. Ainsi vous pouvez être tranquille. »

Sur ces paroles rassurantes, le chercheur de *dipching* nous quitta.

Dans la maison où je demeurais, à Tao, je remarquai un jeune garçon d'une douzaine d'années vêtu de haillons et paraissant mal nourri qui, du matin au soir, portait un bébé sur les bras. Par charité, mes domestiques lui donnaient à manger. C'était un orphelin dont le frère et le beau-frère travaillaient pour mes hôtes. En retour, ceux-ci leur donnaient des vivres, quelques vêtements et l'usage d'un taudis près des écuries. La sœur du gamin tenait le ménage primitif composé de son mari et de ses deux frères. Le plus jeune de ceux-ci, qui faisait métier de « bonne d'enfant », avait été placé au monastère quelques années auparavant, dans l'espoir qu'il y deviendrait *trapa* et y trouverait sa subsistance.

Ses cheveux avaient été coupés ras, en signe de son admission parmi le clergé, mais les rapports de l'enfant avec l'Ordre religieux s'étaient bornés à cette simple cérémonie. Il n'avait pas eu de professeur parmi les membres de la *gompa* et était complètement illettré. N'étant patronné par aucun des religieux, il n'appartenait pas au cadre des petits novices réguliers qui assistent aux offices et reçoivent une part des revenus du monastère, plus le thé quotidien à l'assemblée matinale et de temps en temps un repas complet. Il était donc revenu vivre chez sa sœur et c'est ainsi que les patrons de son frère, le voyant désœuvré, en avaient fait leur « bonne d'enfant » rémunérée par quelques bols de thé et de soupe.

Un jour, en plaisantant, Seunam lui avait dit : « Veux-tu venir avec nous quand nous quitterons Tao ? » Il n'avait rien répondu.

Le lendemain, au grand étonnement de mes domestiques, le garçon venait à eux sans son poupon et leur déclarait sérieusement : « C'est entendu, je m'en irai avec vous. » Tout de suite, il s'installait à la cuisine, astiquait les casseroles, soufflait le feu et commençait à déployer une activité dont, jusque-là, on ne l'aurait jamais cru capable. Ensuite, il annonça son départ à sa famille.

Le petit paraissait si déterminé que l'idée vint à Yongden de faire de cette plaisanterie une réalité et de l'emmener vraiment avec nous. Il m'en parla. Une fois décrassé, bien habillé et convenablement nourri, le garçon pourrait devenir un bon domestique, s'attacher à nous et puisqu'il était orphelin, être emmené en Europe. Bien entendu, nous ne lui dîmes rien de ce vague et lointain projet. Je me bornai à lui annoncer que je le prendrais avec moi comme il le souhaitait.

Lorsqu'elle me vit décidée à emmener le garçon, sa sœur à qui il n'était qu'une charge, protesta qu'elle tenait à le garder et qu'on lui ferait tort en l'en privant. Toutes ces démonstrations tendaient uniquement à se faire donner de l'argent. Yongden la contenta avec quatre roupies szetchouanaises, moyennant quoi cette tendre sœur nous céda ses droits sur le gamin.

Avant de quitter Tao, j'ai visité le monastère local qui est d'une certaine importance, sans toutefois approcher, même de très loin, de la grandeur et de la beauté des lamaseries de Koum-Boum, de Lhabrang-Tachikyil, de Taschilhumpo à Jigatsé, de Séra et de Drépung à Lhassa.

Il y a, dit-on, des lamas érudits à Tao, mais je ne les ai pas vus. Je comptais rendre visite au *Chélngo* (chef élu d'une *gompa*) et lui demander, en usant des formes prescrites par l'étiquette tibétaine, à être présentée à quelques-uns des doctes religieux de l'endroit. Le Père D..., un peu trop présomptueux cette fois, crut me rendre service en annonçant ma visite aux autorités du lieu et en me « recommandant » à elles. L'effet de son entremise fut précisément l'opposé de celui qu'il attendait. Les lamas érudits ou de rang élevé se trouvèrent soudainement frappés de maladies diverses qui les empêchèrent de me recevoir et le plus éminent d'entre eux se rappela, subitement, qu'il devait aller en tournée d'inspection dans les environs.

Je dus donc me borner à visiter des temples, à parcourir des ruelles très sales — le monastère de Tao est fort mal tenu — et à causer avec des *trapas* quelconques. Malgré tout, je ne regrettai pas de m'être dérangée. A défaut de conversations sur de profonds sujets philosophiques, j'entendis raconter par les bonnes gens de l'endroit certaines choses intéressantes concernant la guerre de frontière entre le Tibet et la Chine et ces curieux dessous. Chose bizarre : ces Tibétains de Kham n'aimaient guère la domination des Chinois, mais quant à celle du gouvernement de Lhassa, ils l'exécraient franchement.

J'allais, dans les semaines suivantes, entendre souvent exprimer des sentiments semblables et parfois en des termes tragiques. Au-delà de la nouvelle frontière tibétaine se jouait, à cette époque, un drame navrant mais dont les rustiques acteurs étaient trop humbles pour attirer l'attention du monde civilisé.

Après y être demeurée pendant dix jours, je quittai Tao.

CHAPITRE VII

Nous voici de nouveau sur la route. Le soleil brille, la belle saison commence dans cette région : une fin d'été sèche et chaude, un automne lumineux, puis l'hiver incomparable, froid et clair, composant des paysages féeriques avec des cimes neigeuses, de larges rivières et d'immenses lacs glacés sous un ciel bleu resplendissant.

Le magistrat chinois m'a donné des *oulas* pour transporter mes bagages et gracieusement « imposé » deux soldats d'escorte. Suivant le conseil de l'obligeant missionnaire de Tao, je compte faire halte à Charatang où réside un de ses collègues. Envoyez, en avant, un courrier au Père A... m'a-t-il dit, il vous trouvera un logement pour la nuit.

Les indigènes m'ont déjà parlé du Père A... et j'ai pu comprendre qu'il n'a pas leur sympathie. Ceux-ci lui reprochent de ne pas se contenter de prêcher sa religion et de faire de la colonisation au profit de ses convertis chinois et au détriment des gens du pays.

Toute la région, à partir de Tatchienlou, est terre tibétaine. Des fonctionnaires chinois y exercent un certain contrôle mais les différentes tribus de Khampas qui l'habitent se considèrent comme les légitimes propriétaires du sol. Ces Tibétains ont peu de goût pour la culture ; récolter la petite quantité de grain nécessaire à leur consommation leur suffit. Ils sont pasteurs-nés, vivant de viande et de laitage. Sauf dans les villages où l'influence chinoise a modifié les mœurs, l'idée de se nourrir de légumes leur semble burlesque. « Manger de l'herbe ne convient qu'au bétail, » disent-ils, comme leurs compatriotes du Koukou nor, pleins de dégoût pour les aliments végétaux et de mépris pour les humains qui en consomment. Or, lorsqu'il s'agit de gens de cette sorte, c'est mal raisonner que de tenir toutes les terres non cultivées pour des terres inutilisées dont l'existence dénote la paresse de leurs propriétaires. Conclure ensuite que puisque ceux-ci n'en tirent pas parti, il est convenable d'installer des cultivateurs à leur place est peut-être d'une équité un peu risquée.

Où donc paîtront nos troupeaux, disaient les Tibétains pasteurs, si l'on établit dans nos pâturages des paysans étrangers qui les transformeront en champs ? Le raisonnement de ces primitifs ne manquait pas de poids et, d'ailleurs, il existe peu de gens assez altruistes pour céder leur bien à autrui, même s'il est prouvé que c'est pour en faire un meilleur usage qu'eux.

Un haut fonctionnaire chinois avait eu, quelques années auparavant, une idée analogue à celle du Père A... Il voulait établir une colonie de ses compatriotes dans les solitudes du Koukou nor, à l'ouest de la frontière du Kansou. Avertis de ses intentions, les Tibétains de la région ne s'étaient pas bornés à protester, mais avaient nettement déclaré leur intention de résister par les armes à toute tentative de ce genre. Devant cette menace, le haut fonctionnaire avait renoncé à son projet.

Les Tibétains de Charatang n'étaient sans doute pas de force à opposer la même résistance et le Père A... avait amené chez eux, comme colons, ses chrétiens chinois, s'attirant ainsi la haine de tous les indigènes.

Ainsi que me l'avait conseillé le Père D..., j'envoyai à Charatang un des deux soldats formant mon escorte, pour annoncer mon arrivée, et prier le Père A... de me faire trouver un logement pour la nuit, dans le village habité par ses ouailles. Le résultat de cette démarche ne correspondit pas à ce qu'en attendait l'aimable missionnaire de Tao. Son collègue répondit qu'il n'y avait pas de gîte pour nous au village et que, d'autre part, il ne désirait pas nous voir planter des tentes et camper sur le terrain de la mission.

Oulas, soldats et domestiques accueillirent mal cette nouvelle. La journée avait été très chaude, nos bêtes étaient accablées et leurs conducteurs, aussi fatigués qu'elles, comptaient bien s'arrêter à Charatang. Il leur fallait, au contraire, continuer leur chemin beaucoup plus loin, car au-delà de ce village, le pays devient de nouveau désert sur une longue distance. Or, camper dans la solitude, mes *oulas* ne l'osaient point, ils craignaient trop qu'on leur volât leurs yaks, et quant aux soldats, ils m'en dissuadaient aussi très fortement. Quelques semaines auparavant, une bande de brigands était, en plein jour, tombée à l'improviste sur un convoi appartenant à des marchands chinois, qui passait sur la route où nous nous trouvions. Les malandrins avaient simplement pris la direction du convoi, emmenant les bêtes chargées de marchandises vers la montagne.

Pendant longtemps, les infortunés qui venaient d'être dépouillés purent suivre des yeux leurs mules gravissant un sentier parallèle à la route, sur les pentes voisines. Un témoin oculaire me raconta que les pauvres marchands criaient des oh ! oh ! ah ! ah ! désespérés à l'adresse de leurs animaux ou des voleurs et que ces derniers y répondaient jovialement par d'autres oh ! oh ! ah ! ah ! moqueurs. Puis, le sentier pénétrant dans la montagne, le convoi était passé hors de vue.

Le Père A... qui désappointa ce jour-là l'espoir de notre petite caravane, a péri tragiquement dans sa colonie de Charatang, non point par le fait des indigènes qui ne l'aimaient point, mais lors d'un tremblement de terre. L'on m'a rapporté que se précipitant hors de sa maison ébranlée par les houles terrestres, celle-ci s'écroula sur lui au moment même où il en atteignait le seuil.

Il ne serait pas étonnant que quelque sorcier des environs — peut-être le pseudo-*doubthob*[1] qui vivait de l'autre côté de la rivière — ait prétendu avoir causé sa mort. Dans tous les cas, les Tibétains n'auront pas manqué de l'attribuer à l'œuvre d'un démon ou d'un dieu vengeur.

1. Voir l'orthographe tibétaine de ce mot et sa signification page 252.

Quittant Charatang, nous passons auprès d'une maison que mon nouveau domestique m'a signalée comme appartenant à des parents d'un marchand de Tao. Nous espérions y loger, mais la maison est close et désertée ; ses maîtres doivent être en voyage. Nous continuons à marcher et atteignons enfin, à la nuit, une grande ferme où nous sommes bien reçus.

Là, tout en soupant, j'apprends qu'un *doubthob* réside dans les environs. Il ne manque pas, au Tibet, de religieux ou de pseudo-religieux, auxquels le populaire décerne ce titre, leur attribuant quantité de miracles souvent très saugrenus. J'en ai, pour ma part, rencontré un grand nombre, mais ma curiosité à leur sujet reste toujours aussi vive. Parmi quelques douzaines de *doubthobs* charlatans, l'on arrive, parfois, à découvrir un personnage intéressant, que les bonnes gens des villages assimilent naïvement aux imposteurs qui exploitent leur crédulité. Du reste, ces derniers eux-mêmes sont souvent assez pittoresques d'allure et de pensée pour qu'il vaille la peine de se déranger pour les voir.

Je dresse donc l'oreille lorsque l'on me parle de celui-ci. Les gens de la ferme paraissaient le tenir en grande vénération. Il habite une caverne dans la montagne, en face de Charatang, de l'autre côté de la rivière et partage, quant à l'habillement, les vues de ces ascètes dont on dit, dans l'Inde, qu'ils sont « vêtus d'espace » ou « de ciel », ou encore « qu'ils sont drapés dans les points cardinaux », ce qui est une façon littéraire élégante d'exprimer qu'ils vont tout nus.

Je quête de plus amples informations : En plus de sa nudité, quelles sont les pratiques les plus notables de ce *doubthob* ?

— « Il n'accepte point d'argent. »

Oh ! oh ! ceci est rare, dans son pays comme dans bien d'autres. Je me sens disposée à saluer respectueusement ce sage désintéressé.

— « Il n'accepte que de l'alcool. »

Oh ! ceci me plaît moins, ne me plaît même pas du tout. Le trait n'a rien de particulier, tous les Tibétains apprécient les boissons fortes. Voici le *doubthob* retombé au niveau commun de ses compatriotes.

Pourtant, il existe des sectes où l'ivresse est rituelle

et l'excitation causée par l'alcool jugée propre à favoriser certaines perceptions intuitives. Ces méthodes fournissent d'excellents prétextes à nombre d'ivrognes pour s'abandonner à leur vice sous le couvert d'un entraînement spirituel ou psychique supérieur.

L'Inde connaissait l'ivresse rituelle bien avant le temps du Bouddha et ce maître devait avoir eu l'occasion d'observer, dans son pays, les effets funestes de la recherche d'intuitions transcendantes par l'absorption d'alcool et de drogues, car il en interdit formellement l'usage à ses disciples qui doivent tous être strictement abstinents.

Au Tibet, un des traits principaux de la réforme de Tsong Khapa est d'avoir remis en vigueur cette interdiction de faire usage de boissons fermentées, mais le Réformateur n'a pu l'appliquer qu'au clergé de sa secte. Laïques et moines des sectes *ñyingma* ont continué à boire de la bière et de l'eau-de-vie. Il ne faut cependant pas conclure de leur infraction au précepte bouddhique de l'abstinence totale, que tous ces derniers soient des ivrognes invétérés. Il s'en faut de beaucoup.

Un ermite appartenant à la secte des *Dzogstchénpas* que j'interrogeai au sujet de l'utilité de l'excitation due à l'alcool pour favoriser l'intuition, me répondit que l'homme habile à se dédoubler, c'est-à-dire à conserver intacte sa faculté d'observation et d'examen alors que, d'autre part, ses pensées et ses sens battent la campagne, peut tirer parti d'un état de demi-ivresse causée par l'alcool ou par d'autres drogues [1]. Mais il ajoutait que les informations obtenues dans ces conditions concernent presque uniquement le propre état mental de celui qui tente cette expérience. Libérées des entraves de raisonnement, de moralité, d'habitudes, etc., qui les refrènent d'ordinaire, les tendances existant dans son subconscient se manifestent et certaines d'entre elles, peu actives et presque indiscer-

1. Mon interlocuteur avait été dans l'Inde et en Chine et il savait qu'on y fait usage d'opium et de chanvre indien. Les Tibétains n'usent point de drogues, l'alcool leur suffit. A la frontière chinoise seulement, quelques rares Tibétains fument parfois de l'opium, mais jamais dans un but d'entraînement psychique. Quant aux pratiques consistant à utiliser certaines drogues pour obtenir la séparation du « double » du corps matériel ou pour produire d'autres phénomènes, elles n'ont point cours au Tibet et les Tibétains se montrent très incrédules à leur égard lorsqu'on leur en parle.

nables à l'état sobre, acquièrent, excitées par l'alcool, une force que celui qui les porte en lui ne soupçonnait pas. Une telle revue des éléments cachés en lui peut donc être utile à son développement spirituel, comme peuvent l'être aussi toutes autres investigations opérées en accordant libre jeu à certaines passions : luxure, ambition, gourmandise [1], etc.

Quant à la valeur des extases, des intuitions, des transports quelconques obtenus par l'ivresse, l'ermite la déclarait nulle.

Quelle opinion professait à ce sujet le *doubthob* nu qui refusait l'argent et acceptait l'alcool ? M'arrêter un jour pour le lui demander ne serait peut-être pas perdre mon temps.

Je fis part de mon désir à mes hôtes, les informant que, si je ne les importunais pas, je passerais une seconde nuit chez eux.

La réponse fut obligeante. Je devais me considérer comme chez moi, disaient les fermiers. Ceux-ci étaient fort sympathiques, tout spécialement le maître de la maison, un sculptural spécimen de la belle race des Kḥampas. En dehors du plaisir que je me promettais de ma visite au *doubthob*, il ne m'était nullement désagréable de passer une autre soirée à causer avec ces aimables villageois.

Je partis dans la matinée avec Yongden pour la caverne du *doubthob*. Les deux hommes d'escorte avaient absolument tenu à m'accompagner. Les ordres du magistrat chinois les y obligeaient : je devais être protégée... et espionnée aussi, sans doute.

La course était longue, il me fallait refaire, sur la rive opposée de la rivière, tout le trajet effectué la veille depuis Charatang, car, bizarrerie du hasard ou choix délibéré, l'ermite résidait dans un repli de la montagne, en face de l'église du missionnaire.

La préhistorique demeure du *doubthob* se trouvait sur un versant gazonné à pente très raide, au fond d'une minuscule vallée. Au moment où j'arrivai, celui-ci était assis au-dehors. Dès qu'il m'aperçut, il bondit sur ses

1. Et, dans le même ordre d'idées, l'investigation et l'analyse des sentiments que l'on manifeste dans ses rêves alors que le contenu du subconscient a aussi libre jeu. Voir à ce sujet *Initiations lamaïques*, page 134.

pieds, saisit un bâton, puis se mit à danser et à gesticuler imitant, probablement à dessein, les poses que les peintres tibétains donnent aux goules festoyant dans les cimetières.

L'homme était nu, comme on me l'avait annoncé, maigre, osseux. De loin, il me fit l'effet d'un squelette articulé, sorte de polichinelle macabre aux gestes anguleux et mécaniques. Sa danse terminée, il se précipita dans sa caverne où il agita furieusement une clochette.

J'avais déjà vu beaucoup de saltimbanques cléricaux de ce genre ; les gambades prétentieuses de celui-ci ne m'en imposaient nullement. Au contraire, je me doutais qu'une conversation avec un tel individu offrirait bien peu d'intérêt, et je regrettais d'avoir fait cette longue route par la chaleur, pour un si piètre résultat. J'en voulais aussi à mes deux hommes d'escorte qui, en me précédant, m'avaient désignée au *doubthob* comme une personnalité de marque, ce qui avait amené son déploiement affecté d'excentricités, alors que je tenais à le surprendre à l'improviste pour voir ce qu'il faisait quand il ne jouait pas un « rôle ». Bref, j'étais de mauvaise humeur ; celle-ci m'inspira la méchante idée de me venger de ma déconvenue sur le prétendu *doubthob*. Je lui laisserais ses démonstrations pour compte et m'en irais tranquillement sans monter jusqu'à sa caverne où il m'attendait, comptant probablement m'éblouir par de nouvelles extravagances en gestes ou en paroles. La petite humiliation que je lui infligerais serait le châtiment de son charlatanisme.

Passablement satisfaite de ma détermination, je tournai le dos à la caverne.

Yongden, qui connaît jusqu'à son tréfonds l'esprit de ses compatriotes, ne me laissa pas savourer longtemps ma malice...

— « Ne vous réjouissez pas de votre petite méchanceté, » me dit-il. « Ce malin *doubthob* trouvera le moyen de transformer en gloire, l'humiliation que vous voulez lui infliger. Il déclarera que, par son pouvoir magique, il a empêché une étrangère d'atteindre sa demeure. Ce nouveau miracle redoublera la vénération que ses fidèles lui ont vouée et lui vaudra une plus ample provision d'eau-de-vie. »

Mon perspicace fils avait raison. Ce serait moi qui,

aux yeux des indigènes, sortirais vaincue de cette comédie et cette idée nous fit rire.

Cette fois, mon escorte consentit à rentrer seule à la ferme en emmenant ma mule et le cheval du lama. Nous voulions marcher et revenir en flânant.

Nous avions déjà fait un bout de chemin lorsqu'un groupe de religieuses nous rejoignit. Toutes portaient un petit balluchon sur leur dos et tenaient à la main un long bâton, accessoire qui indique un pèlerin.

— « Ou allez-vous Djomo lags [1] ? »

— « A Lhassa. »

— « Par quelle route ? Par les *tchang-thangs* ? »

— « Oh ! non ! Il faut être nombreux et avoir des bêtes qui portent beaucoup de provisions pour prendre ce chemin. Nous irons à Dergé et de là nous suivrons les routes où l'on rencontre des villages. Nous devons mendier notre nourriture. »

— « Dans combien de temps croyez-vous arriver à Lhassa ? »

— « On ne peut pas savoir : peut-être dans trois mois, dans quatre mois, ou plus tard... »

— « Tenez, *anémas,* voici un peu d'argent pour acheter de quoi manger. Vous allumerez aussi une lampe à notre intention devant la statue du Djowo [2] quand vous visiterez son temple à Lhassa. »

— « Nous n'y manquerons pas, » disent les bonnes filles étonnées et reconnaissantes pour l'aumône plus forte qu'elles n'en reçoivent d'ordinaire, que je leur tends.

Elles s'éloignent.

— « Il est tard, » me dit Yongden, « elles n'iront pas plus loin aujourd'hui que le village voisin de la ferme

---

1. Au Tibet oriental, l'appellation *djomo* : noble dame, est employée de préférence au terme *ané* en s'adressant à une religieuse. *Lags* est une particule sans signification spéciale marquant de la déférence pour la personne à qui l'on s'adresse.

2. *Djowo :* le Seigneur. C'est une statue qui est censée représenter le Bouddha comme un jeune prince, avant qu'il ait quitté la maison paternelle pour devenir un ascète. D'après la tradition, elle a été apportée au Tibet par l'une des femmes du roi, Srong bstan Gampo. Elle est l'objet d'une grande vénération ; des centaines de lampes brûlent nuit et jour devant elle dans le grand temple de Lhassa. Un récit de ma visite au Djowo se trouve dans *Voyage d'une Parisienne à Lhassa.*

où nous logeons. Prenez de l'argent et demain matin, partez avec elles. »

Rêve que cela, mon petit ami ! Je suis prisonnière de mon escorte, de mes domestiques, de mon convoi. Il faudrait être seule ou avec un compagnon éprouvé et n'avoir aucun bagage.

La chose viendra. Nous nous en irons seuls par monts et par vaux, Yongden et moi, en terre inexplorée et à l'issue d'un long voyage, le Djowo, se souvenant sans doute de la lampe que je lui ai fait gentiment offrir, nous rendra notre politesse devant son autel, lorsque d'un vase d'or et d'argent, constellé de pierres précieuses, ses servants nous verseront l'eau consacrée.

Mais ces événements ne s'accompliront que deux ans plus tard et, faute de pénétrer les bienveillants arrêts rendus par le Destin en notre faveur, nous cheminons, tout mélancoliques, vers notre logis.

Le beau fermier paraît d'abord étonné du peu d'admiration que je manifeste pour le *doubthob* local, et les femmes de sa famille en sont peut-être un peu choquées. Après souper, j'entreprends de dissiper leur mauvaise impression en leur traçant un portrait du véritable ermite contemplatif tel que j'en ai approché quelques-uns. Puis je leur raconte l'histoire du Bouddha. Comme la plupart des laïques tibétains, mes hôtes ne la connaissent que très imparfaitement. Je croyais que mes explications ne seraient pas comprises, mais il en est tout autrement. Tous les ont saisies et l'idéal qu'elles font entrevoir émeut profondément mes humbles auditeurs.

— « Oh oui ! » murmure le fermier, « si nous pouvions suivre cette voie... Mais nous ne pouvons pas... Peut-être plus tard, dans une autre vie... » Un soupir achève la phrase.

Le lendemain, j'ai la surprise de le trouver à la tête des *oulas* qui transportent mes bagages. Il aurait certainement pu se dispenser de cette corvée et se faire remplacer par un de ses domestiques.

— « Je veux veiller, moi-même à ce que tout marche bien, » me dit-il. « Il faut que vous soyez contente et gardiez un bon souvenir de nous. »

Vêtu d'une robe neuve et d'un toquet rond, en soie

rouge, que je lui ai donnés, le petit guenilleux de Tao entré à mon service, précède le convoi monté sur une de mes mules et exultant d'orgueil. Amusés par sa mine triomphante, mes domestiques l'ont baptisé Sézang Talès, ce qui est le nom d'un riche marchand de Tao. Quelques heures ont suffi à la craintive « bonne d'enfant » qu'il était pour se métamorphoser en un drôle effronté. De vrai sang de brigand coule dans les veines de ce juvénile Khampa. Peut-être les dieux l'ont-ils marqué pour une fin « héroïque » sur quelque piste de son pays ; en attendant, il se rend très utile.

Si grand est son désir de me plaire et si fougueuse son audace que le troisième jour après notre départ de Tao, il nous suscite déjà une aventure.

Dans l'après-midi, nous passons en vue d'un troupeau de porcs. Parmi ceux-ci, quelques porcelets folâtrent autour de leurs mères. Seunam, qui aime plaisanter et qui s'amuse des façons de notre jeune recrue, lui dit :

— « La révérende dame, notre maîtresse, aimerait, certainement, manger un de ces cochons de lait. »

Sans en entendre davantage, le gamin, qui n'est pas encore au courant de mes goûts, talonne sa mule et part au grand trot dans la direction du troupeau. Là, il saute de sa monture, en donne la bride à un petit paysan qui gardait les bêtes et jetant la confusion parmi elles, il attrape, à la course, un des porcelets.

De loin, j'ai vu la scène sans en comprendre la raison. J'accours et rejoins les domestiques et les soldats qui s'esclaffent. Tout m'est expliqué ; je fais rappeler l'entreprenant jouvenceau, lui ordonnant de relâcher sa capture. Il obéit à regret, ne saisissant point pourquoi son zèle et son adresse ne lui valent pas des félicitations.

Tobgyal, voulant prolonger la plaisanterie, lui dit :

— « Jétsune Kouchog ne mange pas de porc. »

— « Pourquoi le disais-tu ? » demande le garçon à Seunam en lui lançant un méchant regard.

Sézang Talès n'admet pas que l'on se moque de lui et ne paraît pas d'humeur commode. Je fais semblant de ne rien entendre.

Cet incident a mis mon entourage en gaieté. Il a aussi touché une corde qui vibre facilement chez les gens de ce pays : le plaisir de la « conquête ». Et voilà mes *oulas* qui, tout simplement, tout naïvement, se mettent à s'entre-raconter, à s'entre-rappeler leurs prouesses de chevaliers de grands chemins.

Ils savent que je chevauche derrière eux et que je les écoute, mais ils me font confiance. J'en suis touchée, ils m'ont, ma foi adoptée. Leur conversation est savoureuse. Un héros vit au fond de l'âme de chacun de ces primitifs.

L'appât du gain ne les laisse certes pas insensibles, mais il semble que pour eux, l'acte de s'emparer par la force, le combat et le danger couru soient des joies en eux-mêmes.

Fait surprenant, j'ai rencontré parmi leurs pareils, quelques individus qui étaient de stricts végétariens. « Pourquoi ? » demandai-je à l'un d'eux. « Parce que l'animal est plus faible que l'homme et que s'attaquer à lui, sûr de vaincre, est lâche, » fut la réponse.

Il existe même, parmi les brigands tibétains, des hommes qui ont une conception singulièrement élevée de la vie spirituelle. Bien entendu, celle-ci demeure, chez eux, du domaine de la théorie et celui qui l'a atteint en remet généralement la pratique à une de ses futures existences.

Un lama d'Amdo devint ermite à la suite d'une leçon reçue d'un de ces idéalistes non pratiquants. Il voyageait avec des domestiques et des mules chargées de bagages et d'argent, lorsqu'il fut arrêté par une bande de malandrins et sommé de leur abandonner ses bêtes, son argent et ses bagages. Il tenta de résister et, dans la lutte, fut précipité à bas de son cheval. Voyant la partie perdue, il implora pitié en se prévalant de sa qualité de lama. Il ne convenait pas, plaidait-il, de voler ou de maltraiter un religieux.

— « Un religieux, » rétorqua le chef des brigands. « Tu dis que tu es un religieux. Comment aurais-je pu m'en apercevoir. Qu'est-ce que cette belle robe fourrée en astrakan [1] que tu portes [2] ? Est-il donc permis à un lama de se vêtir avec les dépouilles de bêtes tuées pour leur four-

1. *Tsarou,* peau d'agneau dont il est fait un grand commerce au Tibet. La plupart des peaux sont blanches, mais il en existe aussi de noires, de brunes et de grises.

2. Les religieux lamaïstes ne doivent point porter de vêtements en fourrure. Les infractions à cette règle sont néanmoins fréquentes en ce qui concerne leurs costumes de voyage, surtout en Mongolie.

rure ? Que devient dans ce cas la compassion qu'il doit pratiquer ? Un religieux a-t-il aussi besoin de toutes les choses que tu traînes à ta suite. Je t'avais pris pour un riche marchand. »

La leçon alla droit au cœur du lama. Il se prosterna devant le brigand.

— « Vous êtes mon précepteur spirituel (gourou), » lui dit-il, « vous m'avez mis sur la voie véritable. Prenez tout ce que vous voudrez. Je vais finir mes jours dans un ermitage. »

Celui qui me racontait cette histoire connaissait le lama qui en était l'un des héros. Il me dit que le brigand avait refusé de s'approprier le bien du membre de l'Ordre religieux et que rentré chez lui, le lama avait disposé de la majeure partie de ce qu'il possédait pour des œuvres pieuses ou charitables, ne se réservant que ce qui lui était strictement nécessaire pour sa subsistance ; après quoi, il était devenu anachorète.

Dans la compagnie de ces pittoresques *oulas* nous arrivons à Tangou, un village malpropre où nous passons la nuit.

Le lendemain nous faisons halte à Tchaou et je loge dans l'ancien palais des chefs du pays. Palais est sans doute un titre un peu prétentieux pour un nombre de constructions médiocres que les troupes chinoises ont incendiées lors de la révolte des Tibétains et qui portent encore les traces du feu et du pillage. Mon appartement est celui où vivaient autrefois le « roi » et la « reine ». Les boiseries, jadis peintes en rouge et décorées d'inscriptions et de fleurs en or, sont noircies par la fumée. Les pièces prennent jour sur une galerie encadrée de gros piliers en bois et sont extrêmement sombres. J'ai peine à croire que des gens aient pu y vivre continuellement. La souveraine actuelle est veuve et habite une autre demeure qu'elle a fait bâtir contre l'ancien palais. Ce nouveau bâtiment est construit en pierres et haut de cinq étages. Les Tibétains raffolent des hautes maisons et dans celles-ci, l'appartement des maîtres se trouve toujours à l'étage supérieur, sur le toit-terrasse qui constitue un lieu de promenade souvent orné de fleurs poussant dans des pots ou des baquets.

Mon hôtesse se montre gracieuse et me fait un joli

présent de vivres. La pièce saillante parmi ceux-ci est un quartier de mouton séché, vieux de trois ans. Il a perdu toute couleur et toute apparence de viande. On dirait un morceau de bois d'un gris blanchâtre. La viande s'enlève par fibres, par « éclis », semble-t-il, qui se réduisent en poussière sous la pression des doigts. Elle est, du reste, parfaitement saine, sans la moindre trace de vers. Les Tibétains sont très friands de cette vieille viande ; c'est, chez eux, un mets à l'usage des riches. La reine a cru me faire là un cadeau de valeur. Si desséché qu'il soit, ce mouton n'a cependant pas perdu sa saveur ; celle-ci paraît, au contraire, s'être concentrée et je comprends très bien que les Tibétains considèrent pareil morceau comme une friandise.

En pilant dans un mortier cette viande ultra-sèche — bœuf ou mouton — les Tibétains obtiennent une poudre de viande, aliment concentré que les favorisés de la fortune emportent en voyage. On dit communément, au Tibet, que l'on peut mettre ainsi la chair de tout un yak dans un sac de la longueur de l'avant-bras.

L'usage est de délayer quelques pincées de cette poudre dans une tasse d'eau froide, puis de mêler de la *tsampa* à ce « bouillon », cru. Il n'y a pas de doute que cet aliment soit très nourrissant et qu'il permette d'emporter, sous un très petit volume, de quoi soutenir pendant longtemps les forces d'un voyageur. Mais j'avoue qu'en ce qui me concerne, ce pemmican tibétain, excellent à l'état sec, me soulève le cœur lorsqu'il est mouillé.

Nous sommes ici tout proches de la frontière et je m'efforce de renvoyer doucement mes deux hommes d'escorte. Tous mes arguments échouent. Ils ont l'ordre de me suivre jusqu'à Kanzé.

De Tchao l'on monte vers un col peu élevé par où l'on passe dans la vallée du Yaloung que les indigènes appellent ici le Dza tchou. En cours de route, notre valeureux gamin nous étonne par de nouvelles prouesses. Une de nos mules qui marchait librement prend l'idée d'aller vagabonder hors du sentier dans les pâturages où elle a aperçu des chevaux. Le garçon se met immédiatement à sa poursuite et comme le sabre de Seunam qu'il porte fièrement passé dans sa ceinture, le gêne pour courir, il le pose par terre.

Ayant rattrapé la bête à quelque distance de là, il crie, de loin, à deux gamins qui gardent les chevaux, de lui apporter son arme.

— « Mange mes excréments ! » lui répond gracieusement l'un des interpellés.

Cette phrase, courante parmi les Tibétains du bas peuple, est considérée comme une très grave injure.

Indigné de l'offense qu'on lui fait, l'irascible Sézang Talès fond sur les gamins pasteurs. Il doit avoir l'air terrible malgré sa stature enfantine car ces derniers prennent la fuite. Alors, après avoir ramassé son sabre, apercevant une de ces longues cordes en poil de yak qui servent à attacher les bêtes [1], il s'en saisit comme compensation à l'insulte qu'il a reçue et me l'apporte de l'air satisfait d'un homme qui sait conduire ses affaires et ne se laisse pas manquer de respect.

Un peu plus loin Sézang Talès, qui a de nouveau pris les devants, est rejoint par les amis des volés qui veulent le battre. Ils ont toute la mine de rôdeurs et sont armés de fusils du pays. Mon gosse ne bronche pas et tire son sabre. Un des conducteurs de yaks se précipite devant lui et explique aux agresseurs que ce garçon est le serviteur des grands personnages qui viennent sur la route. Ceux-ci font alors des excuses et blâment leurs camarades qui se sont permis d'injurier le domestique de gens aussi considérables.

Je souffle à Yongden de leur faire restituer leur corde et je passe. Deux jours plus tard, je la remarquerai pourtant, suspendue à un de nos sacs. Pourquoi ne l'a-t-on pas rendue ? Ah ! répond Seunam, les *oulas* nous ont suppliés de n'en rien faire. Si nous ne la gardions pas, disaient-ils, ces gardiens de chevaux nous croiraient sans pouvoir et, peut-être, tireraient dans notre dos quand nous serions passés. Il ne pouvait rien répliquer. Ces gens connaissaient les mœurs de leur pays. Equité et prudence diffèrent

1. Lorsque les voyageurs traversant les *tchang-thangs* où ne croissent ni arbres ni arbrisseaux, craignant pour la sécurité de leurs bêtes et veulent les attacher, ils tendent, presque au ras de terre, une longue corde qu'ils fixent avec des piquets en fer ou en bois. A cette corde est liée celle qui est attachée au licou ou, plus souvent à un pied, de chaque mule ou cheval ou à l'anneau que les yaks portent au nez.

suivant les endroits où il faut les exercer. J'ai pris à ce sujet des leçons difficiles, au cours de mes voyages.

Il nous serait facile d'arriver à Kanzé ce jour même, mais nous devrions y attendre dans la rue, entourés d'un cercle de curieux, que nous trouvions un logement. En Chine, il existe des auberges dans la plupart des villages situés sur les routes fréquentées. Il n'en est pas de même dans le pays que je traverse. Les seuls voyageurs y sont quelques fonctionnaires, des marchands et des pèlerins. Les premiers jouissent du droit de se loger dans n'importe quelle maison qu'ils jugent bon de choisir. Les autres ont des associés ou des amis le long des routes qu'ils parcourent et s'arrêtent chez eux ou bien, s'ils conduisent une caravane, ils campent avec elle. Et quant aux pèlerins, les pauvres couchent à la belle étoile, dans les écuries, sous les hangars, n'importe où on les tolère et les plus riches qui voyagent à cheval, demandent l'hospitalité contre rémunération chez les particuliers. Parfois, il leur faut frapper à nombre de portes avant de trouver un gîte. La chose est habituelle et lorsque je voyage incognito, je la supporte facilement, mais comme étrangère, j'ai à craindre d'être, à Kanzé, un objet de curiosité pour toute la ville. Il est donc utile de m'y assurer un logement avant mon arrivée. Obéissant à ces considérations, je m'arrêtai dans un endroit nommé Poyul, où se trouve une grande maison à l'usage des fonctionnaires et des personnalités de marque en voyage. De là, j'envoyai Yongden à Kanzé pour y porter ma carte au colonel chinois qui y réside et le prier, selon l'usage, de nous donner un logis pour quelques jours.

Je n'avais pas manqué d'informer mes deux hommes d'escorte que le lama se rendait à Kanzé. Je les avais aussi remerciés de leurs services, convenablement rétribués et engagés à s'en retourner à Tao. Après m'avoir exprimé leur gratitude, ils s'étaient éclipsés. Je respirais. Peut-être les autorités de Kanzé se montreraient-elles moins soucieuses de ma sécurité que celles de Tao et redeviendrais-je libre de mes mouvements !

Vain espoir ! Yongden n'est pas encore revenu de son ambassade que deux nouveaux soldats — ceux-ci en uniforme — arrivant, me saluent et m'annoncent qu'ils sont à mon service. Que faire ? Je dois sourire et paraître ravie de cette aimable attention de leur chef.

Dans la soirée j'aperçois aussi les deux autres hommes. Ils ne sont pas repartis pour Tao. Ils tiennent à y rapporter que je suis dûment en route pour Kanzé accompagnée par les soldats du colonel. Ah ! je suis bien gardée !

Le lendemain matin, je pars pour Kanzé.

Le ravissement éprouvé dès mon premier coup d'œil sur la vallée large et souriante que j'avais rejointe à Tao provenait, en grande partie, du contraste qu'elle présentait avec celles, très resserrées, dans lesquelles l'inondation semblait s'être malignement acharnée contre moi. Peu à peu, le paysage paisible, les cultures, les cimes arrondies bordant cette « vallée heureuse » m'avaient paru monotones et je m'attendais à trouver Kanzé presque banal. Il n'en était rien.

Le site où la ville s'élève est véritablement beau, même imposant. Comme toutes les agglomérations tibétaines, Kanzé a été construit sans plan. Ses maisons s'étagent en désordre, sur la pente d'une colline et se disséminent ensuite dans une vallée immense où coule le Yaloung, bordé sur la rive opposée par de hautes montagnes sombres d'un âpre et sauvage caractère.

Située en Europe, la *gompa* de Kanzé y paraîtrait un très grand monastère, mais au Tibet, tout groupement monastique comptant moins de deux mille religieux est considéré comme de médiocre importance. Elle occupe le haut de la colline, au-dessus de la ville. Ses nombreux bâtiments, faute d'espace, ou pour d'autres causes, se pressent les uns contre les autres, ne laissant entre eux que d'étroites ruelles. Loin de là, dans la plaine, s'élève le palais du prince indigène : un édifice massif, véritable forteresse propre à soutenir des sièges ou à servir de repaire à des gentilshommes pillards guettant les caravanes passant dans la vallée. Tel a pu être son rôle jadis.

Par la grâce des autorités chinoises, un très agréable logement m'a été donné dans une maison située à la partie supérieure de la ville, d'où je jouis d'une vue très étendue. Ces « autorités » se composent d'un haut magistrat civil et d'un colonel. C'est ce dernier qui a, autrefois, délivré le Père D... fait prisonnier à Tao lors de la révolte des Tibétains. Je suis aimablement reçue par lui et par le magistrat, je fais la connaissance de leurs familles, les photographie, nous dînons plusieurs fois ensemble pendant mon séjour à Kanzé. Bref, nos relations sont des plus cordiales, mais en dépit de cette cordialité, le magistrat civil, assimilé à un gouverneur, s'oppose absolument à ce que je me rende à Batang par le territoire demeuré sous le contrôle chinois. Il insiste, il exige même, que je fasse un détour, passant par Dergé et Tchiamdo qui sont maintenant aux mains du gouvernement de Lhassa. C'est étrange. Pourquoi ce Chinois tient-il à m'envoyer dans un pays qu'il sait être interdit aux étrangers ? La région traversée par le chemin direct de Kanzé à Batang n'est pas sûre, dit-il, et il ne dispose pas d'un assez grand nombre de soldats pour me fournir une escorte suffisante. Bien entendu, la région n'est pas sûre, les régions voisines ne le sont pas davantage. Le Chinois peut préférer que, si je suis assassinée, cet incident ait lieu ailleurs que sur le territoire commis à sa garde. Tout cela est possible, mais je soupçonne qu'il a d'autres raisons.

Quoi qu'il en soit, j'ai beau user de multiples arguments, je n'arrive pas à ébranler sa décision et je comprends qu'il s'opposerait par la force à mon voyage, si je tentais de passer outre à sa défense. Du reste, je suis surveillée à Kanzé et pour aller vers Batang, il me faut traverser le Yaloung. Je n'aurais pas sitôt fait charger mes bagages sur mes mules que le magistrat en serait informé et que les passeurs recevraient l'ordre de retirer leurs petits bateaux de la rivière.

Une circonstance particulière aidait malheureusement le magistrat à donner la prudence comme motif de son opposition. Preuves évidentes de l'insécurité du pays, deux brigands attendaient, dans la prison locale, le jour de leur exécution.

Après des exploits prolongés, la bande à laquelle ils appartenaient avait été rejointe par les soldats chinois. Un combat s'ensuivit ; les brigands ayant le dessous s'étaient enfuis avec leurs blessés et deux d'entre eux avaient été faits prisonniers.

La loi est rigoureuse, le brigand capturé est mis à mort. Des prisonniers, l'un était tout jeune et l'autre un homme d'âge mûr. Ce dernier déclara au gouverneur qu'en ce qui le concernait, il ne s'élevait pas contre la sentence qui le frappait. Il avait joué et perdu, il paierait, mais il implorait pitié pour son compagnon. Celui-là n'avait jamais auparavant ni volé seul ni fait partie d'une bande. C'était sa première expédition, devait-elle lui valoir la mort à vingt ans ?...

On me raconta que le brigand endurci qui acceptait son sort avec une fierté hautaine, s'humilia à genoux devant le gouverneur pour obtenir la grâce de son jeune ami. Il devait être émouvant, car le magistrat fut touché. Il différa l'exécution et envoya un message à son chef, le commissaire de défense à la frontière, résidant à Tatchiénlou, lui demandant s'il pouvait épargner les coupables ou tout au moins, le plus jeune de ceux-ci.

La réponse arriva pendant mon séjour à Kanzé. Elle était impitoyable, les deux hommes devaient être fusillés.

Un matin, j'étais encore couchée lorsque j'entendis des coups de feu. Que se passait-il ? Je me levai et regardai par ma fenêtre. Le premier acte du drame m'avait échappé. On me le narra plus tard. Les soldats emmenaient les condamnés vers le bord d'un ruisseau où l'exécution devait avoir lieu, lorsque le plus âgé bouscula le soldat qui marchait près de lui, assena un violent coup de poing sur la tête de celui qui conduisait son jeune camarade et criant à celui-ci : « Sauve-toi ! » profitait de la confusion pour s'enfuir aussi.

De ma fenêtre, je voyais les deux hommes courant en zigzag pour échapper à la fusillade dirigée contre eux.

La plaine où ils se trouvaient n'offrait aucun abri. Elle était vaste, sans arbres, sans ondulations appréciables de terrain, sans bâtiments. Les soldats avaient beau jeu à tirer le gibier humain qui s'efforçait de sauver sa vie.

Je suivais dans mes jumelles ce navrant spectacle. A certains soubresauts des fugitifs, on pouvait comprendre que les balles touchaient parfois leur but. Cependant les hommes couraient toujours, se dirigeant vers la rivière où les attendaient peut-être des amis embusqués là pour les secourir. S'ils pouvaient la traverser, ils étaient sauvés. Mais elle était trop loin. L'un des hommes tomba, s'agita un instant sur le sol puis resta immobile. C'était le plus jeune, me dit-on. Quelques instants plus tard, l'autre tomba sur les genoux, se releva et reprit sa course, puis tomba encore et se releva de nouveau, mais il courait moins vite. Une balle encore l'atteignit, il chancela mais continua sa course. Les poursuivants gagnaient du terrain, une décharge le coucha par terre non loin d'un petit temple bâti à la lisière de la plaine. Là commençait une série de mamelons. Probablement que s'il eût pu s'engager entre eux, le condamné aurait échappé. C'est du moins ce que m'expliquèrent les gens du pays.

Quoi qu'il en soit, le destin en avait décidé autrement. Quand les soldats arrivèrent près de lui, le brigand était mort.

Dans l'après-midi, un soldat de service auprès de moi depuis Poyul me fit prier de le recevoir. Introduit dans ma chambre, il me salua avec les génuflexions habituelles et me demanda si je n'avais pas quelque médicament utile pour le pansement d'une plaie qu'il avait au bras.

C'était lui qui avait été bousculé le matin par le brigand et renversé sur les décombres d'un petit mur en ruine.

Tandis que je le pansais, il commença à me raconter toute l'histoire des deux brigands et les péripéties de leur fuite. Je finis par le faire taire, j'avais déjà trop entendu les détails de ce drame... Je les avais surtout trop *vus*.

Chaque jour, sur le toit du palais royal de Kanzé, à l'aurore et au crépuscule, les moines musiciens du temple privé du prince donnaient une aubade et une sérénade aux dieux. Les religieux de la *gompa* appartenaient au clergé d'Etat, les *gélougspas* (dits bonnets jaunes) mais le souverain indigène était un fidèle de la secte des *karmapas* et les airs que jouaient ses moines étaient ceux que j'avais écoutés pendant longtemps, jour après jour, dans un monastère rustique de l'Himalaya. Que de souvenirs me rappelaient ces mélodies poignantes ! Yongden, qui appartient à cette même secte des *karmapas* les écoutait aussi, attentif, immobile, lorsqu'elles montaient vers nous de la plaine, adoucies par la distance. A quoi pensait-il ?... A son enfance de petit novice, bercée par cette même musique douloureuse, à Lhassa où nous devions aller, à l'Europe qu'il voulait voir ? Je ne lui demandai pas.

Ma visite au monastère de Kanzé eut un caractère tout différent de celle que j'avais faite à la *gompa* de Tao. Après la visite des temples, on me conduisit dans une salle du collège des *Gyudpas* (le collège des rites). Là eut lieu une petite réception intime ; le thé fut servi, plusieurs lamas, des gradés, des professeurs étaient présents et la conversation fut vraiment intéressante. L'endroit s'y prêtant, celle-ci porta spécialement sur les rites. Sont-ils utiles ? — A quoi servent-ils ? — Le Bouddha n'a-t-il pas expressément déclaré que la croyance en l'efficacité des cérémonies religieuses est un obstacle au salut ?

A ces questions, la plupart répondirent qu'il existait des rites dont l'objet était simplement de conserver présents à la mémoire du commun des fidèles les enseignements de la religion et de les incliner à vivre honnêtement en pratiquant des vertus convenant à leur condition.

D'autres rites existaient : les *doubthabs* par lesquels la force de la pensée du célébrant s'adjoignant d'autres forces que le rite attirait, parvenait à agir puissamment pour atteindre un but fixé [1].

Presque tous, s'appuyant sur les déclarations d'ouvrages apocryphes qu'ils tenaient comme véridiques, déniaient que le Bouddha eût condamné la pratique des rites.

Parmi ceux qui m'entouraient se trouva pourtant un lama qui, plus éclairé que ses collègues, admit que le Bouddha avait réellement condamné la croyance en l'efficacité des rites religieux comme moyen de salut. Ayant reconnu ce fait, il le commenta ensuite d'une manière ingénieuse.

Les *tchirolpas* (Hindous brahmanistes), dit-il, croyaient au temps du Bouddha, que le culte rendu aux dieux et les sacrifices qu'on leur offrait procuraient aux dévots une renaissance heureuse dans les demeures de ces dieux. C'est ce culte d'adoration et ces sacrifices que le Bouddha a condamnés comme inutiles et même néfastes. Certainement ils ne peuvent assurer, à un homme, une renaissance bienheureuse ; celle-ci dépend des actes que l'homme a accomplis dans ses vies précédentes. Celui qui est cruel, haineux, se prépare une place parmi des êtres démoniaques parce qu'il leur ressemble. Celui qui veut aller vers les dieux doit pratiquer la bonté. Ce n'est point là une question d'offrandes et de prosternations.

Si les rites sont déjà impuissants à assurer une renaissance heureuse, combien ne sont-ils pas encore plus impuissants à produire la Délivrance (tharpa) [2]. On arrive

1. Au sujet des *doubthabs*, voir *Initiations lamaïques*, page 102.

2. Le salut bouddhique ne consiste pas à entrer dans un paradis. Ceci n'est que la conséquence d'une vie vertueuse et est considéré

à celle-ci uniquement par la Connaissance acquise au moyen de l'investigation et de la méditation, qui produisent la « vue profonde » (lhag thong).

Avez-vous jamais entendu un lama instruit dire que nous pratiquons les *doubthabs* pour acquérir *tharpa* ?

Non, je ne l'avais pas entendu.

— « Les *doubthabs,* » continua mon interlocuteur, « visent des buts d'ordre plus ou moins matériel et étrangers à ce plus grand des buts : la Suprême Libération *(tharpa).* Pour atteindre ces objets inférieurs, mais souvent utiles à ceux qui ne sont pas encore « entrés dans le courant » [1] certains rites et spécialement les *doubthabs* peuvent être pratiqués avec fruit. S'en servir n'est pas contrevenir au commandement du Bouddha.

Le sujet est de ceux qui prêtent à d'interminables discussions. Ne devant pas séjourner longtemps à Kanzé, je devais me contenter de ce que le lama m'avait exposé. Du reste, son opinion n'était pas nouvelle pour moi. Je l'avais entendu exprimer ailleurs. Elle est assez répandue parmi le clergé instruit.

S'il existait des lettrés philosophes au monastère de Kanzé, l'esprit commercial paraissait y être, aussi, particulièrement vivace. Beaucoup de moines lamaïstes trafiquent, mais ils y mettent, d'ordinaire, une certaine discrétion. Jamais il ne m'était encore arrivé d'en voir tenir boutique en ville et figurer derrière un comptoir. A Kanzé, ceci semblait habituel et certains de ces ecclésiastiques-marchands, gras et cossus, jouissaient visiblement d'une agréable aisance. Contraste pittoresque et un peu pénible, à la porte d'une de ces prospères boutiques cléricales, je vis le plus pauvre petit moinillon que j'aie jamais rencontré. C'était un gamin de sept à huit ans. Il était tout nu, sauf un lambeau de serge grenat de la dimension d'une petite serviette qui placé sur ses épaules enfantines lui

---

comme un résultat médiocre. Le salut est la « Délivrance du cercle des renaissances », un état infiniment supérieur à celui des dieux, qui peut être atteint dans cette vie même par celui qui est arrivé à l'illumination spirituelle, comme le Bouddha et les Arahans.

1. Une expression classique bouddhique désignant ceux qui ont commencé à percevoir certaines vérités, après quoi ils sont certains de ne pas rétrograder spirituellement et d'arriver, après un temps plus ou moins long, à l'illumination.

tenait lieu de *zen*[1] et le désignait drôlement comme un membre du clergé.

Puisque le magistrat de Kanzé s'obstinait à m'empêcher de me rendre à Batang par le territoire chinois, il ne me restait — à moins de revenir sur mes pas et d'aller à Tatchiénlou — qu'à lui obéir et à tenter d'atteindre Batang en faisant le tour par la région conquise par les troupes de Lhassa et, désormais, interdite aux étrangers.

Due à la fatigue, au genre de nourriture ou à d'autres causes, je souffrais à ce moment d'une crise d'entérite qui me faisait désirer être rendue aussi promptement que possible à Batang où existait un hôpital dirigé par des médecins-missionnaires protestants anglais et américains. Je comptais m'y reposer dans des conditions de confort suffisant et y trouver les soins dont j'avais besoin. Je me résignai donc à tenter le passage de la frontière. Il n'eût guère été difficile si j'avais été seule, mais le gouverneur prit tous les arrangements nécessaires pour informer de mon arrivée les Tibétains de garde à la limite du territoire nouvellement conquis par eux.

La route directe, celle que suivent les caravanes, traverse le Yaloung un peu au-delà de Kanzé, mais bien que sa juridiction ne s'étende pas sur le territoire situé sur la rive droite de la rivière où la route continue, le gouverneur s'est ingénié à m'empêcher de passer de ce côté. Il tient à me faire conduire à Zacco, poste frontière où réside un officier tibétain ayant le grade de *ripeune* (une sorte de colonel).

Quel accueil nous fera ce dernier ? Je crains fort qu'il ne nous barre le chemin, cependant, comme je ne veux que traverser rapidement un coin du Tibet soumis à Lhassa et en ressortir pour regagner le Tibet sous contrôle chinois, il est possible que je puisse en obtenir l'autorisation.

Nous partons tristement, comme un troupeau que l'on pousse dans une direction qu'il n'a pas choisie. Arrivée à l'endroit où les bateaux prennent les voyageurs qui suivent la route directe, j'ai encore une révolte. Je déclare que je traverserai la rivière. Nul ne s'y oppose, mais les soldats qui m'escortent m'avertissent qu'ils devront s'en

1. Toge faisant partie du costume monastique.

retourner immédiatement à Kanzé avertir le gouverneur de mon changement d'itinéraire.

Kanzé est tout près. Avant que mes bagages et mes bêtes aient été passés sur l'autre bord, le magistrat sera informé de ma décision, il enverra des gens pour contrecarrer mon projet ou bien dépêchera un message au Tibétain de Zacco qui mettra des soldats à ma poursuite. Je n'ai pas assez de confiance dans l'habileté et l'intelligence de Tobgyal et de Seunam pour les renvoyer, avec mon convoi, à Tatchiénlou et leur prescrire de se rendre à Batang par Litang, tandis que Yongden et moi, seuls, ne conservant que nos montures et les couvertures placées sur nos selles, nous gagnerons Batang par les sentiers directs.

Alors... alors... Il faut encore une fois que je me résigne. Comment tout cela va-t-il finir ? Je n'en ai aucune idée et suis véritablement démoralisée.

Le pluie se met à tomber, ce qui n'est pas fait pour relever mon courage.

Nous nous traînons d'étape en étape. Le paysage est sans intérêt et l'entérite m'affaiblit. La population me témoigne beaucoup de politesse, mais il y a loin de l'accueil fait à la voyageuse étrangère, à celui que je recevais sous l'incognito de la *khadoma*, au début de mon voyage.

Le dernier « château » en territoire encore chinois est joliment situé dans la vallée très élargie. Est-ce une impression causée par la fatigue que j'éprouve, il me semble qu'il serait agréable de passer ses jours tranquillement dans cet endroit. Il n'est est pas question. Je suis devenue une sorte de Juif-errant condamné à marcher sans but.

Nous voici en face de Zacco, notre arrivée y a été annoncée. Une tente est dressée dans une prairie, pour nous recevoir et nous offrir du thé, ainsi qu'il est d'usage au Tibet lorsque des voyageurs de marque passent dans un village.

Beaucoup de gens envahissent cette tente dès que nous y sommes entrés. Parmi eux se trouve une femme de Lhassa, grosse commère réjouie et loquace qui, je le crois bien, a bu un coup de trop. Entendant que je parle le dialecte de son pays, elle me questionne sur la capitale qu'elle a quittée depuis vingt ans. Je suis encore bien moins renseignée qu'elle puisque je n'y ai jamais été. Par contre, je connais Jigatzé, la grande ville voisine de Lhassa et je détourne la conversation sur elle. La bonne femme qui constate que cet endroit m'est familier proclame en désignant notre groupe, Yongden, nos domestiques et moi :

— « Ce sont des Tibétains comme nous. »

La foule qui s'étonnait déjà de nous entendre parler sa langue, est maintenant convaincue. Nous sommes de faux étrangers, des imposteurs qui veulent se donner de l'importance. Les villageois se retirent déçus. Nous ne sommes plus du tout intéressants.

Je souhaite que l'officier surveillant l'entrée des voyageurs montre aussi peu d'intérêt pour nos personnes, mais c'est peu probable. J'ai déjà appris qu'il a le grade de *ripeune* [1], c'est-à-dire qu'il commande trois cents soldats. En réalité, il n'en a qu'une vingtaine avec lui. Les autres sont ailleurs ou, plus vraisemblablement, n'existent que sur les papiers officiels.

J'envoie Yongden lui présenter une lettre que le gouverneur de Kanzé m'a donnée comme introduction. Cette façon de me présenter à un agent des Tibétains révoltés (pour les Chinois, les Tibétains qui les ont chassés du pays ne sont que des vassaux rebelles) m'a paru singulière. J'ai d'ailleurs lu la lettre rédigée dans les termes très ordinaires de ces sortes d'introductions banales.

Le premier mot du distingué colonel est : « Les papiers chinois, je crache dessus. Avez-vous des papiers du Grand Homme de Tatchiénlou ? »

« Qui est-ce ce dernier ? — Après explications, Yongden saisit que ce Grand Homme est le vice-consul britannique.

Passablement stupéfait, il revient me rapporter le résultat de l'entretien qu'il a eu.

Le *ripeune* ne s'opposera pas à notre passage, mais il ne nous donnera ni escorte, ni *oulas*. — Je m'en passerai très bien. — De plus, il dépêchera un message à son chef, le *dépeune* de Dergé, pour l'informer de notre présence sur

---

1. Le grade de *ripeune* est immédiatement au-dessous de celui de *dépeune*, le plus haut dans l'armée tibétaine, donc un général. Il s'ensuit que le *ripeune* est un colonel.

le sol tibétain. Ceci nous créera probablement des ennuis.

J'allai moi-même chez l'officier. Il habitait une misérable maison, mal tenue mais ornée de pots de fleurs et abritant une véritable fleur vivante : une très jolie femme portant le costume et la coiffure d'U : des cheveux exagérément bouffants surmontés d'une sorte de couronne (patou) en grosses boules de corail. C'était l'épouse de l'officier.

Il ne se montra pas très poli à mon égard ; néanmoins, il m'offrit d'excellent thé et des biscuits chinois. Je lui exhibai divers papiers officiels français et anglais qu'il ne put lire mais qui l'impressionnèrent et je lui dis que la raison pour laquelle je n'avais pas de lettre du consul de Tatchiénlou était simplement que je n'étais point passée par cette ville. D'ailleurs les personnalités de qui émanaient celles que je montrais étaient beaucoup plus élevées en dignité que le « Grand Homme de Tatchiénlou » et je mentionnai le vice-roi de l'Inde.

Le *ripeune* se montra sceptique. Le vice-roi ?... Il avait une vague idée qu'il en existait un, mais il n'était pas fixé sur son importance. Pouvait-il être un aussi grand homme que le « Grand Homme de Tatchiélou » ?... Mon interlocuteur en doutait beaucoup.

Son ignorance à ce sujet était singulière. Il était natif de Jigatzé situé près de l'Himalya et les marchands de cette ville, comme ceux de Lhassa, se rendent fréquemment dans l'Inde et racontent ce qui s'y passe.

Il ignorait bien d'autres choses que l'existence du vice-roi. En fait de nations, en dehors de ses compatriotes, il divisait l'humanité en deux catégories : les Chinois et les étrangers qui étaient tous Anglais à part quelques Russes. Je lui parlai de Batang où je voulais me rendre et du Yunnan. Malgré leur proximité de Zacco il ne savait pas où se trouvaient ces endroits.

Ce peu intelligent colonel me répéta ce qu'il avait déjà dit à Yongden. Pour le moment, je ne voulais retenir qu'une chose de son discours ; il me laissait continuer ma route. Quoi qu'il pût advenir par la suite, je devais me considérer heureuse d'avoir franchi la frontière.

Comme personne ne les a arrêtés, les *oulas* ont passé leur chemin et doivent être déjà loin. Nous avons perdu beaucoup de temps à Zacco ; il faut nous hâter, car j'ignore la longueur du chemin qui nous reste à faire pour arriver à l'endroit où ils déposeront nos bagages.

Sans avoir rien de particulièrement remarquable, le paysage qui nous entoure est intéressant. Au crépuscule, nous entrons dans une gorge boisée dont l'aspect sauvage et mystérieux est bien à sa place à l'entrée d'une terre interdite. Le sentier est étroit et hérissé de rochers, nous croyons prudent de descendre de nos bêtes et de continuer à pied, ce qui nous retarde encore davantage.

La nuit est venue lorsque nous arrivons au lieu où nous devons traverser le Yaloung. Un village et un monastère se trouvent à quelque distance de la rive, mais l'obscurité ne nous permet pas de les apercevoir.

La rivière, dont nous avons constamment remonté le cours, est beaucoup moins large ici que près de Kanzé, le courant paraît aussi y être moins rapide, ce qui est heureux pour nos mules qui devront passer à la nage. Yongden me propose de camper où nous sommes, mais j'insiste pour me rendre immédiatement sur l'autre bord, tandis que nul ne s'y oppose. Nous pourrons ainsi repartir le lendemain d'aussi grand matin que nous le jugerons bon.

La traversée des voyageurs et des bagages s'effectue dans de petits bateaux ronds, construits en cuir de yak. Elle ne donna lieu à aucun incident. Peu après notre débarquement, un *gyapeune* (officier qui commande cent soldats) nous envoya une tente. Avec elle, on nous apportait aussi du bois pour faire du feu, du lait et du fourrage. Nous fûmes aussi informés que le *gyapeune* avait donné des ordres pour que, le lendemain, des *oulas* avec leurs bêtes soient à notre disposition pour transporter nos bagages.

Nous voyant arriver de Zacco avec des *oulas*, cet officier croyait que nous avions un titre de réquisition qui nous donnait droit à ceux-ci et aux autres choses qu'il nous envoyait. Ce service devient automatique dès qu'il a été commencé et, sauf en passant dans des localités où il y a un gouverneur, il est très rare que quelqu'un demande à voir le papier officiel autorisant cette réquisition. Il est même peu fréquent, s'il ne s'agit que de fournir quelques bêtes pour le portage, que les hauts fonctionnaires s'y intéressent et vérifient les titres des voyageurs. Le tout est d'avoir obtenu les *oulas* une première fois.

Ce que le *gyapeune* ignorait, je le savais. Son chef de Zacco ne voulait pas m'accorder le transport gratuit[1] de mes bagages. S'il envoyait des ordres dans ce sens, on me retirerait mes *oulas*. Ce serait vexant et ferait mauvais effet. Il valait mieux paraître y renoncer de mon plein gré. Je déclarai donc aux villageois qu'ayant des mules, je ne demandais pas d'*oulas*.

Ils rapportèrent ma décision aux chefs du village et environ une heure plus tard, ceux-ci arrivaient et m'offraient une écharpe en témoignage de politesse et sept roupies du Szetchouan[2] qui est la monnaie courante dans cette région.

Le même automatisme qui dirige le relais des *oulas* règle aussi le nombre des bêtes de somme ou de selle à fournir au voyageur. J'étais arrivée avec sept yaks de corvée, ceux-ci devraient être remplacés par sept autres. Si le voyageur qui a le droit de réquisitionner un nombre donné de bêtes, en réclame moins ou dispense complètement les villageois de la corvée, il a droit à une indemnité qui est généralement évaluée, dans cette région, à une roupie du Szetchouan par animal. Ainsi, comme je dispensais les Tibétains de me fournir sept bêtes, ils m'apportaient sept roupies.

En ce pays béni, les fonctionnaires, les voyageurs bien en cour auprès de ces derniers et même les simples soldats en tournée se font, grâce à ce système, des revenus appréciables. Celui qui est autorisé à réquisitionner vingt bêtes de charge, s'il voyage avec des animaux lui appartenant, récolte ainsi vingt roupies à chaque étape. Les relais sont parfois proches les uns des autres, surtout dans certaines régions relativement bien peuplées, où le transport se fait par des yaks qui cheminent lentement. De bonnes mules peuvent parfois, dans leur journée, franchir trois relais de yaks et à chacun de ceux-ci, l'heureux possesseur d'un titre de réquisition pour vingt

1. Gratuit, sauf une gratification, non obligatoire, donnée par le voyageur selon sa générosité, et qui est, la plupart du temps, omise par les fonctionnaires du gouvernement.

2. Une ancienne monnaie d'argent qui n'a plus cours en Chine mais est courante dans tout le Tibet oriental.

bêtes peut empocher vingt roupies, soit soixante en une journée. Une telle aubaine est peut-être exceptionnelle mais même avec un moindre profit et en ajoutant tous les *extras* de fourrage, de combustible et de vivres qui s'ajoutent au service des *oulas*, le voyageur parvient souvent à payer ses frais de route ou même à amasser une somme rondelette, pour peu que son voyage se prolonge.

On comprend que ce régime fasse craindre aux paysans le passage de gens possédant des droits aussi onéreux pour eux.

Dans le voyage d'exploration que je fis, plus tard, en me rendant à Lhassa, je me rappelle avoir demandé à des riverains du cours supérieur de la Salouen s'ils ne pourraient pas apprendre à construire des ponts au lieu de traverser les rivières suspendus à une simple corde tendue d'une rive à l'autre.

— « Nous sommes parfaitement capables de construire des ponts, » me répondirent-ils, « mais nous préférons qu'il n'y en ait pas dans notre pays. Cela y rend les voyages plus difficiles pour les fonctionnaires du gouvernement de Lhassa et les autres gens de marque. Ceux-ci n'aiment guère franchir les rivières suspendus à nos cordes, ils empruntent d'autres routes pour les éviter et ainsi nous échappons à leurs visites et aux conséquences qu'elles comportent. »

De ces conséquences, je viens d'indiquer la moindre ; elle s'accompagne de maintes autres, dures au budget des pauvres campagnards.

Me voici donc en présence de sept roupies que la prudence me commande d'accepter afin de ne pas contrevenir aux usages locaux ; les refuser me fera remarquer, me fera même peut-être paraître suspecte, mais je conserve encore des scrupules à ce sujet, j'en conserverai probablement toujours. Je charge Yongden d'entourer mon refus de toutes les raisons propres à en atténuer la singularité. Enfermée dans ma tente, je l'entends s'acquitter de cette épineuse commission.

Il me restitue ma qualité de *khadoma*. La voyageuse qu'ils n'ont pas bien pu distinguer dans l'obscurité, dit-il aux Tibétains, est une *khadoma* incarnée. Douée d'une intelligence supérieure, elle a pressenti que ces sept roupies pourraient leur être utiles (il ne risque pas beaucoup de se tromper en avançant ceci) et elle les leur donne en aumône. Du moment qu'il s'agit d'une générosité faite par une personnalité religieuse, notre dignité est à couvert. Les villageois remercient, se prosternent devant ma tente aux rideaux clos et s'en vont.

La nuit est très froide ; au réveil, les tentes et l'herbe tout autour de nous, sont couvertes de givre. Août n'est pourtant pas encore fini. L'hiver doit être rigoureux dans ce pays.

De grand matin, avant que nous ayons levé le camp, passe le courrier expédié par le *ripeune*. Comme ce dernier nous l'a annoncé, il se rend à Dergé pour informer le *dépeune* que nous nous dirigeons vers cette ville.

Pendant toute cette journée nous avançons très lentement. Mes domestiques, qui ne comprennent pas les raisons qui me guident, m'en veulent d'avoir refusé les *oulas*. Ils se sont habitués à être servis plutôt qu'à servir et à voyager tous à dos de mule. Aujourd'hui, nos bêtes sont toutes chargées. En vue de la traversée d'une région peu habitée, nous nous sommes munis, à Kanzé, d'une forte quantité de provisions, il faut les transporter et les hommes doivent faire route à pied. La chose ne leur plaît guère et leur allure s'apparente à celle des colimaçons.

A la nuit tombante, nous arrivons à Apé. La halte des voyageurs et le relais des *oulas* est marqué par une tente noire plantée près de la piste. Le village lui-même est situé plus loin hors de la route. Un jeune homme se trouve dans la tente et nous croyons qu'il est de garde à cette heure où des voyageurs peuvent survenir, mais il se dit un étranger de passage sans aucun rapport avec les gens d'Apé.

Les *gopas* (chefs du village) ne se montrent pas. Nous ne pourrons rien nous procurer, les mules n'auront pas de fourrage ; elles devront se contenter de brouter autour de nous une herbe rase et clairsemée. Les pauvres créatures souffriront de la faim ; leur ration de grain ne suffit pas à les rassasier.

Il fait tout à fait nuit lorsque plusieurs hommes surviennent. Interrogés par mes domestiques, ils déclarent qu'ils ne sont ni les *gopas* d'Apé, ni les préposés à la halte. Ils s'abritent simplement là pour dormir. Seunam saisit l'un d'eux et le conduit de force devant ma tente. Je lui demande moi-même qui il est. Il prétend être un voyageur. Je sens qu'il ment. Les voyageurs, les mendiants errants eux-mêmes, ont toujours des bagages, si minimes soient-ils : un lambeau de couverture et quelques provisions de bouche, et, comme le jeune homme trouvé là à notre arrivée, les nouveaux venus ne portent rien avec eux. Leur attitude me paraît louche. Yongden croit que ce sont des voleurs attendant, pour s'emparer de nos bêtes, que la nuit soit plus avancée et qu'ils n'aient plus à craindre que quelqu'un, passant sur la route, puisse les déranger.

Le petit Sézang Talès envoyé comme espion rapporte qu'ils sont sept sous la tente. Ils ont chacun un sabre, mais pas de fusils. Ceci est une bonne nouvelle. Nous pouvons espérer les tenir à distance avec nos armes, si les choses tournent mal. Mieux vaut pourtant éviter un combat et pour cela, tâcher d'abord d'inspirer une crainte salutaire à nos voisins de camp. Ensuite, il faut aller informer les gens du village et leur demander des veilleurs.

Nous chargeons donc ostensiblement nos fusils et nos revolvers. La lueur du petit feu que nous avons allumé avec le combustible que nous transportions avec nous, éclaire ces préparatifs de défense. Yongden me fait charger deux fois notre carabine, l'ayant rapidement déchargée dans l'ombre et me la passant de nouveau près du foyer. Cette manœuvre tend à faire croire à ceux qui nous observent, qu'il restera encore deux fusils dans notre tente, tandis que Seunam et Sézang Talès en emporteront deux autres pour s'en aller au village.

Il est un peu imprudent de nous diviser. Si les hommes de la tente noire sont vraiment des voleurs, ils pourront en profiter pour nous attaquer séparément. Je crois pourtant qu'ils hésiteront à le faire sachant que nous avons des armes à feu.

On empile les bagages au milieu de ma tente. Seunam et le jeune garçon enfourchent chacun une mule et partent à la recherche du village ; Yongden et Tobgyal s'assoient au-dehors, gardant les bêtes. Alors, comme je n'ai rien à faire, je soupe avec de la *tsampa* et du beurre, assise sur un sac, à l'entrée de la tente dont je tiens les rideaux ouverts pour surveiller les alentours, autant que les ténèbres le permettent.

Quelque temps s'écoule puis, je vois des ombres s'avancer avec précaution. Elles s'approchent et s'arrêtent devant moi. Ce sont les inconnus suspects. Est-ce que, profitant de l'absence de mes deux garçons, ils vont tenter de commencer le pillage.

Comme ils demeurent silencieux, je demande :

— « Qui est là ? »

Alors, les ombres se baissent et s'agenouillent en poussant vers moi quelque chose de noir au milieu de quoi est quelque chose de blanc et j'entends murmurer : « Longue vie ! Longue vie ! » ce qui est une formule de politesse courante au Tibet, pour s'excuser, supplier remercier, etc.

— « Que voulez-vous ? »

— « Nous apportons du lait. »

Voilà, c'est la chose blanche dans un pot noir.

— « On va apporter du fourrage et du bois. »

— « Qui êtes-vous ? »

— « Nous sommes les préposés à la halte et les chefs du village. »

Voyant que je ne les massacre pas, ils ont pris courage et parlent tous à la fois.

— « Vous êtes de mauvaises gens, dis-je, des menteurs. Vous ne vouliez pas nous fournir ce à quoi nous avons droit ; c'est pour cela que vous prétendiez être des voyageurs. Soyez heureux que je sois une personne religieuse, sans cela, j'aurais déjà fait tirer sur vous comme étant des brigands et plusieurs de vous seraient morts.

Les « longue vie ! » reprennent de plus belle. C'est surtout à eux-mêmes, je crois, que ces sauvageons adressent leur souhait.

Je hèle Yongden. Mis au courant de ce qui se passe, il débite aux villageois un discours beaucoup plus véhément que le mien et envoie deux d'entre eux rappeler Seunam et Sézang Talès.

J'admire un peu la tranquille bravoure de ce dernier qui, à son âge, s'en va dans la nuit avec un seul compagnon, sachant qu'il peut avoir sept bandits à ses trousses. On n'est pas poltron au beau pays de Kham.

Il est heureux pour nous que les sept quidams aux allures singulières n'aient pas été des voleurs car nous ne pouvions compter sur aucune protection de la part des gens d'Apé. Seunam, en revenant, me raconte le résultat de sa démarche :

— « Toutes les portes et les fenêtres étaient closes, » me dit-il. « Lorsque je frappai, les chiens enfermés dans les cours aboyèrent, mais personne ne se montra ni ne répondit. Dans deux maisons, des femmes poussèrent des cris d'effroi en entendant le bruit que je faisais à leur porte. J'eus beau expliquer, du dehors, que nous étions des voyageurs demandant de l'aide, cela n'a servi à rien. A la dernière habitation où j'ai appelé on n'a d'abord rien répondu, puis un homme a crié derrière un volet : Si vous ne partez pas à l'instant, je vais tirer sur vous. Il nous prenait pour des voleurs cherchant à pénétrer chez lui par ruse.

« Voyant que personne ne nous prêterait aide, je revenais lorsque j'ai rencontré les hommes que vous avez envoyés me chercher. Malgré tout ce qu'ils disent, ils ont peut-être eu l'intention de nous piller. Ils y ont renoncé et se montrent maintenant aimables parce qu'ils nous ont vus bien armés et que le risque à courir leur a paru trop grand. »

C'était, ma foi, bien possible. Dans tous les cas, l'attitude des gens d'Apé en disait long sur la sécurité du pays.

Quoi qu'il en soit, nous pouvions être tranquilles cette nuit-là, et comme j'étais fatiguée je me réjouis de pouvoir dormir au lieu de devoir veiller.

Le lendemain, en cours de route, nous croisons des voyageurs. Ils nous conseillent d'être sur nos gardes. Un convoi de marchands a été attaqué sur la route, la veille, dans la soirée ; ils ont rencontré les caravaniers qui venaient d'être volés.

Nous traversons des alpages déserts parmi lesquels coule le Yaloung dont la rive gauche est bordée par une chaîne de montagnes. Une agréable impression de grand calme émane du paysage aux lignes douces.

En passant, nous apercevons de l'autre côté de la rivière, un groupe d'ermitages blottis dans un repli boisé de la montagne. Les maisonnettes, badigeonnées au lait de chaux, tranchent joliment, en taches de blancheur, parmi les sapins sombres. Je m'arrête et je demeure là un long moment fascinée par cette vision. Solitude, détachement, paix et toute la divine béatitude qui existe encore en plus et par-delà de ce que représentent ces trois termes ! J'ai été ermite moi aussi, sur une montagne solitaire et j'ai savouré l'intense volupté de cette existence spéciale. Sans doute n'étais-je pas encore digne de rester sur cette cime et c'est pourquoi j'en suis descendue pour courir encore le monde. Le jour reviendra-t-il où je me replongerai dans pareille solitude et pareil silence : combien j'y aspire !...

Vers la fin de l'après-midi, nous passons près de sources sulfureuses, leur température est passablement élevée mais leur eau se refroidit promptement à l'air libre. L'altitude est élevée : plus de trois mille mètres, car après notre départ de Kanzé [1], nous avons constamment remonté le cours de la rivière et en abandonnant celle-ci, le sentier que nous suivons n'a pas cessé de monter.

Avant d'arriver au monastère de Dzogstchén, nous rejoignons la route des caravanes que nous avons quittée à quelques kilomètres de Kanzé. Elle traverse, là, une immense vallée dont le sol est couvert d'une herbe rase déjà flétrie et brunâtre par l'effet des gelées précoces dans ces hautes régions ; des montagnes pareillement vêtues d'herbe courte et sombre l'encadrent. La piste imprimée dans le sol par les pieds des millions de yaks qui, depuis des siècles, ont porté à Lhassa les soieries et le thé de la Chine, est à ce moment déserte. Aucune tente de pasteur, aucun troupeau ne meuble le vide impressionnant, presque tragique, du paysage dans lequel elle s'enfonce et se perd au loin.

Nous avons un peu de peine à trouver le hameau qui dépend du monastère et où nous comptons nous abriter. Faiblement éclairées par la lumière crépusculaire, ses huttes basses et sordides se confondent avec les pierres de la colline au pied de laquelle elles sont bâties. Sur celle-ci s'étagent les temples et les habitations des religieux, mais il fait déjà trop sombre pour que nous puissions les apercevoir.

Les misérables habitants de l'endroit vivent dans une étroite intimité avec leurs animaux. Leur demeure ne contient qu'une seule pièce. Un coin de celle-ci sert d'écurie, le coin opposé de cuisine ; les maîtres du logis, leur

1. Indiqué comme situé à environ 3 300 mètres.

famille et leurs hôtes couchent où ils peuvent, entre l'âtre et les bêtes. La maison où l'on m'héberge est un peu plus confortable. Entre la place réservée aux chevaux et la muraille, on a ménagé une sorte de chambrette étroite, en tendant un rideau. C'est le meilleur logis que l'on ait à m'offrir.

Je propose de camper, mais les villageois m'en dissuadent énergiquement. Ce serait une dangereuse imprudence. Des malfaiteurs rôdent dans tout le pays. Quelques jours auparavant un combat s'est livré dans les environs entre des voyageurs et des brigands. Ces incidents sont fréquents. Il n'y a qu'à se résigner. Je coucherai derrière le rideau, mon fils s'étendra à mes pieds et tous deux nous nous efforcerons, tout en dormant, de demeurer serrés contre le mur et de n'allonger ni bras ni jambe sous le rideau, car nous risquerions de recevoir un coup de pied de cheval.

Le lendemain, accompagnée par Yongden et par Tobgyal, je monte vers le monastère. Dzogstchén *gompa* n'a rien d'imposant. Ses bâtiments, disséminés sans ordre sur un grand espace, au lieu d'être renfermés dans un mur d'enceinte sont absolument banaux. Pourtant, le monastère est célèbre dans tout le Tibet. Il est le siège de l'un des chefs [1] de la secte du « Grand Accomplissement » (dzogstchén), le lama Padma Rigdzin, dont les réincarnations successives occupent les unes après les autres le trône abbatial du monastère. Dzogstchén *gompa* est aussi tenue pour posséder, parmi ses membres, une élite de maîtres dont les uns sont profondément versés dans les sciences occultes et les autres guident leurs disciples vers les sentiers ardus des hautes contemplations d'après les méthodes du « Sentier direct » [2] qui permettent d'atteindre la suprême libération (tharpa) dans cette vie même et à brève échéance.

Le site où s'élève le monastère s'harmonise mieux avec

1. Un autre chef réside à Mindoling, au sud du Tibet, près de la rive du Yésrou tsangpo (le çours supérieur du Brahmapoutre). Je visitai cet endroit en revenant de Lhassa.

2. Sur les doctrines philosophiques et mystiques dites du « Sentier direct », *Lam tchoung*, littéralement : « voie courte », voir *Initiations lamaïques* et *Mystiques et magiciens du Tibet*, p. 245.

cette réputation que le monastère lui-même. En contemplant la désolation farouche des solitudes au milieu desquelles il se dresse, un Occidental croirait volontiers que seuls des hommes poursuivant des buts extraordinaires peuvent se fixer en un tel lieu. Mais il convient de songer que les Tibétains habitués à vivre parmi des paysages toujours majestueux et souvent terrifiants, sont moins impressionnables à ce sujet qu'un Européen ou un Américain. De très vulgaires moines, fils de pasteurs des environs, peuvent passer toute leur vie médiocre à Dzogstchén et s'y trouver parfaitement heureux.

En arrivant au monastère, je visitai d'abord quelques temples et la grande salle des assemblées, puis je m'en allai voir une autre *gompa*, proche voisine de celle de Dzogstchén et distincte de cette dernière, quoique le grand lama Padma Rigdzin s'en considère comme le suzerain. Enfin, je demandai à visiter l'imprimerie. Je croyais que, de même qu'à Koum-Boum, une maison de vente y était attachée et que l'on pouvait s'y procurer des ouvrages d'auteurs appartenant à la secte du « Grand Accomplissement ».

Une déception m'attendait. A Dzogstchén *gompa*, on n'imprimait que sur commande. C'est-à-dire que celui qui désirait un livre apportait le papier et l'encre nécessaire pour l'impression, nourrissait les imprimeurs pendant la durée de leur travail et faisait, en plus, un cadeau au fonds commun de l'imprimerie.

Les chefs ecclésiastiques du monastère m'auraient volontiers permis d'y séjourner pendant le temps nécessaire pour imprimer quelques ouvrages, mais j'avais lieu de penser que le *dépeune* de Dergé ou le *kaleune* lama de Tchiamdo s'y opposeraient.

Si je voulais arriver à Batang, il fallait me hâter de traverser la partie de territoire devenue interdite. Je me contentai donc de prendre en note les titres d'un bon nombre des traités philosophiques, mystiques ou consacrés aux sciences occultes dont les planches en bois [1], rangées sur des étagères, remplissaient plusieurs chambres. Je comptais me les procurer plus tard et j'y réussis l'hiver suivant.

.Cette inspection avait absorbé mon attention. Quand je

1. Les Tibétains impriment au moyen de planches gravées.

sortis, je m'aperçus que Yongden n'était plus là. Tobgyal n'avait pas remarqué son départ. Des *trapas* dirent qu'ils l'avaient vu s'en aller avec quelques-uns de leurs collègues. J'en conclus que ceux-ci l'avaient peut-être invité à prendre le thé pour causer avec lui et je continuai ma promenade.

Un peu plus tard, deux *trapas* m'abordèrent me demandant de les suivre ; je pensai qu'ils voulaient me guider vers un temple que je n'avais pas encore visité. Ils me conduisirent à un grand bâtiment. Nous entrâmes, puis je dus monter un de ces peu commodes escaliers tibétains, raides échelles de meunier aux marches très hautes, encastré entre deux cloisons. Celui-ci aboutissait à un palier ou à une antichambre étroite dont je pouvais toucher les deux murs opposés. L'obscurité était complète, on avait fermé une porte derrière moi et j'entendais chuchoter plusieurs hommes que je ne pouvais pas distinguer dans les ténèbres.

Alors, brusquement, l'idée me vint qu'on m'avait amenée dans cet endroit obscur pour me tuer. Plusieurs fois il m'était arrivé d'éviter de peu un accident mortel, étant parfaitement consciente du danger que je courais, pourtant je n'avais jamais eu peur. Ma première et unique expérience du sentiment de terreur se fit là, dans ce couloir enténébré et privé d'air. Elle dura à peine une seconde, le temps d'un frisson, puis la réflexion reprit ses droits. Pourquoi ces *trapas* me tueraient-ils ? Les Tibétains ont horreur du meurtre en dehors de la bataille où chaque adversaire court les mêmes risques. Quelques assassinats pour raisons politiques sont commis au Tibet mais rarement, et je ne rentre pas dans la catégorie des personnalités qui peuvent les redouter. Et puis, après tout, la mort n'est pas une chose extraordinaire. A Dzogstchén ou ailleurs, je la rencontrerai un jour...

L'absurdité de l'impression que j'avais ressentie m'amusait déjà et je dus me retenir de rire. Probablement quelque chose de sérieux se préparait et mon hilarité eût été inconvenante.

Dans les minutes suivantes, une porte s'ouvrit en face de moi éclairant l'antichambre tragique peuplée de quelques *trapas* souriants et j'entrai dans l'appartement du grand lama Padma Rigdzin. Assis sur des coussins empilés, près de quelques jeunes religieux vêtus de riches costumes lamaïques, je vis Yongden qui me regardait malicieusement.

J'étais invitée à dîner.

— « Lorsque j'ai appris qu'une dame étrangère parlant notre langue était arrivée et visitait le monastère, j'ai pensé que ce pouvait être vous », me dit le grand lama. « Je vous connais bien et déjà depuis longtemps. »

Plusieurs anciens étudiants du monastère de Dzogstchén que j'avais connus en Amdo ; le lama Gourong Tsang avec qui j'avais fait route en venant de Pékin au Kansou, et l'infortuné secrétaire tibétain du général-amban de Sining : aka Méla assassiné à Lhassa, tous deux aussi élèves de Dzogstchén *gompa,* y avaient parlé de moi au cours de leurs visites à leurs professeurs ou à leurs amis. Sans nul doute leurs rapports avaient été élogieux, car l'accueil que me fit Padma Rigdzin fut cordial et flatteur.

Comme j'en ai déjà dit ailleurs un mot en passant, les préoccupations d'ordre commercial semblaient tenir beaucoup de place dans l'esprit du grand lama des Dzogstchénpas. Il m'interrogea longuement sur la Birmanie et l'Indo-Chine française, désirant connaître les marchandises que l'on pourrait en importer et y exporter.

Que ces soucis très matériels s'alliassent ou non avec les doctrines transcendantes de la secte à la tête de laquelle il se trouvait, personne n'en avait cure. Ces lamas *tulkous,* réincarnations supposées d'une personnalité éminente des siècles passés, ne sont pas absolument tenus à faire preuve de mérites exceptionnels. Ils sont vénérables en tant que forme présente d'un homme qui, jadis, fut remarquable d'une façon quelconque et leurs paroles et leurs actes, quelque vulgaires ou bizarres qu'ils puissent être, sont considérés comme étant dictés par des raisons supérieures.

L'appartement du lama était très luxueux. Tout autour de la pièce principale, des vitrines contenaient quantité d'objets artistiques. Magnifiques vases de porcelaine ou de cloisonné de Chine, statuettes de jade, d'ivoire et de corail, de beaux spécimen de l'orfèvrerie de Kham. Puis des instruments rituels rares, entre autres un pourba (poignard magique) en « fer tombé du ciel », c'est-à-dire fabriqué avec un aérolithe. Etait-il authentiquement en

« fer tombé du ciel » ? Je n'oserais le garantir expressément mais tous le tenaient pour tel, depuis plusieurs siècles qu'il appartenait au trésor des lamas *tulkous* de Dzogstchén *gompa*.

Parmi toutes ces choses précieuses, une vitrine était réservée à des échantillons bien misérables des produits occidentaux que le lama et son entourage semblaient priser autant et presque davantage que les belles pièces des collections chinoises. C'étaient des objets en verre grossier comme l'on en voit aux étalages des forains : des gobelets, des verres à pied, des bols, des vases de diverses formes, des chandeliers : une affreuse pacotille verte, bleue et rose, que l'on me montra avec fierté et sur laquelle Padma Rigdzin me demanda mon opinion.

Un excellent dîner fut servi, puis alors que j'allais prendre congé, on apporta le cadeau que le lama voulait m'offrir. Il était de taille : c'étaient dix-huit grandes briques de thé compressé [1] empaquetées dans du cuir, telles qu'on les transporte de la Chine à Lhassa.

Je remerciai et refusai cet encombrant présent, me contentant de prendre l'écharpe de soie qui l'accompagnait.

Après ma visite au lama, je continuais à flâner dans le monastère, lorsqu'un jeune *trapa* m'aborda poliment.

— « Mon maître, » dit-il, « désire vous voir. Il est en retraite et ne peut pas sortir. Il vous prie de venir chez lui. »

Ni Yongden ni moi n'avons hâte de rentrer dans le taudis où nous passerons encore la nuit. L'invitation est la bienvenue ; nous suivons le *trapa*.

Il nous conduit loin, presque au haut de la colline sur laquelle s'étagent les habitations monastiques. Celles-ci sont largement espacées à cet endroit, affectant l'aspect de *tshams khang* [2]. D'après cette apparence et ce que m'avait dit mon guide, je m'attendais à rencontrer un seul religieux. Je fus plutôt surprise en en voyant quatre assis sur des coussins, dans la toute petite chambre où l'on m'introduisit.

1. Chacune de ces briques pèse plusieurs kilogrammes.

2. Maisons où les religieux s'enferment pour méditer. Voir leur description et les explications données à leur sujet dans *Mystiques et magiciens du Tibet*, pages 251 et suivantes.

Les politesses d'usage ayant été échangées, du thé nous fut offert, puis, tout ce cérémonial terminé, un des lamas en vint au fait.

— « Nous avons entendu parler de vous, » me dit-il, « par des lamas, des *trapas*, et aussi par des marchands qui vous ont vue à Koum-Boum où vous avez, je crois, séjourné pendant plusieurs années. Il paraît aussi que vous avez été au sud du Tibet, que vous connaissez le Tsang Penchén Rimpotché [1] et que vous avez vécu longtemps en *riteupa* (ermite). Tout cela nous a fort étonnés. Nous n'avons jamais eu connaissance d'aucune femme étrangère qui partageait nos croyances et qui pratiquait notre discipline religieuse. Ce que l'on nous a rapporté à votre sujet est-il exact ? Puisque vous êtes venue chez nous, nous avons voulu vous le demander. »

— « Tout est parfaitement exact, *Kouchog.* »

— « Pourquoi vivez-vous ainsi ? Il y a des étrangers à Tatchiénlou et à Batang. Ils disent que notre religion est mauvaise, que nous sommes ignorants et sales. Je sais cela. Notre façon de préparer le thé leur répugne... »

— « Elle ne me répugne nullement, à moi, » m'empressai-je de répondre. « Si je puis me le permettre, je vous en demanderai un autre bol. » Ce disant, je vidai le mien.

Ma repartie fit rire les lamas. Un jeune *trapa* me versa du thé. Sans flatterie, je pouvais le déclarer excellent. Si près de Tatchiénlou, le thé n'est pas encore grevé de gros frais de transport et la première qualité est vendue à un prix très abordable, même pour les bourses moyennement garnies.

Mes interlocuteurs revinrent au point qui les intriguait :

— « Pourquoi vivez-vous autrement que les gens de votre pays ? Que vouliez-vous obtenir en demeurant dans un ermitage ? »

— « Je ne cherche pas à obtenir quelque chose. La vie dans la solitude est, par elle-même, béatitude. »

— « Si vous pensez vraiment ainsi, pourquoi voyagez-vous ? » dit un autre de ceux qui m'écoutaient.

— Le grand lama de Tashilhumpo, celui que les étrangers dénomment le Panchen Lama.

La question ne manquait pas de logique. Plus d'une fois, je me l'étais moi-même posée.

— « C'est, sans doute, un effet d'actes accomplis autrefois et de pensées anciennes, » répondis-je. « A cause de l'impulsion qui lui a été donnée, la roue continue encore à tourner pendant quelque temps après que le potier a cessé de l'actionner. »

Cette comparaison répétée dans nombre de traités philosophiques orientaux, est courante parmi les Bouddhistes comme parmi les Hindous. Les lamas approuvèrent en hochant la tête.

— « Avez-vous bien réfléchi à cette similitude de la roue qui continue à tourner par l'effet d'une impulsion ancienne ? » me demanda l'un d'eux.

— « J'y ai réfléchi, » dis-je, « mais je n'ai certainement pas encore parfaitement saisi tout ce qu'il y a à comprendre à ce sujet.

« Il est possible que la croyance à une « impulsion qui « a été donnée » soit elle-même une cause qui pousse la roue et entretient son mouvement. Peut-être est-elle la cause principale de ce mouvement ou, qui sait, peut-être même sa seule cause. »

Celui des lamas qui paraissait être le maître du logis sourit :

— « Que pensez-vous, » me demanda-t-il, « si un homme avait perdu toute mémoire de ses actes passés, de son pays natal, de ses liens de famille, des rapports de tous genres qu'il a, ou qu'il a eus, avec d'autres personnes, des idées qui lui sont venues, qu'il a tenues secrètes, ou qu'il a professées publiquement, enfin, s'il avait complètement perdu la mémoire de ce qu'il *est* et de ce qu'il *a fait*, croyez-vous qu'il agirait de la même manière que si toutes ces choses étaient présentes à sa mémoire ? »

— « Il y a beaucoup de chances, » répondis-je, « pour qu'il agisse différemment. »

Je croyais comprendre où il voulait en venir et je continuai :

— « Si un homme, sans perdre la mémoire de son passé, le considère comme étant un rêve ou comme concernant une autre personne que lui, il adviendra probablement aussi qu'il agira autrement qu'il ne l'aurait fait s'il avait cru fermement avoir accompli lui-même et réellement, tous les actes physiques et mentaux dont il garde le souvenir. De même aussi l'effet des souvenirs qu'il conserve de ses liens de famille, de sa nationalité, de ses relations avec d'autres personnes et de tous ses rapports avec le monde extérieur, différera suivant qu'il considérera ceux-ci comme ayant trait à des faits réels ou à de pures imaginations. »

La théorie que j'esquissais ressemblait à celles professées par certains auteurs dzogstchénpas que j'avais lus. J'espérais l'entendre commenter par les lamas présents, mais ils étaient devenus des sphinx et me regardaient curieusement sans rien dire.

Enfin, celui qui m'avait interrogée en dernier lieu, parla :

— « Véritablement, » dit-il, « tout ce qui existe est le produit de causes [1]. Les êtres sont ce qu'ils se sont faits par leurs œuvres. Cependant les œuvres cessent d'enchaîner alors que l'on aperçoit qu'il n'existe aucun « moi » non composé et permanent, ni dans la personne ni dans aucune chose et que seules vont leur train les parties constituantes dont l'agrégat forme ce qui apparaît comme personnalité [2].

« Cela ne peut ni s'enseigner ni s'exprimer par des mots, il fallait le *voir* dans la méditation.

« Est-ce que l'on médite, dans votre pays ? »

— « Guère, et ce que l'on y dénomme méditation ne ressemble pas à la méditation comme on l'entend au Tibet et dans l'Inde. »

Un autre des religieux changea de sujet, revenant à ce que j'avais dit au commencement de notre conversation.

— « Si la vie d'ermite vous paraît dispenser une telle béatitude, » dit-il, « n'allez pas plus loin. Nous vous trouverons facilement un ermitage dans les environs. »

Je pensai au *dépeune* de Dergé. Il ne me laisserait pas m'établir sur ce sol interdit, mais je ne voulais pas aborder cette question avec les lamas.

---

1. « Toutes choses procèdent d'une cause » est une des déclarations fondamentales du Bouddhisme. Les Tibétains l'ont traduite de la formule sanscrite originelle : *Ye dharmâ hetuprabhavâ.*

2. Cette théorie, considérée comme essentielle en Bouddhisme, est exposée dans toutes les Ecritures canoniques et, particulièrement dans le dix-neuvième chapitre du Visuddhi-Magga.

— « Des raisons m'en empêchent, Kouchog, » répondis-je simplement.

— « Des raisons... » répéta le lama.

Alors, sous l'influence des idées qui venaient d'être émises, ou par la force occulte des pensées qui avaient été nourries dans cette chambre par les reclus qui s'y étaient adonnés à de longues contemplations, subitement, je sentis, je *vis* tous mes raisonnements, toutes mes conceptions, s'effilocher comme des guenilles secouées par le vent, se dissoudre, s'anéantir. Rien de tout ce qui m'apparaissait comme obstacles solides n'existait : le *dépeune* de Dergé, mes domestiques, mes mules, mes bagages et ma propre personne étaient « des images vues en rêve ».

Cela dura, sans doute, moins d'une minute.

— « Ici ou ailleurs, Kouchog, » dis-je, « j'espère être capable de retrouver un ermitage. »

— « Je vous le souhaite, » dit un des religieux.

— « Il le faudra, » déclara un autre.

Yongden et moi nous saluâmes nos hôtes. Le jeune *trapa* qui nous avait amenés, nous reconduisit au hameau et, la nuit étant venue, tandis que nous causions, il éclairait notre route avec une branche résineuse enflammée.

A mon retour dans la maison où je logeais, j'y trouvai un envoyé de Padma Rigdzin qui m'attendait depuis longtemps. Il m'apportait une lettre et plusieurs livres, de la part du grand lama. Celui-ci me disait que puisque je n'avais pas pu me procurer, au monastère, les ouvrages que je désirais, il m'envoyait ceux-ci comme cadeau avec ses souhaits de bon voyage.

Le lendemain matin nous partions pour Dergé en compagnie de deux marchands qui s'y rendaient et qui nous avaient demandé de faire route avec eux.

Yongden avait insisté pour demander, de nouveau, des *oulas*. Nous ne pouvions plus dissimuler notre identité et il arguait de la nécessité de conserver nos mules fraîches pour le cas où une circonstance imprévue nous forcerait à leur demander un effort.

Les indigènes firent quelques difficultés. Le courrier dépêché par le *ripeune* de Zacco leur avait dit, en passant, qu'ils ne devaient pas me fournir de yaks porteurs. J'appelai la grammaire à mon aide. Le soldat avait-il dit *mi tchog* « il ne vous est pas permis » ou *mi gueu* « vous ne devez pas », au sens de « vous n'êtes pas obligé ». Il avait dit *mi gueu*. J'en conclus que s'il était loisible aux chefs du village de me refuser des bêtes de somme, il ne leur était pourtant pas défendu de m'en fournir et que, comme j'entendais les rétribuer, leur intérêt voulait qu'ils me rendissent service.

La perspective d'une rétribution ajouta un grand poids aux arguments que je tirai de la signification des verbes *tchogpa* et *guepa* [1]. Les naturels de l'endroit, pauvres pasteurs illettrés, commençaient d'ailleurs à douter qu'une personne « si savante » en grammaire tibétaine pût vraiment être étrangère, car dans ces régions, chacun professe avec une foi inébranlable que les étrangers sont peu intelligents. Bref, trois hommes avec des yaks furent chargés de transporter mes bagages à Dergé.

Nous voici en route parmi les solitudes herbeuses. En passant on me montre un endroit où, l'avant-veille, un camp de voyageurs a été attaqué. Les brigands ont enlevé vingt-sept bêtes : chevaux et mules, et ont tué deux hommes dans le combat qui s'est livré.

La discussion concernant les *oulas* nous a retenu longtemps, nous sommes partis tard. Vers le milieu de l'après-midi, voyant que nous ne pourrons pas arriver à Dergé ce même jour, les marchands, nos compagnons de route, nous proposent de camper près d'une rivière dans une vallée où l'herbe est abondante. Les bêtes y seront bien pour paître à leur cœur content. Cette idée me paraît bonne.

Nous dressons nos tentes. Le lieu est vraiment agréable, les pâturages sont émaillés de fleurs alpines, le soleil brille ; tous ces animaux paissant autour de nous mettent une note pastorale dans le paysage. Je me sens en pleine Arcadie heureuse.

C'est alors que « le ciel nous tombe sur la tête ». Cet événement est annoncé par une musique lointaine, tout comme à l'opéra. Quelques minutes plus tard, un petit cortège apparaît, arrivant de la direction opposée à celle d'où nous sommes venus. En tête, chevauchent deux cavaliers sonnant une agréable fanfare dans des trompettes thébaines. Ils jouent bien, sans fausses notes et sans couacs. Derrière eux, un autre cavalier porte, déployé, un

---

1. Ecrit respectivement : *tchhog pa* et *dgos pa*.

étendard en soie cramoisie sur lequel se détache un lion héraldique. Ensuite, vient un gros homme vêtu d'une robe de *pourouc*[1], bleu violacé, presque noir, et montant un beau cheval. Enfin, fermant la marche, un quatrième cavalier, tel le dernier écuyer dans la chanson de Malbrough, « ne porte rien ».

Je regarde cette singulière procession et un pressentiment subit me vient : ce gros homme va me causer de l'ennui.

Au lieu de passer son chemin, je le vois se diriger vers la tente des marchands, descendre de cheval et y entrer. Quelques instants plus tard, l'un de ces derniers vient me demander, de sa part, la permission de me présenter ses civilités. Cette permission lui ayant été accordée, le personnage arrive, m'offre la traditionnelle écharpe, témoignage de respect et d'amitié, puis s'assied et cause avec moi.

C'est un *gyapeune* (capitaine commandant cent hommes), il se rend à Dzogstchén pour ouvrir une enquête au sujet du meurtre des deux voyageurs et du vol de leurs vingt-sept bêtes. Il est natif de Jigatzé et me parle de son pays que je connais. Ensuite, il s'en va.

Quelques minutes plus tard, apparaît un *chélngo* (sous-officier à la tête de vingt-cinq hommes) que j'ai déjà rencontré, la veille, dans la maison où nous avons passé la nuit. D'un air embarrassé, il me demande de retourner à Dzogstchén. Il ne peut pas, explique-t-il, laisser passer des étrangers sans y avoir été autorisé par le *dépeune* de Dergé. Il faut que j'attende qu'il ai reçu des instructions à mon égard.

Je réponds que son chef a déjà été informé que je me dirigeais sur Dergé pour le voir et qu'il avait eu dix fois le temps nécessaire pour me faire dire de m'arrêter si ma visite lui déplaisait. D'ailleurs, le *ripeune* chargé de garder la frontière m'ayant vue et laissé passer, j'étais en règle.

Le respect des supérieurs ne paraît pas florir dans ce pays. Ce vulgaire sous-officier à qui le *gyapeune* vient de faire la leçon, traite de fou et d'incapable le *ripeune* qui

1. Le drap de belle qualité fabriqué au Tibet.

est un colonel. Les deux subalternes ont résolu de me barrer la route et de m'obliger à retourner à Dzogstchén pour y attendre, je m'en doute, que l'on me signifie une expulsion du territoire interdit.

La nuit vient, on soupe et l'on s'endort. Le lendemain, de grand matin, le *chélngo* accompagnant le *gyapeune* sont devant ma tente et recommencent leur antienne de la veille : je dois rebrousser chemin, sortir du pays interdit à Zacco, l'endroit par où j'y suis entrée, ou bien il me faut attendre à Dzogstchén la décision du *dépeune*. Je n'ai d'ailleurs pas à craindre d'y loger encore dans le taudis où j'ai passé deux nuits. On me donnera un logement confortable dans le monastère et des vivres pour moi, pour mes domestiques et pour mes mules.

Tout ce qu'ils disent est bien dans l'esprit tibétain. Les Tibétains ont pendant longtemps désiré tenir les étrangers à l'écart, mais ceux qui ont été surpris chez eux n'ont point été molestés, on s'est borné à les reconduire à la frontière en les entourant de tout le confort que le pays peut offrir. De nos jours, connaissant mieux le monde, les Tibétains accepteraient sans enthousiasme, mais aussi sans répugnance, les voyageurs étrangers poursuivant des buts qui leur paraîtraient clairs : surtout le négoce, mais ils ne sont plus libres de le faire.

Je suis aussi entêtée que les deux militaires. Je ne retournerai ni à Zacco ni même à Dzogstchén, cependant je comprends bien qu'il ne faut pas m'obstiner à vouloir atteindre Batang, ceci pourrait être imprudent. La région foisonne de brigands et les autorités tibétaines trouvent parfois diplomatique d'aiguiller quelques-uns de ces gentilshommes de grands chemins, sur ceux dont elles n'osent pas se débarrasser par des moyens légaux. Il est douteux qu'elles osent jouer ce jeu avec une étrangère, mais je suis moins certaine de la sécurité de Yongden, de nos domestiques et de nos bagages. Ayant pesé ces choses, je déclare que, puisque je me trouve dans un pays dénué de lois, où les inférieurs se permettent de discuter la conduite de leurs supérieurs et de s'opposer à ce qu'ils ont permis, je désire ne pas m'y attarder davantage, ne m'y sentant pas en sécurité. Je n'irai donc pas à Batang, bien que je sois malade et qu'il m'eût été nécessaire de m'y faire soigner. Et je leur donne, au sujet de l'entérite dont je souffre, les explications les plus détaillées.

Ils sont visiblement au regret de m'empêcher de voir un médecin qui me guérirait, mais ils craignent d'être sévèrement punis s'ils m'autorisent à continuer ma route.

« Je quitterai votre pays, leur dis-je pour terminer, mais ce sera par la route que je choisirai moi-même. » Puis, sans plus les écouter, je fais lever le camp.

Nous n'allons pas loin, seulement jusqu'à l'endroit où j'ai, en venant de Dzogstchén, quitté la route de Lhassa pour celle de Dergé.

J'ai besoin de réfléchir un peu. Que vais-je faire ? N'importe quoi, pourvu que je ne retourne pas en arrière. Je suis entrée dans ce pays, je veux en voir tout ce que je pourrai.

J'ai déjà dit ailleurs [1], dans un résumé très succinct de cette aventure, que plusieurs jours se passèrent à parlementer.

Le *gyapeune* et le *chélngo* s'étaient installés dans une tente devant laquelle flottait leur étendard cramoisi. Autour d'eux campait leur escorte de soldats : les musiciens aux trompettes thébaines, le porte-drapeau et le « porte-rien », arrivés de Dergé, auxquels s'étaient joints plusieurs autres hommes venus de je ne sais où : une douzaine en tout.

Mes gens et moi occupions deux tentes plantées à quelques centaines de mètres de celles des Tibétains. D'infortunés pasteurs que leur mauvaise étoile avait amenés à s'établir à cet endroit, payaient en moutons, beurre, lait et fromage, leur place à la comédie qui se jouait. Ils en nourrissaient les acteurs. Tel est l'usage au Tibet. Les discours succédaient aux discours. Quand les orateurs enrouées, exténués, désespérés par mon silence et mon impassibilité, se taisaient, ils mangeaient. J'aurais pu rester là un mois et davantage.

Je m'étais décidée. A moins de me diriger vers la région déserte et mal famée de Dzatchoukha, une seule route me restait ouverte. Route intéressante d'ailleurs, celle de Lhassa qui rejoint, à Jakyendo, le territoire demeuré sous le contrôle de la Chine. Le pays qu'elle traverse jusqu'à

1. Introduction de *Voyage d'une Parisienne à Lhassa.*

cette dernière localité est relativement peuplé ; je pourrais y glaner des détails nouveaux sur les mœurs et les idées des Khampas.

Je dis aux garçons : « Demain, réveil avant le jour et départ immédiat, déjeuner plus tard en cours de route. »

Ce programme est suivi à la lettre, mais l'on nous surveillait probablement toute la nuit. Dès que la tente des domestiques est abattue, voici le *gyapeune*, le *chélngo* et les autres qui arrivent, apportant un mouton entier tué et préparé la veille, puis encore du beurre et de la *tsampa*. Froidement, je fais empaqueter ces vivres et je déclare :

— « Je m'en vais. Je vais à Jakyendo (Kyirkou, dans la prononciation locale du nom tibétain de l'endroit qui est Chérkou).

Un chœur d'exclamations terrifiées me répond. *Gyapeune* et *chélngo* se demandent sans doute s'ils n'ont pas empiré les choses en me barrant le chemin et si leur chef ne leur reprochera pas de m'avoir ainsi poussée vers les avant-postes chinois occupés par des troupes musulmanes au-delà de la zone nouvellement conquise.

Leurs supplications deviennent pathétiques. « Tuez-nous, clament les gradés, le « Grand Homme » de Tatchiénlou nous fera couper la tête ! »

Je doute qu'il en vienne là, mais la crainte qu'il inspire est significative.

La plupart des bagages sont déjà chargés. Je vais partir à pied, en avant.

Kalé joudén jag Kouchogs léngyai[1], dis-je, employant la formule la plus polie de salut à l'adresse de ceux que l'on quitte.

Mais je n'ai pas fait deux pas que tous m'entourent s'attachant aux longues manches de ma robe tibétaine. Comment me tirerai-je de là ?

— « Inutile de tant vous lamenter, » dis-je. « Vous avez des fusils, vous n'avez qu'à me tuer, vous serez sûrs ainsi que je n'irai ni à Jakyendo ni ailleurs. »

C'est alors un nouveau concert de protestations. « Me tuer ! Quelle horreur ! Ils ne veulent que me servir. »

Ils sont sincères, je le sais. Les Tibétains sont des gens

1. « Asseyez-vous doucement, messieurs. » Ecrit : *galé bzhugs gdan hjag skugzhogs lanrgyas*.

au cœur excellent ; j'ai non seulement pour eux une toute fraternelle affection, mais aussi une véritable estime. Ceux qui sont devant moi me font de la peine, je voudrais leur épargner la contrariété que je leur cause. Il serait si bon de nous asseoir tous ensemble autour du feu de camp et de causer amicalement. Pourquoi existe-t-il des hommes qui, pour de sordides intérêts, s'ingénient à dresser d'autres hommes les uns contre les autres et quand donc ces pauvres innocents comprendront-ils qu'ils sont dupes ?

Ce n'est pas le moment de m'attarder à des réflexions de ce genre, il faut que je me débarrasse de ces gens et que je continue ma route. Je puis, sans regret, renoncer à aller à Batang parce qu'à part les soins que j'aurais pu y recevoir, rien ne m'y appelle et que je n'ai jamais compris cet endroit dans mes plans de voyage, mais je ne suis pas de ces voyageurs qui cèdent humblement à la force et acceptent de rebrousser chemin.

J'ai donc dit : « Je vais à Jakyendo, » et j'irai, à moins que je ne meure sur place. Il n'est pas déshonorant de mourir en poursuivant un but, même futile ; ce qui l'est, c'est de se laisser vaincre et d'accepter sa défaite.

Les excellents Tibétains qui m'entourent n'ont nulle envie de m'assassiner, mais ils s'accrochent à ma robe, ce qui me gêne davantage. Alors je deviens tout à fait mélodramatique. Je lève mon bâton et le brandis. Ce geste inattendu me dégage et je marche noblement vers ma tente encore debout en criant :

— « Qu'on me donne un revolver. Je vais me tuer. Tous croiront que vous m'avez assassinée et vous supporterez les conséquences de ce crime ! »

Dans la tente, Yongden, parfaitement impassible, ficelle les derniers sacs à charger, prévoyant l'issue du drame, mais le jeune Sézang Talès, terrifié, me devance en courant, se saisit de toutes les armes et se sauve avec elles pour les mettre hors de ma portée. Innocent, bon petit cœur !...

La résistance des Tibétains est à bout. Ils savent que je suis Bouddhiste et membre de l'Ordre religieux, le *chélngo* l'a appris des lamas de Dzogstchén et répété au *gyapeune* et à ses hommes ; je suis étrangère aussi. Péché effroyable d'une part, intervention diplomatique et ses conséquences d'autre part, mon cadavre pèserait trop lourdement sur eux.

— « Allez-vous-en donc doucement, s'il vous plaît, » dit le *gyapeune* en soupirant.

Le pauvre homme a les larmes aux yeux. Je suis sincèrement émue. J'ai grande envie de l'embrasser comme une sœur embrasse son petit frère qui a du chagrin.

Je m'en vais seule, ma canne à la main, « vers l'espace » ainsi que la caravane touranienne chantée par Richepin. L'énervement que cette scène mouvementée m'a causé m'a donné un peu de fièvre et... je suis encore à jeun. J'ai faim et, surtout, soif. Je m'agenouille pour boire sur le bord de la rivière dont je remonte le cours et une réminiscence des Psaumes me vient à la mémoire : « Il boira au torrent dans le chemin, c'est pourquoi il relèvera la tête »[1]. J'accepte la prophétie de ce verset et l'applique à ma situation, mais la bizarrerie de ce souvenir m'amuse. Il semble que mon esprit devrait, en ce moment, être occupé de tout autre chose que de textes bibliques !

J'ai déjà fait pas mal de chemin, mon convoi n'est pas en vue. Le *gyapeune* l'aurait-il retenu pour m'obliger à revenir ? Je m'assieds sur un rocher attendant que mes gens se montrent. Au bout d'un instant j'aperçois un homme qui marche vers moi ; il est seul. Est-ce un de mes domestiques ? Vient-il m'informer que l'on détient ses camarades et mes bagages ? Il approche, je reconnais Sézang Talès. Dès qu'il voit que je le remarque, il se met à courir et vient tomber prosterné à mes pieds avec ces mots d'exaltation :

— « Vous avez gagné la victoire, Jétsune Kouchog ! »

Pour ce jeune sauvageon, rien ne compte que le fait brutal de triompher. Il est fier d'être à mon service. Si j'avais eu le dessous, il m'aurait probablement quittée et certainement méprisée... plus âgé, ce mépris pouvait l'amener à me piller dans le désert. Telle est la mentalité des gens de son pays. Ils n'en ont d'ailleurs pas le monopole.

Mon convoi n'a pas été retenu. Le *gyapeune* m'a donné trois soldats d'escorte et deux autres hommes comme guide. Sézang Talès m'apprend que tous le suivent. J'aperçois en effet au loin une masse mouvante qui doit être

1. Psaume CX, 7.

composée d'animaux en marche. Rassurée, je continue mon chemin avec le jeune garçon.

Nous arrivons à un nouvel embranchement de la vallée. J'hésite. Faut-il prendre à droite ou à gauche ? De ce dernier côté la piste est mieux marquée. Ce doit être celle de Lhassa. Regardant dans cette direction, je vois une troupe de cavaliers qui viennent de mon côté. Ils trottent bon train et, malgré la distance qui nous sépare, je distingue qu'ils portent des fusils. Qui peuvent-ils être ? Certainement pas des commerçants accompagnant des mules chargées de marchandises. L'allure des caravanes est lente. Alors ?...

Sézang Talès n'a pas hésité.

—« *Djagpas,* » dit-il.

Des brigands, c'est mon avis. Ils peuvent, ayant tourné l'éperon de montagne qui les cache, tomber à l'improviste sur mes gens qui cheminent inconscients du danger. Il faut les prévenir. Je me recule hors de vue de ceux qui viennent par la route de Lhassa et j'agite mon mouchoir attaché à ma canne. Mon convoi n'est plus loin ; les hommes qui l'accompagnent ont vu mon signal, un des soldats part au galop et me rejoint.

— « Des cavaliers armés, qui paraissent être nombreux, accourent à grande vitesse, » lui dis-je. « Ils seront ici dans un instant. On peut craindre qu'ils soient des *djagpas*, prévenez nos compagnons. Je ne veux pas de combat. Vous ne devez risquer votre vie ni pour défendre ce qui m'appartient, ni pour me défendre moi-même, mais vous agirez comme vous le jugerez bon quant à la défense de votre personne et de vos chevaux. Ceci étant bien compris, nous devons pourtant tâcher d'en imposer aux brigands afin d'éviter d'être pillés par eux. »

Tandis que je parle, un autre soldat a rejoint son camarade. Je m'étonne qu'au train dont ils trottaient, les *djagpas* ne soient pas encore là. Se tenant le long de la montagne, un des deux hommes s'avance jusqu'à l'extrémité de l'éperon qui masque l'autre vallée, où j'ai vu les caaliers et, se tenant caché, il la parcourt du regard. Elle est déserte.

Ai-je donc eu la berlue ? Je le croirais presque si j'étais seule. Mais Sézang Talès a, comme moi, vu la troupe en marche. Où a-t-elle disparu ? Et voici qu'en levant les yeux, j'aperçois au-dessus de nous, deux cavaliers armés de fusils qui nous regardent du haut de la montagne.

Je les montre à mes compagnons. Les soldats les examinent un instant, puis l'un d'eux rend son jugement :

— « *Da* »[1] (ennemi), dit-il.

Pendant ce temps, le convoi nous a rejoints. La situation est délicate. Les brigands, la chose est claire, ont quitté la piste pour s'embusquer dans la montagne ; nous attaqueront-ils, nous ne pouvons pas le savoir et il n'existe, du reste, dans ces solitudes aucun lieu de refuge. Il faut continuer notre route, nous verrons bien ce qui adviendra.

Ici les deux guides interviennent. Puisque je connais le lama de Lop et que je veux aller chez lui, je devrais prendre la vallée de droite qui m'y conduira. La route passe par un pays riche en herbe, mes bêtes y trouveront de bons pâturages. Eux portent des ordres écrits qui me feront obtenir de la viande, du lait, du beurre et du fromage des pasteurs campés de ce côté.

En d'autres circonstances, cet itinéraire à travers le désert me plairait, mais pour le moment, je préfère continuer l'inspection de la route de Lhassa. Justement un des soldats me souffle à l'oreille :

— « Ils veulent vous faire voyager par le pays où il n'y a rien à voir. Vous n'y trouverez même pas les *dokpas* (pasteurs) dont ils parlent. Au contraire, le long de la route de Lhassa, il y a des villages et des *gompas*. Vous pourrez coucher chaque nuit dans une maison.

La sollicitude qu'il me témoigne n'est pas tout à fait désintéressée. Le soldat n'a pas de tente et sera heureux d'avoir un gîte bien couvert chaque soir et puis, je m'en apercevrai bientôt, le long d'une route peuplée, un guerrier tibétain trouve occasion de nombreux profits.

Je déclare que je suivrai la route des villages.

— « S'il en est ainsi, nous nous en allons, » disent les guides.

— « Allez ! Bon retour chez vous. »

Ils s'en vont et nous nous remettons en marche. Les brigands ne nous attaquent pas.

Quelques heures plus tard, nous croisons une grande caravane venant de Lhassa. Je commence à comprendre

1. Ecrit *dgra*.

l'attitude des *djagpas*. Ce n'est pas à nous, gibier mesquin, qu'ils en ont. Ils se sont embusqués à un endroit savamment choisi, pour attendre cette caravane qu'ils savaient être sur la route.

Je hèle ceux qu'à leur costume plus cossu je reconnais pour les maîtres marchands et je les informe que vraisemblablement, une bande de voleurs guette leur passage.

— « Merci du renseignement, on se gardera, » disent-ils.

Un ordre est porté à chacun des serviteurs qui encadrent les mules... La caravane s'éloigne.

Je me sens plus émue que lorsque nous sommes passés nous-mêmes sous les yeux des brigands invisibles qui épiaient nos mouvements.

Il est bien vrai que la route que j'ai choisie ne traverse pas une région toute déserte. Dès le premier soir, nous logeons dans un monastère. Les incidents de la journée m'ont un peu fatiguée et je veux profiter du logis agréable que j'ai trouvé pour me reposer le lendemain.

Le monastère n'est pas très vaste, mais il est riche. Les mausolées de ses grands lamas sont somptueux.

La présence des soldats de l'armée de Lhassa qui m'accompagnent paraît influer défavorablement sur la cordialité de mes rapports avec les hôtes du monastère. Ceux-ci se montrent polis, déférents mais réservés à l'excès : « fermés ». Je ne vois que des subalternes. Le principal lama du lieu se dit malade et s'excuse de ne pas pouvoir me recevoir, d'autres mettent différents prétextes en avant pour ne pas me voir. Je suis pourtant admise à visiter la bibliothèque. Elle semble abandonnée : les gros volumes enveloppés de leurs « robes » sont couverts d'une épaisse couche de poussière, certains ont été partiellement dévorés par les insectes ou même par les rats et, sans les planchettes et l'étoffe qui les tient enserrés, ils tomberaient en miettes. Triste spectacle !

Si, en ce qui concerne les études religieuses, ma halte a manqué d'intérêt, d'un autre côté, elle m'a procuré l'occasion d'une curieuse étude de mœurs.

Tard dans la soirée, presque au moment où j'allais me coucher, j'entends chuchoter à ma porte, comme si on m'appelait sans oser élever la voix. J'ouvre : un *trapa* est là avec une femme. Tous deux me font signe de ne pas faire de bruit et entrent chez moi.

La femme m'offre une écharpe et une pièce de beurre et puis m'adresse une bizarre requête. Son mari est malade, elle désire que j'aille le voir immédiatement.

Comment ? A cette heure, dans la nuit... J'irai le lendemain matin avant mon départ si l'habitation du malade n'est pas trop éloignée de la *gompa*.

Non, il faut que j'y aille tout de suite. La femme supplie. Il s'agit d'une blessure : une balle dans la cuisse. Le blessé doit être transporté ailleurs.

Tout cela est bien embrouillé.

Je questionne la Tibétaine.

— « Comment cet accident est-il arrivé à votre mari ? »

— « C'est en allant cueillir des plantes médicinales. »

Bon, j'ai compris. Je connais cet euphémisme. L'homme a fait partie d'une expédition de brigands. Aurait-il été parmi ceux que j'ai entrevus la veille ? — Précisément, et c'est parce que ceux-ci m'ont vu passer et ont appris que je m'étais arrêtée dans ce monastère que le blessé m'envoie chercher.

En peu de mots, la femme me raconte les événements. La caravane a été attaquée, les marchands qui étaient nombreux et sur leurs gardes se sont vigoureusement défendus. Les brigands ont dû s'enfuir, deux des leurs ayant été tués et quelques-uns blessés.

Plusieurs d'entre les marchands ont aussi été blessés. Leurs compagnons les ont attachés sur leurs bêtes et emmenés.

Maintenant que je sais tout, la Tibétaine compte sur moi. Elle est convaincue que je possède des médicaments étrangers efficaces qui guériront promptement la blessure. Elle n'a pas osé venir m'appeler dans la journée, de crainte des soldats qui m'accompagnent. Ils ne doivent pas être informés que son mari se cache dans le voisinage, ils pourraient l'arrêter. Les gens du monastère ne doivent rien en savoir non plus ; le *trapa* qui est avec elle est un ami de la famille du blessé, il a trouvé moyen de la faire entrer secrètement et me fera sortir et rentrer de même. Un homme m'attend au-dehors, il m'a amené un cheval ; en moins de deux heures, je pourrais être de retour, mais il faut se presser, le blessé doit être emmené cette nuit en lieu sûr.

Je m'efforce d'expliquer que je ne suis pas chirurgien

et ne sais pas extraire une balle. La femme ne m'écoute pas. Elle pleure et continue à me supplier.

Je cède pour la consoler et, aussi, par curiosité pour voir de près un des *djagpas* de la bande aperçue la veille et savoir comment il prend son aventure. En fait de « merveilleuses » médecines étrangères, j'emporte de l'aspirine propre à calmer la souffrance, de l'acide borique pour laver la blessure, un paquet d'ouate antiseptique et une fiole d'huile d'olive pour pansement. L'huile a été employée ainsi chez tous les peuples de l'antiquité et elle a toujours eu d'excellents effets sur les plaies des indigènes que j'ai soignés. Quant à la balle... Eh bien ! elle sortira d'elle-même ou elle restera où elle est, je n'y puis rien.

Je pars, la nuit est très noire, je ne vois pas où l'on me conduit, mais au bout de quelques instants, je me trouve au-dehors, sur le chemin. Quelles complicités amicales ou dues à la crainte qu'inspirent les brigands, ont aidé ma sortie du monastère ? Je me le demande.

Un peu plus loin, un homme tient deux chevaux par la bride.

— « Il va vous conduire, » dit la femme. « Montez, je vous prie. »

— « Et vous ? Ne venez-vous pas avec nous ? »

— « Non, je dois rester ici, » répond-elle un peu embarrassée.

Autant ne pas insister, ce sont là affaires qui ne me regardent pas.

Je suis en selle, la femme guide mon cheval lentement pendant quelques instants, puis elle lâche la bride.

— « Vous n'avez qu'à laisser votre bête me suivre, » me dit celui qui va m'accompagner, elle connaît le chemin. »

C'est fort heureux, en vérité, car je serais bien en peine de la diriger dans l'obsucrité. Nous avons quitté la route, je sens que nous marchons sur un terrain herbeux. Le cheval de mon guide se met à trotter doucement, le mien l'imite. Où me mène-t-on ? Peut-être la distance parcourue n'est-elle pas très grande, mais dans la nuit, cette bizarre chevauchée me semble durer longtemps.

Nous sommes arrivés. Au pied d'une colline, je vois un groupe d'hommes, des chevaux attachés à des piquets et une petite tente.

Les hommes accueillent mon compagnon en annonçant :

— « C'est fini. On a extrait la balle. »

Ils m'aident à descendre de cheval, me saluent et me remercient d'être venue.

Si « c'est fini », je n'ai sans doute qu'à m'en retourner. Mais non, tous insistent pour que je voie le blessé couché dans la tente. Ils allument une petite lampe de terre dont la mèche est plantée dans du beurre et l'approchent de la plaie. Elle est énorme et saigne abondamment. Il me paraît impossible qu'une balle reçue la veille puisse en être la cause. Cette balle on vient de l'extraire... Comment ?

— « Il faut savoir s'y prendre, » m'explique le chirurgien improvisé. « Moi, je le sais. J'ai retiré bien des balles dans ma vie. Il s'agit seulement de connaître la place des *tsas* [1] et de ne pas les couper. La balle, ici, était en pleine chair ; je n'ai eu qu'à aller la chercher. »

Il riait, satisfait et fier de lui-même.

— « Merci, vous êtes bien bon, » dit le torturé et il répéta à mon adresse : « Merci à vous, Jétsune Kouchog. Avez-vous apporté des médecines ? Elles achèveront de me guérir. Je ne puis pas rester ici. On va m'emmener. »

— « Oui, j'en ai apporté, » répondis-je.

Le savant opérateur s'était servi de son couteau ordinaire avec lequel il coupait journellement la viande qu'il mangeait, les courroies ou les cordes lorsqu'il raccommodait ses sacs ou le harnachement de ses bêtes ou encore les ongles de ses pieds malpropres quand ils devenaient trop longs. Tous discours sur l'antisepsie auraient été superflus.

Je lavai la plaie avec de l'eau boriquée non bouillie. Celle qui venait directement du ruisseau avait des chances d'être moins malpropre que celle qui aurait bouilli dans l'unique marmite graisseuse qui se trouvait là, contenant un reste de thé beurré.

J'administrai un peu d'aspirine qui pouvait atténuer la douleur ressentie par le blessé, puis je laissai un paquet de ouate, un autre d'acide borique, le flacon d'huile et un morceau d'étoffe blanche en coton. J'expliquai qu'il fallait tenir la plaie propre, ne pas y laisser accumuler de pus, la tenir à l'abri de la poussière et des mouches

1. Un terme qui signifie à la fois veine, artère et nerf.

et après les lavages à l'eau boriquée, la panser avec l'huile.

L'air pur du pays et la robuste constitution du Tibétain feraient le reste. Avant qu'un mois se soit écoulé, ce dernier serait à cheval et, probablement, courrait de nouvelles aventures.

Tous se montraient très reconnaissants.

— « Est-ce que vous retournerez encore cueillir des herbes médicinales ? » demandai-je au blessé. « Vous auriez pu être tué comme vos deux compagnons. »

— « Ah oui ! c'est bien vrai... »

— « Et la vie, après celle-ci ? Ou croyez-vous renaître si vous faites le mal ? »

— « Nous ne faisons pas le mal, » proteste un des hommes présents. « Les soldats en ont fait plus que nous dans le pays. Nous ne tirons que si l'on tire sur nous. Les magistrats chinois ou ceux de Lhassa obligent les villageois et des *dokpas* à leur donner bien plus d'argent et d'autres choses que nous n'en prenons aux marchands de passage et ils n'ont pas pitié des pauvres. Nous, nous ne demandons qu'aux riches... Nous avons laissé passer votre convoi, Jétsune Kouchog. »

Evidemment, ces gentilshommes se sont montrés aimables à mon égard. Je n'ai rien à répliquer. Peut-être dois-je les remercier, mais j'estime m'être suffisamment acquittée en soignant leur blessé.

Celui-ci fait un signe à un de ses amis, qui tire une écharpe de son *amphag* et me l'offre en témoignage de respect et de gratitude. Quelque chose de lourd pèse à l'un des coins de celle-ci. Les *djagpas* l'ont noué après y avoir enveloppé des pièces de monnaie. La chose se fait couramment au Tibet ; un cadeau en numéraire n'offense personne et le placer dans une écharpe est une manière polie de l'offrir. J'en ai accepté plus d'un pour ne pas désobliger des gens aimables. Mais celui-ci... Ces quelques petites roupies peuvent avoir été extraites, avec pas mal d'autres, du sac d'un voyageur. Dois-je les prendre ? J'incline vers un refus, mais comme je vais l'exprimer, mes yeux rencontrent ceux de l'homme qui m'a offert l'écharpe. Sa figure est éclairée par la petite lampe de terre que tient un de ses camarades. Il est sérieux, presque grave, avec une expression quelque peu hautaine qui ne manque pas de noblesse... un gentilhomme, en vérité.

Le refus de l'offrande faite dans des circonstances telles que celle-ci constitue une insulte et si celui qui la repousse appartient à l'Ordre religieux, son refus équivaut à une malédiction. Je suis venue pour soigner un blessé et non pour m'ériger en juge. Je me borne à prendre l'écharpe et son contenu ; j'aurai tôt fait de trouver un pauvre hère que cette aumône rendra heureux.

Le blessé va partir avec ses compagnons d'aventures. On vient de replier et de charger sur un cheval la petite tente qui l'abritait. On le soulève et l'assoit sur une autre bête qui, au lieu d'une selle, porte plusieurs couvertures formant un épais coussin. Les jambes du malheureux reposent sur un sac. Il doit horriblement souffrir. Je le lui demande :

— « Pas trop, » répond-il.

Un des hommes conduit par la bride le cheval qui porte son malchanceux camarade, les autres enfourchent leurs bêtes et tous s'en vont. Dans l'obscurité, leur groupe est presque immédiatement hors de vue.

Celui qui est venu me chercher me ramène au monastère.

La femme m'attend avec le *trapa* à l'endroit où je les ai quittés. Je rassure celle-ci sur l'état de son mari. Il s'en tirera.

Quelques minutes plus tard, je suis dans ma chambre.

Le paysage bordant la route que nous suivons n'a rien de particulièrement remarquable, mais la population est intéressante. Intéressante et malheureuse.

Les paysans de cette région sont plus intelligents, plus fins que ceux des autres parties du Tibet. Cette différence de caractère tient peut-être à la proximité de la Chine, à des relations fréquentes et des métissages avec les Chinois.

La conquête du pays par les troupes de Lhassa est encore de date récente et les indigènes la déplorent. On leur avait dit : les Chinois vous exploitent, vous leur payez des impôts ; gouvernés par des Tibétains comme vous, vous n'en paierez plus. C'était ouvrir le paradis à ces pauvres cultivateurs. Ils n'en eurent qu'une vision rapide ; à peine installés, leurs nouveaux maîtres ont décuplé les taxes. « Je payais huit roupies par an, sous les Chinois, » me dit un paysan, « on m'en demande cent aujourd'hui. »

« Il faut », m'expliquent les fermiers, « payer un impôt pour chaque personne de la famille, même pour les enfants, payer pour chaque tête de bétail. Nous ne connaissions pas ces choses autrefois. Et puis la corvée des *oulas* est devenue plus dure. Lorsque les porteurs allaient loin, les Chinois leur donnaient une gratification, les fonctionnaires actuels ne donnent jamais rien et ils exigent des masses de choses. »

Cela, les pauvres gens n'avaient pas besoin de me l'apprendre. J'avais surpris plus d'un conciliabule de mes soldats avec mes hôtes. « Nous retournerons par ici dans quelques jours », disaient les premiers, « il faudra tenir prêt tant de beurre, tant de farine », etc. C'était un genre de razzia officielle.

La chasse est naturellement interdite, elle l'est dans tout le Tibet. J'approuve cette défense, mais la répression est, me dit-on, excessive. Le chasseur surpris est bâtonné sans merci. On me cite des cas où ce supplice a causé la mort.

J'allais rencontrer à Jakyendo plusieurs familles d'émigrants qui avaient abandonné leur bien de famille, une petite ferme et quelques champs, parce qu'ils ne parvenaient pas à acquitter les impôts qu'on exigeait d'eux.

Un nom circulait dans le pays, celui du général Ma de Sining, un musulman qui s'était acquis une réputation à la manière de celle de Gengis Khan par la répression de la révolte des Tibétains de Lhabrang[1] et une expédition contre les tribus pillardes des Gologs. La faiblesse des troupes chinoises du Szetchouan, les vaincues de la dernière campagne, ne laissait guère aux Khampas l'espoir d'être délivrés par elles, alors ils tournaient les yeux vers le terrible Ma. Ne viendrait-il pas ?

Comme je leur disais que je retournerais à Sining, beaucoup voulaient me charger de lui porter leur appel. Nous ne lui résisterons pas, disaient-ils, et j'entendis même de l'un d'eux ces terrifiantes paroles : « Nous

1. Voir pages 67 et suivantes.

savons que si il vient, il tuera beaucoup de monde, mais après cela, ceux qui resteront pourront vivre tranquilles. »

Peut-on imaginer combien grande doit être la souffrance d'une population pour qu'elle accepte de payer un tel prix pour en être délivrée !

Je retournai à Sining l'année suivante, mais je ne rapportai pas au général Ma ce qui m'avait été dit. Je doute que la misère des Tibétains de Kham l'aurait touché. Entre eux et sa résidence s'étend une vaste région déserte ; il ne pouvait guère envisager une conquête au-delà d'elle et l'intérêt présenté par celle-ci aurait seul pu le tenter. D'ailleurs, je me tiens soigneusement à l'écart de toutes intrigues politiques.

C'est au cours de ce voyage que je rencontrai le roi de Ling ainsi que je l'ai raconté dans l'introduction de l'épopée nationale des Tibétains[1] et puisque j'ai déjà relaté les incidents de cette rencontre, je n'y reviendrai point.

A Dolma Lhakang : un temple dédié à la déesse Dolma, autour duquel sont groupées quelques maisons, nous devons traverser le Yangtsé qui, dans ce pays, s'appelle Ditchou. Bien qu'il soit très loin d'y avoir la largeur qu'on lui voit en Chine, près de son embouchure, celle-ci est pourtant encore considérable. Nous le traversons dans des bateaux de cuir et les bêtes doivent se mettre à la nage. Le courant est violent, les mules reprennent pied très au-dessous de l'endroit d'où elles sont parties, mais aucun incident ne se produit.

Ensuite, le pays redevient désert, nous rentrons dans la zone des grands alpages. Nous voyons encore, sur la rive opposée, un monastère dont le lama passe pour avoir opéré des prodiges. Il a, nous dit-on, imprimé la forme de son pied dans un rocher. C'est là un genre de miracle qui paraît plaire beaucoup aux Tibétains. En grand nombre d'endroits on voit, au Tibet, des empreintes plus ou moins nettes considérées comme ayant été faites dans le roc ou sur des pierres détachées par le pied, la main ou la tête de certains lamas.

Enfin, voici la dernière étape en territoire interdit. Au-delà de la ferme où nous passons la nuit, s'étendent les

1. Que j'ai publiée sous le titre : *La Vie surhumaine de Guésar de Ling, héros tibétain, racontée par les Bardes de son pays.*

vastes *tchang-thangs* habités seulement, en certains points, par des campements de pasteurs. Jakyendo y est une sentinelle avancée que les solitudes entourent de tous côtés. Entre cette localité et la route que j'ai suivie, la frontière est mal délimitée, mon escorte n'ose pas s'aventurer plus loin de crainte des soldats musulmans chinois qu'elle pourrait rencontrer. Nos hôtes, gens du pays, circulent au contraire à leur aise des deux côtés de l'incertaine frontière. Ils chargent mes bagages sur leurs yaks et nous partons.

J'ai tout lieu de me féliciter de l'incident qui m'a amenée à parcourir cet intéressant tronçon de la route de Lhassa, mais en même temps, je salue avec plaisir la terre où règne la Chine et... la liberté pour les voyageurs.

Notre provision de beurre est épuisée, le moment semble bien choisi pour la renouveler puisque nous traversons un pays de pasteurs. On se fait peu idée de la place que le beurre tient dans l'alimentation des Tibétains. Mes domestiques en coupent des morceaux qu'ils mangent tenus à la main, comme nous mangeons un biscuit.

A deux reprises, passant à proximité de tentes, j'y envoie Tobgyal demander à leurs habitants de nous vendre quelques pièces de beurre. Les pasteurs refusent. Les maîtres de la seconde tente où il s'adresse se montrent même arrogants. « Ils n'ont pas de beurre pour nous, » déclarent-ils.

Nous continuons notre marche à travers un immense plateau herbeux. Vers la fin de la matinée, nous apercevons de nouveau, mais loin, hors de notre route, un campement de pasteurs autour duquel paissent de nombreux yaks.

Yongden qui chevauche près de Seunam et de Sézang Talès leur dit en plaisantant :

— « Honte à nous si passant en vue de si grands troupeaux, nous ne nous procurons pas de beurre et ne buvons pas de lait. »

Les deux sacripants interprètent ses paroles à leur façon. Ils partent au grand trot et nous rejoignent une heure plus tard. Nous nous attendons à ce qu'ils aient fait remplir de lait une bouteille qui pendait à l'un des sacs suspendus à la selle de Seunam [1] et acheté une ou deux pièces

1. Au sujet de ces grands sacs, voir page 277.

de beurre, mais voici qu'ils sont chargés de butin. En divers morceaux, cousus dans de la peau, ils rapportent plus de dix kilogrammes de beurre et voici que de leurs larges manches dont ils tiennent l'extrémité serrée pour former un sac ils extraient une grande quantité de fromage sec. C'est une razzia !

Je les interroge.

— « Qu'avez-vous donc dit aux *dokpas* ? »

— « J'ai dit, » répond Seunam triomphant, « mon chef qui s'en va là, sur la route, manque de beurre. Que de chaque tente on en apporte une pièce. Et quand ils ne se dépêchaient pas, je montrais mon fusil. »

Je suis consternée et j'ai envie de rire. Les autres se montrent ravis, emballent le beurre et le fromage parmi les bagages et avant que j'aie eu le temps de placer un mot, les deux fous sont repartis ayant aperçu des tentes dans une autre direction.

Sur ce, le ciel s'obscurcit et soudainement un orage de grêle se déchaîne ! Ma mule tournoie étourdie et meurtrie par les gros grêlons. Je suis aveuglée. Il gèle tout à coup. Mon imperméable, que Yongden m'a aidée à revêtir pendant la tourmente, se raidit sur moi.

Heureusement nous approchons d'un campement. Nous hélons les *oulas* qui cheminent plus loin et paraissent ne pas l'avoir aperçu. Ils pressent leurs yaks et, dès qu'ils nous ont rejoints, ils les groupent, avec les mules, à l'abri des tentes, tour tournant la queue au vent et eux-mêmes s'abritent derrière les bêtes.

Tobgyal m'entraîne dans une tente, réclame du lait, le fait bouillir et me le donne tout chaud à boire. Yongden est entré dans la tente voisine.

La trombe passe rapidement, le temps redevient immédiatement beau. Je sors de mon abri. Où est le lama ?

Tobgyal, sorti avant moi pour aller chercher ma mule, me répond : « Il collecte du beurre. » Quoi ? — Encore du beurre.

Je vois Yongden assis entouré par des *dokpas* ; on lui apporte des pièces de beurre. Il prévient toutes observations de ma part par un impératif :

— « C'est sérieux, ne dites rien, » prononcé en anglais.

Je ne dis rien. Nous remontons sur nos bêtes, respecιueusement salués par les pasteurs et nous nous en allons.

Un peu plus loin, j'interroge Yongden.

— « Qu'est-ce que ce beurre ? »

Il rit.

— « Quand je suis entré dans la tente, » dit-il, « j'ai demandé du thé et aussi un bol pour le boire parce que le mien était dans le sac attaché à ma selle et que je ne pouvais pas sortir sous la grêle pour aller le chercher. Les gens de la tente m'ont répondu malhonnêtement : « Il n'y a pas de tasse. » Ils ne me respectaient pas. C'était dangereux, le pays est désert, nous avons des bagages, nous devons camper ce soir. Vous connaissez le caractère de ces gens-là. Ceux qu'ils ne craignent pas, ils les volent.

« Alors j'ai pris un ton de commandement et j'ai ordonné en tapant du pied : « Qu'on apporte du beurre, une pièce par tente et sans tarder. Ah ! vous ne me reconnaissez pas ! »

— « Ils ne t'ont jamais vu. »

— « Cela ne fait rien. Ils ont tout de suite changé d'attitude. Ils ont apporté leur plus beau bol doublé d'argent et une pièce de beurre et, dès que la grêle a cessé, ils sont allés quérir d'autres pièces chez leurs voisins. Nous pouvons camper s'il est nécessaire, ils ne songeront pas à nous attaquer. »

Telles sont les mœurs du pays, les mêmes que dans la région de Kourou nor, je sais cela.

Seunam et le gamin ne reviennent pas. Se sont-ils égarés pendant la tourmente, ou bien leur hardiesse leur a-t-elle attiré une correction sévère ? Je commence à être inquiète. Nous avons déjà fait pas mal de chemin depuis qu'ils nous ont quittés, arriveront-ils à nous retrouver ? Nous sifflons avec nos sifflets de marine ; l'air est calme maintenant, le son leur parviendra peut-être. Rien ne répond et longtemps se passe avant que les deux garçons apparaissent.

Cette fois ils ont poussé l'audace trop loin. Voici encore du beurre et comme ils ne savaient où le mettre, ils ont emporté de bons sacs de cuir et, en plus, des peaux de chèvre pour nous faire des tapis. Tout cela ne ruinera pas les *dokpas*, mais je trouve le procédé un peu vif.

Il y a d'ailleurs eu résistance. Une femme a excité ses voisins, les exhortant à ne rien donner. Mes serviteurs ont été assaillis, ils se sont battus et, avec impudence, ils ont alors, prétendu emmener tout le monde chez le chef local dont la tente blanche était proche du campement. De là, excuses des assaillants et offrandes propitiatoires aux deux drôles que les indigènes prenaient pour des soldats. Cette amende honorable ne les a pas empêchés, pour soutenir leur rôle, d'aller tout de même chez le chef pour lever une contribution. Leur imperturbable audace a eu plein succès, le chef a sanctionné par son autorité, la levée d'une pièce de beurre par tente et ceux qui ne l'avaient pas encore fournie ont dû l'apporter.

Le petit Sézang Talès rayonne — jolie graine de brigand que ce jeune Khampa — et les *oulas* cheminent la tête haute, fiers d'avoir servi des gens aussi « puissants » et « respectables » que nous. Quant à moi, réfléchissant aux incidents bizarres qui ont marqué cette journée, je m'aperçois avec stupéfaction que si mon voyage m'a conduite en un endroit où je n'avais jamais songé à aller, il a eu le résultat, encore plus imprévu, de me faire devenir chef d'une bande de pillards, au pays des brigands-gentilshommes. Heureusement, mes « victimes » ne vivent pas loin de Jakyendo et, puisque je dois m'arrêter là pendant quelque temps, je trouverai bien un moyen discret de les dédommager sans déchoir à leurs yeux et perdre l'estime que les prouesses de mes garçons m'ont acquise.

Près du monastère de Benchin, nous trouvons une maisonnette réservée aux voyageurs de passage ; nous nous y installons pour passer la nuit, au lieu de planter nos tentes.

Le matin suivant, le soleil est radieux, le froid déjà vif. Du seuil de la porte où j'attends que les *oulas* aient achevé de charger mes bagages, le regard embrasse une immense étendue d'alpages bornés, au loin, par des chaînes de montagne. Deux larges vallées désertes pénètrent entre celles-ci ; touchée par l'intense lumière dans laquelle baigne tout le paysage, l'herbe roussie par le gel précoce y rutile comme un tapis d'or fauve. Mon cœur se serre de regret ; il m'est interdit de les suivre. S'allongeant vers l'ouest, l'une des vallées conduit à Nagtchouka, poste frontière du territoire interdit, où la piste suivie par les caravanes tourne au sud pour gagner Lhassa et l'autre, inclinant vers le sud, mène à Tchiamdo, la ville la plus importante du Tibet oriental récemment soustraite au contrôle de la Chine et, par là même, devenue à son tour, interdite.

L'itinéraire que les circonstances m'imposent m'entraîne dans une direction opposée. Tout près de moi s'ouvre une troisième vallée ; une claire rivière y chante sur un lit rocailleux. De ce côté aussi, la route est ensoleillée et les pittoresques montagnes qui l'encadrent s'enveloppent, comme toutes leurs sœurs du Tibet, de cette atmosphère particulière de mystère, de vague menace, de réticent accueil si piquant pour le voyageur. Que me réserve le sort qui me fait violence et me pousse par là ?

Certes, j'éprouve du soulagement à être libérée d'un incognito amusant, mais souvent, aussi, fatigant à soutenir et à me retrouver en territoire où l'on peut circuler librement, mais, d'autre part, l'avenir m'inquiète. Nous sommes en septembre — le 17 septembre. Bientôt le rude hiver des hautes altitudes rendra impossible la traversée des vastes solitudes qui entourent Jakyendo. Vais-je y être bloquée ? — Et puis, alors qu'au prix de tant de persévérance et d'efforts j'ai diminué si considérablement la distance qui me séparait de Lhassa quand je projetais mon voyage dans le lointain monastère de Koum-Boum, alors que je suis, enfin, parvenue à une région d'où de multiples routes, relativement aisées, conduisent à la capitale tibétaine, va-t-il me falloir abandonner tout le terrain gagné et m'en retourner loin, loin, vers le nord, en Amdo, d'où je suis partie voici bientôt huit mois ?...

L'esprit plein de soucis j'accomplis machinalement les gestes habituels aux étrangers voyageant en Chine, hors des chemins battus. J'envoie Seunam, en avant, porter ma carte au magistrat résidant à Jakyendo et le prier de m'indiquer un logement.

Me voici en selle, cheminant lentement à la suite des bêtes de somme. Je ne suis pas pressée d'arriver. En cours de route, nous passons devant le monastère de Tangou qui doit me devenir très familier par la suite, puis enfin, Jakyendo apparaît, émergeant du désert.

Le site ne manque pas de grandeur. La bourgade s'étage sur un mamelon, au pied d'une chaîne de montagnes arides. Porté sur un éperon de celle-ci, un monastère que ses bâtiments décorés de raies rouges et blanches désignent comme appartenant à la secte des Sakyapas, regarde de haut les demeures des laïques. Et dominant à son tour la crête où il se dresse, un puissant arrière-plan de cimes massives barre, au loin, l'horizon.

Trois *gompas* relativement proches l'une de l'autre : Benchin, Tangou, Jakyendo ! Il y a là sujet d'espoir. Peut-être pourrais-je y trouver des livres ou des lamas lettrés, y glaner des notes utiles, y faire quelque travail intéressant.

Seunam, revenu à notre rencontre, conduit mon convoi au logis que le magistrat chinois a fait préparer pour moi. C'est un appartement situé au premier étage d'une maison construite en bordure de la rue principale ; excellent poste d'observation pour étudier la population locale.

Nous sommes arrivés vers la fin de l'après-midi. L'heure tardive me permet de remettre au lendemain les visites officielles aux autorités du lieu. J'en suis heureuse ; j'ai soif de repos, de sommeil profond, sans rêves, pendant lequel les déceptions s'oublient et l'on cesse d'échafauder des plans de revanche. Demain... après-demain, il sera temps de reprendre la lutte. Tous comptes faits, le bilan du présent voyage n'a, d'ailleurs, rien d'attristant. J'ai parcouru une grande étendue de pays presque inconnu, j'y ai vu, entendu et appris maintes choses.

Je n'apprendrai que plus tard combien mon apparent échec est, en réalité, un gain, mais dès ce moment même, ma tristesse est tempérée par une foi tenace en d'invisibles aides et, plus encore, incorrigible téméraire que je suis, par ma foi en moi-même.

La nuit est venue. Les ténèbres ont envahi ma chambre ; dans le cadre étroit de sa fenêtre, un morceau de ciel étoilé scintille... Je m'endors.

J'ai atteint et peut-être même, exécédé le nombre de pages permis à un livre de voyage. Il me faut interrompre mon récit à mon arrivée à Jakyendo, mais cette localité ne devait être pour moi qu'une halte, un lieu d'hivernage entre deux séries de pérégrinations. De Jakyendo j'allais tenter deux nouvelles expéditions vers Lhassa. Celles-ci qui furent fertiles en incidents dramatiques, ayant encore échoué, je devais, me dirigeant au nord, parcourir la région des sources du Fleuve Jaune et des grands lacs jumeaux Oring et Noring, le territoire des Gologs pillards, puis revoir l'immense Lac Bleu (Koukou nor) pour continuer ensuite ma route vers la contrée tragique où la marée montante des sables ensevelit lentement toute vie : le Gobi.

Après un nouvel hivernage au seuil de ce désert, viendrait une nouvelle traversée de la Chine du nord au sud, mon arrivée, après de nombreuses péripéties, au bord du Mékong en face de la montagne sainte : le Kha Karpo, son ascension en marches nocturnes, le sac au dos en la seule compagnie de mon fils adoptif, et la suite de cette aventureuse entreprise comme je l'ai racontée dans *Voyage d'une Parisienne à Lhassa.*

Le présent livre sera donc suivi d'un autre. Commençant où se termine celui-ci, il conduira le lecteur jusqu'à mon entrée en territoire interdit, par la frontière du Kha Karpo. Ainsi, les trois ouvrages, bien qu'indépendants l'un de l'autre, formeront, ensemble, l'histoire complète de mes voyages en pays tibétain.

Achevé d'imprimer en mars 1995
sur les presses de l'Imprimerie Bussière
à Saint-Amand (Cher)

POCKET - 12, avenue d'Italie - 75627 Paris Cedex 13
Tél. : 44-16-05-00

— N° d'imp. 661. —
Dépôt légal : mars 1991.

Imprimé en France